南管曲唱研究

林珀姬 著

臺灣近百年研究叢刊

文史哲出版社印行

國家圖書館出版品預行編目資料

南管曲唱研究 / 林珀姬著. -- 初版. -- 臺北市
: 文史哲, 民 91
　　面 :　公分 - (臺灣近百年研究叢刊;12)
參考書目:面
　ISBN 957-549-480-6 (平裝)

853.6　　　　　　　　　　　　　91019191

臺灣近百年研究叢刊　12

南管曲唱研究

著　　者:林　　　珀　　　姬
出版者:文　史　哲　出　版　社
http://www.lapen.com.tw
登記證字號:行政院新聞局版臺業字五三三七號
發行人:彭　　　正　　　雄
發行所:文　史　哲　出　版　社
印刷者:文　史　哲　出　版　社
臺北市羅斯福路一段七十二巷四號
郵政劃撥帳號:一六一八〇一七五
電話886-2-23511028 · 傳真886-2-23965656

實價新臺幣六〇〇元;

中華民國九十一年(2002)十一月初版
中華民國九十三年(2004)十一月修訂再版

南管曲唱研究

目錄

第一章　　緒論

　　宋元以來，中國傳統歌舞漸與敷演故事之戲劇結合，南宋時期形成的南戲，因宋室南渡，建都杭州，帶來南方的繁榮，而與各地聲腔結合迅速繁衍滋長。從文人筆記中可知閩南地方，以泉腔演唱的南戲，明代已相當盛行。[1]又從龍彼得輯《明刊閩南戲曲絃管選本三種》看，至遲在明中葉以前，閩南地方戲曲與清唱，已受到騷人墨客之喜愛。且一如崑腔在江浙地方，有粉墨登場的「戲」與冷板凳坐唱的「清曲」的區分，流行於泉州、晉江等閩南地區，這個以南曲演唱敷演故事的劇種，舊稱「七子班」，[2]至今泉州地區仍在搬演，過去也曾隨著移民流傳於臺灣；而「錦曲」清唱的活動，也仍存在於各地的館閣中。

　　若以音樂主體觀之，明代的「絃管」或「錦曲」，就是在臺灣被稱之為「南管」，在泉州被稱為「南音」的音樂，其被運用於戲劇中，可稱之為「劇唱」，而館閣中純音樂的奏唱，則稱為「清唱」。這種「清唱」的傳統，由來已久，唐宋以來，教坊歌伎與文人家班之詞曲演唱，非常普遍，中原人士避戰禍遷徙入閩，於是這個清唱的傳統，也因此

---

[1]　《福建戲史錄》P.41-86.記載當時文人筆記，提及福建鄉間演戲酬神事蹟多條。又如以元周德清在《中原音韻》批評沈約製韻的毛病時，提到「悉如今之搬演南宋戲文唱念聲腔」是使用「閩浙之音」，閩南地區可能在元代時，已有使用閩音演唱戲文的例子，此閩音有可能指的就是泉腔梨園戲。龍彼得輯《明刊閩南戲曲絃管選本三種》，亦揭露了明代閩南地方戲曲與清唱的流傳。

[2]　吳捷秋著《梨園戲藝術史論》p.22.認為「七子班」源於南宋宗室與豪門童伶「七子班」。

保留於閩南地區的民間館閣中，不同音樂類型，有不同的館閣，以台灣地區爲例，民間不僅有以泉腔演唱的南管館閣，也有專唱「歌仔」的「歌館」，以及以官話演唱的北管館閣，這些館閣大部分都屬於子弟班性質。[3]但是南管音樂的屬性特殊，由於它兼具文人音樂與民間音樂之特性，同屬南管曲目，可因唱奏習慣與樂器編制不同，而有「歌管」、「交加仔」與「洞管」等等的區分，本書以「曲唱」爲名，乃專指「洞管」的執板清唱。

第一節　　清唱的傳統

中國自古以來，詩、詞、曲、韻文極其發達，並且都是可歌唱的文學，是故，「唱」乃是「文」與「樂」的結合，它的構成，是「以文化樂」，以詞曲文體結構中的辭式句讀，平仄格律等，化爲音樂結構中的曲調節奏規律，而二者之間，「文」始終爲主，「樂」總是爲從。即使到了亂彈的板腔體音樂，音樂雖有定腔，但音樂仍受文辭的制約，是有條件的以文爲主。在南北曲入戲，戲曲形成之前，中國早已有戲、有曲，如唐代歌舞戲《踏搖娘》、《撥頭》等，根據唐崔令欽撰《教坊記》〈踏搖娘〉：

> 北齊有人姓蘇，皰鼻，實不仕，而自號爲郎中，嗜飲酗酒，每醉輒毆其妻。其妻銜悲，訴於鄰里。時人弄之。丈夫著婦人衣，徐行入場。每一疊，傍人齊聲和之云『踏謠和來，踏謠苦和來』，以其且步且歌，故謂之『踏謠』；…

可知當時的歌舞戲可能是一戲一曲，多次反復演唱以詠一故事。唐以後，唐詩、宋詞、元曲本就是可歌唱的文學，因此唐宋教坊樂伎、達官貴人之家班，乃至青樓樂伎，當代詞曲的清唱已甚流行，如《教

---

[3] 南管館閣較特殊，有些地區屬於同職業團體的館閣，如嘉義鳳聲閣是木材商組成；台南振聲社是爲三郊成員組成。

坊記》：

　　西京右教坊在光宅坊，左教坊在仁政坊。右多善歌，左多工
舞。

說明了西京右教坊的樂伎專攻歌唱。

　　《教坊記》〈補錄〉六：

　　任智方四女善歌，其中二姑子吐納悽惋，收斂渾淪；二姑子
容止閑和，意不在歌。四兒發聲遒潤，如從容中來。

記載了善歌者的運氣、發聲之法。

　　唐段安節著《樂府雜錄》〈歌〉：

　　歌者，樂之聲也，故絲不如竹，竹不如肉，迴居諸樂之上。
古之能者，即有韓娥、李延年、莫愁。善歌者，必先調其氣。
氤氳自臍間出，至喉乃噫其詞，即分抗墜知音，既得其術，
即可致遏雲響谷之妙也。明皇朝有韋青，本是士人，嘗有詩：
『三代主綸誥，一身能歌唱。』青官至金吾將軍。開元中，
內人有許和子者，本及周永新縣樂家女也，開元末選入宮，
即以永新名之，籍於宜春院。既美且慧，善歌，能便新聲。
韓娥、李延年歿後千餘年，曠無其人，至永新始繼其能。遇
高秋朗月，臺殿清虛，喉囀一聲，響傳九陌。明皇常獨召李
謩吹笛逐其歌，曲終管裂，其妙如此。又一日，賜大酺於勤
政樓，觀者數千萬，諠譁聚語，莫得聞魚龍百戲之音。上怒，
欲罷宴。中官高力士奏請：『命永新出樓歌一曲，必可止諠。』
上從之。永新乃撩鬢舉袂，直奏曼聲，至是廣場寂寂，若無
一人；喜者聞之氣勇，愁者聞之腸絕。洎漁陽之亂，六宮星
散，永新為一士人所得。韋青避地廣陵，因月夜憑闌于小河
之上，忽聞舟中奏水調者，曰：『此永新歌也！』乃登舟與
永新對泣。久之。青始晦其事。後士人卒與母之京師，竟歿
於風塵。及卒，謂其母曰：『阿母錢樹子倒矣！』

大歷中，有才人張紅紅者，本與其父歌於衢路丐食。過將軍
韋青所居，青於街牖中，聞其歌者喉音寮亮，仍有美色，即
納為姬。其父舍於後戶，優給之。乃自傳其藝，穎悟絕倫。
嘗有樂工自撰一曲，即古曲長命西河女也，加減其節奏，頗
有新聲。未進聞，先印可於青，青潛令紅紅於屏風後聽之。
紅紅乃以小豆數合，記其節拍，樂工歌罷，青因入問紅紅如
何。云：『已得矣。』青出，紿云：『某有女弟子，久曾歌此，
非新曲也。』即令隔屏風歌之，一聲不失，樂工大驚異，遂
請相見，歎伏不已。再云：『此曲先有一聲不穩，今已正矣。』
尋達上聽。翊日，召入宜春院，寵澤隆異，宮中號『記曲娘
子』，尋為才人。…

此條不僅記載了歌唱的方法，也記載了唐著名歌伎永新（許和子）唱
曲的情形；以及另一歌伎張紅紅聽曲以小豆數合，記其節拍而被稱為
「記曲娘子」。其他如：元明散曲作家夏庭芝《青樓集》〈李嬌兒〉：

王德名妻也，…花旦雜劇，特妙。…至今歌館，以為盛事。

《青樓集》〈李芝儀〉：

維揚明妓也，工小唱，尤善慢詞。…又有塞鴻秋四闋，至今
歌館尤傳之。…

可見至元明時期，歌館樂伎唱曲活動甚興，不過此歌館是指青樓
樂伎之歌館，非明清以後的閩南或台灣民間子弟班歌館。而與歌伎交
往關係密切者，莫過於騷人墨客、達官貴人，他們是樂伎唱曲的忠實
聽眾。從元到明，文人參與唱曲者甚多，文人以「崑山腔」唱散曲，
最早的記錄在元末，根據魏良輔《南詞引正》所載，元朝隱逸文士顧
堅（風月散人）精唱南詞，崑山腔之名因此而傳；直至明中葉魏良輔
精研唱腔，創「水磨調」之時，崑山腔仍是以清唱為主的清曲。自梁
辰魚《浣紗記》以崑山腔演唱，獲得空前的成功，才開始了「崑劇」
的「劇唱」。但文人清唱所形成「文人詩樂」的傳統由來久矣，雖然

大陸學者有排斥「清曲」觀念，強調這是「士大夫階層欣賞偏見」，[4]
但從明末沈寵綏《度曲須知》（成書於 1639 年），以「**要皆別有唱法，絕非戲場聲口**」爲標榜，文人的「清唱」與戲曲的「劇唱」仍有區別，且從元朝至清末，一直是知識份子普遍參與的活動，直到今天一脈尚存而未絕，台灣至今仍然有文人崑曲「同期曲會」的唱曲活動。

　　早期文人的清唱，皆以散曲爲主，明·王驥德《曲律》：

> 宋之詞，宋之曲也。而其法元人不傳；以至金元人之北詞也，而其法今不復能悉傳，是何故哉？國家一番變遷，則兵燹流離，性命之不保，遑習此太平娛樂事哉！

　　散曲音樂之亡佚，主要是因爲古代文人寫作散曲，以文學的目的爲主，詞曲的吟唱，皆可依固定牌調而歌，而牌調歌法，保存於當時文人伶工之口，因爲沒有記譜，其歌法便慢慢失傳了。雖然如此，崑曲中保存散曲的數量仍相當可觀，清乾隆 11 年（1746）成書的《九宮大成南北詞宮譜》收集了元明以來大量的散曲作品，經過清理核對，屬於元散曲共 161 套，計 589 曲，屬於明散曲的共 237 套，計 988 曲。至於元明清三代戲曲譜，保存更多，總計散曲、劇曲共有南曲 1513 曲，北曲 581 曲，合計 2094 曲，連同變體在內，共有 4466 曲。[5]如此可觀的數量，皆是崑曲音樂的遺產。

　　文人散曲清唱的風氣，在明代仍很普遍，從明代著名的散曲選集，如《吳騷合編》等散曲選本，皆附刊魏良輔《曲律》於卷首，足見清唱散曲之普遍。至清末，文人的崑曲清唱，則幾乎以唱「劇曲」爲主，古代文人純爲歌詩之「散曲」清唱幾乎已成絕響，但劇曲之清唱，仍然在許多方面保存文人唱曲的古風，唱曲家大都能嚴守格律，保存詩樂的傳統。然而民國以來，京劇代崑劇崛起之後，崑曲同期或

---

[4] 見陸萼庭《崑劇演出史稿》引言。

[5] 以上統計係根據《中國大百科全書·戲曲曲藝卷》。經過整理記譜的《九宮大成南北詞宮譜》，也意味著記譜方式的改變或轉換，許多無法在工尺譜記譜中顯現的

京劇票房等文人唱曲活動，也轉向伶人學習，而這些習曲者，最終目的亦多為「票戲」，可謂清曲唱之古風，幾已蕩然無存。

<h1 style="text-align:center">第二節　　南管的清唱傳統</h1>

　　「南管」，是以泉州方言演唱的音樂，在各地有不同的稱呼，如：「南曲」、「南音」、「南樂」、「絃管」、「五音」、「郎君樂」、「錦曲」等，屬於閩南泉州地區的重要樂種。其音樂發展過程中，以閩南地區的民間音樂為基礎，吸收了唐宋以來的大曲、佛曲、道曲、詞樂、南北曲等等養分而形成，它不僅流傳於閩南地區，也隨著閩南人士移民而外移，流行於東南亞與臺灣地區。南管音樂流傳地區甚廣，據筆者所知，除了台灣，東南亞地區包括菲律賓、越南、柬埔寨、泰國、緬甸、馬來西亞、新加坡、砂勞越、汶萊、沙巴、印尼等地皆有流傳，可以說是中國傳統音樂傳布最廣的一支。但受到「泉州腔」語言的限制，只有懂得泉州話的文人，才會注意到它的存在，故南管音樂的清唱傳統，並未如崑曲般受到眾多文人的注意，而留下相關的文獻資料。

　　南管，一般在閩南地區通稱「南音」，而「南管」這個名稱最早可能見於杜嘉德（C.Douglas）所著《廈門方言中英文對照辭典》（*Chinese-English Dictionary of the Vernacular or Spoken Language of Amoy.* London 1873）p.240，杜嘉德將南管分為「洞管」及「品管」，主要是前者使用洞簫，後者使用橫笛而得名。[6]而「絃管」一詞早在明代刊本《百花賽錦》的正題中出現，即《新刊絃管時尚摘要集》；「錦曲」一詞亦在明刊本《新刻增補戲隊錦曲大全滿天春》以及《精選時尚新錦曲摘隊》中出現。從「增刻」或「新刊」二字看，這意味著早於十六世紀，「絃管」或「錦曲」已是很普遍的稱呼。

　　此外，從《鈺妍麗錦》編者署名「集芳居主人」（圖版一），《百

某些因素，勢必遭到刪除或遺漏，唱法上也可能已不是原味兒了。
[6] 轉引自龍彼得輯《明刊閩南戲曲絃管選本三種》第三章註一。以下三刊本圖版亦引自此書。

花賽錦》編者署名「玩月趣主人」（圖版二），以及《鈺妍麗錦》扉頁的插畫（圖版三）觀察，顯然圖畫中的南管樂器演奏者，應是歌館樂伎；因為從臺灣地區南管的發展看，民國 40 年代以前，南管音樂參與活動者都是男性，沒有良家婦女參與，由此可知。而此曲簿的兩位編者，應該是常進出此種場所的人，這種風月場所，當時應是存在於商業發達的城市中，是屬於「商業行為」的音樂欣賞活動，是有錢有閒的男人，才有可能到此場合，享受這種優雅品味的音樂，可見當時閩南地區，已有青樓藝伎唱奏南管音樂，曲簿的主人，正是屬於富賈或達官貴人之流。

《新刻增補戲隊錦曲大全滿天春》編者署名「歲甲辰瀚海書林李碧峰、陳我含梓」（圖版四），此曲簿上欄是散曲，下欄是戲文，也代表著南管清唱

與南管演唱的戲文，在當時同時受到文人的喜愛，這刻本正好印證了明代閩南地區，文人參與南管清唱活動的記錄。而嘉靖刻本《重刊五色潮泉插刻增入詩詞北曲勾欄荔鏡記戲文全集》卷末有刊行者告白：

> 重刊《荔鏡記》戲文，計有一百五頁。因前本《荔枝記》字多差訛，曲文減少，今將潮、泉二部增入《顏臣》、勾欄詩詞、北曲，校正重刊，以便騷人墨客閒中一覽，名曰《荔鏡記》。買者須識本堂余氏新安云耳。嘉靖丙寅年（即嘉靖 45 年，西元 1566 年）。」（圖版五）

更說明了《陳三五娘》戲文，早於 1566 年就已在潮泉地區傳唱，並廣受騷人墨客的喜愛。

由於南管原屬於閩南泉州地區的民間音樂，雖說自魏晉時期，中原人士因戰亂南移，乃至宋室南遷，無可避免的，會將中原古樂傳自此地，並與當地音樂融合，但有關南管音樂的歷史，直接的證據卻相當缺乏。學者只能從少數文人筆記中，找尋些微資料，拼湊其活動記錄。不過，南管清唱的活動，至今存在於民間館閣，除了上述所提十六世紀的刊刻本，讓我們瞭解到四百年前可能存在的狀況，這些刊刻本可說明至少在十六世紀時，南管音樂的「前身」，可能在宋室宮廷或達官貴人的家班，以及青樓伎院中流傳；以後在多次的戰亂中，

這些音樂或隨著伶工、樂伎流落民間，並與泉州地區的民間音樂不斷融合，終於成了今日兼具民間與文人特色的南管音樂，並普遍流傳於使用泉州語系的地區，參與此音樂活動的階層甚廣，不再是特定的文人士紳。不過文人習氣，在南管音樂文化中仍隱然可見，例如鹿港與臺南地區的館閣，嚴格規定不准下九流的人加入館閣；臺北地區的南管先生林藩塘、潘訓因教藝且爲生，不被清華閣接納；廖坤明待過戲班，而被艋舺集絃堂拒絕其加入等等。

　　明末泉州人士大量移民，跟隨鄭成功來台，也將南管音樂帶入台灣。康熙三十九年來臺的郁永和，在其《裨海遊記》中的〈竹枝詞〉：

　　　肩披鬚髮耳垂璫，粉面紅唇似女郎，
　　　馬祖宮前鑼鼓鬧，侏儮唱出下南腔。[7]

　　此詩句常被學者引用，作爲南管戲劇活動在臺灣流傳的證據。筆者田野調查中，發現目前媽祖祭祀圈，或其他民間信仰的刈香活動，庄頭子弟館閣的彩扮演出，仍爲重要陣頭活動；如果從臺灣早期移民，以勞工勞力階層爲主，財力上不似商賈雄厚，由這個觀點看，筆者以爲〈竹枝詞〉所描述的，應是庄頭南管子弟班的演出，非職業班演出。這也說明子弟班清唱的館閣，因應庄頭廟宇的廟會活動，在「輸人不輸陣，輸陣歹看面」的情況下，以彩扮演出，擴大陣頭聲勢的需要。故而在各地子弟館手抄本上，呈現出劇曲與散曲交雜的現象，有些手抄本甚至短小的片段劇曲，多於整篇的散曲。

　　目前所知，日治時期至光復前後，泉廈、南洋、臺灣等地，民間館閣活動熱絡，各地南管樂人交流頻繁，如菲律賓、新加坡、馬來西亞、緬甸、越南等地區都曾經聘請泉州、廈門名師前往教學；臺灣知名的南管先生，皆有往來於廈門、香港、菲律賓之間的記錄：臺北潘榮枝前往泉州習藝，高雄旗津館先生許啓章來自廈門，後又前往菲律賓宿務「長和社」教館，廈門名師黃蘊山旅居新加坡，吳萍水前往菲

---

[7] 「侏儮」之「儮」疑似爲「儒」，形近致誤。

律賓國風郎君社任教，馬來西亞名師黃清標 1965 年來台，在台北閩南樂府教館一年等等。由臺灣前往廈門從事藝旦行業，抑或來往於兩地的藝旦亦多有所聞，如雲心愛是廈門的儒家優伶，曾經由台北藝旦許寶貴的父親許金池，帶到台北鹿津齋演唱。[8]台北知名唱曲先生－歐陽泰先生的夫人，是廈門著名的藝旦，她以唱「生角」曲聞名，台南振聲社唯一的女館先生－岡市先，也是藝旦出身；台北的寶貴、寶治、雪卿等藝旦，皆以南管唱曲聞名，她們是臺灣女性「曲腳」（唱曲者）的先驅。

多位在台北地區老南管樂人，如南管樂師吳昆仁、張再興、蔡添木、陳瑞柳等位老先生，都表示日治時期廈門地區的南管勝於泉州，如廈門錦華閣長於唱曲，曲目又多，「曲腳」名角多；集安堂則長於演奏，指套與大譜演奏技藝精湛。以台北的館閣為例，艋舺集絃堂的音樂傳統，傳承自廈門集安堂的名師，清華閣的音樂則傳承自錦華閣，從館閣的命名可知其傳承脈絡。所以一般絃友認為，台北地區的「曲種」來自廈門，唱奏較直，花音較少，較不容易唱得好；南部有些館閣受泉州曲種影響較多，泉州曲種「軟氣」、「花穴」，較好唱。可見清末與日治時期，臺北灣地區受到廈門南管音樂的影響較深。

由於廈門話亦漳亦泉，不同於泉州話，其包容性廣，尤其廈門在五口通商之後，轉為要埠，更由於商業經濟的影響與文教興盛的緣故，廈門話形同閩南地區的方言中心，而以泉州方言演唱的南管音樂，在此地也因此稍盛於泉州。據已逝絃友施振華先生，於民國 75 年 5 月 30 日報紙刊載的一篇文章中提到：廈門的南管組織，自清末至民國 26 年，此段時間是黃金時代，最為興盛，有代表性的：計有錦華閣、東陽閣、文華閣、協和閣、清和閣、集元堂、思江別墅、南樂研究社等等，以上各南管社所，人才眾多，音樂錦曲各有所長，亦各有特色，皆為一時之選。民國 34 年以後僅剩集安堂、錦華閣、南樂研究社三館較具規模。可知廈門地區的南管音樂，確實在清末時更盛於泉州地區。而語言影響音樂的呈現，因此除了唱法不同，在曲目

---

[8] 見國立傳統藝術中心籌備處出版 2000.《聽到臺灣歷史的聲音》P.127.

上也有泉州與廈門曲種不同的問題，反映在習慣性的演奏指法上，如譜《起手板》、《四靜板》等，有「泉州法」與「廈門法」兩種演奏版本。

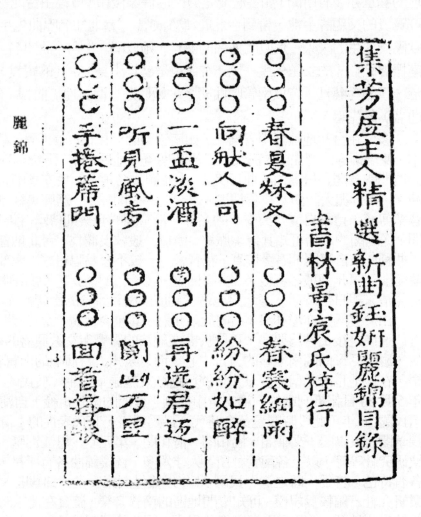

（圖版一）集芳居主人精選新曲《鈺妍麗錦》目錄

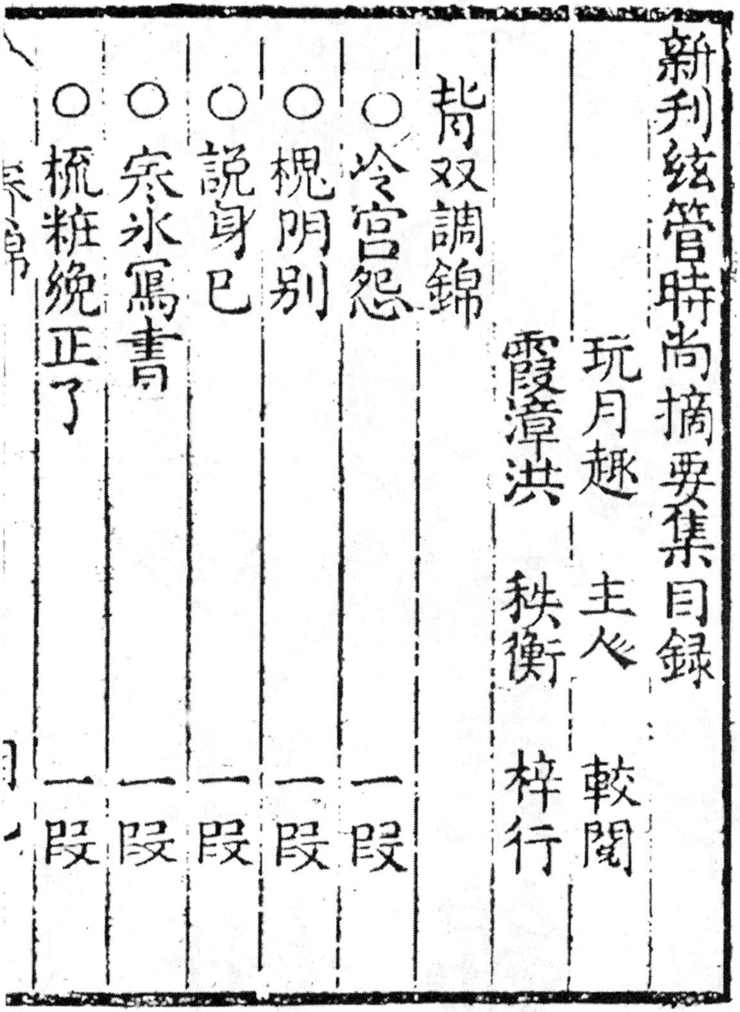

新刊絃管時尚摘要集目錄

玩月趣　主人　較閱

霞漳洪　秩衡　梓行

背双調錦　　　　　　　一段

○冷宮怨　　　　　　　一段

○梘明別　　　　　　　一段

○說身巳　　　　　　　一段

○宋氷寫書　　　　　　一段

○梳粧綰正了　　　　　一段

（圖版二）玩月趣主人《百花賽錦・新刊絃管時尚摘要集》目錄

（圖版三）《鈺妍麗錦》扉頁的插畫

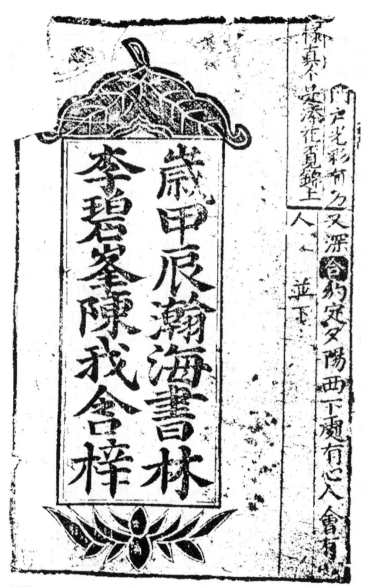

（圖版四）《新刻增補戲隊錦曲大全滿天春》尾頁編者署名
「歲甲辰瀚海書林李碧峰、陳我含梓」

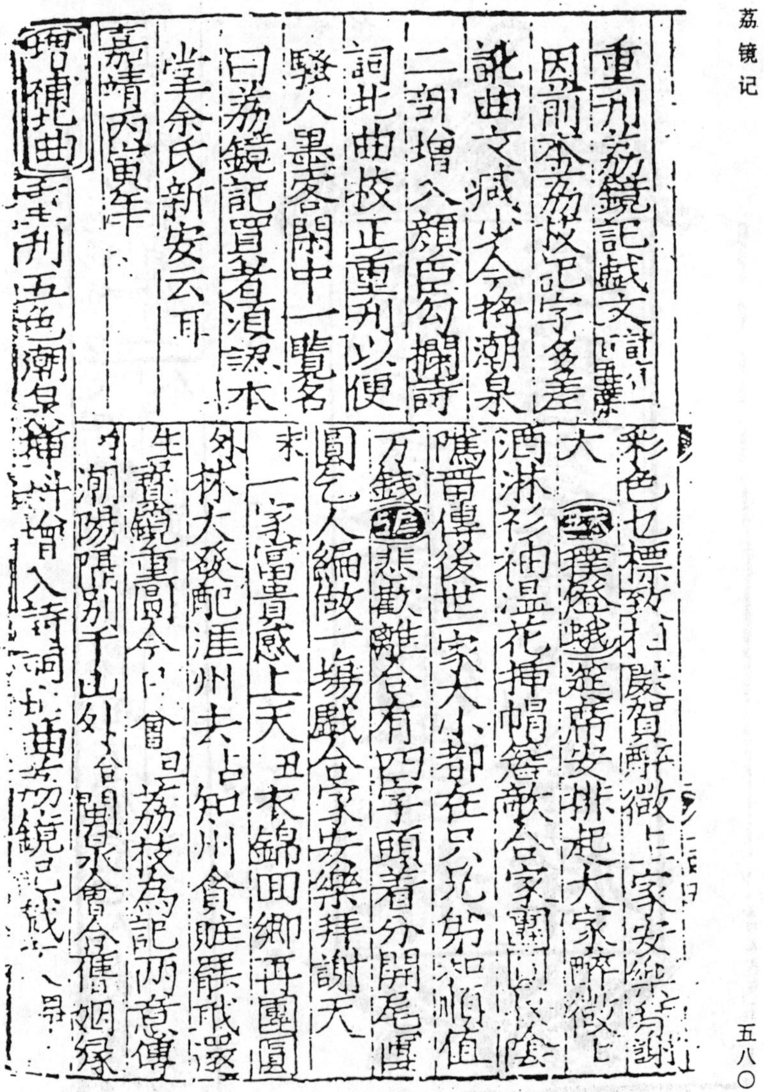
荔镜记

重刊荔鏡記戲文計一百五葉
因前本荔枝記字多差
訛曲文減少今將潮泉
二部增入顏臣勾欄詩
詞北曲校正重刊以便
騷人墨客閑中一覽名
曰荔鏡記買者須認本
堂余氏新安云耳
嘉靖丙寅年

彩色七標致□□□賀賢徵上下家安樂拜謝
大（末）□□筵席安排起大家賢徵上
酒淋衫袖溫花插帽簪歡合家團圓□□
□□傳後世家大小都在只兄弟和順值
萬錢（生）悲歡離合有四字頭着分開尾□
圓乞人編做一場戲合家安樂拜謝天
末 一家富貴感上天 丑 衣錦田鄉再團圓
外 林大發配涯州去 占 知州貪贓罷職還
生 荔鏡重圓今日會 旦 荔枝為記兩意傳
合 潮陽隔別千山外 合 陳三五娘舊姻緣

增補北曲 重刊五色潮泉插科增入詩詞北曲勾欄荔鏡記戲文全集終

五八〇

（圖版五）《重刊五色潮泉插刻增入詩詞北曲勾欄荔鏡記戲文全集》卷末

第三節　　南管曲唱

一、唸歌與唱曲

「阮來唸歌囉，不免檢錢您免驚。」這是臺灣「勸世歌」第一句開宗明義的歌詩。現代人常用「唱歌」一詞，言「歌樂」的演唱，此乃受到西方音樂教育的影響，而在閩南人的習慣裡，「唸歌」與「唱曲」實是兩個不同的意涵：「唸歌」較接近語言旋律，質樸而易唱；「唱曲」則須講究咬字、出音、協韻，藝術性較高。因此聽聽臺灣「歌仔」的唱唸，常會提到「阮來唸歌囉」，「歌仔」可以說是傳承自閩南漳州的民間音樂傳統，「唸歌」的曲調就是根據閩南語言的聲調發展來的，「歌仔」的主要曲調有七字仔、大調、雜念仔等等，唱詞基本上以七言四句為一葩，用韻較寬廣，遇到「絕頭句」時，還常「夾白」變化，演唱者可即興加入襯字演唱，因此特別受到農村民眾的喜愛；而臺灣本土歌仔戲的唱腔音樂，就是建立在這些「歌仔」上面的。在歌仔戲尚未發展成形時，農村庄頭子弟班，已有專唱此類「歌仔」的歌館，也常在廟會活動中作彩扮的演出；[9] 日治時期至臺灣光復後的六十年代間，賣藥團「喊拳頭，賣膏藥」的演出，亦常以唱「歌仔」招攬生意，也有不化妝而以角色分明的對唱方式演「落地掃」歌仔戲，賣藥團還常兼賣「歌仔簿」，許多不識字的民眾，因愛聽「歌仔」，藉由「歌仔簿」而得以識字，也因此知道古代許多忠孝節義故事。[10]

臺灣民間的兩大樂種「南管」與「北管」，都有唱曲的活動，北管館閣中的曲，還有「戲曲」與「細曲」兩大類，各地館閣子弟把戲

---

[9] 根據筆者在南部地區所做的訪談記錄，內門地區的「清音社」早於宜蘭演落地掃的時期，已有彩扮演出的「山伯探」。

[10] 見筆者 87 年研究計畫：「陳學禮夫婦的雜技曲藝研究」。又筆者的公公如在世應有 90 歲，他就是靠「歌仔簿」識字。

曲或細曲的演唱，通稱「唱曲」。北管的唱腔以不純正的官話來演唱，其音樂源自閩南以外的地區。南管音樂在臺灣的傳布相當廣，主要流傳於泉州人的聚落，早期隨鄭成功來臺的移民多為泉州人，故南部地區許多較早期開發的鄉鎮，都為泉州人聚落，泉州人又擅於做生意，大部分居住於西海岸港口附近的商賈，也是泉州人，臺灣由北而南，如基隆、淡水、大稻埕、艋舺、香山、大甲、清水、梧棲、鹿港、線西、伸港、北港、嘉義、麻豆、台南…等等，從前都是「南管窟」。因此，如果從臺灣民間媽祖的信仰圈，觀察廟會活動中，相關文陣參與繞境活動，屬於南管音樂的陣頭，在日治時期相當活躍。[11] 不過南管音樂在臺灣的傳布，有各種來自泉州府不同地區的曲種區別，就曲目上看，他們都是南管的曲目（圖版六），抄寫方式只記曲詩與撩拍，也大同小異，但除了洞館有工尺譜的傳承外，其他皆無，主要靠口傳。不同曲種的南管音樂唱腔上，呈現相當大的差異，使用的樂器編制亦相差甚遠。如果把所有使用南管音樂的陣頭都算進去，計有：車鼓陣（圖版七）、竹馬陣、羊管走（圖版八）、太平歌（或天子門生陣）（圖版九）、交加陣等等。其中太平歌或稱為「歌館」，其唱曲方式有的與洞館唱腔差異不大，也是很嚴謹的「唱曲」，講究咬字、發音、作韻，有的相當接近「唸歌」，也有介於兩者之間者。歌館與洞館主要的區別，在樂器的編制上，以及歌館中的學習，以曲為主，不習器樂曲。

　　筆者從事田野調查時，曾發現某位教館先生，雖為南管世家，但本身非曲腳出身，在唱曲方面咬字要求較不嚴格，且在南部地區各地的館閣，包括洞館與歌館都有教學或接觸的記錄，造成其所教過的館閣，唱曲都明顯有「歌仔氣」。但也有雖名為「太平歌館」，但唱唸卻相當嚴謹，如高雄縣內門鄉番仔路「和樂社」太平歌。又根據南管藝師吳昆仁先生言，日治時期北港的兩大館閣—「集斌社」與「武城閣」，

---

[11] 筆者在西港仔刈香活動陣頭音樂田野調查所做的觀察，又國立藝術學院傳統藝術研究所研究生方美玲碩士論文「臺灣太平歌研究」P.129.表 5-2 有詳細的描述。

其中的「武城閣」雖爲歌館，但曲路與洞館相同，只是其館員不學習樂器演奏。以上所提這些不同層次演唱方式的南管音樂，除了「洞館」，有以仕紳、商賈等同一文化圈的人士組成的館閣外，其他大都屬於子弟班式的清唱團體，其演唱亦自稱「唱曲」。但以洞館清唱的唱腔轉韻特殊，維持了中國傳統古老的唱曲方式，南管絃友稱館閣中的演唱活動爲「唱曲」，專學唱曲的人稱爲「曲腳」。本書研究範圍，即設定在洞館館閣中的「清唱」，並名爲『南管曲唱』，以示區別。

二、劇唱與曲唱

　　「劇唱」與「曲唱」同時並存現象，明代已有；劇唱，因爲有鑼鼓助勢，又得兼顧身段表演，因此舞臺上的唱，在節奏上爲了配合科步動作，往往加快節奏，或藉鑼鼓閃躲出聲，以減輕演出時的負擔，從曲目看，梨園戲的劇唱常將曲唱的曲目節奏上作減值處理，以配合科步演出，如原來在南管清唱中是三撩拍的曲子，上了舞臺則常以一撩拍演唱；原爲一撩拍者，則改爲疊拍演唱，於是清唱中的「慢曲」到了劇中變成了「急曲」，故曲目雖同，曲風已變。因此，除了上述南管音樂系統唱曲的差異，筆者提出「曲唱」的另有一重要原因，就是此一「曲唱」的傳統，目前僅剩臺灣地區還固守古老傳統，其他如菲律賓、新加坡、馬來西亞等地，因南管樂人凋零，後繼無力，目前這些地方爲了延續南管生命，皆聘請泉州地方年輕的南管樂人前往任教，因此呈現出一面倒的接受大陸曲藝化的南音，而曲藝化的南音與梨園戲的「劇唱」，從音樂觀之，實無多大分別。

　　臺灣的「曲唱」傳統，曲腳外在的表現，必須是正襟危坐，正拿拍板，目光收束，不可眵斜睨眼（圖版十）；表現於聲音，則注意聲音的內斂，用韻、吐字、收音皆要講究，對於唱曲速度上的要求，要脫離速度感，做到「快不亂，慢不斷」，[12]唱曲的快慢全憑演唱著的

12　吳昆仁先生語。

功力,越是慢曲,越須爐火純青的功力。如果以唐‧崔令欽著《教坊記》〈歌〉觀之:

> 善歌者,必先調其氣。氤氳自臍間出,至喉乃噫其詞,即分抗墜知音。既得其術,即可致遏雲響谷之妙也。」

不正是與南管曲唱不謀而合嗎?

　　回顧大陸南音的唱曲活動,在兩岸分隔四十年後,呈現分崩離析的景象,文革期間因泉州南音幾遭全面剷除,文革以後大陸重新恢復的南音,由於上級指導單位的要求,以及將福建南音定義爲「曲藝」類,南音演唱的形式已產生了許多質變(圖版十一),重新抄寫與整理記錄的曲簿,亦呈現與臺灣不同的風貌,除了「劇曲」與「清曲」不分,記譜也有改用簡譜方式記寫工尺(圖版十二);唱腔曲調的加花裝飾更趨於隨意與多音,旋律的轉折趨於「歌仔」之流氣;偷聲唱法[13]被普遍運用,唱曲音色規格化,眾多演唱者,以相當一致的發聲法演唱,造成音色的統一;拍法速度加快,或整首曲子速度的處理,趨向戲劇性忽快忽慢的轉折,不遵守傳統由慢至快的速度演唱等等。這些都是因應戲劇張力呈現所做的改變,大量劇曲與散曲,被改編爲曲藝表演的南音曲目,南音錄音帶出版品也以「陳三五娘」系列、「昭君出塞」系列等等方式出版。曲藝化的南音在泉州地方,自有其存在的政治性、商業性、觀光性的考量,它帶動了近十年來泉州地區的繁榮,泉州地區中小學不僅設有南音班,官方還編有南音教材,[14]泉州

---

[13] 偷聲唱法,是一種閃躲拍子出聲的唱法,往往在琵琶指法彈出後,再以高本音一音程的音出聲唱,故會造成音樂暫時休止現象,產生切分效果。台灣樂人對於謹守琵琶指法的唱法則稱爲「飽撩飽曲」;此種唱法較「硬斗」(難唱,需要有實力),大部分台灣南管樂人認爲偷聲唱法僅能偶而用之,不能視爲常態。

[14] 大陸中小學南音教材,並未如臺灣邀請專家編訂教材(如2002年,臺北市文化局出版,《中小學適用的南管教材》包含書面教材、教師手冊、影音資料等),僅錄製初級唱曲曲目錄音帶一捲,計有:〈一身愛到我君鄉里〉、〈元宵十五〉、〈去秦邦〉、〈荼蘼架〉、〈因送哥嫂〉、〈直入花園〉、〈望明月〉、〈聽見雁聲悲〉、〈魚沈雁杳〉、〈拜告將軍〉等十曲。中小學生則利用課餘至各地館閣學習,其地方政府每

的文化宮天天有南音表演，政府部門亦以此號召華僑返鄉。出版的有聲資料也非常多。

　　兩岸剛開始恢復接觸時，臺灣的南管樂人，較不習慣於大陸曲藝化的唱腔與表演方式，筆者參與台北各館閣拍館活動時，常聽老絃友說：「泉州南音唱在嘴皮上，袂好聽（不好聽）。」（閩南語）但隨著大陸開放，兩岸交流頻繁，臺灣老絃友日益凋零，青黃不接時期，中青代開始呈現大陸熱風潮，加上多位泉州南音樂人嫁作臺灣媳婦、及泉州樂人被聘請至臺灣任教，亦或自行至臺灣尋求教館的機會，如泉州南音團有名唱曲好手王阿心，嫁與漢唐樂府負責人陳美娥之兄陳守俊；琵琶手傅妹妹，嫁與台北大稻埕江姓南樂堂江謨正；原泉州地區唱曲藝為生的詹麗玉，嫁與南管戲（交加戲）名角陳秀鳳之子陳廷全。泉州教館先生吳淑珍，來台在基隆閩南第一樂團教館，來台期間，亦經常參與台北地區的南管活動。漢唐樂府與江之翠樂團，亦曾聘多位泉州籍樂師與梨園戲演員來台教課。其他尚有數位南管人，以依親之名來台尋求謀職機會，或以絃友身份，經常參與臺灣的唱曲活動，臺灣老曲唱傳統確實受到很大的衝擊。

　　綜觀整個社會環境的變遷，生活步調的加速，現代年輕人對於時尚享樂的追求，與強調個人表現主義，使得表現方式較接近於 POP 式的大陸南音曲藝唱腔，逐漸成了臺灣南管新世代學習者，或以「錄音帶為師」者的新寵。特別是在臺灣早期出版的錄音帶大多絕版，少數流通在市面上，卻不易取得的情況下，而大陸近十年來出版的南音錄音帶、CD、VCD 等數量甚多，雖然品質不甚精緻，但價格便宜，返鄉絃友常多買回贈送其他絃友，反而在臺灣南管界廣為流傳。

　　近十年來，南北各地的排場演唱時，常見新手唱南曲時，斜拿拍板，搔首弄姿，輕聲唱曲，也甚是可愛。但它終究不是臺灣「曲唱」的傳統，老絃友雖不喜歡，但南管樂人日漸凋零，只要看到有年輕人

年則舉行南音比賽，鼓勵學生學習。

肯學，也覺值得鼓勵，因此，勉強被接受。若以現代社會的趨勢看，年輕人對任何事物的學習，有避重就輕，傾向於作表面式浮華的學習，對於慢工出細活或須下苦功，講求內斂功夫的傳統藝術，恐怕願意學習的人士也將越來越少了，因此大陸曲藝表演呈現的唱法，確實佔有時代的優勢，較能獲得現代年輕人的認同與學習；而臺灣「曲唱」傳統講究「韻勢」、「氣勢」的唱法，雖藝術性高，學習難度相對提高，這種學習南管演唱的方式，常常耗費時日，非一朝可蹴及，因此南管『曲唱』的發展，在曲高和寡的情況下，未來的命運，恐怕也只能為少數知音者所喜好，就如同中國傳統寫字用的毛筆，運筆講究，卻難敵現今的鋼筆、原子筆的使用容易，但它並不會因此失傳，反成為少數喜好者，作為修身養性的工具；又如古琴音樂，自唐以來，已有「古調今人不多彈」之嘆，可是琴樂至今仍然流傳，大陸琴家吳釗先生，於民國 83 年來台訪問時，亦曾對筆者言「臺灣的琴人比率，可能遠超過大陸琴家人數」。可見古琴對於現代人言，雖是陌生，但千年來仍傳承於文人之間，歷久不衰。

　　筆者以為臺灣的南管曲唱，有其特殊的地位，是直接傳承宋元以來的民間清唱傳統，故應固守傳統，但也不用排斥曲藝式的唱法，因為易學易唱，自會受到民眾普遍性喜好，不用擔心南管的命運，倒是應在此基礎上，做金字塔式的藝術架構，將南管曲唱之傳統唱法，做好整理與傳承工作，讓臺灣成為華人地區唯一保存傳統南管曲唱之地，其實是可以創造出臺灣南管曲唱藝術的另一片生機。基於這種想法，筆者近十年來，利用課餘之暇，向南管藝師吳昆仁先生，與台北地區的名曲腳江月雲女士、陳梅女士等人學習唱曲，企圖在中西音樂演唱發聲法中，找出一個平衡點，並從中整理出南管曲唱的學習原則；同時利用假日從事田野調查，拜訪各地南管樂人，記錄各館閣的南管曲目，瞭解臺灣南管音樂系統的生態，與音樂系統之間的關連，並希望對於各個面臨學習斷層的館閣，或南管系統陣頭音樂的問題癥

結，提出一些補救的看法。本書即在此構想之下，提出『南管曲唱』的論點，就教各方先進，筆者才疏學淺，錯誤難免，仍請各方家多多指教。

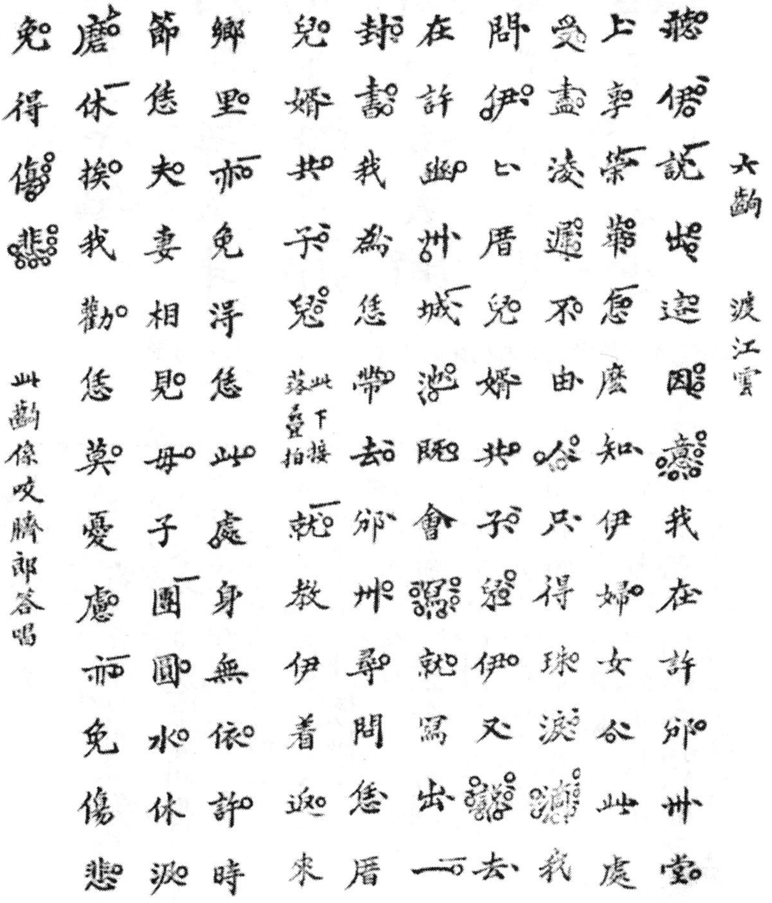

（圖版六）只記寫曲詩加撩拍的南管手抄本書影

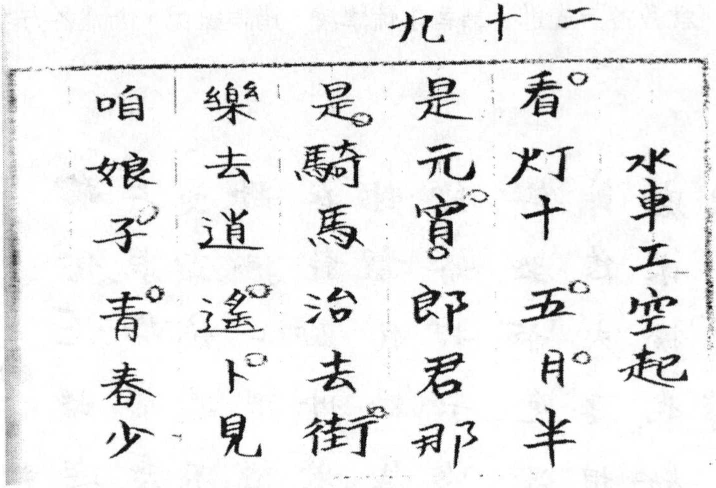

二十九

水車工空起

看灯十五月半

是元宵郎君那

是騎馬治去街

樂去道遙卜見

咱娘子青春少

（圖版七）高雄縣大社鄉柯來福先生「車鼓」手抄本書影

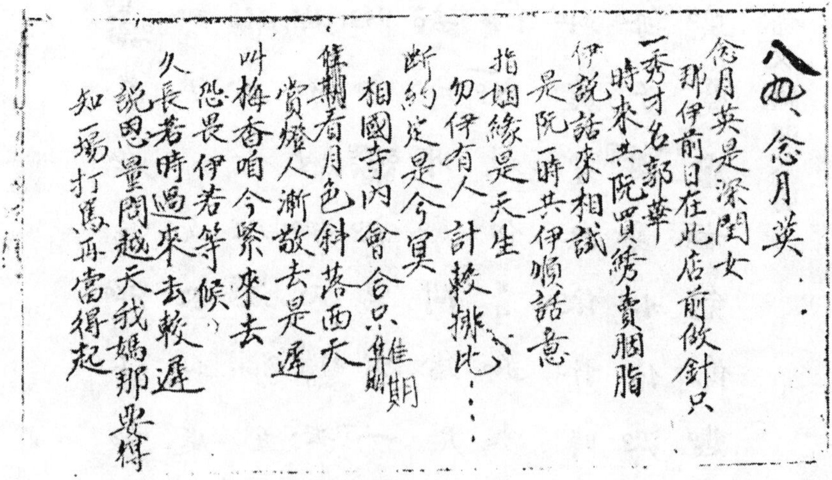

八四、念月英

念月英是深閨女

那伊前日在北店前做針只

一秀才名郭華

時來共阮買綉賣胭脂

伊說話來相試

是阮一時共伊順話意

指姻緣是天生

勿伊有人計較排比

断約定是今冥

相國寺內會合只佳期

看月色斜落西天

賞燈人漸散去是遲

叫梅香咱今緊來去

恐畏伊若等候

久長若時過來去較遲

說思量悶越天我嫣那要得

知一場打罵再當得起

（圖版八）佳里鎮三五甲「楊管走」手抄本書影

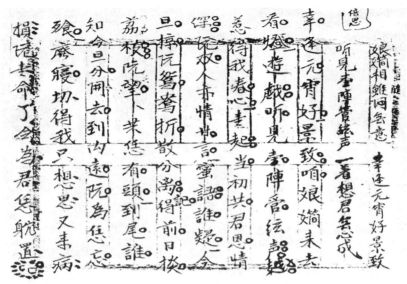

（圖版九）後龍鎮水尾村南管招聲團（太平歌）手抄本書影

（圖版十）臺北市華聲南樂社於南北戲曲館排場演出

（圖版十一）泉州南音演唱 VCD

（圖版十二）泉州南音演奏用譜（橫式記寫）

第二章 曲唱的傳承所—南管館閣

　　南管曲唱，主要保存於「洞館」館閣中，「洞館」從字面上看，是指以洞簫和樂之館閣，即以洞簫、琵琶、二絃、三絃等上四管合奏的形式，這種型態的館閣有一定的組織，以及相關的禮樂文化，其館員係業餘子弟，互稱「絃友」，並自稱本身的音樂為「絃管」、「南樂」或「南管」，演唱的曲目稱「南曲」或「錦曲」。這就是一般人所熟知的「南管」，是一種具有悠久歷史傳統的民間音樂，它的音樂內容包含了指、譜、曲三類曲目，有純器樂演奏，也有歌樂演唱。南管曲唱乃專指「歌樂演唱」，因其講究唱腔的咬字轉韻，故言「曲唱」。

　　傳統館閣每年有春秋祭祀「郎君爺」活動，根據施振華《南管的興盛時期》一文，廈門的春秋二祭，春祭為二月十二日，秋季為八月十二日（應指農曆）；而目前臺灣地區，僅剩台南南聲社仍維持每年春秋二祭的活動，但日期每年不一，主要是適應現代的社會，儘量安排在週六日，以便絃友參與活動。台北閩南樂府僅每年一次祭祀活動，也無公開的排場整絃活動；清水清雅樂府近幾年來，由政府單位補助協辦與民間贊助下，維持祭典活動，並舉辦大型整絃活動，邀請各地弦友參加，但時間也每年不定。

　　新興的南管社團近二十年來增加不少，多以教學傳習為主，如台北華聲社、中華絃管樂團、東寧樂府、奉天宮南樂社、台南赤崁南樂社等；有以專業演出的南管團體如江之翠南管樂團、漢唐樂府等；也有以公家單位成立的樂團，如台北市立國樂團附屬南管小集，以及隸

屬彰化文化局的南管實驗樂團。目前南部地區的館閣如台南的南聲社、高雄佑光社、阿蓮薦善堂、屏東東港鎮海宮南樂社，北部地區的閩南樂府、華聲社、和鳴社，中部地區的鹿港雅正齋、聚英社、遏雲齋，以及清水清雅樂府、大甲聚雅齋等，為人所熟知，且具較強之活動力。

第一節　　知見臺灣南管館閣存廢記錄

筆者自民國 83 年起，在臺灣（包括金門、澎湖）各地從事田野調查，下表乃是筆者根據田野調查[1]與前人文章所論述，以及樂人訪談之所獲得相關館閣資料整理而得，從此表中可見臺灣地區南管館閣的廢存概況，不管是曾經興極一時，或已廢館，或輾轉成為他館，或近年成立之館閣，從表中或可瞭解近一二百年來，南管館閣音樂文化在台的發展與遞遭情形。

台灣地區南管館閣存廢一覽表

館閣名稱	地　　　　　址	負責人（館先生）	現　　　況
閩南第一樂團南管研究中心	基隆市校西路陸橋下 電話：（02）24231349	林秋南（曾任館先生陳璋榮、吳昆仁、蔣以煌、吳淑珍）	存。
閩南南樂演藝團	基隆市義六路 11 號之 2 電話：（02）24652075	黃玉梅（李祥石）	存，以習南管戲為主。
聚賢堂	台北市新莊市新莊路 158 號→287 號→台北市歸綏街蔡天木	（最後一任先生林藩塘）	廢，約 1840 之前已成立，留有不少手抄

---

[1]其中有關台南縣館閣部份，由於台南縣範圍廣大，鄉鎮甚多，且屬於臺灣較早開發地區，民間館閣數目當不止於此，筆者限於田野調查範圍，僅能就目前所得之資料列舉之，不足之處尚待日後加以補充。

館閣名稱	地　　　址	負責人（館先生）	現　　　況
	家（此為館閣地點遷移順序）		本、文物、先賢圖等保存於林藩塘之子林新南處。
清絃閣	台北縣淡水鎮龍山寺（目前管理人為林志誠。）	許春華（施光華、蔡添木）	約民 67 年廢館。和鳴社林志誠之父為清絃閣的站山。
清音閣（永和南樂社前身）	台北縣永和市勵行街 28 巷 4 號	陳宗埤（王水德、李朝奈）	廢，改為永和南樂社。
永和南樂社	台北縣永和市勵行街 44 號 3 樓 電話：（02）29212866	張繼遠（蔡添木、劉贊格）	存，每星期一、三、五晚間活動現改名為永和體育協會南樂社。
浯江南樂社	台北縣永和市中正路 527 號 8 樓之 1 電話：（02）22310006	李國俊	存，每星期六晚上活動，以金門同鄉為主。
咸和樂團	台北市承德路三段 208 巷 89 號 2 樓 電話：（02）25953447	辛晚教	79 年成立，在大稻埕保安宮活動。
和鳴南樂社	台北市南京西路 344 巷 2 號 電話：（02）25562964	陳梅（陳梅、江膜堅）	86 年成立。星期一三晚上為教學時間，星期五拍館。
江之翠南管樂團	台北縣板橋市文化路二段 486 號 6 樓之 2 電話：（02）22539712	周益昌	活躍，專業演藝團體，兼習梨園戲與北管，並作現代劇場式演出。

館閣名稱	地　　　　址	負責人（館先生）	現　　　況
聚英社	台北市艋舺青山王宮	莊本 （周水杜）	廢。
聞絃社 （集絃堂前身）	台北市艋舺		廢。
集絃堂	台北市艋舺龍山寺	江神賜	廢。
清華閣	台北市歸綏街	（江南先、沈夢熊）	廢。
鹿津齋 （俗稱鹿港館）	台北市福君飯店三樓	施教哲 （林清河、林爲南、吳昆仁）	廢。
南聲國樂社 （閩南樂府前身）	台北市延平北路述記茶行	傅求子 （廖坤明）	廢。
江姓南樂堂	台北市江姓大人爺廟	江嘉生 （林藩塘、廖昆明、吳昆仁）	廢，現改爲惠泉南樂社，負責人爲江謨正。
惠泉南樂社	台北市錦州街 18 號	江謨正（傅妹妹）	89 年成立，但未登記。
永春館 （中華南管古樂研究社前身）	台北市迪化街永春同鄉會	余承堯	廢。
閩南樂府南管研究社	台北市延平北路三段 61 巷 32 號 2 樓 電話：（02）2591-1302	曾雄 （吳彥點、陳璋榮、吳昆仁、尤奇芬、張鴻明）	存。

館閣名稱	地　　　　址	負責人（館先生）	現　　　況
中華南管古樂研究社（中華絃館研究團前身）	台北市衡陽路二段72號2樓閩南同鄉會	黃祖彝	廢。
圓山萬壽園南管組	台北市圓山萬壽園	邱淙鐸	存，每天晨間，屬早覺會。
漢唐樂府	台北市基隆路二段48號12樓 電話：（02）27252008	陳美娥（王阿心）	興旺，為專業演藝團體，成員為家族式，兼習梨園戲，並以現代劇場呈現傳統曲藝。王阿心於91年離開漢唐樂府，另組心心南管樂坊。
中華絃館研究團	台北市忠孝東路一段→北寧路6號2樓 山韻樂器行　電話：（02）25775518	莊國章（蔡添木、鄭叔簡、陳金潭）	存，以培訓新學員為主。
東寧樂府	台北市吉林路75-1號2樓 電話：（02）25114272	施瑞樓	86年成立，此館為收費學習。兼習吟詩。
華聲南樂社	台北市承德路三段258號 電話：（02）25976619	李國煌（吳昆仁、江月雲、蕭志恆）	存，74年創團，穩定成長，老團員多位已有十年歷史。
晉江同鄉會南管組	台北市羅斯福路三段140巷3號		廢。
板橋農會農吟社		（曾玉、劉讚格、王阿心）	87年成立，屬研習班性質。

館閣名稱	地　　　址	負責人（館先生）	現　　　況
松山奉天宮南樂團	台北市福德街 221 巷 12 號 電話：（02）27279765	王君相（卓聖翔、林素梅）	88 年成立。
松青南樂團	三重市成功路 145 巷 8 號 3 樓	洪萬象、洪廷昇（洪萬象、洪廷昇）	82 年成立，僅活動 2 個月，因洪萬象過世而停止活動。91 年恢復傳習活動。
集美南樂社	三重市集美街	吳火煌	90 年成立，主要以原在保安宮的學生為成員，兼習國樂。
台灣南樂文化基金會（未立案登記）	台北市民生西路 178 巷 1 號地下室 電話：（02）255855548	呂進發	存，無館先生，每星期四、日下午三時以後活動，是北部地區絃友活動聚集處。
金蘭社	新竹市南雅街 27 號		廢。
崇孟社	新竹市中央市場 49 號		廢。
玉隆堂	新竹市城隍廟	（沈夢熊、陳清雲）	廢。
閩聲社	新竹市中南街 38 號 電話：（03）5228253	余火城 （劉贊格）	存。
合勝堂	新竹市竹北	林維楨（尤奇芬、劉贊格）	存，偶有活動。
麻園南樂社	新竹市竹北	周宜佳（周宜佳）	周宜佳原為崇孟社成員，其外公為香山同樂園高甲戲團主楊乞。國中教師退休後，從事南管的教學

館閣名稱	地　　　　址	負責人（館先生）	現　　　況
			傳習。
台中市閩南同鄉會南樂組	台中市台中路1巷5號閩南同鄉會		廢。
清韻雅苑	台中市建國路262號5樓之3	（吳素霞）	存。
清雅樂府	台中縣清水鎮紫雲巖電話：（04）6233831	黃金發（林清河、吳素霞、蔡清源）	興旺。兼傳習七子戲。
和合藝苑	沙鹿	吳素霞（吳素霞）	存，89年成立，以傳承七子戲前後場為主。
聚雅齋	台中縣大甲鎮城隍廟電話：（04）6873364	洪員（吳素霞）	存。成員與和合藝苑及清雅樂府多有重疊。
響泉南樂社	彰化市天后宮	蔡振玉（歿）	廢。
雅正齋	彰化縣鹿港鎮老人會電話：（04）7776496	黃承祧、莊忍（施性虎、黃殷萍、郭炳男、黃根柏）	存。台灣最古老的館閣，有兩百多年歷史。
聚英社	彰化縣鹿港鎮龍山寺	王崑山、許金塗、施永川（王成功、施羊、吳彥點、林清河、林獅、施魯、吳素霞）	存，現多為年輕人。平日分鹿港、彰化二地練習，興習假日回鹿港龍山寺合樂。
雅頌聲	彰化縣鹿港鎮	（潘榮枝、陳天賜、朱啓南、張禮煌）	廢。
大雅齋	彰化縣鹿港鎮張金記	（施朝、紀雞瀨、旺	廢。

館閣名稱	地　　　　　址	負責人（館先生）	現　　　況
		先、施論）	
崇正聲	彰化縣鹿港鎮菜園	李木坤 （葉襲、黃長新、施性 虎、黃殷智、潘榮枝、 吳彥點、郭炳男）	廢，李木坤在雅正齋 活動。
同意齋	彰化縣鹿港鎮	郭炳南（歿）	廢。
遏雲齋	彰化縣鹿港鎮八德路 149 號	郭應護（陳材古）	每日晚間活動，陳材 古於 89 年歿。
永芳南樂社	彰化縣芬園鄉芬草路一段 150 號 電話：（04）7620321	蔡振玉	廢，蔡振玉於 89 年 歿。
義芳社	彰化縣芳苑鄉		廢。
聚雅社	彰化縣芳苑鄉		廢。轉型成高甲班。
正聲社	彰化縣二林鎮		廢。
新義芳社	彰化縣二林鎮		廢。
振芳社	彰化縣大城鄉		廢。
秀螺社	彰化縣斗六鎮		廢。
清華閣	彰化縣西螺鎮		廢。
南樂研究社	雲林縣斗六鎮		廢。
昇平閣	雲林縣斗南鎮		廢。
集斌社	雲林縣北港鎮媽祖宮	（蔡水浪、沈夢熊）	廢。
武城閣	雲林縣北港鎮	蔡福安	廢。
南華閣	雲林縣北港鎮		廢。
褒忠閣	雲林縣褒忠鄉	紀老居	廢。
元長閣	雲林縣元長鄉　傅宅	傅振豐	廢。

館閣名稱	地　　　　　址	負責人（館先生）	現　　　況
鳳聲閣	嘉義市	（許道全）	廢。
清雲閣	嘉義縣梅山鄉媽祖廟		廢。
清音閣	嘉義縣大林鎮	許金生 （吳彥點）	廢。
青雲閣	嘉義縣朴子市中正路 179 號黃宅	黃輝煌	存，少活動。
振聲國樂社	台南市武廟	陳進丁 （張鴻明）	存，85 年恢復活動，每星期六、日下午活動。
總郊振聲社	台南市普濟殿	李清雲 （林老顧）	廢。
南聲國樂社	台南市 電話：（06）2638951	林毓霖 （江吉四、吳道宏、張鴻明）	興旺，每週五、六下午活動。
南聲同聲社	台南市海安宮	楊春長 （李瓊瑤、張鴻明、張再興）	廢
金聲國樂社	台南市藥王廟	張古樹	廢。
和聲社	台南市灣裡路 282 巷 38 號 電話：（062620536）	黃太郎 （蘇添丁、葉義、翁秀塘、張鴻明）	存，與南聲社館員多有重疊，平日在南聲社活動。
喜聲社	台南市喜樹	（瘸手允、阿田先）	廢。
群鳴社	台南市鯤　路 194 巷 59 號 電話：（06）2620536	陳新發 （瘸手允、吳道宏、陳田、翁秀塘、沈慶玉）	存，無活動。陳新發在南聲社活動。陳新發為洪廷昇之姨父。
安平館	台南市安平		廢。

館閣名稱	地　　　　址	負責人（館先生）	現　　　況
（確實館名待查）			
清平社	台南市鹽水鎮大同旅社	翁秀塘 （王雨寬、吳道宏、翁秀塘）	廢。
振東社	台南縣學甲鎮寮池府王爺廟	陳神保 （瘸手允、陳榮茂、張鴻明）	存，廟會前活動。
天聲社	台南縣學甲鎮大廟慈濟宮	（張鴻明）	廢。
新聲社	台南縣關廟鄉松仔村	（菖先、翁秀塘、吳道宏、張鴻明）	存，無活動，館址樂器俱在。館員因館產問題失和而停止活動。
清和社	台南縣安定鄉海寮普陀寺	（蔭先、林老顧、翁秀塘）	存，廟會前活動。
山上館 （確實館名待查）	台南縣山上鄉		廢。
玉井體育協會南管組	台南縣玉井鄉	（陳學禮、張鴻明、陳振隆）	存，少活動。
新市館 （確實館名待查）	台南市新市	（翁秀塘）	廢。
新化館 （確實館名	台南縣新化觀音亭	（廖萬吉、李瓊瑤）	廢。

館閣名稱	地　　　　址	負責人（館先生）	現　　　　況
待查）			
閩南同鄉會國聲南樂社	高雄市六合二路 206 號	謝素雲（吳彥點、鐘伯齡、卓聖翔）	存，無活動。
振雲堂	高雄市文武聖殿	（陳天助）	廢。
南樂社	高雄市興盛一街 103 號		廢。
竹聲社	高雄市三鳳亭	（吳再全）	廢。
清音南樂研究社	高雄市河北二路三鳳宮	（謝自南）	廢。
興德南樂社	高雄市河北二路三鳳宮	陳清福（卓聖翔）	存，無活動。
清平閣	高雄市旗津	（許啓章、簫水池、洪流芳）	廢，89 年曾再度聘師招生，惜無人學而停止。
壽山南樂社	高雄市通化街 124 號		廢。
以明社	高雄市楠梓區		廢。
虎鳴社	高雄市楠梓區		廢。
萬聲閣	高雄市鼓山區	（洪流芳）	廢。
揚聲社	高雄市三塊厝		廢。
集賢社	高雄市左營區　電話：（07）5823206	顏秋琴（潘榮枝、吳彥點、吳再全、陳榮茂）	存，少活動，廟會時仍組團參加。
和聲社	高雄市大港埔	蔡寶桂	廢。
光安南樂社	高雄市楠梓區右昌三仙街 38 號。　電話：（07）3622115	（陳田、王阿丑、卓聖翔、翁秀塘、蘇榮發）	存，活動力強，年輕館員企圖心強，音樂表現有相當水準。
和樂社	高雄市文衡路	許益城	廢。

館閣名稱	地　　　　址	負責人（館先生）	現　　　況
串門南樂社	高雄市民享街 102 號	鄭德慶 （卓聖翔、林素梅）	存，以卓聖翔、林素梅二人爲主。
吉貝廟南樂社	高雄市吉貝廟	（吳再全）	廢。
引鳳社	高雄縣大樹鄉中洲		廢。
福建同鄉會南樂社	高雄縣鳳山市福建同鄉會		廢。
醉仙亭南樂社	高雄縣鳳山市文雅東街 150 號	（卓聖翔）目前無館先生。	存，初一、十五唱曲祀觀音，不對外活動。
羅天社	高雄縣岡山鎮		廢
永聲社	高雄縣永安鄉永安宮		廢，僅剩黃文旋 1 人會唱曲，無傢俬腳。
六律堂	高雄縣彌陀鄉		廢。
聚雲社	高雄縣梓官鄉梓官路義氣堂 電話：（07）6103567、（08）7528803	（陳榮茂）	存，尙有春秋二祭，但少與外界交陪。[2]
振樂社	高雄縣茄萣鄉頂大廟	（蔭先、林老顧、吳素霞、陳令允、張鴻明）	存，配合廟會活動學習。
振南社	高雄縣茄萣鄉下大廟	（陳田、陳川、張鴻明）	存，配合廟會活動學習
正聲社	高雄縣崎漏鄉正順廟	（陳川、老虎先、翁秀塘、張鴻明）	存，配合廟會活動學習
崇聲社	高雄縣小港鄉		廢。

---

[2] 「交陪」，閩南語，與其他館閣有相互交流活動時，稱爲有「交陪」。

館閣名稱	地　　　　址	負責人（館先生）	現　　　況
鳳吟聲南樂社	高雄縣旗山鎮媽祖廟	吳梓	廢。
吟聲閣	高雄縣		廢。
集聲南樂社	高雄縣內門鄉內豐村內埔 82 號　紫竹寺	（陳榮茂）	存，初一、十五祀觀音唱曲活動，平日已無活動。
薦善南樂社	高雄縣阿蓮鄉民族路 82 巷 14 號 電話：（07）6312058	陳乙金 （陳榮茂、翁秀塘、卓聖翔）目前無館先生。	每日晚間活動，星期六休息。
鳳聲南樂社	高雄縣湖內	（許道全、陳榮茂、李瓊瑤）	廢，剩中賢村林仁里一人唱曲，有李瓊瑤手抄本。
鳳鳴社	屏東市後興路	（李拔峰）	廢。
玄天府北極壇南樂社	屏東市蘇州街 54 號 電話：（08）7335511	（卓聖翔）	每星期三、日活動
慈聲社	屏東縣里港鎮		廢。
鳳翔閣	屏東縣東港鎮延平路 126 號福安宮 電話：（08）8322024	（吳再全）	廢。
福安閣（前身爲鳳翔閣）	屏東縣東港鎮延平路 126 號福安宮 電話：（08）8322024	（卓聖翔）	廢。
鎮海宮南樂社	屏東縣東港鎮鎮海宮（08）8324667	洪全瑞（08）8327777（卓聖翔、蔡清源、傅妹妹）	存，原爲南管小唱，現改習洞管。據吳素霞女士言，早期助先（陳天助）曾在此教

館閣名稱	地　　　　　址	負責人（館先生）	現　　　況
			館。
集賢社	屏東縣溪州		廢。
萬聲閣	屏東縣萬丹鄉	陳清雲	**廢**。
聚英社	台東市博愛路 421 號 電話：(08) 9342531	謝孝卿（89.歿） （施洋、陳田、劉贊 格、楊錦義、陳榮茂）	每日上午八時至十一 時活動，成員年齡偏 高，無新生代加入。
聚英社	花蓮市國風路 75 號		廢
集慶堂	澎湖縣馬公鎮新生路 71 號	（陳天助、蔡振玉）	87 年蔡振玉教館，蔡 振玉 89 年歿。
集樂堂	澎湖縣馬公鎮		廢。
長壽俱樂部	澎湖縣將軍鄉		存。
薛家南樂社	福建省金門縣薛家村		廢。
金門南樂研究社	福建省金門縣金城城隍廟內	顏西林	存。每日活動。

　　從上表已知的文獻與田野調查，得知臺灣最古老的館閣應為鹿港的雅正齋，約成立於 1749 年，臺南武廟振聲社約成立於 1811 年，臺北新莊聚賢堂約成立於 1840 年。雅正齋至今仍然活動，為鹿港地區重要南管館閣；振聲社於 1997 恢復活動，但館員與南聲社多重疊；新莊聚賢堂已廢館，老館員繼續在臺北各館閣活動。舊館閣之興衰更迭，因應社會變遷，新式館閣興起，傳統的館閣習樂方式與活動皆面臨挑戰。

第二節　南管館閣簡介

一、大臺北地區

　　大臺北地區現有活動的館閣，計有十五處，但臺北地區絃友身份多重疊，活動場合所見，經常為同一批人。除漢唐樂府與江之翠南管樂府，為專業演出團體外，一般館閣，活動力較強，除了能從事教學，傳承音樂學習活動，且尚有拍館活動[3]的有閩南樂府、華聲南樂社、和鳴南樂社、中華絃管樂團等，這些館閣是北部絃友，固定出現活動的地點。圓山萬壽園南管組，屬早覺會性質，音活動地點在圓山戶外，遇雨則無法活動；中華絃管樂團主要以學員活動為主；東寧樂府與奉天宮，都是吟詩、南管兼教，學員流動率高。茲將活動力較強之館閣簡介如下：

（一）漢唐樂府

　　1983 年成立，由臺南南聲國樂社的陳美娥，秉持「重建南管古樂於中國音樂史學術定位」的宗旨所創。館址最初在臺北市士林區雨農路 19 號，1985 年遷移至仁愛路四段 49 號 7 樓，1987 年遷移至基隆路二段 131-3 號 2 樓，1994 年遷移至基隆路二段 48 號 12 樓，並成立「漢唐樂府藝術文化中心」。1995 年另設「梨園舞坊」，結合南管與梨園歌舞的科步，創作精神傳統、型態新穎的古典樂舞戲。團長是陳守俊、藝術總監陳美娥，音樂指導王馨（王阿心），並先後聘請大陸多位樂人與梨園戲藝人曾家陽、蕭培玲、吳明森、曾靜萍、蔡亞治等來台教授。成員有陳倫頡、高進清、蕭賀文、許淑慧、莊瓊虹等人。目前屬於國家扶持的演藝團隊，經常出國演出。

---

[3] 「拍館」活動是南管館閣固定的音樂唱奏活動時間，正常的館閣除了館先生的教學活動，館員還可利用拍館活動，觀摩前輩的唱奏，同時參與合樂的演奏，考驗所學是否扎實，也可磨練奏唱技巧。拍館活動一如排場，有「起指、唱曲、煞譜」的程序，其中曲唱是音樂演奏中最重要的部份，

（二） 華聲南樂社

　　1985 年由吳昆仁與江月雲所創，初址設在環河北路江姓大人爺廟二樓，1986 年正式登記成立社團，是第一個申請教育部補助經費從事南管薪傳工作的團體。初期為研習班性質，學生流動率亦高，近十年來漸趨穩定。2000 年起開始有絃友的定期聚會的「拍館」活動。教學活動地點分別在臺北市承德路三段 258 號，與大龍峒孔廟明倫堂，另亦在臺北市社教館延平分館開南管研習班。華聲社社長為李國煌，教師有吳昆仁、江月雲、蕭志恆（初級班）等人，成員以大專師生及社會人士為主，有吳米芳、林珀姬、陳淑嬌、邱玉華、吳金蓮、李啓源、劉秀珍、蕭志恆、林世昀、張煉欽、孔令伊、黃華興、陳怡文、翁瓊華、翁淑華、粘純真、謝雨軒等約 30 多人。目前每週日晚上定期「拍館」，星期二、三晚上在孔廟為進階班上課、星期六、日下午在承德路館址為初級班上課。

（三） 中華絃管研究團

　　1984 年「山韻樂器有限公司」成立之初，即免費提供場地給解散的中華南管古樂研究社團員練習。團長莊國章，教師蔡添木、鄭叔簡、林永賜，團員初期有有吳火煌（演練組長）、蘇桂枝、李志龍、蔡麗月、吳明宗、粟碧秋、林為禎、林天泉、游郁芬、林月香、李國俊。1986 年正式成立中華絃管研究團，館址設於台北市北寧路 6 號 2 樓，莊國章經營的「山韻中國樂器中心」。目前主要成員包括莊國章（團長）、蘇桂枝、李志龍、蔡麗月、林月香、游郁芬、吳三和、陳鴻銘、郭龍川、高順堂、陳薇等人。每週一、三晚上固定練習，並積極培訓應屆高中畢業生，目的為報考國立臺北藝術大學傳統音樂系。

（四） 咸和樂團

　　1990 年成立，1992 年正式向教育局立案。成立的宗旨「為傳習南管、台灣歌仔戲，及民俗樂曲之業餘教學及服務組織」。團長為臺北大學都市計畫研究所教授辛晚教，館址位於臺北市承德路三段 208

巷 89 號 2 樓（辛晚教宅），活動地點在大稻埕保安宮，民國 91 年起，每星期一晚上活動，成員有辛晚教、鄭美麗、張再隱（歿）、邱淙鐸夫婦、陳廷全夫婦、蔡添木、林秀華等人。每年保生大帝生日，皆邀請臺北地區絃友參與排場活動。

（五）浯江南樂社

　　1992 年成立，宗旨爲「延續鄉音，聯絡感情」。成員以在臺北工作的金門人士爲主。社長爲中央大學中文系副教授李國俊，館址位於永和市中正路 527 號 8 樓之 1（李國俊宅），成員有李成國、陳金潭、李梓良、李繡梨、李清汪、林癸伶、陳玉君等人。目前每週六晚上不定期「拍館」，但以金門同鄉爲主。

（六）江之翠實驗劇場南管樂府

　　1993 年 7 月成立。爲了將「傳統音樂與現代劇場藝術結合」，嘗試各種可能性，力圖「轉化傳統藝術，賦予當代精神」。館址位於板橋市文化路二段 486 號 6 樓之 2。團長爲周逸昌，曾先後聘請卓聖翔、林素梅、陳啓東（歿）、吳昆仁、張鴻明，及大陸的潘愛治、張在我、施織、謝永健、李麗敏、張貽泉、陳美娜、陳濟民、黃雪娥、吳明森、王顯祖等人來台教授。團員數度前往菲律賓、泉州、廈門等地向南管前輩學習，並兼習梨園戲身段表演及鼓藝，也習北管，並結合現代劇場觀念作創新的演出。團員有溫明儀、魏美慧、陳玫如、陳佳雯、鄭靜芬、李毓芳、徐智城等人。目前屬國家扶植演藝團隊，演出活動較多。

（七）台北市南樂基金會

　　1994 年成立，但未登記，館址在臺北市民生西路 178 巷 1 號地下室，場地提供者是呂進發、林卿夫婦。呂進發身兼廈門同鄉會理事長，所以廈門同鄉會也設於此。初期曾聘請尤奇芬、張再興爲館先生，但目前並無學習活動。僅提供絃友合樂場所，時間爲每週四、日下午至晚上，是臺北地區絃友最常聚集的地方。

（八）永和南樂社

前身爲永和清音閣，原屬於交加調子弟館，1979 年成立。會長是陳宗碑，館先生有王水德、李朝奈，活動地點在陳宗碑永和住所二樓。1996 年正式向臺北縣教育局申請立案，改名永和南樂社，負責人爲永和市民代表張繼遠，館先生爲劉贊格，活動地點改在永和市溪洲市場三樓會議廳（勵行街 44 號）。1999 年向臺北縣社會局申請立案，改名爲「永和體育會南樂健康委員會」。榮譽會長爲張繼遠，會長爲陳宗碑，活動地點同上。會員有高國禎、陳全勝、林正治、黃裕忠、林明子、鄭員、陳宗培、李瓊瑤、郭廖利、鍾碧娥、林錦坤、洪朝枝、林福崙、紀老業、洪敏、林尤菊、洪春福、陳福順、林玉樹、林三財、朱丕杰、簡嘉南、洪錦家、李妹等人。目前每週三、五晚上定期聚會練習。

（九）和鳴南樂社

1997 年 12 月 28 日成立，2000 年正式立案。館址位於臺北市南京西路的法主公廟，雖是新成立的館，屬傳統館閣性質，館主陳梅，館員江謨堅、江謨正、傅妹妹、陳瑞柳、林新南、施教哲、陳宗碑、葉圭安、洪廷昇、劉贊格、吳錫慶、周宜佳、陳淑嬌、邱玉華、王玫仁、林志誠、林珀姬、蔡添木、紀玉幸、林秋蓉、王金鳳、許明哲、潘潤梅、陳國林、陳文榮、陳麗文、陳廷全、詹麗玉等人。目前每週一、三晚上由陳梅、江膜堅負責教授新進成員，每週五晚上「拍館」。參與此館拍館活動的絃友範圍更廣，新竹以北的絃友常參與，南部絃友北上，亦會到此參訪，是目前臺北地區參與拍館活動絃友最多的館閣。

（十）東寧樂府

1997 年成立，前身是綠色和平電台詩詞吟唱班及南管班。屬研習班性質，其研習與演出活動並向臺北文化局等處申請補助。館主兼教師爲鹿港人施瑞樓，館址位於臺北市吉林路 75-1 號 2 樓，成員有

陳炳林、羅悅玲、范姜滿子、蔡泉雄、陳保琳、鍾秀春、黃進賢、吳銘進等人。學習活動除了南管，亦兼習吟詩。

（十一）奉天宮南樂團

1999 年成立，以「保存推廣古老的南管音樂」為宗旨，積極推行「大家學南管」。團長為松山奉天宮主任委員王君相，屬研習班性質。聘請卓聖翔、林素梅（馬來西亞華僑，原在南部地區教館）教授。地點原本僅設在奉天宮，後來擴大至臺北市各區活動中心，如內湖港墘活動中心、中山市場等。目前仍有教學活動，但學員流動率相當高。

（十二）閩南樂府

閩南樂府於 1961 年成立，由曾雄、吳永輝、吳楚、陳金希、陳炳煌五人發起成立，但是早在 1959 年就已有絃友聚集活動。館址先後在重慶北路二段 46 巷 5 弄 4 號 2 樓（1961—1963 年，約二年）、太原路 155 巷遠東戲院後面（1963—1964 年，一年多）、寧夏路 22—1 號 2 樓（1965 年 8 月 1 日起，一年）、延平北路三段 61 巷 32 號 2 樓（1966 年起至今）。館先生有吳彥點（1959 年在重慶北路時教館達八個月，即「二館」）、黃清標（在寧夏路時教一年，即「三館」）、陳璋榮（約 1965 年前後，教一年四個月，即「四館」）。歷任理事長有吳翼棕、陳啓傑、郭景輝、吳貞等，館員曾多達一百七十六人，曾是大臺北地區最大的館閣。現在大部份老館員四散，或自立門戶，如和鳴社陳梅、華聲社吳昆仁、基金會的林卿等，原都參與閩南樂府活動，後離開自立門戶。現聘請南聲社張鴻明不定期教館，新學員不多，如有活動時仍須調派老館員，或邀請國立藝術大學傳統音樂系學生幫忙。

（十三）台北圓山萬壽園南管組

1975 年成立，會長張訓，負責人先後有張萬得（工研醋董事長）、許寶貴、郭添宗，歷任館先生有許寶貴、郭添宗等，常參與活動的絃友有洪江泉、邱淙鐸、杜清源、林

良輝、林新南、詹阿笑、洪瑞梅、林玉松、仙治姐、沈太太、白太太、辛晚教夫婦。屬於早覺會的性質，運動後八至十點玩南管，未供奉郎君，目前亦未設置館先生一職，每週一至六早上皆有絃友參與活動，並以星期六早上參與的絃友較多。

（十四）集美南樂社

吳火煌先生原在保安宮教國樂與南管，因故離開後，學員仍繼續跟隨他學習，故於三重市集美街家中成立館閣，從事教學，目前活動多於白天進行，大部分學員為家庭主婦，利用白天小孩與先生不在家的空檔從事南管學習活動，大部分亦兼習國樂。傳習時間為每星期二、四的上午。2002 年集美南樂社學員亦參加彰化縣南北戲曲館的整絃活動。

（十五）松青南樂社

1993 年成立，館址設在洪廷昇住所，三重市成功路 145 巷 8 號 3 樓，初成立時，館主為洪萬象（洪廷昇之父），參加的館員有蔡添木、鄭叔簡、尤奇芬、陳啓東、張再興、吳華長、蔣以煌、吳添在、吳錫慶、施教哲、施東煌、劉贊格、林卿、李朝奈、李成國、陳金潭、陳宗培、陳宗碑、吳火煌、葉圭安、陳廷全、洪廷昇等人。當時籌備了一年，並在週日晚間聚會，但活動二個月後洪萬象（1919-1993）去世，活動遂停止。2001 年洪廷昇恢復館閣活動，擔任館主與館先生從事傳習活動，並積極參加對外活動。2002 年10 月 6 日在板橋林家花園演出，為第一場對外的正式演出。

二、中部地區

中部地區以鹿港為南管最興盛地，雅正齋、聚英社、遏雲齋是目前尚具活動力的館閣，彰化縣立文化局南管實驗樂團，則是附屬於文

化局南北戲曲館的專業樂團；清水清雅樂府近年經常申請政府補助，承辦大型排場活動，都相當成功，也兼辦七子戲的傳習活動。大甲聚雅齋也一直有活動，由於與清雅樂府同一館先生（吳素霞）之故，與清雅樂府經常相互支援。

（一）雅正齋

雅正齋是鹿港最早的南管館閣，成立於約 1749 年，大約在日治時期至光復前後，是雅正齋南管發展的巔峰期，館址設在老人會館，由於鹿港生活仍保存農業社會的舒緩步調，雅正齋的老館員，經年累月的合樂，默契甚佳，目前仍是全台館閣南管指套合樂演奏，默契最完美的團體，可惜自 2001 年「簫腳」陳材古先生逝世後，上四管合樂中的「簫腳」部份，略嫌銜接不上，效果略差。目前雅正齋的老館員，皆致力於南管傳承工作。

（二）聚英社

聚英社約成立於 1912 年，前身源於品館「逍遙軒」，清末改習洞館，為「聚英社」，早期聘請大陸先生來台教館，也曾聘泉州人吳彥點教館。目前館址設在龍山寺，又分鹿港與彰化兩地同時傳承，鹿港以施永川先生為主作傳承活動，彰化以許金塗先生為主作傳承活動，星期日則二地會合於鹿港龍山寺練習，館主許金塗是年輕輩的絃友，全家五口均是館員，還曾全家上台演出「七子戲」，他們也同時是彰化南管實驗樂團成員。雅正齋黃成桃先生亦在聚英社指導學員。

（三）遏雲齋

據現任館主陳塗糞先生言,遏雲齋最初是由當地人郭雙傳的祖父郭來龍發起,距今約一百多年。遏雲齋據傳原為歌館,可能在日治時期或戰後初期改為洞館,遏雲齋老館員,如陳材古（已歿）、陳塗糞、莊忍等加入雅正齋,郭應護加入聚英社活動,也繼續在遏雲齋傳承較學,同時亦協助彰化文化局,在南管研習班從事南管傳承教學活動。

（四）清雅樂府

　　清雅樂府成立於民國 42 年，館主黃金發，初成立時聘鹿港人林清河教館三年餘，49 年聘吳彥點教館半年，56 年聘吳素霞教半年，60 年再聘林清河半年，自民國 72 至 89 年吳素霞爲駐館先生。館員有多位爲清水仕紳、醫生夫人，故館閣財力無後顧之憂。經常舉辦大型排場活動與七子戲傳習活動。2000 年因吳素霞女士離開清雅樂府，另立和合藝苑，清雅樂府改聘嘉義蔡清源先生教館。

（五）彰化南管實驗樂團

　　民國 85 年成立，其主旨：（一）以提倡中國傳統音樂，培養民眾對本土音樂之認知與關懷。（二）傳承南管音樂戲曲，培植南管新生代人才。（三）爲本縣南北戲曲館開館，培育常態南管樂團。其團員經考試錄取後，每週六固定集訓，經常參與彰化地方社區活動演出。駐團教師爲吳素霞女士。

（六）大甲聚雅齋

　　大甲聚雅齋創館於民國 15 年 6 月，隸屬於大甲城隍廟，數十年來積極參與南管音樂活動，與清雅樂府交好，二館彼此相互支援。館員活動追隨吳素霞，吳素霞所教之處，大甲聚雅齋館員，都熱心協助與參與。

（七）和合藝苑

　　吳素霞女士爲傳承七子戲，於 89 年成立，學員多爲吳素霞的老班底，跟隨吳女士習藝多年，前後場人員兼備。

三、南部地區

　　南部地區仍有活動的館閣計有十三處，其中在台南市者四，台南縣者二，高雄市者三，高雄縣者六，屏東縣市者二，茲將活動力較強之館閣簡介如下：

（一）光安社

　　成立於民國十六年，目前館址位於高雄市楠梓區三仙街三十八號

之右昌元帥廟後花園，歷任館先生包括阿田先（陳田）、丑先（王阿丑）、卓聖翔、翁秀塘、蘇榮發等諸先生，該館為高雄地區成立年代較早的館閣，至今仍保存樸質的音樂風格，而後起之秀中亦不乏佼佼者，如女曲腳吳秀霞，其嗓音嘹亮、音色甜美、轉韻流暢自然，為南部地區中生代中的唱曲好手，男曲腳潘文良，在蘇榮發先生調教下，已是臺灣目前少數男曲腳之菁英。

（二）薦善堂

　　成立於民國七十三年，館址位於高雄縣阿蓮鄉民族路八十二巷十四號之薦善堂內，曾任館先生者包括陳榮茂、翁秀塘及卓聖翔等，目前負責人為陳乙金先生，陳先生吹簫，中氣十足，近幾年薦善堂未再聘請先生教館，但仍維持活動，時間為每日晚間（星期六除外），人員約有十數人，「傢俬腳」[4]習慣看譜演奏，唱曲以梁秋菊女士最佳，梁女士生長於梓官的南管世家，自小學習南管，也會彈琵琶與三弦，館員們相互學習，感情甚好。與南聲社、和聲社關係甚佳，南聲社、和聲社或清雅樂府作會排場，皆熱心參與。

（三）鎮海宮南樂社

　　本地的傳統原為「南管小唱」，目前閩南沿海鄉下，還有以「南管小唱」為名的團體，此地人大多以捕魚為生，其南管小唱的傳統實來自閩南原鄉，是一種以噯仔主奏，加鑼鼓的南曲。近幾年來因傢俬腳缺乏，傳習發生困難，故於民國八十三年改為南樂社，館址設於屏東縣東港鎮鎮海里鎮海宮內，聘請卓聖翔來教館。館員並且支援東港海事水產職校之南管技藝傳習活動，89 年改聘蔡清源先生教館，91 年傅妹妹教館。民國 86 年東港王爺祭時，仍以「南管小唱」祀王爺，因「南管小唱」為本地至少百年以上的傳統。86 年筆者訪問鎮海宮南樂社時，其負責人洪全瑞先生表示，其父母皆是「南管小唱」的成員，他們二人年輕時扮演陳三五娘而結合，但是傳統口傳心授的學習

4　「傢俬腳」指樂器演奏者。

方式，到洪先生這一代已經產生了困難，老成員凋零，學習樂器的傢伙腳無以為繼，只好改請洞館先生來教館，可是王船祭時，南管卻不得其門而入，因本地的傳統是「南管小唱」，於是老成員與習南管的新成員，只好又湊合湊合練習原來的南管小唱來「祀王」。又據吳素霞女士告知已故「助先」陳天助先生曾在此教館，陳天助先生為張再隱先生之師，此亦為早期的南管館先生，常往來於南部地方，各不同類型館閣（太平歌館、南管小唱等）教學記錄。而吳素霞女士亦曾在高雄縣蚵仔寮教過一車鼓、太平歌館。

（四）武廟振聲社

武廟振聲社是目前所知台南地區歷史最久的管閣，[5]其前身為三郊振聲社，館址在水仙宮及其週邊，至日據時代才遷入武廟。"三郊"指南郊、北郊及糖郊，為清代以來台南規模最大、最富有的商業公會組織；其中，南郊從事與南洋各國間之貿易，北郊為與大陸沿岸之貿易，而糖郊專指往來台灣與福建之糖業貿易。由於閩南之泉、廈人素好南管，早年三郊便於水仙宮設立了振聲社，隨行之事務所設在水仙宮旁，大型商船航至安平港，隨即以中小型船隻接駁至此停舶，船員們下了船，不必忙著卸貨，可逕入館閣"玩南管"，貨物則一概由三郊派人員處理。三郊為了攏絡船員，甚至不惜巨資延聘大陸知名南管先生前來駐館任教，並備有鴉片煙，提供吸食。在如此盛情款待船員之下，這些商船都極樂意與三郊貿易，三郊因此生意興隆，財源廣進，而振聲社也因不斷有名師駐館教學，因而成為兩岸知名的館閣。

目前已無法確知當時有哪些大陸名師曾在振聲社教過，只可略知振聲社知名的南管樂人，如：燦先（陳鐘燦）、老顧先（林老顧）、阿

---

[5] 振聲社的歷史可由該館琵琶 "寄情" 推算； "寄情" 完成於丁巳年，至少已歷三甲子，故振聲社成立至今，至少已有二百零五年。令人扼腕的是，南管館閣珍貴歷史資料之先賢圖，振聲社已失其一，否則當可為其二百年歷史之明證。

田先（陳田，陳鐘燦之子）、全先（許道全）等。[6]民國六十年以後，振聲社的館員人數與活動皆大量減少，春秋二祭已無法維持；至民國七十二年，武廟經內政部公告爲台灣地區第一級古蹟，七十五年撥款整修，振聲社便在人才凋零、後繼無人，以及武廟封廟整修等因素下，於七十七年秋季後停止活動。

武廟整修工程於八十四年完工，之後廟方希望能重振「振聲社」，於是在現任理事長陳進丁先生，及現任館先生張鴻明先生奔走下，振聲社再度於八十五年秋開館，於每星期六、日下午爲活動時間，場所則依舊設於廟內六和堂外之中庭花園；目前該館活動情況熱絡，參與者十數人，但多爲原南聲社館員及台南市文化基金會南管班學員，亦有少數來自高雄的樂人。並於 87 年舉行春季排場，各地絃友皆熱烈參與。

振聲社所保存的手抄本計有：指簿（分上、下集），有指套三十

---

[6]燦先：全名陳鐘燦，晉江人，以散曲曲目多，聞名南部南管界，南聲社開館人江吉四亦曾經其指點，並支援南聲社之創設；其子陳田，亦爲南管界著名先生。

老顧先：全名林老顧，早年曾學太平歌，南管則受教於南聲社創館人江吉四，其後因故離館，另行加入振聲社，擅彈琵，曾任教於總部振聲社、頂茄萣振樂社、安定鄉海寮清和社等館閣。

阿田先：全名陳田，民前十四年生，逝於民國五十五年；爲燦先之子，承父業，以擅散曲聞名，曾任教之館閣包括：台東聚英社、喜樹喜聲社、鯤身群鳴社、下茄萣振南社、右昌光安社等；阿田先個性隨和，好酒，黃根柏先生形容其爲“全身浸在酒缸裡”；遇南管人向其索曲，總是有求必應，故與南部地區各館閣關係良好，又南聲社故館先生吳道宏，亦有部份散曲曲目，係得自陳氏之手。阿田先於民國五十五年辭世時，南聲社曾至其靈前祭拜，並將其名載入南聲社先賢圖內。

全先：全名許道全，擅長吹簫，絃友陳瑞柳先生有文形容其吹簫，中氣飽滿，擅吹嘴角簫，可吹出比人高出半音，據聞有一次演奏會，整場從頭吹到尾，應付自如，深受絃友敬重。曾任教高雄縣湖內鳳聲南樂社與嘉義鳳聲閣，亦是現任振聲社理事長陳進丁先生南管啓蒙老師。

罔市：台北艋舺人，早年到廈門學南管，是著名的藝旦，結婚後定居台南，加入振聲社，並任教於此。其唱曲聲音圓潤，吳昆仁先生曾與她彈過琵琶，張鴻明先生亦稱讚她，是當時少有的女性館先生，散曲曲目甚多，其名亦載入振聲社先賢圖。身後所遺留琵琶與拍板仍保存完好，由其孫蔡益文先生保存。

八套，李瓊瑤指簿，有指套十六套；譜簿，有譜套十四套；曲簿，有散曲一百二十二曲，以上係由館員洪持先生抄錄；並有陳連心之南管溫習簿一本。另外振聲社陣館琵琶＂寄情＂，據傳為早期南管界甚有名氣的琵琶，其原有音色圓潤有金屬聲，從前非為老師級之樂人不得碰之，可惜該琵琶之板面經南管樂人吳再全修換後，音色已不如前。值得注意的是，振聲社至今仍保存著代表其過去盛況之＂籤筒＂，四十八支籤上，各書以三十六套指名及十二套譜名，據說早期館員平時合樂曲目，完全以抽籤方式決定，此種合樂方式，大約持續至日治末期，由此可見振聲社極盛之時，館員能力之強。可惜現已無館閣有此能力。[7]

（五）和聲社

臺南市灣裡的南管歷史活動歷史久遠，據故和聲社館員黃添福先生言，在其曾祖父時代「和聲社」已存在；該館鎮館琵琶＂先有情＂，就是故館先生蘇添丁之上一輩樂人所製。

和聲社沒有固定的館址，已知曾任館先生者包括蘇添丁，葉義、翁秀塘等，館員多為灣裡地區人士，包括萬能、老龍、虎胡、來興、羅漢、茱子、蘑菇、老鼠（老龍之子）、烏頭、本子、賴子、清吉、老瓜、九怨、阿祺（奏二絃）、阿進（阿祺令兄）、阿昌……等等（以上人士皆不詳其本名），多為曲腳，活動多配合庄頭廟萬年殿（主祀水仙王）之廟會活動進行，遇醮事，前數月請先生教館，醮事完畢，即停止活動；民國八十五年，灣裡萬年殿作王醮，前數月起，聘南聲社張鴻明前往教館，醮事完畢後即停止活動；[8]近年來由於館員大量

---

[7] 據吳昆仁先生表示，自他學南管的時代，台灣已無人可和完四十八套指，「和指」不比作曲腳的伴奏，功夫要很好，而且指譜全套要背得清楚，是需要很好的記憶力。一般相同門頭的指套，民間樂人都指學其中一套，以避免混淆。所以振聲社抽籤合樂的方式，代表了此館活動期間可能是臺灣南管最興盛的時期。

[8] 民間大部份依附在廟宇的館閣，其音樂活動主要是做為廟宇的陣頭，擔任廟會活動的音樂主軸，因此截至目前，此類的館閣都是在廟事之前幾個月才聘請先生教

減少,每遇廟會須延請南聲社館員支援。民國 87 年起,黃太郎先生每年自搭綵棚,邀請各地絃友排場演唱至今。

　目前該館館員有:黃太郎、黃源一、杜成(吹簫)、葉老補、杜春長(群鳴社及南聲社館員陳進才之舅父)、杜清陰(唱曲)、黃順興、葉振坤、黃春池……等;[9]至今保存有彩傘、彩牌、樂器等,未設先賢圖;每年農曆十月初九,萬年殿王爺生日時,舉辦“喫會”聯絡館員情誼。原有歷任館先生所膽抄之手抄本二冊,於八十六年初焚毀於黃添福先生靈前。[10]

(六) 南聲社

館,廟事結束,音樂活動也停止。從和聲社的早期館員曾先習太平歌,再改習洞館唱法,以及不祭郎君爺,而是祭祀水仙王兩件事看,此館可能也是歌館,後改為洞館。

[9]　和聲社館員簡介如下:

　蘇添丁:和聲社早期館先生,據黃添福先生言,民國五年左右他開始學南管時,蘇氏年已七十多歲。

　葉義:人稱「義先」,早年曾學太平歌,師事糖伯,後改學南管,師事蘇添丁先生,蘇氏過世後,繼任為和聲社館先生,據黃太郎先生言,民國四十三年他隨義先學南管時,葉氏亦已七十多歲,享年九十三。

　翁秀塘:即塘先,鹽水人,民國十七年生,吳道宏的學生,能演奏各樣樂器,約於民國五十年代起,陸續任教和聲社至八十五年逝世為止。

　張鴻明:泉州同安人,生於民國九年,三十七年來台,六十年起任南聲社館先生,八十五年翁秀塘逝世後,接替其至和聲社任教。

　黃添福:本名黃邦傑,灣裡人,生於民國前五年,逝於民國八十六年,少時曾隨塘伯學太平歌,後改學南管,先後師事蘇添丁、葉義、翁秀塘、吳再全等先生,擅唱曲;黃氏生前為和聲社負責人,並於民國五十年代末期加入南聲社活動。

　黃太郎:黃添福之子,生於民國二十八年,十六歲起學南管,先後師事葉義、翁秀塘等先生,擅吹簫,亦於民國六十年左右加入南聲社,並多次隨南聲社赴歐亞澳各洲演出。會製作琵琶、二弦、洞簫等樂器。

　黃源一:黃添福之子,能彈奏三弦,民國八十六年初黃添福逝世後,繼任為和聲社負責人。

[10]　田野調查中,常聽說絃友逝世,將手抄本焚燬於靈前,讓愛樂的絃友帶走的事蹟。這似乎也是南管音樂文化的一部份。

　　臺南市南聲社於 1917 年，由江吉四先生創辦，舊館址在臺南保安宮，目前租屋設館於夏林路 176 號。近三四十年來，在故理事長林長倫的熱心經營，與故館先生吳道宏、現任館先生張鴻明的指導下，南聲社成為臺灣南管界之最重要的館閣，揚名國際。現任理事長為林長倫之子林毓霖。南聲社每年春秋二季的郎君祭，是目前臺灣南管界的盛事，全臺各地的絃友皆熱心參與。

　　南聲社經常應邀出國演出，尤以 1982 年 10 月赴法國、荷蘭、比利時、瑞士、西德等國演奏時，在歐洲獲得最大迴響，引起音樂學者與國際音樂界的注意。其後法國國家廣播電台並錄製了六張小月南管散曲 CD，暢銷歐洲與台灣。

　　目前臺灣傳統的南管館閣以南聲社陣容最堅強，不僅傢俬腳齊全，曲腳多，而且實力相當，「腹內」曲目多。館員向心力強，除每星期六固定的練習活動外，還積極從事培養下一代的傳習活動，此活動皆由老館員自願的義務性教學。曲腳有葉麗鳳、陳嬝朱、黃美美、謝素雲…等等，傢私腳有張鴻明、蘇榮發、謝永欽、蔡勝滿、蘇慶花、陳進丁、陳振隆、呂陽明…等等。

第三節　　館閣制度與音樂學習活動

一、館閣制度

（一）樂神─祭祀對象

　　要辨識洞館與歌館的不同，除了唱奏方式、樂器編制不同外，也可由祭祀的對象來區分：洞館供奉五代後蜀皇帝孟昶為祖師，故多設有孟府郎君的神位；歌館則祭祀鄭府元帥鄭元和。[11]南管館閣排場活

---

[11]此為一般原則，也有例外，如北港武城閣、集絃閣屬歌館，祀奉對象為子游夫子，後龍南管招聲團屬歌館，祀奉八仙之一的漢鍾離，茄萣賜福宮的歌館祀朱文府千歲；台南和聲社屬洞館，祀奉水仙王。

動，[12]亦多配合「郎君祭」舉辦，每年春秋二祭，以祭郎君、祀先賢
爲序幕，然後掀起整絃排場音樂活動的高潮，各地絃友聚集一堂，相
互寒暄，以樂會友，卻又有上場競技的意味，是屬於南管音樂活動中
最正式的奏唱場合。

（二）人事制度

　　館閣是南管音樂保存與傳承的場所，一般館閣設有館主或館東一
職，館主爲館閣之主事者，除了處理館內日常庶務，或爲財物支助，
或爲提供活動場地，並支應館先生的食宿，因此館主是館閣的靈魂人
物。[13]早期參與館閣活動者又分兩類，一爲真正參與音樂活動者，是
館閣中真正的音樂學習與演奏人員，早期的樂員以男性爲主，而當時
習唱南管的女性皆爲藝旦，並不見容於保守的館閣；[14]一爲南管音樂
愛好者，只在精神上與財物上提供支援，本身並不參與音樂活動，實
爲南管文化的支柱之一，稱爲「站山」。館閣聘請館先生從事教學活
動，稱爲「開館」，[15]通常以四個月爲一館。也有常設館先生一職的，
如臺南南聲社，民國 60 年以前的館先生江吉四、吳道宏，是館主兼
館先生，義務教學，不收酬勞。民國 60 年以後則是張鴻明爲駐館先

---

[12] 排場活動似乎僅限於館員身份爲中上階層以上（如有商賈、文士的參與）的館
閣，依附於庄頭廟宇的子弟館，通常僅參與廟會活動，不辦排場，有些館閣每年
固定辦「喫會」聚餐，也會與各地絃友「交陪」，相互參與活動。

[13] 許多傳統館閣的館主都是由仕紳富商擔任，如艋舺集絃堂的館主林熊徵是板橋
林家後代，爲當時的大企業家，續任者陳朝駿是大稻埕著名的茶商；清華閣的館
主陳天來也是著名的茶商。

[14] 光復後藝旦的行業逐漸沒落，許多會唱南管的藝旦才逐漸被接受，有少數特殊
的例子，如鹿港的阿樓、珍珠仔，在光復後分別加入雅正齋、聚英社，死後列入
先賢圖；臺南振聲社的胡岡市藝旦出身，曾任館先生，死後亦列入先賢圖；臺北
的藝旦許寶貴死後，亦列入閩南樂府先賢圖。

[15] 許多鄉間庄頭的子弟館，屬於因應廟會活動的館閣，都是在廟會活動前幾個月
開館，活動結束即「謝館」（即閉館），館員各回本職工作，不再有練習活動。也
有因神明指示不能謝館，而固定在初一十五祀神的唱曲活動。農村館閣的經費較
缺乏，故館先生的任期往往是斷斷續續，而不固定。

生。清水清雅樂府，於民國 72-89 年聘吳素霞爲駐館先生。館先生爲館閣傳樂的核心，習樂的館員稱爲「樂員」，因不同的師承關係，往往傳承了不同的曲目與唱唸曲風。而樂員繳費或不繳費習樂的例子，在各地都有，皆依各館閣的財務狀況而定。

（三）樂人

日治時期至民國 60 年代以前，參與傳統館閣樂人的身份，有三種類型：一爲較上層社會的組織：如鹿港雅正齋爲當地仕紳的雅集；台南振聲社爲三郊商會人士；嘉義鳳聲閣爲木材商的團體；北港集斌社多爲當地文人社團「聚奎閣」的成員；二爲基層行業人士，如販夫、工農人士等組合，如鹿港聚英社、茄萣的振樂社。三爲小生意人與基層人士的結合，如臺南南聲社，此類型爲數較多。政府遷臺後，也有同鄉會類型出現，如高雄閩南同鄉會南樂組（國聲南樂社）、台北閩南樂府。

凡是上層社會身份參與的館閣，對於館員身份的要求較嚴格，不准「下九流」及教過藝旦者，或戲班後場樂師者加入館閣。[16]此現象在南部地區庄頭的子弟館閣則不存在，因爲同一村的村民職業大同小異，如靠海的茄萣鄉大部份村民捕魚爲生，內門鄉大部份務農爲生，不會有身份地位的歧見。但以三郊爲主的振聲社，就非常講究身份地位。

二、音樂學習

南管曲唱，如與其他傳統音樂相比較，南管樂曲的結構龐大、曲調細膩，曲風婉約，是故，音樂的學習難度較高，「敕桃」又耗時費事，民間樂人常說南管人應具備「家事、閒事、藝事」等三條件，意

---

[16] 傳統社會階層分爲上九流：師爺、醫生、畫工、地理師、卜卦、相命、和尚、道士、琴師；下九流：娼女、優、巫、樂人、剃頭、牽豬哥、僕婢、按摩師、土公。臺北地區如林簝塘教過藝旦、潘訓爲剃頭師，二人都被排斥於清華閣之外，故而加入新莊聚賢堂。

即先要有良好的經濟條件，無養家之憂；不必因工作顧慮，受時間限制；在音樂上還要有良好的音樂能力。不過三者兼備的絃友畢竟是少數，樂人因「勅桃南管」，而潦倒終生的，常有耳聞。如吳昆仁先生常說：「闊頭伯本來作皮鞋為生，生意很好，後來沈迷於南管，不務生產，最後窮極潦倒，大約民國 60-70 年代每次見面溜曲，一定給他十元。」

南管音樂的學習，主要以館先生為核心，不管是想學樂器或唱曲，一般皆以唱曲入門，樂員以一對一的方式，跟著館先生口授，從熟唸曲詩開始，然後隨著館先生逐句唱唸，並且邊唱邊按撩，了解正確的拍位應打在何處，通常每人以兩遍為例，然後換人與館先生對嘴學習唱唸，但其他人仍在一旁聽學；同時學習的樂員，均以同一門頭的不同曲目為主，故每人雖僅習一曲，而實際上因在館中旁聽別人的學習，對同一門頭曲韻印象深刻，記憶性較佳者，常因此學會同門頭的多個曲目。所以早期的樂人常聲稱能唱一二百曲。

不管是指、譜、曲，南管音樂的學習，皆要透過館先生的口傳唱唸，樂員如果不喜開口學習唱唸，則成「半籠司」，[17]沒人帶路就無法演奏。這種現象在「傢俬腳」（樂器演奏者）中，最為明顯，除了琵琶手，其他樂器的演奏，幾乎無法自己獨立演奏，須有好的琵琶手帶路，如果琵琶手也不夠穩，常會被「拐倒」[18]，或是演奏成了繞迷魂陣，在相同的曲韻中繞不出來。樂員在學習過程中，聲音條件如果較佳，館先生會讓他以唱曲為主，成為館中的「曲腳」，如果聲音稍差，或較具樂器天分，再轉習樂器；一般的曲腳是不學樂器的，只專門唱曲。吳昆仁先生常說：「以前的曲腳，不能摸傢俬，不會指骨，曲才唱得好，記得牢。」

所有的館閣的音樂活動，主要以曲腳「唱曲」為主體，但指套有

---

[17]　「半籠司」指學藝不精的人，沒有經過唱唸熟記，就無法挑大局。
[18]　「拐倒」指合樂的絃友因曲目不熟出錯，擔任「指揮」大局的琵琶也被影響而無法繼續合樂。

必備五大套的說法。也有些館閣，如廟宇的附屬館閣僅習唱曲，不習器樂演奏，故無指套與譜的部份。有些「敕桃」南管的樂人，如果想在技藝上求精進，就會遊走各地，到處找尋同好，並且必須是音樂技藝程度相當的樂人，一起合樂奏指套或譜，整天可以一套接一套的演奏，只為磨練演奏的技巧。這種狀況，在館閣拍館活動中是不存在的，因為拍館或排場，均須依照演奏慣例：「起指、唱曲、落曲、過枝、落曲、過枝、落曲、煞曲、煞譜」，指套與譜的演奏，僅在拍館或排場始末，整個音樂活動主體皆是「唱曲」。因此一個館閣的活動是否熱絡，端看是否有足夠的「曲腳」，會唱許多不同門頭的曲目。[19]樂員平日跟隨館先生的唱唸學習，要在館閣拍館活動中，與老樂員或絃友共同合樂，並從合樂過程中，磨練音樂技藝，也學習南管音樂中的禮樂思想，並接受其薰陶。

除了館先生的口傳傳統，據田野調查發現，從日治時期開始，館先生有抄曲詩給樂員的習慣，有些曲詩也帶有工尺譜；也有樂員自抄，不識字者，甚至請人代抄的情況皆有之。曲簿抄寫的習慣，與明刊本大同小異，可見傳承習慣的一致性。因此南管音樂除了口傳傳統，寫傳傳統亦值得注意與探討。

三、館閣活動

（一）郎君祭

館閣中除了例行的拍館活動，最重要的應屬「郎君祭」活動了，每年例行有春秋二祭，祭拜南管的祖師爺─郎君爺，郎君祭所奏的「祀套」，有一定的曲目，與唱奏順序，但各地館閣使用曲目有差異性存在，根據吳素霞女士的說法：「郎君祭唱奏曲目五空管套為：譜〈梅

---

[19] 筆者在參與華聲社的學習活動中，發現吳昆仁先生曲目很多，但有時請他教譜或指套時，他常說那些沒什麼用，只要夠用了就好，曲子則要學多一點，在大型的排場時，才不會沒曲子唱。

花操首節、次節〉，曲〈金爐寶篆・黑毛序〉，譜〈四時景五至八節〉；倍思管套曲目為：譜〈三疊尾・首段次段〉，曲〈金爐寶篆・長潮陽春〉，譜〈三疊尾・三段尾段〉。祀先賢曲目：譜〈五面首節〉，曲〈二調・畫堂彩〉，譜〈五面二至五節〉。」

　　整絃排場通常為期三天，第一天下午祭拜郎君爺與先賢，晚上開始進行音樂性的排場，如果沒有邀請絃友參加，則第二天、第三天仍在晚上排場。

　　南管音樂較盛的地區如鹿港、台南、台北等地，有些館閣會寄紅帖邀請各地絃友參加排場，如南聲社至今仍保持春秋二祭排場習慣，只是時間縮短為一或二天。沒有固定活動地點的館閣，每年春秋二祭，館員以擲筊方式，決定下一任爐主，會後將郎君爺移至新爐主家安奉，同時舉行吃會唱曲活動，此時也會要請有「交陪」的館閣絃友參與，這種唱曲活動意義與排場整絃相同，但規模較小。

（二）廟會活動

　　一般南管館閣，都會主動參與當地或庄頭神明的廟會活動，如天公生、王爺生、土地公生、關帝聖君聖誕、媽祖聖誕或觀音、佛祖聖誕等，如果是出陣踩街繞境，必著長袍馬掛，陣頭前提『御前清客』彩傘或橫批，以示尊貴，先至廟前廣場或入廟內演奏祀神，然後繞境沿途綵街，並以十音唱奏。廟會活動中陣頭拜廟儀式，各地都有「只有南管陣頭，可入廟宇祀神」的說法，代表了南管音樂在民間百姓心目中的至尊地位。

（三）生命禮儀

　　早期南管音樂與民間生活緊密結合，婚喪喜慶中都少不了它，此類活動一般以館員或絃友為主，館員中有娶親、生日、入厝、喪禮等儀式性活動，館員或熟識的絃友會共同參與當天的排場，以表慶賀或哀悼之意。

　　1.喜事：喜事多在主人家中廳堂舉行，唱奏曲目以曲詩較具喜慶

色彩者爲主,時間多安排爲先排場,後用餐;但絕不可邊用餐邊排場。現代都會區常在餐廳舉辦喜事筵席,故邀請絃友排場亦改在餐廳舉行,時間仍安排在用餐之前,筆者曾參與北部地區林志誠先生入厝的排場、洪廷昇先生娶媳婦的排場,新竹周宜佳先生娶媳婦的排場等等活動,皆依傳統方式進行。

　　2.喪事:包括靈前排場,以及出殯當天的樂祭和送行。如果往生者是絃友,眾絃友會提前至靈前整絃排場,唱奏曲目不拘,通常會選較悲傷的曲目,主要是與往生者再敘最後一次南管緣,指套曲目以十音合奏方式演奏;樂祭仍依「起指、落曲、煞譜」方式進行,一般曲爲:指〈倍工‧七犯子—玉簫聲和〉或〈魚沈雁杳〉(自「聲聲哀怨」起),然後在奏樂中進行上香、獻花、獻果、獻爵等程序,再落曲唱〈生地獄—舉起金杯〉(即三奠酒),並斟酒三次,最後奏一譜〈叩皇天〉(即〈哭皇天〉)結束樂祭。環境較好的喪家,甚至請絃友沿途唱奏送行踩路。[20]華聲社教師江月雲女士母親過世時,筆者以江女士的學生身分,代表華聲社學員在其母靈前唱〈三奠酒〉。

第四節　館閣制度與學習活動的改變

　　受到社會變遷的衝擊,學界與政府對本土文化的重視,特別是都會區的館閣制度,在民國 60 年代以後有了顯著的新變化,產生了新型態的南管組織,例如:台北市由余承堯、黃祖彝、鄭叔簡、蔡天木等人籌組中華南管古樂研究社,義務指導對南管有興趣的大專學生;民國 72 年由陳守俊、陳美娥兄妹創辦的漢唐樂府,除了精緻包裝,結合文化界力量,並以各種不同劇場演出形式將南管介紹到國外,成

---

[20] 據吳昆仁先生言,鹿港絃友黃根柏的母親過世時,大稻埕清華閣館員曾到鹿港出陣送行。

為南管團體出國演奏最為頻繁的團隊；台北市華聲南樂社接受政府補助薪傳南管音樂，以大專院校學生、研究生與社會人士為對象，培訓愛好南管人士等等。館閣制度起了實質上的變化，這些新興的館閣，不重視樂神的祭祀傳統，沒有郎君祭活動，也無傳統館閣的人事制度，僅以發起人或教授者為核心，但較積極參與文化演出活動。另外傳統館閣以館先生為核心的傳承制度，也日漸鬆弛，如鹿港雅正齋，民國 50 年以後，就不設館先生一職，館中由老館員引領新學館員入門，後來這些老館員也成了鹿港地區的南管先生，但已不同於往昔的館先生地位。台南南聲社雖設有館先生一職，但功能不彰，舊館員已無法如舊習，藉由館先生學習新曲，通常僅維持舊曲的「溜曲」活動，各館員曲目的增加，全靠館員之間相互的學習，新進子弟學員也由老館員分別負責教學。

隨著館閣制度的變化，南管的學習活動，也不同於傳統館閣的習慣，大部份館閣目前的傳習，受到現代教育系統的影響，採集體學習制，指導者帶領學員唱唸後，以錄音帶輔助教學，讓學生聽錄音帶練習，後再配合個別指導；甚至譜式的應用上也有了變化，有些受西方音樂教育，或曾習國樂的指導者，往往運用西方音樂理論，解說南管工尺譜，帶領學生入門，或以改寫為簡譜來教學，這類的教學，常被視為「較科學化」或「較文明」；但捨棄傳統的口傳方式，其實是傳統音樂產生質變的一大關鍵。

第三章　知見南管曲唱曲目的有聲資料

　　南管曲唱曲目，一般稱為「散曲」，民間絃友常云：「詞山曲海」，意即散曲曲目繁多，終其一生也學不盡。但南管曲目究竟有多少呢？由於南管傳承靠口傳，實際上可見於已刊行選集中的曲目，大約有七八百首；呂錘寬先生《泉州絃管（南管）指譜彙編》，提及其所蒐集之台灣地區散曲曲目，不包含沒有指骨之曲與過枝曲在內，有二千一百三十七曲，而經常被演唱的曲目僅四十八曲，如以錄音資料為基礎，可得曲目大約不出百首。[1]此數目所顯示的訊息，似乎是被之管絃演唱的散曲實在太少，而實指的是南管人所謂的「籠面曲」，較常為人所唱。

　　觀察歷年每次的整絃活動，每一時段的音樂活動依習慣，皆以「起指」、「唱曲」、「煞譜」行之，「指」（包含噯仔指與簫指）、「譜」僅用於活動前後，整個活動中最重要的音樂活動是「唱曲」，如 1994 年彰化縣千載清音─南管整絃大會共計演唱了 42 曲；1995 年中華南樂聯誼演奏會亦唱了 42 曲；1998 年第二屆中華南樂聯誼演奏會共計唱 50 曲；2000 年清水清雅樂府排場共唱 46 曲；由此觀之，「唱曲」是南管整絃排場活動中，最重要的組成部份。由於現行整絃大會通常採事先報名，或事先通知各地館閣共同參與，因此，兩天的整絃活動，可唱的曲目，大約在四、五十首之間。整絃排場若僅安排一天活動，則大約可有 20 首曲目左右的演唱，如 1998 年臺北和鳴社週年慶排場，

---

[1] 見呂錘寬著：《泉州絃管（南管）指譜彙編》第三輯散曲。

唱了 23 曲。一般館閣拍館活動，也是以「唱曲」為主，如 1998 年 8 月 2 日，臺北基金會拍館錄音共計 27 曲；但 1998 年 6 月 14 日臺北基金會拍館錄音僅 4 曲；由於拍館活動屬絃友自由意願參加，每次活動參加的曲腳人數不等，曲腳多，唱曲的數目就多，曲腳少，唱曲的曲目就少，傢俬腳就利用此機會多和幾套指譜，不過不管是拍館或排場活動，參與的曲腳不多時，活動就顯得冷清，因此各館閣拍館活動時，一定盡力邀請曲腳參與。

事實上，南管散曲曲目的傳承習慣中，不同館閣之間，因師承的關係，會有不同曲目；而同館閣中的資深曲腳，除了館閣師承共有曲目外，各有專屬自己的曲目，如果把每位資深曲腳的曲目加以蒐集錄音，被演唱其數量當不只如此。以下就台灣可見之有聲資料，分述如後。

第一節　知見南管曲唱有聲資料曲目

筆者根據近十年來參台北市華聲社南管曲唱學習，並蒐集各地有聲資料，以及田野調查中在各館閣或排場的錄音資料整理如下：

一、華聲南樂社有聲資料

1. 江月雲女士早期錄音資料：

CD1.冬天寒（錦板）、恨王魁（中滾‧十三腔）、追想當日（相思引）、恨冤家（中滾‧三遇反）、秀才先走（福馬郎）

CD2.心頭悶憔憔（玉交猴）、奏明君（寡北）、懇明台（南北交）、輾轉亂方寸（錦板‧相思北）、書中說（望遠行‧五供養）

CD3.今宵喜慶（長滾）、花嬌報（長滾‧大迓鼓）、見許水鴨（長滾‧潮迓鼓）、輕輕行（中滾‧十三腔）、出畫堂（中滾‧百鳥圖）

CD4.共君斷約（水車）、為伊割吊（短相思）、夫為功名（短滾）、

茶薇架（雙閨）、感謝公主（福馬郎）、望明月（中滾）、梧桐葉落（短滾）、非是阮（雙閨）、輕輕看見（短相思）

2. 吳昆仁先生自彈自唱：[2]

CD1.月照芙蓉（山坡羊）、玉簫聲（疊字雙）、遠望鄉里（錦板·四朝元）

CD2.遠看見長亭（相思引·千里急）、三更人（中滾）、冬天寒（短滾）、非是阮（雙閨）、共君斷約（水車）

CD3.三更鼓（長滾越護引）、共君斷約（長滾）、奏明君（寡北）、輾轉亂方寸（錦板相思北）

CD4.記當初（中滾）、見許水鴨（長滾·潮迓鼓）因送哥嫂（短相思）、看滿江（中滾）

CD5.高郎（長玉交枝）、為著命（寡北）、燈花開透（長滾）、為伊割吊（短相思）、赤壁上（金錢北）

3. 華聲社學員錄音資料：

CD1. 共君斷約（水車）、鼓返五更（錦板）、出畫堂（中滾）

CD2.一間草厝（望遠行）、風打梨（寡北）、直入花園（尪姨疊）、我為乜（柳搖疊）、懶繡停針（中滾百花圖）、梧桐葉落（短滾）

CD3.看滿江（中滾）、懇明台（南北交）、冬天寒（錦板）、望明月（中滾）、感謝公主（福馬郎）

CD4.聽見杜鵑（錦板）、我為汝（北相思）

CD5.小妹聽（長潮陽春）、精神頓（潮陽春·三腳潮）、繡成孤鸞（潮陽春·望吾鄉）、當天下咒（潮陽春·三腳潮）

CD6.思想情人（相思引）、遠望鄉里（錦板·四朝元）、三更鼓（長滾·越護引）、懶繡停針（中滾·百花圖）、望明月（中滾）

CD7.嫻隨官人（短滾）、賞春天（中滾）、茶薇架（雙閨）、心

---

[2] 2-4 之錄音資料，為筆者於 90-91 年為文建會民族音樂研究所所做「吳昆仁先生南管音樂保存計畫」錄音。

頭悶憔憔（玉交猴）見許水鴨（長滾・潮迓鼓）、聽門樓（中滾十三腔）

CD8.爲伊割吊（短相思）、重台別（北青陽）、形影相隨（錦板）、恨王魁（中滾十三腔）、冬天寒（短滾）

CD9.梧桐葉落（短滾）、非是阮（雙閨）、夫爲功名（短滾・倒拖船）、書中說（望遠行・五供養）、心頭悶憔憔（玉交猴）

4. 華聲社學員精緻錄音：

CD10. 我爲汝（北相思）、冬天寒（錦板）、懇明台（南北交）、看滿江（中滾）

CD11.聽見杜鵑（錦板）、小妹聽（長潮陽春）、精神頓（潮陽春・三腳潮）、繡成孤鸞（潮陽春・望吾鄉）、當天下咒（潮陽春・三腳潮）

CD12. 見許水鴨（長滾・潮迓鼓）、嫻隨官人（短滾）、賞春天（中滾）、共君斷約（水車）、風打梨（寡北）、直入花園（尪姨疊）、我爲乜（柳搖疊）、荼薇架（雙閨）、書中說（望遠行・五供養）

CD13. 懶繡停針（中滾・百花圖）、爲伊割吊（短相思）、重台別（北青陽）、一間草厝（望遠行）、鼓返五更（錦板）

CD14. 思想情人（相思引・潮相思）、輾轉亂方寸（錦板・相思北）、心頭悶憔憔（玉交猴）、書中說（望遠行・五供養）

CD15.追想當日（相思引・八駿馬）三更鼓（長滾・越護引）、懶繡停針（中滾・百花圖）、梧桐葉落（短滾）

5. 林珀姬南管演唱會錄音：

第一場　時間：民國89年6月3日PM7：30

　　　　　地點：國立藝術學院舞蹈廳

　　　　　CD16. 追想當日（相思引・八駿馬）、輾轉亂方寸（錦板・

　　　　　　　相思北）、三更鼓（長滾・越護引）、懶繡停針、梧桐葉落

第二場　時間：民國89年6月24日PM7：30

　　　　　地點：彰化南北戲曲館

CD17. 思想情人（相思引・潮相思）、遠望鄉里（錦板・四朝元）、奏明君（寡北）、懇明台（南北交）

第三場　時間：民國 89 年 8 月 26 日 PM7：30
　　　　地點：桃園縣立文化中心演藝廳

CD18.見許水鴨（長滾・潮迓鼓）、恨王魁（中滾・十三腔）、夫爲功名（短滾・倒拖船）、鵝毛雪滿空飛（崑腔寡）、心頭悶憔憔（玉交猴）

華聲南樂社自民國 74 年成立至今，在薪傳獎藝師吳昆仁先生，與江月雲女士指導下，小有成果，根據吳昆仁先生自彈自唱，以及江月雲女士早年演唱，與歷年來華聲社學員所學錄音的曲目，依管門及拍法大小排列，總計有 60 曲：[3]

四空管 26 曲：

　　長滾：今宵喜慶（大迓鼓・帶慢頭）、花嬌報（大迓鼓）、見許水鴨（潮迓鼓）、三更鼓（越護引）、共君斷約（大迓鼓）、燈花開透（潮迓鼓）、暗想君（鵲踏枝）

　　中滾：輕輕行（十三腔）、恨王魁（十三腔）、聽門樓（十三腔）、恨冤家（三遇反）、出畫堂（百鳥圖）、懶繡停針（百花圖）、望明月、三更人、記當初、賞春天、看滿江

　　短滾：梧桐葉落、冬天寒、夫爲功名、嫺隨官人

　　北青陽：重台別

　　水車：共君斷約

　　尪姨疊：直入花園

　　柳搖疊：我爲乜

五空管 18 曲：

　　倍工：玉簫聲（七犯子）

---

[3] 華聲社散曲曲目有聲資料，見於筆者所執行文建會民族音樂中心之保存計畫，「吳昆仁先生南管音樂保存計畫」。

　　北相思：我爲汝

　　相思引：遠看見長亭（千里急）、追想當日（八駿馬）、思想情人（潮相思）

　　錦板：遠望鄉里（四朝元）、輾轉亂方寸（相思北）、冬天寒、鼓返五更、聽見杜鵑、形影相隨

　　福馬郎：秀才先走、感謝公主

　　短相思：爲伊割吊、因送哥嫂、輕輕看見

　　雙閨：茶薇架、非是阮

五六四侙管 11曲：

　　山坡羊：月照芙蓉

　　長玉交枝：高郎

　　玉交猴：心頭悶憔憔

　　寡北：爲著命、奏明君、赤壁上（金錢北）

　　崑腔寡：鵝毛雪滿空飛

　　寡疊：風打梨

　　南北交：懇明台

　　望遠行：書中說（五供養）、一間草厝

倍思管 7曲：

　　長潮陽春：小妹聽、出漢關、

　　潮陽春：精神頓（三腳潮）、繡成孤鸞（望吾鄉）、當天下咒（三腳潮）、聽門樓（三腳潮）

　　潮疊：孤棲悶

　　　華聲社尙未錄音曲目，尙有行到涼亭（長滾）、盤山過嶺（長滾）、山險峻（十三腔）、風落梧桐（相思引）、值年六月（序滾）、秋天梧桐、元宵十五、山不在高、背真容、三奠酒（生地獄）、聽閒人（短滾）等等。據筆者所知吳昆仁先生的曲目應有百首以上，十多年來的薪傳教學也僅教出五六十首，可唱曲目的減少，問題爲

何？容後敘述。

二、臺灣出版有聲資料

（一）2001《南管音樂賞析》9CD 彰化縣文化局監製，共收錄 30 曲。

CD1.入門篇選自 CD2-5 不同管門曲目各一首

CD2.過嶺盤山（二調·二郎神）、客鳥叫（二調·宜春令）、共君斷約（二調·下山虎過長滾）

CD3.燈花開透（長滾·潮迒鼓）、中秋時節（長滾過中滾）、看伊人讀書（中滾·杜宇娘）、三更人（中滾過短滾）、廟內青凊（短滾）

CD4.爲著命（寡北）、鵝毛雪滿空飛（崑腔寡）

CD5.當初所望（寡北過玉交枝）、想起拙就理（玉交枝）、勸汝（玉交枝過望遠行）、一間草厝（望遠行）、樹林黑暗（望遠行）

CD6.對鏡書粧（相思引慢頭起）、遙望情君（相思引）、因見花開（相思引過錦板）

CD7.愁人怨（錦板）、心頭思想（錦板過福馬）、感謝公主（福馬郎）、自從前日（福馬過雙閨）、茶薇架（雙閨）

CD8.三哥暫寬（長潮陽春慢頭起）、小妹聽（長潮陽春）、孤棲無伴（長潮陽春過望吾鄉）、繡成孤鸞（望吾鄉）

CD9.半月紗窗（望吾鄉過潮疊）、孤棲悶（潮疊三腳潮）遊賞花園（三腳潮）

　　此套 CD 是吳素霞女士所著《南管音樂賞析》套書的有聲資料，此書根據臺灣早期，南管排場演奏習慣，依不同管門的門頭，由長拍至短拍順序排列，轉變門頭時，要加入過枝曲的方式編寫，並錄製 CD，其中的過枝曲大部分不是現在演唱的活傳統，但經吳素霞指導，與鹿港地區的絃友彰化實驗南管樂團團員共同練習後錄製。其中除了過枝曲，也有些曲目在一般整絃活動中未曾聽聞。吳女士出身南管世家，也是著名的南管先生，會唱的曲目可能是臺灣最多。她同時是七

子戲薪傳獎得主，目前亦從事七子戲的薪傳活動。

（二）2000《本土音樂的傳唱與欣賞—南管》國立傳統藝術中心籌備處出版，收錄 2 曲

　　　　曲目：不良心意（中滾）、恨冤家（中滾）

　　此專輯名爲《本土音樂的傳唱與欣賞》，包含了南管、北管、歌仔說唱與民歌、客家音樂、原住民音樂等，其中南管 CD 中，收錄的南管曲目，卻有三首來自大陸南管樂人演奏，對演唱者的身份介紹亦不清楚，不知何故，亦或者是因臺灣的絃友演奏藝術性不夠？因非南管曲唱專輯，故僅收錄 2 首散曲，據其中〈不良心意〉一曲的唱法研判，它可能也是大陸的演唱者所唱。

（三）2000《聽到臺灣歷史的聲音（八）—南管音樂 》國立傳統藝術中心籌備處出版，收錄 10 曲

　　　　曲目：看古時（十三腔）、聽門樓（三腳潮）、杯酒勸君（倍工·疊字雙）、出府門（十三腔）、懇明台（北調；案：應爲南北交）、緣份牽伴（相思引）、出漢關（長潮陽春）、共婆斷約（水車）、記得當初（水車）、山險峻（中滾）

　　此 CD 翻拷自日治時期（1910-1945）的老唱片，因受老唱片錄音時間的限制，曲目演唱並不完整，大部份僅爲曲目前段。其中演唱者大部份爲廈門的藝旦與儒生，有兩位是鹿港的藝旦；此 CD 中有三個曲目是可以提出討論的：

　　1.〈門樓起更〉，曲名應爲〈聽門樓〉，〈門樓起更〉是歌館或車鼓歌所用的曲名，此曲演唱者王以敬爲廈門的一等儒生，唱法應屬歌館或太平歌的唱法，其伴奏琵琶無洞館的琵琶指法。由此觀之，歌館（或太平歌）的成員也有文人參與，非僅爲基層社會人士的館閣。

　　2.〈出漢關〉，演唱者爲鹿港遏雲齋成員阿梅，原爲藝旦，此曲的唱法亦接近歌館，伴奏琵琶指法不如洞館嚴謹；日治時期黑利家唱片曾爲阿梅出版〈長滾—燈花開透〉、〈相思引—踗步行〉、〈倍思—出

漢關〉等曲錄音，其他唱片還有〈潮疊—魚水相逢〉、〈北青陽—重台別〉等曲。

　　3.〈花婆斷〉，曲名應爲〈共婆斷約〉，〈花婆斷〉爲戲仔的說法，此曲爲雅正齋阿樓演唱，唱法亦屬太平歌或歌館，伴奏的琵琶無洞館的指法；阿樓原爲藝旦，後爲遏雲齊館員，光復後加入雅正齋，故死後入雅正齋先賢圖。

　　從此片 CD，可瞭解日治時期的南管音樂現象：

　　（一）一般的南管的稱呼，實包含歌館與洞館，對歌館與洞館的差異，一般人分辨不清楚。

　　（二）廈門的歌館也有儒生的參與，雖然曲名中標名爲「御前清曲」，但從唱法與琵琶指法仍可分辨，其應屬歌館，而這與一般認爲歌館的參與階層較低的說法有抵觸，筆者的田調記錄中，歌館的參與者，也大有文人階層存在，這種說法應予以修正。

　　（三）遏雲齋與雅正齋同屬鹿港的館閣，但一般學者敘述，雅正齋爲洞館，遏雲齊爲歌館，後改爲洞館；如果從雅正齋保存不少無骨的曲詩手抄本看，此傳統與歌館無異，另從臺灣早期移民，多爲勞働階層看，筆者懷疑臺灣許多古老館閣，初立館時，原都爲歌館，以後才逐漸改爲洞館。

　　（四）臺灣與廈門之間關係密切，南管音樂交流頻繁，此 CD 中有多位廈門儒生與藝旦演唱，可證之。

　　（五）此張 CD 的十首曲目，目前仍被傳唱。

　　（六）聽門樓、共婆斷約、記得當初等曲，也是太平歌或車鼓曲，迄今常唱的曲目。

（四）2000《鹿港雅正齋》彰化縣文化局監製，收錄 4 曲

　　曲目：懶繡停針（中滾）、感謝公主（福馬郎）、一間草厝（望遠行）、遙望情君（相思引）

　　此 CD 爲雅正齋訪問美國行前，於彰化戲曲館錄製，曲目皆爲尋

常熟曲。

（五）1999《南管遊賞》2CD　江之翠南管樂府製作，收錄 5 曲

曲目：CD1.望明月（中滾）、聽閒人（短滾）、孤棲悶（潮疊）

　　　CD2.去秦邦（中滾）、嶺路斜崎（短相思）

江之翠南管樂府，屬江之翠劇團，爲政府扶持的演出團隊，近年來在推動南北管音樂的傳習上不遺餘力，南管方面以吳昆仁爲駐團先生，不時邀請大陸與臺灣樂人蒞團指導，此張 CD 的唱法呈現，有較多大陸唱法或大陸梨園戲劇唱的影響。

（六）1999《南管曲牌大全》上下集共 10 卷　高雄串門南樂社出版，收錄 97 曲

CD1-4　五空管：

1.中倍、倍工、北相思、皂雲飛、皂雲飛疊、疊韻悲、雙閨、雙閨疊

2.沙淘金、福馬、福馬疊、竹馬兒、序滾、序滾疊、相思引、短相思、短相思疊

3.長錦板、錦板、長棉搭絮、棉搭絮、棉搭絮疊、長將水、將水令、將水疊、長生地獄、生地獄、勒順風

4.麻婆子、麻婆疊、聲聲鬧、聲聲鬧疊、野風餐、野風餐疊、錦衣香、錦衣香疊、三棒鼓、三棒鼓疊、玉翼蟬、越恁好、七巧圖、八駿馬、十相思、相思疊、鶯織柳疊、四季花疊、英雄塚疊、二停、棉搭絮緊疊

CD5-7　四空管

5.二調、長滾、中滾、短滾、短滾疊、長柳搖金、柳搖金、柳搖金疊、長倒拖船、倒拖船、倒拖船疊

6.長逐水流、逐水流、逐水流疊、長水車、水車、水車疊、長尪姨、尪姨、尪姨疊、銀柳絲、銀柳絲疊、北青陽、北青陽疊

7.二調北、二調北疊、步步嬌、步步嬌疊、屈滾、屈滾疊、牛腳

屈、咳嗽滾、繞地遊、一封書、四開花、中滾十三腔

CD8-9　五六四仅管：

8.小倍、大倍、山坡羊、長望遠行、望遠行、望遠疊、長玉交枝、玉交枝、玉交枝疊

9. 五六四仅管：寡北、寡北疊、崑腔寡、南北交、金錢花、金錢花疊、滴滴金、滴滴金疊、北地錦、刮地風、五供養、九連環、羌滾

CD10　倍思管：

10.湯瓶兒、長潮陽春、潮陽春、潮疊、三腳潮、三腳潮疊、望吾鄉、望吾鄉疊、五開花、五開花疊、四邊靜、四邊靜疊

　　此套 CD 以南管音樂系統中，所有可見的曲牌曲目為收錄對象，許多曲牌可能只用於傀儡戲、高甲戲或梨園戲，平常在館閣中並不被演唱，也有些屬於卓聖翔的創作曲，串門南樂團雖然只有卓聖翔與林素梅二人，能有此魄力出版錄製整套 CD，精神實在可佩，一般絃友或謂可聽性不高，因為其錄音，藉助錄音設備關係，各樂器分別錄製，後再行混音，非一般南管合樂的演奏錄音，不僅無合樂精神，也無法感受南管合樂之美，是其一大缺失。此外也許因對曲目的熟悉度不夠，經由視譜的奏唱，火候不夠，無法展現南管曲唱之美；但對於南管音樂研究者言，是很好的有聲參考資料。

（七）1997《臺灣南管—曲》2CD　王櫻芬製作　行政院文化建設委員會出版，共計收錄 7 曲。

　　曲目：

　　CD1.嬌養深閨（沙淘金）、無處棲止（北相思）、羨君瑞（竹馬兒）

　　CD2.山險峻（中滾十三腔）、懇明台（南北交）、千叮萬囑（錦板）、輾轉亂方寸（錦板相思北）

　　此套 CD 於民國 80 年錄製，卻遲至 86 年才出版，當時邀請各館

閣絃友在錄音室錄製，所錄曲目不少，但由於絃友對錄音室的適應不良，所錄的效果較差，大部分可聽性不高，因此只選錄較佳者，共七曲，據王櫻芬教授言，此七曲除了〈中滾十三腔・山險峻〉外，皆為難度較高，較少被演唱的曲目。不過據筆者的經驗，十三腔曲目因曲調變化豐富，而經常被演唱，但唱得好的並不多，台北地區較常聽到的曲目有演唱〈中滾十三腔・山險峻〉、〈中滾十三腔・聽門樓〉、〈中滾十三腔・輕輕行〉、〈中滾十三腔・看古時〉、〈中滾十三腔・背真容〉等曲，〈山險峻〉的演唱者是和鳴社館主陳梅女士，她是北部地區曲唱的佼佼者，對於曲唱的輕重聲（南管界用語，即抑揚頓挫）處理，與聲情、詞情的表現，相當精妙，是南管曲腳中罕見的。

（八）1995《南管移植新編》臺灣省政府音樂文化基金會，收錄 5 曲

曲目：望明月（中滾）、非是阮（雙閨）、輕輕看見（短相思）、山不在高（序滾）、感謝公主（福馬郎）

臺灣省政府音文化基金會，於 1994 年在南投縣鹿谷鄉舉辦「南管移植」活動，聘請了鹿港樂人至鹿谷傳習南管音樂，之後由「漢唐樂府」錄製此 CD，曲目由為來自泉州的樂人王阿心演唱，此五首曲目常被作為「入門曲」。此鹿港南管移植計畫，雖無後續活動，但當年所培植的人員約十多人，至今仍常聚會練習，偶而聘請鹿港黃承桃先生前往指導，雖與其他各地館閣無交流，但此移植計畫，在臺灣唯一無南管音樂存在的南投縣，種下了南管音樂的種子。

（九）1995《福建南曲聽門樓》高雄市立國樂團收錄 7 曲

曲目：三千兩金（棉搭絮）、好春天（四季花疊）、鵝毛雪（崑腔寡）、心頭傷悲（中滾）、聽門樓（中滾十三腔）、遙望情君（相思引）、楊柳枝（五開花）

此錄影帶以卡拉 OK 手法錄製，為林素梅女士在高雄市立國樂團教學時所錄，曲目中包含了卓聖翔先生創作的新曲，如〈好春天〉、〈楊

柳枝〉。

（十）1988《台南南聲社南管》2集 歌林股份有限公司，收錄曲目9曲

曲目：

CD1.三更鼓（長滾）、昨夜一夢（相思引・南相思）、暗想暗猜（短相思過潮陽春）、共君結託（望遠行）

CD2.山險峻（中滾）、感謝公主（福馬郎）、繡成孤鸞（潮陽春・望吾鄉）、梧桐葉落（短滾）、共君斷約（水車）

（十一）1992-1993 南管散曲6集（蔡小月唱）上揚出版社代理，共錄40曲

曲目：CD1.風落梧桐（相思引）、共君斷約（水車）、冬天寒（短滾）、心頭悶憔憔（玉交猴）、告大人（南北交）

CD2.懶繡停針（中滾）、聽門樓（中滾・十三腔）、不良心意（中滾）、夫為功名（短滾）、共君結託（望遠行）、遠望鄉里（錦板）、荼薇架（雙鬩）

CD3.秀才先行（福馬郎）、無處棲（北相思）、回想當日（相思引）、因送哥嫂（短相思）、暗想暗猜（短相思過長潮陽春）、有緣千里（長潮陽春）、孤棲悶（潮疊）、繡成孤鸞（望吾鄉）

CD4.三更鼓（長滾）、看牡丹（中滾）、輕輕行（中滾・十三腔）、望明月（中滾）、思想情人（相思引）、年久月深（長潮陽春）

CD5.恨冤家（中滾）、山險峻（中滾・十三腔）、推枕著衣（望遠行）、非是阮（雙鬩）、感謝公主（福馬郎）、遠看見長亭（相思引）、為伊割吊（短相思）

CD6.書今寫了（短滾）、梧桐葉落（短滾）、我為汝（北相思，從落疊起唱）、遙望情君（相思引）、昨夜一夢（相思引）、杯酒勸君（倍工）、誰人親像（長潮陽春）

以上十與十一兩種有聲資料，皆為臺南南聲社曲目，南聲社是目

前臺灣館閣中，曲腳最多，唱曲能力最好，可演唱曲目最多的館閣。如果想記錄臺灣的南管散曲曲目，南聲社是最具代表性的館閣。蔡小月的六張專輯爲法國國家廣播電台所錄製，暢銷歐洲各地。

（十二）1994《千載清音—南管》彰化縣立文化中心出版，收錄 3 曲。

　　　　曲目：出漢關（長潮陽春）、感謝公主（福馬郎）、出畫堂（中滾）

　　此錄音帶爲彰化縣立文化中心配合 1994《千載清音—南管》活動的出版品，演唱者爲鹿港聚英社館員，曲目爲尋常熟曲。

（十三）1994《南管賞析入門》中華文化復興運動總會製作 2CD 收錄 5 曲

　　　　曲目：去秦邦（中滾）、聽見雁聲悲（玉交猴）、一間草厝（望遠行）、白雲飄渺（錦板）、有緣千里（長潮陽春）

　　此套 CD 爲漢唐樂府錄製，演唱者王阿心，畢業於泉州戲曲學校，原爲泉州南音團主唱，故此張 CD 所顯現的，爲大陸泉州的傳唱曲目與唱法。但王女士唱腔圓潤，爲大陸唱曲之佼佼者，詮釋曲目之能力也是一般臺灣南管曲腳所不及。

（十四）1990《中國千年古樂—南管》2 集　薪傳音樂事業股份有限公司　收錄 2 曲。

　　　　曲目：請月姑（尪姨歌）、花園外邊（潮陽春）

　　此二曲爲指套演唱，一般館閣中，散曲曲目已多，指套多用來演奏，平時並不演唱，但此二指套是較受歡迎的，〈請月姑〉原爲《子弟壇前》套之第二節，此爲民間信仰儀式用曲，平時第一節不用，僅從〈請月姑〉開始，三節〈直入花園〉常被用來當入門曲。〈花園外邊〉套用於《陳三五娘》劇中之〈相毛走〉一折，屬於大眾化的曲目，大部份絃友都能哼唱，大陸樂人亦經常將此套當散曲唱，陳美娥女士是否受大陸影響或有他故，錄製此套，不得而知。但由此指套的演唱，

也可見陳女士的演唱功力。此錄音帶曾獲 1990 年新聞局金鼎獎。

（十五）1984《臺灣鄉土之音—南管音樂》2 集　臺灣省政府教育廳出版，收錄 9 曲

曲目：

Tape1：懶繡停針（中滾）、遠望鄉里（錦板）、鵝毛雪滿空飛（崑腔寡）、山險峻（中滾‧十三腔）

Tape2：出漢關（長潮陽春）、冬天寒（錦板）、感謝公主（福馬郎）、因送哥嫂（短相思）、無處棲止（北相思）

此二錄音帶為吳素霞女士所錄唱，吳素霞女士為知名館先生，目前臺灣女性曲腳能唱的曲目，當屬她最多，可惜近十多年來，因教學工作頻繁，過度勞累，聲腔大不如前，如要錄音保存，可能已失良好時機。此錄音帶非坊間出版品，故一般取得不易，當已絕版。

以上所見十五種錄音資料，為台灣在 1984—2001 年之間的有聲資料，從最近的有聲資料出版，可見臺灣搶救臺灣南管音樂的心態，如著眼於整絃排門頭傳統，吳素霞製作《南管音樂賞析》；如著眼於保存南管曲牌，卓聖翔、林素梅製作《南管曲牌大全》；如專為南管音樂欣賞者所作的《南管賞析入門》等；其他則為欣賞性曲目。如果《南管音樂賞析》與《南管曲牌大全》曲目，以及指套的演唱不計，臺灣出版南管曲唱有聲資料曲目，共約有六十多曲。

三、臺灣出版，但已絕版有聲資料：

臺灣光復後，南管音樂曾出現復甦景象，臺灣鈴鈴唱片、新聲唱片、福斯唱片、月球唱片、福信唱片等等公司，曾先後出版或翻拷舊有錄音帶，當時曾受到熱愛南管音樂者的青睞，現多已絕版（最近又見有高雄南星公司翻拷的錄音帶）：

（一）鈴鈴唱片出版錄音帶（共 39 曲）

RA-8063 曲目：小姐聽說（相思引）、念月英、燈花開透、非是

阮、暗想君、因送哥嫂、秋天梧桐

 RA-8064 曲目：寺內孤棲、小妹聽、風落梧桐、秀才先走

 RA-8065 曲目：月照芙蓉、滿空飛、我爲汝、出漢關

 RA-8066 曲目：回想當日、懶繡停針、師兄聽說、早起日上

 RA-8067 曲目：輾轉亂方寸、看見前面、推枕著衣、聽見杜鵑、燈花開透

 RA-8068 曲目：三更鼓、汝聽咱（北調）、綠柳殘梅、但得強企、荼薇架

 RA-8069 曲目：告大人、三更人、遠望鄉里、爲伊割吊

 RA-8071 曲目：重台別、望明月、輕輕行

 RA-8072 曲目：杯酒勸君（倍思）、遙望情君、山險峻、見許水鴨

 RA-8073 曲目：小悶（小七送，戲曲）

（二）福斯唱片南管錦曲清唱（扣除同曲目，共 66 曲，其中東南亞大會唱中，有新加坡卓聖翔新創作曲目 10 曲。）

 中國地方戲曲 111 曲目：出畫堂、去秦邦、冬天寒、三更鼓、梧桐葉落、拜辭爹爹

 中國地方戲曲 113 曲目：綠柳殘梅、無處棲止（北相思）、感謝公主、奏明君

 中國地方戲曲 122 曲目：告大人、風落梧桐、遠望鄉里、懶繡停針、冬天寒

 中國地方戲曲 124 曲目：思想情人、心頭悶憔憔、滿空飛、輕輕行、聽門樓、三更鼓

 中國地方戲曲 曲目：感謝公主、但得強企、聽門樓、聽說當初、恨哥嫂

 中國地方戲曲 曲目：鵝毛雪滿空飛、恨冤家、共君斷約、梧桐葉落、杯酒勸君

中國地方戲曲　　曲目：一路安然、妾身受禁、一曲難忘、四季情、萍蓮相逢、人生百態（東南亞大會 4-2）

中國地方戲曲　　曲目：空思斷腸、蓮步行來、念月英、一間草厝、心頭傷悲、更深寂靜（東南亞大會 4-3）

中國地方戲曲　　曲目：師兄聽說、春光明媚、望明月、聽嬋人、閨怨、相逢（東南亞大會 4-4）

中國地方戲曲 108 曲目：好春天、中秋（寡滾）、夫妻情（長滾）、母親（金錢花疊）、因送哥嫂、嬋勸夫人（短滾）、嬋隨官人（短滾）、出畫堂、秀才先行（東南亞大會 4-5）

中國地方戲曲 107 曲目：見許水鴨、月照紗窗、切得阮、夫為功名、心頭悶憔憔（東南亞大會 4-6）

中國地方戲曲　　曲目：心頭悶憔憔、遙望情君、繡成孤鸞、秀才先行、阮累耽誤、記當初、念月英

中國地方戲曲　　曲目：告大人、因送哥嫂、趁春光、為伊割吊、焚香祝禱、三更人、嬋隨官人

中國地方戲曲　　曲目：杯酒勸君、玉簫聲、看見盞燈、昨冥一夢、遙望情君、感謝公主

（三）福信唱片南管錄音帶（共收錄 43 曲）

1.收錄 6 曲

FS-　　心頭悶憔憔、杯酒勸君、遙望情君、滿空飛、玉簫聲、看見盞燈

2 收錄 4 曲.

FS-　　遙望情君、年久月深、回想當日、感謝公主

3. 收錄 5 曲

FS-　　告大人、風落梧桐、遠望鄉里、懶繡停針、冬天寒

4. 收錄 5 曲

FS-5184：聽門樓、為伊割吊、孤棲悶、聽伊說

5. 收錄 8 曲

FS-5187：心頭悶憔憔、遙望情君、滿空飛、告大人、回想當日、遠望鄉里、山險峻、孤棲悶

6. 收錄 6 曲

FS- 5195：重台別、輕輕行、四季歌、出畫堂、一路安然、三更鼓

7. 收錄 9 曲

FS-獻紙錢、荼薇架、師兄聽說、阿娘聽媚、共君斷約、當天下咒、忽聽見、聽爹說、秀才先行

8. 收錄 3 曲

FS-5198：值年六月、精神頓、聽見杜鵑

9. 收錄 9 曲

FS-5199：精神頓、望明月、魚沈雁杳、直入花園、因送哥嫂、賞春天、念月英、但得強企、一間草厝

（四）1969 閩南樂府唱片收錄 2 曲

曲目：非是阮、媚隨官人

此唱片爲閩南樂府應梁在平教授之邀錄製，贈送給美國人的，由館員李麗紅演唱。

以上已絕版有聲資料出版品，代表了約 1950-1980 年代較常被傳唱的曲目，扣除新創作曲，共約計八十餘曲。其中鈴鈴、福斯、福信等公司，出版品多爲重複翻拷。

四、中廣電台錄製南管曲目（共 25 曲）

玉簫聲、思憶當初（45.11.26.）恨冤家（45.）心中悲怨、出漢關（52.2.16.）月照芙蓉、懶繡停針（52.2.16.）望明月、守只孤幃、孤棲悶（未標日期）魚沈雁杳、繡成孤鸞、月照芙蓉、懶繡停針（63.5）想起當初、巫山十二峰（未標日期）共君斷約、魚沈、多天寒（未標日期）遠望鄉里、杯酒勸君、多天寒（57.06.）望明月（57.09）見許水鴨（57.06.）、

精神頓（58.3）

　　中央廣播電廣臺北臺盤帶錄音有記錄的資料，最早是 1956 年，之後在 1957.1958.1959.1960.1963 年等等時間內，陸續錄製，參與演奏者有江姓南樂堂、閩南樂府，以及台南南聲社，部分盤帶未記年代與演奏者。以上爲筆者所見，此部份的有聲資料，當不只這些。

五、洪健全圖書館 1979 年南管錄音曲目（共 47 曲）

（一）因送哥嫂、秋天梧桐、風落梧桐、輕輕行

（二）無處棲、冬天寒（短滾）、不覺是夏天（短滾）、暗想暗猜（短相思）、聽門樓（中滾）、因送哥嫂

（三）三更鼓（長滾）、心中悲怨、三更鼓（十三腔）、愁人怨

（四）記得前日、咱東吳、不良心意、爲我母、心頭悶憔憔、聽伊人言語、看見前面（短滾）、春光明媚（長滾）、昨冥一夢

（五）茶薇架、出漢關、無處棲、望明月、不良心意、三哥暫寬、聽門樓、推枕著衣、遠看見長亭、我爲汝、因送哥嫂、值年六月、共君斷約、元宵十五、恍惚殘春天、爲伊割吊

（六）見許水鴨、山險峻、回想當日、秀才先行

（七）遠望鄉里、爲伊割吊、遙望情君、杯酒勸君（倍思）

（八）風落梧桐、滿空飛、山險峻

　　此部份資料包含鹿港雅正齋、聚英社，台南南聲社等於 1989-1990 年之間的錄音等館閣的錄音，目前此部分錄音帶，保存於台北藝術大學傳統藝術中心，今年本校執行「台灣傳統民間藝術有聲數位典藏計畫」，已將此部分有聲資料收錄典藏。

六、館閣拍館或排場錄音資料

　　以下爲筆者平時所記錄蒐集，館閣活動錄音之部分資料：

1. 1986. 高雄國聲社唱曲

Tape1.遙望情君、感謝公主、出漢關、告大人、綠柳殘梅

Tape2.滿面霜、刑罰、綠柳殘梅

2. 1990. 閩南樂府唱曲

Tape1.出漢關、到只處、恨冤家、山險峻、書中說、遠望鄉里、滿空飛

3. 1995 中華南樂聯誼演奏會（42 曲）

Tape1.拾棉花（望遠疊）、聽門樓、毛延壽、茶薇架、鵝毛雪滿空飛、三更鼓

Tape2.睏陽、不良心意、冬天寒、爲邀你、看古時、夫爲功名、聽見雁聲悲、心頭悶憔憔、暗想暗猜

Tape3.到只處、杯酒勸君（相思引）、望與夢（四季花疊）、良緣未遂、嶺路斜崎、昨冥一夢

Tape4.謝得我嫂（疊韻悲）、別離恨（潮陽春）、郎晚歸（潮陽春）、楊柳枝（五開花）望明月、看滿江、只花開（短滾）

Tape5.昨冥一夢、嬌養深閨、冬天寒、賞春天、聽說當初、刑罰、感謝公主、望明月、告大人、聽見雁聲悲

Tape.刑罰、咱東吳（短滾）、冬天寒（錦板）、感懷（望遠行）、我的心（崑寡）、聽見雁聲悲、記當初、千叮萬囑、趁春光

4. 1996 慶祝孔子聖誕南管音樂會（13 曲）

Tape1.出畫堂、書中說、冬天寒、山險峻、去秦邦、出漢關

Tape2.望明月、聽聞人、見只書、夫爲功名、感謝公主、嫺隨官人、告大人

5. 1998 第二屆中華南樂聯誼演奏會（50 曲）

Tape1.于邀你、望明月、秋天梧桐、爲伊割吊、心內驚疑、三更鼓（短滾）、心頭傷悲、一間草厝

Tape2. 秀才先行、夫爲功名、記當初、不良心意、望明月、春光明媚（北調）、冬天寒

Tape3. 雲山重疊、感謝公主、孤棲悶、到只處、出畫堂、鼓返五更、

秀才先行

Tape4.冬天寒、千叮萬囑、睢陽、輕輕看見、夫爲功名、秋天梧桐、春光明媚、望明月、感謝公主

Tape5.秋天梧桐、套曲演唱：姻緣代誌（錦衣香）-忽聽見（風潺）-謝君（麻婆子）-今旦好日子（駐雲飛）-一位秀才（聲聲漏）-出漢關（玉盒蟬）

Tape6.（續）-春光明媚（棉搭絮）-看彩樓（滴滴金）-告老爺（將水令）-障般相思病（什相思）、荼薇架、遙望情君、我爲乜孫不肯、懶繡停針

Tape7.春光明媚（長滾）、一望長安（短滾）、看見前面、共君結託、不良心意、感謝公主、心頭悶憔憔、山險峻、念月英、暗想暗猜（短相思）、年久月深、三哥暫寬

6. 1998 振聲社郎君祭排場（19 曲）

Tape1.無處棲止、我爲汝

Tape2.輾轉三思、鵝毛雪、非是阮、一間草厝、秀才先行、荼薇架

Tape3.思想情人、去秦邦、千叮萬囑、（福馬）、暗想暗猜、一望長安、看見前面、三更時（十三腔）

Tape4.聽門樓、嫻勸夫人、（相思引）、三更鼓、望明月

7. 1998. 6. 14. 台北基金會拍館錄音

Tape1.輾轉亂方寸、看古時、守只孤幃、愁人怨、懶繡停針

8. 1998. 8. 2. 台北基金會拍館錄音（27 曲）

Tape1.聽門樓、不良心意、懶繡停針、心頭傷悲、去秦邦、師兄聽說、、

Tape2. 輾轉亂方寸、愁人怨、遙望情君、追想當日

Tape3. 爲著命、回想當日、一路安然、夫爲功名、因送哥嫂、風落梧桐

9. 1998. 8. 9. 台北基金會拍館錄音

Tape1. 告大人、奏明君、遙望情君、恨冤家、去秦邦

10. 1998. 8. 23. 台北基金會拍館錄音

Tape1. 出漢關、遙望情君、因送哥嫂、望明月

Tape2.風落梧桐、回想當日、聽見杜鵑、重台別

11. 1998 南聲社郎君祭秋祭排場（38 曲）

Tape1.冬天寒（錦板）、出畫堂

Tape2.：山險峻、到只處、廟內青清、感謝公主、月照芙蓉、一間草厝、共君斷約、荼薇架、鵝毛雪

Tape3.雲山重疊、魚沈雁杳、念月英、師兄聽說、為伊割吊、風落梧桐、綠柳殘梅、三更鼓、想起拙就理

Tape4.輾轉三思、嬌養深閨、一望長安、去秦邦、不良心意、看見前面、書今寫了、望明月、三更鼓

Tape5. 看滿江、夫為功名、睢陽、望與夢、因送哥嫂、君去有拙時、早知、孤棲悶、出漢關

12. 1998 和鳴社週年慶排場（23 曲）

Tape1. 不良心意、暗想暗猜、感謝公主、到只處、望明月

Tape2.一間草厝、懇明台、梧桐葉落、朝來報喜、我為乜、出漢關、孤棲悶、非是阮、聽門樓、輕輕行

Tape3. 為著命、去秦邦、聽見杜鵑（錦板）、鼓返五更、冬天寒、聽聞人、秀才先走、你去多多

13. 2000. 清水清雅樂府排場（46 曲）

Tape1. 嫻勸官人、滿面霜（倍思）、心中悲怨

Tape2.二更鼓（中滾）、看牡丹、一間草厝、出畫堂、非是阮、到只處、杯酒勸君、共君結託、冬天寒、共君斷約、聽見雁聲悲

Tape3. 山險峻、冬天寒、遠望鄉里、非是阮、荼薇架、心頭悶憔憔、繡成孤鸞

Tape4. 奏明君、一間草厝、山不在高、出畫堂、懶繡停針、暗想暗猜、含珠不吐、出漢關、守只孤幃

Tape5. 夫爲功名、梧桐葉落、重台別、心頭悶憔憔
Tape6. 雲山重疊、感謝公主、一間草厝、蓮步走、推枕著衣、不良
心意、夫爲功名、告大人、朝來報喜
Tape7. 冬天寒（錦板）、輾轉亂方寸、風落梧桐、看滿江、輕輕行
Tape8.心頭傷悲、孤棲悶

　　從上述臺灣排場或拍館的錄音資料，可見一般大型排場，兩天活
動，最多也只能唱大約 40-50 首曲目，簡單的「籠面曲」多爲各館初
學子弟所唱，資深館員唱的是「上撩曲」或「功夫曲」，是藝術性較
高的曲目。平常的拍館時間短，故大約是一、二十首之間，拍館演唱
的曲目，視參加的人而異，不少老曲腳，平時不再練新曲，只固定唱
某些曲目，仍在學習階段或較有企圖心的中青代學員，每隔一段時
間，總會將新學曲目展現一番。因此，根據筆者所蒐錄有聲資料，未
將《南管曲牌大全》計算在內，大約有兩百多首曲目，在臺灣館閣中
被傳唱曲目如下：

四空管 85 曲：
二調：過嶺盤山（二調二郎神）、客鳥叫（二調宜春令）、共君斷約（二
調下山虎過長滾）3 曲
長滾：今宵喜慶、花嬌報、見許水鴨、三更鼓、共君斷約、燈花開透、
春光明媚、中秋時節（長滾過中滾）、行到涼亭、暗想君、尾蝶飛、
月照紗窗、紗窗外、別離金鑾、幸逢太平年、夏來人等 16 曲
中滾：輕輕行、恨王魁、聽門樓、山險峻、冬天寒、背真容、出府門、
三更時、見只書、看古時、獻紙錢、冷房中（以上十三腔）、心頭傷
悲、恨冤家、出畫堂、懶繡停針、望明月、三更人、記當初、賞春天、
看滿江、不良心意、去秦邦、看伊人讀書、恨冤家、看牡丹、守只孤
幃、聽說當初、趁春光、記當初（中滾過錦板）、盤山嶺、心內驚疑、
把鼓樂、二更鼓、恨哥嫂、恨知州（帶尾聲）、聽伊言語 37 等曲
短滾：梧桐葉落、冬天寒、夫爲功名、嫺隨官人、勸爹爹、咱東吳、

廟內清清、聽聞人、書今寫了、魚沈雁杳、嬭勸夫人、於邀你、只花開、一望長安、三更鼓、滿面霜、謝天地等 17 曲

北青陽：重台別、從伊去

長水車：爲我君

水車：共君斷約、共婆斷約、記得當初

尪姨疊：直入花園

柳搖疊：我爲乜、孫不肖

北疊：一姿娘、念小子、一叢柳樹枝

五空管 77 曲：

倍工：玉簫聲、杯酒勸君、對菱花

北相思：我爲汝、輾轉三思、無處棲、只冤苦、良緣未遂

沙淘金：嬌養深閨、來到陰山

疊韻悲：睢陽、謝得我嫂、恁今聽說

竹馬兒：羨君瑞、良緣未遂

相思引：對鏡梳妝（相思引起慢頭）、遠看見長亭、追想當日、思想情人、風落梧桐、回想當日、昨冥一夢、綠柳殘梅、遙望情君、寺內孤棲、思憶當初、杯酒勸君、因見花開（相思引過錦板）、暗想暗猜（相思引過潮陽春）、嶺路欹斜

錦板：遠望鄉里、輾轉亂方寸、冬天寒、鼓返五更、聽見杜鵑、形影相隨、赤壁上、愁人怨、心中悲怨、心內懶悶、你停這、朝來報喜、一路安然、千叮萬囑、點點催更、白雲飄渺、心頭思想（錦板過福馬）

福馬：元宵十五、秋天梧桐、鼓返三更、自從昨日（福馬過雙閨）、泥金書、荔枝爲媒、千金本是

福馬郎：秀才先走、感謝公主、師兄聽說、拜辭爹爹

福馬猴：拜告將軍、雲山萬疊

短相思：爲伊割吊、因送哥嫂、輕輕看見、暗想暗猜、嶺路斜崎、看見前面、記得睢陽、更深寂靜

雙閨：荼薇架、非是阮、念月英、閃閃旗、喜今宵、念連理

序滾：山不在高、值年六月

將水疊：荔枝滿樹紅

五六四仪管 28 曲：

山坡羊：月照芙蓉、

長玉交枝：高郎

玉交枝：娘仔且把定、君去有拙時、想起拙就理、勸汝（玉交枝過望遠）

玉交猴：心頭悶憔憔、聽見雁聲悲

寡北：為著命、奏明君、當初貧、到只處、我命恰似、南海觀音讚、當初所望（寡北過玉交枝）

崑腔寡：鵝毛雪滿空飛、毛延壽

寡疊：風打梨、食酒醉

南北交：懇明台、告大人

望遠行：書中說、一間草厝、共君結託、樹林黑暗、推枕著衣

望遠行疊：拾棉花、日頭出來

倍思管 35 曲：

長潮陽春：小妹聽、出漢關、年久月深、正更深、幸逢元宵、有緣千里、早起日上、聽見杜鵑、誰人親像、三哥暫寬（起慢頭）、孤棲無伴（過望吾鄉）、蓮步行出、焚香祝禱

潮陽春：精神頓（三腳潮）、聽門樓（三腳潮）、繡成孤鸞（望吾鄉）、半月紗窗（望吾鄉過潮疊）、當天下咒（三腳潮）、遊賞花園（三腳潮）、年久月深、早起日上、有緣千里、為汝冥日、阿娘差遣、阿娘聽嬋、孤棲無伴、人聲共鳥聲、半月紗窗

潮疊：孤棲悶、刑罰、精神頓、班頭爺、孤棲無意、益春不嫁

倍思：滿面霜

七、大陸出版有聲資料：

　　兩岸文化交流後，臺灣老絃友常因返鄉之便，帶回大陸有聲資料出版品，因而流傳於臺灣南管界，有些曲腳以錄音帶爲師，也學會新曲目，因此近年來的整絃大會，受大陸有聲資料影響，常出現新曲目。以下爲筆者所蒐集之大陸有聲資料：

1. 王阿心南音精選專輯：有緣千里、一間草厝、白雲飄渺、非是阮、望明月、感謝公主、山不在高、去秦邦

2. FL-6020 王阿心專輯：孤棲悶、三千兩金、小妹聽說、爲伊割吊、山險峻、夫爲功名、非是阮、元宵十五

3. FL-087. 南音新秀演唱集第二輯（王阿心）：阿娘聽嫺、年久月深、繡成孤鸞、當天下咒、共君斷約、一身

4. 錦曲指套精選輯（王阿心）：南海觀音讚、移步遊賞、園內花開、暗靜開門、精神頓、班頭爺

5. . 錦曲指套精選輯（王阿心）：冷房中（十三腔）、良緣未遂、抄起、到破窯、舉起金杯、旅館望雲

6. . FL-6056 丁榮坤專輯：感謝公主、望明月、聽爹說、拜告將軍、滿空飛、且休辭、到只處

7. FL-090 謝曉雪演唱：重台別、不良心意、但得強企、魚沈雁杳、獻紙錢、直入花園

8. XCL-001：幸逢太平（長滾）、高樓上（長滾）、聽見外頭（三腳潮疊）、今旦騎馬（序滾）、早起日上、恍惚殘春、益春（潮陽春）、娘子（潮陽春）

9. XCL-002：移步遊賞、阿娘聽嫺、虧伊、園內花開、頭茹髻欹、暗靜開門、年久月深

10. XCL-003：看燈十五、荔枝爲媒、因送哥嫂、小妹聽（北青陽疊）、爲你冥日（長潮）、我爲汝、有緣千里、書今寫了（中滾）

11. XCL-004：值年六月、小妹聽（長潮）、繡成孤鸞、陳三言語（長潮）、娘子（玉交枝）、紗窗外

12. XCL-005：黃五娘（柳搖金）、聽伊說（柳搖金）、共君斷約、咱三人（潮疊）、當天下咒、花園外邊、阿娘自幼（潮疊）

13. XCL-006：共君相隨、未識出路、多少可恨、告老爺、老爺你看、刑罰、班頭爺、忍除八死

14. XCL-007：聽見杜鵑（錦板）、爲伊割吊、元宵十五、誰人親像、拜告阿娘、孤棲悶

15. XCL-008：三哥一去、益春不嫁、精神頓、三更鼓、聽門樓

16. XCL-009：半月紗窗（望吾鄉）、中秋月照（望吾鄉）、阿娘差遣（長潮）、聽見杜鵑（長潮）、繡成孤鸞（錦板）（以上陳三五娘系列）

17. XCL-010：出漢關、掩淚出關、聽見雁聲悲、山險峻、心頭傷悲

18. XCL-011：別離金鑾、心中悲怨、爲著命、把鼓樂（以上昭君出塞系列）

19. XCL-013：李白燕專輯：滿空飛、思想情人、非是阮、更深寂靜、輾轉三思

20. XCL-014：蘇詩詠專輯：百鳥圖（出畫堂）、玉簫聲、風落梧桐、憐君此去（福馬）

21. **楊翠娥唱曲（一）**：出漢關、滿空飛、夫爲功名、嶺路崎嶇、聽門樓、

22. **楊翠娥唱曲（二）**：玉簫聲、看見長亭、只恐畏、遙望情君、見許水鴨、娘子有心

23. **紀安心專輯** FL-6058：正更深、拜辭爹爹、出雁門、朝來報、聽見杜鵑、非是阮、勤燒香

24. FL-318：移步遊賞、園內花開、暗靜開門、空誤阮、行到涼亭、風打梨、出庭前

25. B-005：春今卜返、啓公婆、聽見機房、我爲乜、孫不肖、花園外邊、忽聽見、見許渾天、於我哥（指套演唱）

26. FL-651：買胭脂、雁聲悲（曲藝）

27. FL-652：留傘、私奔（曲藝）
28. FL-653：冷房會、三嬸報、送君（曲藝）
29. FL-654：審月英、賞花（曲藝）
30. **曲藝《留傘》對唱：**年久月深、因送哥嫂、值年六月、早知、書今寫了、共君斷約、並蒂荔枝、送哥、告大人、告大人、有緣千里
31. **錦曲薈萃：**嶺路斜崎、蓮步行入、恨冤家、冬天寒（錦板）、溫侯聽說、勸哥哥
廈門集安堂：
32. YL-380：元宵十五、三更鼓、聽見杜鵑、蝴蝶飛、因送哥嫂、拙時厭厭
33. YL-381：一間草厝、到只處、遙望情君、恨冤家、為伊割吊、新仇舊恨
34. YL-382：蓮步行來、遠望鄉里、鵝毛雪、思想情人
35. YL-383：來到只、奏明君、我為汝、繡成孤鸞
廈門南音團：
36. B-13：共君斷約、年久月深、三哥暫寬、燒酒醉、遙望、重台別、望明月、嫻隨官人、當天下咒
37. TL-89034：把鼓樂、繡成孤鸞、看恁行宜、夫為功名、重台別、聽見杜鵑
廈門南音表演唱（VCD1-2）：
38. 焚香祝禱（長潮過緊潮）、.聽說當初、心頭傷悲、聽見雁聲悲、出畫堂、當天下咒、阿娘自幼、一身愛到
39. 繡孤鸞、誇夫婿（新編）、賭博漢、元宵十五、廈門風景讚（新編）、潯陽江頭（新編）
中國民間戲曲藝術精華 VCD（1-10）
40. 山險峻、暗想暗猜、念月英、百鳥圖、重台別、不良心意
41. 孤棲悶、年久月深、聽門樓、思想情人、當天下咒、遙望情君

42.三更鼓、恨王魁、勸哥哥、恨冤家、告大人、爲伊割吊、三千兩金

43.出漢關、非是阮、聽見杜鵑、書今寫了、阿娘聽、滿空飛、但得強企、共君斷約

44.聽見雁聲悲、去秦邦、因送哥嫂、元宵十五、直入花園、荼薇架、魚沈雁杳、一身愛到我君鄉里、望明月、拜告將軍（此爲中小學教材選曲）

45.昨冥一夢、心頭傷悲、霏霏颯颯、杯酒勸君、月照芙蓉

46.宮娥來報、於冤家、三更人、愁人怨、冬天寒、賞春天

47.精神頓、情人去、暗想暗猜、睢陽、把鼓樂

48.因見梅花、只冤苦、念月英、梧桐葉落、隨君出來、看我君

49.風落梧桐、心頭悶憔憔、我一心、思量乜、園內花開

50.南曲精英第二輯「嶺路斜敧」：暗想暗猜、思想情人、我爲汝、嶺路斜敧

　　此部份 VCD 大約是 2000 年以後錄製，曲目中有些不見於早期錄音帶，據絃友們的看法，可能是受到臺灣或其他地區的影響，再度傳唱。

八、其他地區出版有聲資料

香港藝聲唱片出版錄音帶：

1. AC-800：三更鼓、阿娘聽嫺、三哥暫寬、恨冤家、看恁行爲、望明月、玉簫聲、無處棲、師兄聽說、元宵十五、年久月深

2. AC-833：出漢關、把鼓樂、夫爲功名、鵝毛雪滿空飛、繡成孤鸞、共君斷約

3. AC-988：輾轉三思、秀才先行、獻紙錢、推枕著衣、暗靜開門

4. AC-938：出畫堂、鼓返五更、想起當初、園內花開（王麗珍唱）

新加坡傳統南音社：

1. **CD1.** 吳玲玲專輯：遙望情君、因送哥嫂、鵝毛雪滿空飛、不良心意、恨冤家、山險峻

2. **CD2.** 陳美瑜專輯：爲伊割吊、出漢關、無處棲、思想情人、輕輕行

3. **南音曲藝 VCD：**冷房會、公主別、審月英

新加坡傳統南音社是新成立的館閣，吳玲玲與陳美瑜皆來自泉州的唱曲好手，此 1-2.CD 爲她們被聘至新加坡任教時所錄。

新加坡緗靈南樂社（非出版品）[4]：

（薛金枝演唱）心中悲怨、風落梧桐、出畫堂、孤棲悶、懶繡停針、輾轉亂方寸、爲伊割吊

上述有聲資料依管門排列如下：

四空管 73 曲：

長滾：幸逢太平、高樓上、尾蝶飛、見許水鴨、三更鼓、燈花開透、別離金鑾、春今卜返（大迓鼓落北青陽）、紗窗外、半月紗窗、行到涼亭 11 曲

中滾：冷房中、輕輕行、聽門樓、山險峻、三更時、見只書、來到只、獻紙錢、出府門、出雁門、心頭傷悲、恨冤家、出畫堂、懶繡停針、望明月、三更人、記當初、賞春天、不良心意、去秦邦、看伊人讀書、恨冤家、聽說當初、記當初（中滾過錦板）、盤山嶺、心內驚疑、把鼓樂、隨君出來 28 曲

短滾：梧桐葉落、冬天寒、夫爲功名、嫺隨官人、勸爹爹、咱東吳、聽閒人、書今寫了、魚沈雁杳、嫺勸夫人、三更鼓、切得阮、看伊 13 曲

北青陽：重台別、從伊去、聽爹說、啓公婆、聽見機房、空思斷腸、我一身

北青陽疊：小妹聽、孫不肖

---

[4] 此錄音帶由林新南先生提供。

北疊：老爺你看、燒酒醉

長水車：為我君、阮阿娘

水車：共君斷約、記得當初、看燈十五、出雁門

尪姨疊：直入花園

柳搖金：黃五娘、聽伊說

柳搖疊：我為乜、孫不肖

五空管 76 曲：

倍工：玉簫聲、杯酒勸君、頭茹鬢欹

北相思：我為汝、輾轉三思、無處棲、只冤苦、良緣未遂

疊韻悲：睢陽、謝得我嫂

相思引：遠看見長亭、思想情人、風落梧桐、遙望情君、因見花開（相思引過錦板）、蓮步行來、因見梅花、思量乜、於冤家

錦板：遠望鄉里、冬天寒、鼓返五更、輾轉亂方寸、聽見杜鵑、愁人怨、心中悲怨、你停這、朝來報喜、一路安然、白雲飄渺、心頭思想（錦板過福馬）、繡成孤鸞、空誤阮、見許渾天、霏霏颯颯、看我君

錦板疊：只恐畏、於我哥

福馬：元宵十五、秋天梧桐、鼓返三更、荔枝為媒、忍除八死、三哥一去、恨王魁

福馬郎：秀才先走、感謝公主、師兄聽說、拜辭爹爹、共君相隨、憐君此去

福馬猴：拜告將軍、雲山萬疊

短相思：為伊割吊、因送哥嫂、輕輕看見、暗想暗猜、嶺路斜崎、看見前面、更深寂靜

雙閨：茶薇架、非是阮、念月英、且休辭、勤燒香、勸哥哥

序滾：山不在高、值年六月、抄起、今旦騎馬、多少可恨

序滾疊：到破窯

將水令：告老爺

將水壘：荔枝滿樹紅

舞霓裳：娘子有心

棉搭絮：三千兩金

五六四仪管 20 曲：

山坡羊：月照芙蓉

玉交枝：娘仔且把定、拜告阿娘、掩淚出關、

玉交猴：心頭悶憔憔、聽見雁聲悲

寡北：舉起金杯、旅館望雲、為著命、奏明君、到只處、我命恰似、南海觀音讚、當初所望（寡北過玉交枝）、出庭前

崑腔寡：鵝毛雪滿空飛

寡疊：風打梨

南北交：告大人

望遠行：一間草厝、推枕著衣

倍思管 40 曲：

長潮陽春：小妹聽、出漢關、聽見杜鵑、誰人親像、有緣千里、三哥暫寬（起慢頭）、孤棲無伴（過望吾鄉）、蓮步走出、移步遊賞、阿娘聽嫻、為你冥日、陳三言語、阿娘差遣、溫侯聽說、焚香祝禱（長潮過緊潮）

潮陽春：園內花開、暗靜開門、精神頓（三腳潮）、繡成孤鸞（望吾鄉）、半月紗窗（望吾鄉過潮疊）、當天下咒（三腳潮）、遊賞花園（三腳潮）、年久月深、早起日上、有緣千里、恍惚殘春天、益春、娘子、花園外邊、中秋月照（望吾鄉）

潮疊：孤棲悶、刑罰、班頭爺、聽見外頭、虧伊、咱三人、阿娘自幼、未識出路、益春不嫁、一身愛到

　　以上包含大陸、香港、新加坡等地區出版品約兩百餘首曲目，如果蒐集更完備，當不只此數，此雖非臺灣地區的活傳統曲目，但近年來各地因資訊發達，各地之間，曲目相互交流、相互影響。大陸地區

的有聲資料，第一個特色是將指套當曲演唱，臺灣雖也唱指套，但較少，大部份將指套中的「指尾」或精華段，拿來當散曲唱，不過臺灣非常講究指與曲的區別，特別注意唱與奏之不同（即「曲氣」與「指氣」之不同），如果當曲唱，其中的某些指法要改成曲的指法，不可依指套演奏指法演唱，而大陸則不拘，仍照原譜演唱。第二個特色是拍法改變，長拍改唱短拍，大陸的南音曲藝曲目，經過專人重編，將同一故事內容之相關散曲曲目，彙整改編，不少曲目因此長拍改爲短拍演唱。第三個特色是戲曲中的小曲（草曲），特別是丑腳演唱的曲目，通常較活潑、詼諧，並接近語言旋律，較受一般民眾歡迎，故而也常被演唱，且因有曲藝表演之故，泉州地區人士對戲曲故事與戲曲聽得多，故戲曲被演唱數目也較臺灣多。這些小曲，在臺灣，則較常見於車鼓曲或太平歌，洞館中較少見。

第二節　知見南管曲唱曲目有聲資料解題

　　從《明刊閩南戲曲絃管選本三種》的問世，使我們知道四百年前，已有絃管錦曲的傳唱，有些曲目至今尚在傳唱，歷經四百年的傳唱，臺灣地區保存的南管散曲，數以千計，大部份的曲目內容與戲曲相關，有些可能來自宋元南戲、雜劇的遺存，有些來自明戲文傳奇，且不少曲目至今仍在梨園戲中被演唱；也有來自民間的傳說故事，和文人創作的閒詞，此部份爲南管曲唱所特有；另外也有佛曲、道曲，及南管專用祭祀慶典用曲。對於與梨園戲曲相關曲目，老樂人津津樂道，但其他的曲目，故事爲何，因爲口傳心授的教學，曲腳只知唱其曲，而不知曲詩故事內容，甚至以訛傳訛。

　　根據王耀華、劉春曙《福建南音初探》曲目本事云：曲目內容可歸納於 71 個故事中，與戲曲有關的有 69 個，與宗教有關的 2 個。其中與戲曲有關的，出於宋元雜劇、南戲的有 26 個；脫胎於明雜劇、

傳奇、小說的有 25 個；移植自傳統戲曲、曲藝的有 18 個；與梨園
戲劇目相同的有 36 個。本書茲以散曲有聲資料爲基礎，並考量到指
套原也是可唱的曲目，目前兩岸樂人演唱指套的情況，也有增加的
趨勢，何況在《明刊閩南戲曲絃管選本三種》中所見的幾套「指」，
都是以「散曲」形式出現，尚未有「指套」出現，可見指套的形成
可能在明末以後。再者，筆者以自己習唱的經驗，認爲南管曲唱最
高指標，應在於指套的演唱，其音樂是南管發展的藝術巔峰，一般
樂人亦謂「指」爲「曲母」，學習或研究南管曲唱，無法僅限於散曲，
勢必將指套一併唱唸研究，故將散曲與指套演唱的有聲資料部份，
涉及戲曲或民間故事內容之曲目，按本事首字筆劃排列如下，[5]以供
參考：

本　　事	序號	曲　　名	門　　頭	備　　註
1.三國志	一	咱東吳	短滾	
2.山伯英台*	一	獻紙錢	中滾十三腔	南戲有《祝英臺》，明傳奇有《同窗記》。
	二	記當初	中滾	
	三	看牡丹	中滾	
	四	嫺隨官人	短滾	
	五	想起拙就理	玉交枝	
	六	你停這	錦板	此曲名應爲「你聽咱」，音近而誤。
3.尹弘義*	一	勸哥哥	雙閨	源自梨園戲上路內棚頭。
	二	姑嫂相隨	沙淘金	
	三	聽說恁今	疊韻悲	
	四	一紙相思（指套）	大倍	
4.王十朋*	一	書中說	望遠行五供養	元南戲《荊釵

---

[5] 本表參考王耀華劉春曙《福建南音初探》曲目本事，及王秋桂等所輯《南管曲譜所收梨園戲佚曲表初稿》改定，曲目中有些可能原爲散曲，後被戲曲吸收應用，散曲與劇曲之間關係很難以辨解。加有＊號者爲迄今仍活躍於舞台的劇目。

	二	泥金書	福馬郎	記》
.王昭君*	一	別離金鑾	長滾	元雜劇《漢宮秋》
	二	山險峻	中滾十三腔	
	三	心頭傷悲	中滾	
	四	聽說當初	中滾薄媚滾	
	五	把鼓樂	中滾南北交	
	六	記得阮今	疊韻悲	
	七	奉聖旨	雙閨	
	八	掩淚出關	玉交枝	
	九	聽見雁聲悲	玉交枝	
	十	心中悲怨	錦板	
	十一	看番軍	南將水	
	十二	為著命	寡北	
	十三	毛延壽	崑北	
	十四	出漢關	長潮陽春	
7.目蓮*	一	山嶺路遠	相思引	此曲常用於道教儀式
	二	只見樹木	寡北	
	三	聽伊言語	短中滾	
8.朱弁*	一	花嬌來報	長滾大迓鼓	為梨園戲與莆仙戲傳統劇目。明祁佳彪《曲品》載有此劇。列入雜調，題作《破鏡記》。
	二	冬天寒	錦板	
	三	愁人怨	錦板	
	四	形影相隨	錦板四朝元帶慢尾	
	五	遠望鄉里	錦板四朝元	
	六	舉起金杯（指套）	寡北	
	七	旅館望雲	寡北	
	八	心肝跋碎（指套）	倍工大環著	
	九	感謝公主	倍工大環著	
	十	朱郎卜返	錦板北	
	十一	感謝公主	福馬郎	
9.朱壽昌*	一	看見前面	短相思	本事見《宋史》

	二	我命	短滾	卷四百五十六
	三	運數凋忌	短滾	
10.朱買臣*	一	聽閒人	短滾	宋南戲《朱買臣休妻記》
11.西廂記	一	羨君瑞	竹馬兒	王實甫《西廂記》
	二	回想當日	相思引	
	三	望明月	中滾三遇反	
	四	喜今宵	雙閨	此曲內容不明據王表補入
12.佛道曲	一	南海觀音讚	寡北	祭祀菩薩用
	二	請月姑	尪姨歌	祭祀土地公用
	三	直入花園	尪姨疊	
13.呂蒙正*	一	杯酒勸君	倍工疊字雙	宋元南戲《呂蒙正風雪破窯記》
	二	幸遇良才	倍工疊字雙	
	三	無處棲止	北相思	
	四	嬌養深閨	沙淘金	
	五	出府門	中滾十三腔	
	六	勸爹爹	短滾	
	七	拜辭爹爹	福馬郎	
	八	秀才先行	福馬郎	
	九	記當初	雙閨	
14.杜牧	一	綠柳殘梅	相思引	故事出於唐·于鄴《揚州夢記》，元雜劇有《杜牧之詩酒楊州夢》
15 孟姜女*	一	冬天寒	中滾十三腔	南戲有《孟姜女宋寒衣》，故事源於《左傳》
	二	遠看見長亭	相思引千里急	
	三	秋天梧桐	福馬	

	四	千里路途	望遠行	杞梁妻哭夫。
	五	一間草厝	望遠行	
	六	雲山萬疊	福馬猴	
	七	一路來	福馬猴	
	八	告大王	南將水	
	九	拜告將軍	北疊	
16.周德武	一	師兄聽說	福馬郎（柳搖）	梨園戲劇目。
	二	看恁行誼	福馬郎	
17.招商店*	一	燈花開透	長滾潮迓鼓	王表歸《尹弘義》，誤。
	二	非是阮	雙閨	故事源於南戲《閨怨佳人拜月亭》。
18 卓文君	一	遙望情君	相思引戀相思	南戲有《鴛鴦會卓氏女》。
19.姜孟道*	一	思憶當初	相思引	梨園戲、莆仙戲劇目。
20.陳三五娘*	一	高樓上	長滾鵲踏枝	明無名氏傳奇《荔鏡記》。
	二	三更鼓	長滾越護引	
	三	幸逢太平年	長滾潮迓鼓	也有唱短滾。
	四	書今寫了	長滾	
	五	聽門樓	中滾十三腔	
	六	三更人	中滾	
	七	恨知州	中滾慢尾	
	八	黃五娘	柳搖金	
	九	聽伊說	柳搖金	
	十	共君斷約	水車	
	十一	鰲山景致	水車	以牌名串連成曲詩。
	十二	老爺聽說	北疊	
	十三	頭茹鬢欹	倍工疊字雙	

	十四	我爲汝	北相思	
	十五	聽見杜鵑	錦板	
	十六	值年六月	序滾	
	十七	今旦騎馬	序滾	
	十八	共君相隨	福馬	
	十九	荔枝爲媒	福馬	
	二十	鼓返三更	福馬郎	
	二一	忍除八死	福馬郎	
	二二	元宵十五	福馬郎	
	二三	一卜梳妝	短相思	
	二四	因送哥嫂	短相思	
	二五	爲伊歌吊	短相思	
	二六	阮阿娘	雙閨	
	二七	娘嫺相隨	玉交枝	
	二八	娘子且把定	玉交枝	
	二九	荔枝滿樹紅	將水疊	
	三十	移步遊賞	長潮陽春	
	三一	誰人親像	長潮陽春	
	三二	小妹聽	長潮陽春	有唱潮陽春。
	三三	早起日上	長潮陽春	有唱潮陽春。
	三四	年久月深	長潮陽春	有唱潮陽春。
	三五	有緣千里	長潮陽春	有唱潮陽春。
	三六	三哥暫寬	長潮陽春	
	三七	聽見杜鵑	長潮陽春	
	三八	孤棲無伴	長潮陽春	
	三九	阿娘差遣	長潮陽春	
	四十	幸逢元宵	長潮陽春	
	四一	恍惚殘春	潮陽春五開花	
	四二	園內花開	潮陽春望吾鄉	
	四三	暗靜開門	潮陽春望吾鄉	
	四四	人聲共鳥聲	潮陽春望吾鄉	

	四五	繡成孤鸞	潮陽春望吾鄉	有唱潮疊。
	四六	半月紗窗	潮陽春望吾鄉	
	四七	精神頓	潮陽春三腳潮	
	四八	阿娘聽嫺	潮陽春三腳潮	
	四九	聽門樓	潮陽春三腳潮	
	五十	當天下咒	潮陽春三腳潮	
	五一	花園外邊	潮陽春	
	五二	娘嫺相隨	潮陽春	
	五三	爲汝冥日	潮陽春	
	五四	班頭爺	潮陽春	
	五五	一身愛到	緊潮	
	五六	虧伊	緊潮	
	五七	益春不嫁	潮疊	原唱潮陽春。
	五八	正月十五	潮疊	原唱潮陽春。
		孤棲悶	潮疊	
21.高文舉*	一	冷房中	中滾十三腔	明傳奇《高文舉珍珠記》。
	二	不良心意	中滾	原爲長倒拖船。
	三	夫爲功名	短滾倒拖船	
	四	高郎	長玉交枝	
	五	點點催更	相思引	
	六	嶺路斜欹	錦板	
22.郭華*	一	趁賞花燈	中倍	南戲有《王月英留鞋記》。
	二	蓮步近前	中倍白芍藥	
	三	脫落	越恁好	
	四	娘子有心	舞霓裳	有唱短相思。
	五	暗想暗猜	相思引	此曲亦見於車鼓、歌仔戲中。
	六	小名阿二	北疊	
	七	念月英	雙閨	
	八	幸逢元宵	福馬郎	
	九	懇明台	南北交	

	十	告大人	南北交	
	十一	輾轉亂方寸	錦板相思北	
	十二	荼薇架	雙閨	
	十三	共君結託	望遠行	此曲內容不明，據王表補入。
23.陳杏元*	一	重台別	北青陽	傳統劇目《杏元和番》，取材於小說《二度梅》。
24.陳姑操琴*	一	三更時	中滾十三腔	明傳奇《玉簪記》。
	二	寺內孤棲	相思引	
	三	心內懶悶	錦板	
25.雪梅*	一	春今卜返	長滾大迓鼓落北青陽	民間故事有《秦雪梅吊孝記》。明傳奇有《商輅三元記》。
	二	啓公婆	北青陽	
	三	聽見機房	北青陽	
	四	我爲乜	柳搖疊	
	五	孫不肖	青陽疊	
	六	汝因勢	短中滾	
	七	許官人	短中滾	
	八	蓮步行來	相思引	
26.貂蟬	一	溫侯聽說	潮陽春	南戲有《貂蟬女》，散曲中僅此一曲。
27.雲英行	一	因爲歡喜（指套）	二調十八飛花	梨園戲遺目《玉匣記》，有自「爹爹」起唱五空管。
	二	一路行（指套）	倍工巫山十二峰	

28.葛熙亮	一	風落梧桐	相思引	小梨園內棚頭劇目。
	二	廟內清清	短滾	
29.楊貴妃	一	輾轉三思	北相思	南戲有《馬踐楊妃》，散曲中僅此一曲。
30.楊管與翠玉	一	睢陽	疊韻悲	梨園戲遺目。
	二	記得睢陽	短相思	
31.董永*	一	白雲飄渺	錦板	本事始見於三國曹植的《靈芝篇》，此故事太平歌唱的曲目多。
32.趙貞女*	一	背真容	中滾十三腔	元高則誠《琵琶記》
	二	恨冤家	中滾三遇反	
	三	玉簫聲	倍工七犯子	
	四	小姐聽說	相思引五韻悲	
33.劉智遠*	一	拜告將軍	短相思	元南戲《劉智遠白兔記》
	二	小將軍	錦板	
	三	從伊去	北青陽	
	四	見只書	中滾十三腔	
34.鄭元和*	一	追想當日	相思引八駿馬	唐傳奇小說《李娃傳》
	二	鵝毛雪滿空飛	崑腔寡	
35.盧俊義	一	到只處	寡北	《水滸傳》
36.擊盞抄蘇英*	一	奏明君	寡北	明傳奇《鸚鵡記》
	二	一路安然	錦板	
37.韓國華	一	念連理	雙閨虞美人	僅梨園戲、莆仙戲有此劇目
	二	蓮步行出	長潮陽春	
38.蘇東坡	一	赤壁上	金錢北	元雜劇《蘇子瞻醉寫赤壁

				賦》。
37.蘇秦*	一 二 三 四	空思斷腸 去秦邦 當初貧寒 朝來報喜	北青陽 中滾 寡北 錦板	南戲有《蘇秦還鄉記》。 應爲「特來報喜」
39.蘇盼奴	一	行到涼亭	長滾過中滾	明白話小說《拍案驚奇》中的故事。
40.蘇若蘭	一	滿面霜	短滾	傀儡戲《織錦回文》。有唱倍思。

曲目中除以上有故事內容可查外，其他爲閒詞類，內容十分廣泛，有抒情寫景、教忠教孝，也有以詩入曲、以曲名或曲牌串連成曲等等。

類　　別	序　號	曲　　名	門　　頭	備　　註
牌名串連	一 二	輕輕行 將只管弦	中滾十三腔 短滾	
孝義行誼	一 二	看古時 出畫堂	中滾十三腔 中滾	 以百鳥圖喻五倫。
以詩入曲	一	山不在高	序滾	劉禹錫《陋室銘》。

祭祀用曲	一	金爐寶篆	中倍落將水	祭郎君
	二	畫堂彩結	令	祭先賢
	三	舉起金杯	二調落短滾	三奠酒
喜慶曲	一	堂上結綵	生地獄	祝壽
	二	今宵喜慶	長滾	賀婚
			長滾	
寫景類	一	共君斷約	長滾大迓鼓	
	二	月照紗窗	長滾大迓鼓	
	三	見許水鴨	長滾潮迓鼓	
	四	暗想君	長滾鵲踏枝	
	五	懶繡停針	中滾	
	六	看滿江	中滾	
	七	守只孤幃	中滾	
	八	梧桐葉落	短滾	
	九	魚沈雁杳	短滾	
	十	冬天寒	短滾	
	十一	正更深	短滾	
	十二	嫻勸夫人	短滾	
	十三	到今久未來	玉交枝	
	十四	君去有拙時	玉交枝	
	十五	昨冥一夢	相思引	
	十六	思想情人	相思引	
	十七	心頭悶憔憔	玉交猴	
	十八	輕輕看見	短相思	
	十九	正更深	長潮陽春	
	二十	聽門樓	潮陽春三腳	
	二一	魚水相逢	潮	
	二二	記古時	潮疊	
	二三	春光明媚	雙閨	
			中滾	

第三節　南管曲唱曲目演變與傳承

　　南管散曲的命名，摘曲子的頭三四個字為曲名。從上一節有聲資料，可見不少曲目曲名相同，而分屬於不同管門或門頭，其中當然有些曲詩是不同，僅開頭數字相同；有些曲目在流傳過程中，曲詩被重新套上新曲調，或將原有長拍改為短拍演唱，也有慢頭或慢尾被去掉以後來演唱，甚或慢曲太長，難度較高，但其尾段的疊拍好聽、易記，而成了新的熱門曲。曲目的變化在傳承過程中，反映了時代的精神與社會生活步調，以下從南管曲唱曲目的演變情形，與傳承概況分別說明。

一、南管曲唱曲目的演變情形

（一）從明刊本與現今曲簿比較

　　從十七世紀初最早的絃管刊刻本與現今的曲簿，相較之下，可發現不少曲目至今仍被傳唱。[6]由於當時的刊本僅收錄曲詩，其中僅《百花賽錦》刊本，記有拍位，如果以目前在民間流傳的手抄本曲簿看，其記曲詩加記拍位或不記拍位之習慣，已有四百年歷史。但可發現有下面幾種演變的情況：

1. 曲詩拍位大同小異，但門頭改變：

　　如《百花賽錦》中「寒冰寫書」一段，（書影一）與指套〈大倍・一紙相思〉曲詩與拍位幾乎完全相同，但其門頭記為〈背雙〉，「背」與「倍」音同，不知〈背雙〉是否為〈大倍〉之原名？《百花賽錦》中「心肝跋碎」與「感謝公主」兩段與指套〈倍工・心肝跋碎〉之前

---

[6] 見龍彼得 1992，《古代閩南戲曲與絃管之研究》p.49-55.附刊於《明刊閩南戲曲絃

二節相同，門頭亦標爲〈背雙〉，現今曲簿則爲〈倍工—大環著〉；這裡透露出一些有關南管慢曲—七撩拍曲目如二調、倍工、大倍、小倍、中倍等之間，應存在著某些關係。〈倍工・心肝跋碎〉第三節的〈朱郎卜返〉則見於另一刊本《鈺妍麗錦》中，其門頭標爲〈滾北〉，現今門頭爲〈錦板〉，〈錦板〉亦稱〈北調〉，其中應有傳承關係存在。《百花賽錦》中「只冤苦」門頭標爲〈相思引〉，（書影二），現則以〈北相思〉演唱，曲詩完全相同，拍位亦大同小異，差異處應是〈相思引〉與〈北相思〉曲韻的不同。據吳昆仁先生言，〈北相思〉排序較〈相思引〉大，故〈北相思〉的曲韻可參雜於〈相思引〉中使用，但〈北相思〉則不可參雜〈相思引〉的曲韻。

2. 現今曲詩比原來曲詩少了前面一段：

如〈雙閨・荼蘼架〉（即〈荼薇架〉）一曲，在《百花賽錦》中多了「娘子，嬭勸娘子，勿得切身命，姻緣事總完成。」一段，（書影三）除了門頭標爲「滾」外，「荼薇架」三字不同，記寫爲「葡萄架」，其他曲詩相同，這一段在現今已不被演唱。而筆者在麻豆「集英社」太平歌館曲簿中，發現它仍然存在。（書影四）此是否可作爲歌館的悠久歷史，可能早於洞館之佐證？

3. 現今曲詩比原來曲詩少了後面一句，門頭亦改變：

如〈三腳潮・精神頓〉一曲在《鈺妍麗錦》中，（書影五）門頭標爲「北」，比現行曲目多了最後一句「肌膚瘦小不堪愁悶」。如果是〈北調〉，應以〈錦板〉來演唱，但現今卻以〈三腳潮〉演唱，潮調在泉州地區廣受歡迎，是否因此而改唱〈三腳潮〉曲調，不得而知，但筆者訪問民間樂人張再隱先生時，他最喜歡提及其師陳天助先生，整天唱〈望明月〉，一會兒用〈北調〉唱，一會兒用〈相思引〉唱，一會兒用〈中滾〉唱，樂人能用各種不同的門頭唱〈望明月〉曲詩，此說法除了聽張再隱提及，筆者曾經詢問其他樂人，似乎不知誰有此

管選本三種》之後。

能力，但江月雲女士，曾提及著名的廟宇建築師謝自南，曾經在紙上作業，將同一曲詩重新以不同門頭填入，然後演唱，吳昆仁先生亦說年輕時期，他也可以用不同門頭演唱，他同時指出，若要改換門頭，通常都以「一空」起唱，若觀之散曲曲目以「一空」起唱居多，此說法似乎言之有理。目前有能力以南管音樂創作新曲的當屬卓聖翔先生，但卓聖翔所創作新曲，不受臺灣南管人歡迎，筆者從其錄製之有聲資料諦聽，覺其新曲缺乏傳統味，可能是各門頭的曲韻不夠純正，兼雜其他曲韻，故不受歡迎。從這些現象來看，曲目門頭的改變，只是民間樂人利用不同門頭的曲調來演唱而已，哪一門頭曲調演唱此曲詩較受民眾歡迎，它就可能改變流傳下來。

4. 慢頭被省略，門頭不變：

如〈錦板‧輾轉亂方寸〉一曲，在《鈺妍麗錦》中，（書影六）門頭標為「北」，同於現今演唱之〈錦板〉，原刊本前面還有一句「暗想薄情無緣君」，此句筆者在太平歌館的曲簿中已見，均以「慢頭」演唱，臺灣七子戲劇本中也有此句「慢頭」，但在南管曲唱中均被省略。省略慢頭的習慣，應與整絃排場「排門頭」習慣的簡化有關，早期排門頭，起曲一定是「慢頭」起，再落正曲，後來因為不排門頭的泡唱，演唱順序較不講究，所以就省略了慢頭，目前有許多曲目，即使曲簿上有慢頭，但實際演唱時仍省略慢頭，從落拍開始唱。另一省略慢頭的原因，據吳昆仁先生言，此應與傢俬腳有關，因為現在樂器的演奏技術不如前人，慢頭的散板演奏常不夠美聽，於是就慢慢被省略。

5. 散曲轉變為指套的器樂演奏曲：

從十七世紀初期的刊本觀察，當時還無「指套」之名，僅以「錦曲」或「絃管」名之，故指套的形成當在清代。指套被當時演奏曲，不被演唱，應與時代的背景有關，唐宋以來流傳的慢曲，至明代，仍被演唱，才得以保存在這些刊本中。目前舊刊本中所見與現今指套相

同的有：《百花賽錦》中〈寒冰寫書〉一段，與指套〈大倍‧一紙相思〉曲詩與拍位幾乎完全相同，〈心肝跋碎〉與〈感謝公主〉兩段與指套〈倍工—心肝跋碎〉之前二節相同，〈金井梧桐〉一段與〈金井梧桐〉第一節相同，等等，現今的樂人對於將指套當曲演唱一事，或謂「先生無腹內」，無曲可唱，才會唱指套。但「指」本來就是散曲，這是不爭的事實。呂錘寬先生在《泉州絃管指譜叢編》上篇 p.15 中提到民間樂人的說法：指套唱詞之設，乃是爲了幫助記憶整套音樂⋯。筆者請教吳昆仁先生，則謂無此說法。根據筆者的學習與研究，指套音樂與曲詩的配合相當巧妙，音樂隨著文字四聲平仄而來，比起一般散曲更具規範性，且韻腳與音樂大韻關係密切，若干曲目中的句法，還保留了宋詞起調畢曲的觀念，起音與句尾音爲同音，若仔細與明清兩代唱曲文獻相比對、印證，指套中的七撩慢曲應是唐宋以來慢詞的遺存；其曲韻的進行，不同南管中純器樂演奏的「譜」，故指套曲詞絕非僅爲記憶而設。

（二）近百年來的演變：

　　以上從四百年前的曲簿，與現今演唱曲目作比較，可知南管曲目在流傳的過程中，並非一成不變，而是民間樂人不斷地加工創造，改變面貌出現。同樣的情形，近百年來仍繼續不斷地上演，其中也也不同的清況：

1. 利用舊有曲詩，改以新門頭演唱：

　　如南管散曲中的名曲〈福馬郎‧感謝公主〉一曲，是廈門紀經畝先生的創作，曲詩來自指套〈倍工‧心肝跋碎〉之第二節，當改變門頭演唱時，它的拍位也有了新的變化，如果將此曲與原曲作一比較，發現〈倍工‧感謝公主〉藝術性高於新作，演唱難度也相對提高，是非常耐聽的曲目，值得細細品味，可惜曲高和寡；但改爲新曲時，較輕快流暢，曲情、詩情亦美，廣受喜歡，尤其是初學者的喜愛，故而普遍傳唱於各地館閣，成了南管的流行曲。另一首南管流行曲〈短滾‧

冬天寒〉，據吳昆仁先生的說法，大約是戰後才出現，也屬新創作的曲目，但不知何人所作，觀其曲韻，似乎是〈長滾·三更鼓〉曲韻的節縮，而明刊本中已有大同小異的曲詩（見第四章書影）。又南管散曲中有三首〈冬天寒〉，〈短滾·冬天寒〉稱爲「小冬天」，還有〈錦板·冬天寒〉，以及〈中滾十三腔·冬天寒〉，被稱爲「大冬天」。不過這三首曲詩不同，僅開頭的「冬天寒」三字相同。

同樣的利用舊曲詩，改變門頭演唱，還有一例，〈短滾—滿面霜〉，此曲音域較高，南部樂人因演唱時唱不上去，改以倍思管演唱，曲情更顯「軟氣」，柔美、好聽、易唱，於是都改用「倍思管」來演唱。又據吳昆仁先生言，指套「因爲歡喜」原屬「四空管」，不僅曲詩美，曲調也好聽，但此曲音域高及「仕」空（相當於 g2），因此喜好此曲的絃友將此曲摘段演唱，從「恨我爹爹」起唱，並將「高工」改爲「一空」起唱，形成「五空管」曲調，吳先生說這是「倍工氣」。此說法，似乎說明了「倍工」與「二調」，可能有互轉的關係？孰先孰後？有待研究。如果從其後接的第二節〈長綿搭絮〉看，也是由五空管改爲四空管演奏，如此說來，〈二調〉從〈倍工〉移調而來的可能性極高。以上這些例子都相當於西樂的移調演唱。

2. 長拍改為短拍演唱：

此例最多，除了因應戲劇中科步、身段的表演，過於緩慢的曲子，無法表演，因此常利用此法，改變拍法、快慢，如大陸演唱的〈有緣千里〉、〈年久月深〉，均以〈潮陽春〉演唱，但臺灣仍唱〈長潮陽春〉，但受到戲曲與大陸的影響，目前二者皆有人演唱。改變拍法成爲另一受歡迎曲目的例子還有〈相思引·嶺路斜欹〉，大陸改爲「短相思」演唱，泉州樂人王阿心嫁入臺灣後，也將此曲教給她的學生，因此，在臺灣也是兩種門頭都有人唱。筆者在華聲社所學〈三腳潮·精神頓〉一曲，南聲社以「潮疊」演唱，張鴻明先生就曾對筆者表示〈三腳潮·精神頓〉太慢了，不好聽，唱「潮疊」較好聽。又如〈長滾·書今寫

了〉，因長滾難唱，較少人演唱，於是〈短滾‧書今寫了〉，就成了流行曲；〈相思引‧因送哥嫂〉近五十年來亦改唱〈短相思‧因送哥嫂〉、〈潮陽春‧孤棲悶〉改唱〈潮疊〉等等，例子不勝枚舉，此類曲目的手抄本中二者皆有曲譜存在，亦即是長拍的唱法，仍然可唱。

3. 只唱上撩曲的曲尾：

「上撩曲」指的是三撩拍以上的曲子，屬「功夫曲」，火候不夠，較難掌握，但通常其尾部落一二拍或落疊的部份都相當好聽，因此常被擷取成單曲演唱。如〈北相思‧我為汝〉一曲，從落一二拍「早知恁負心」起唱；〈北相思‧無處棲〉一曲，從落一二拍「但得強企」起唱；又〈寡北‧奏明君〉一曲，屬一二拍，雖非「上撩曲」，但寡北音域差距大，高低音區的曲調不易演唱，因此喜愛此曲的絃友，特別是男性老絃友，都喜歡從落疊「雖是阮命內該休」起唱；這些曲尾經常被演唱，如果再以南管命名習慣以起唱之前三四字命名，不知者可能就會以為是新曲目。

4. 只唱指套的指尾：

唱指套尾與唱上撩曲的曲尾，意義相同，都是取其簡單易唱，常被當作「入門曲」的〈直入花園〉、〈風打梨〉、〈孫不肖〉、〈我為乜〉、〈推枕著衣〉等等，亦都屬於「指尾曲」。

5. 第一句慢頭被改為正拍演唱：

散曲中也有不少曲子屬於第一「詞逗」起慢頭，如〈錦板‧遠望鄉里〉的第一句前半句「遠望鄉里」，〈崑腔寡‧鵝毛雪〉的第一句前半句「鵝毛雪」，不少古老手抄本上，皆標示慢頭起唱，現在則改為正拍演唱。僅一小句的慢頭，照理講，並不難唱，為什麼要改唱正拍呢？是因為比較不好聽嗎？筆者在田野調查時，聽過民間老樂人唱〈錦板‧遠望鄉里〉與〈崑腔寡‧鵝毛雪〉慢頭，意境上比起正拍更美，但為什麼要改呢？也許人的聽覺存在著喜新厭舊的心理吧！

6. 整段慢頭刪除不唱：

慢頭的句法，有各種不同形式，三字、四字的半句形式，一句、四句式，或五句式等等，也許因為排場時排門頭演唱的習慣已無，因此除了如前所述半句型被改為正拍唱，整句式或四句、五句式的慢頭常被刪除不唱，如〈錦板・心內懶悶〉慢頭「輕移蓮步出欄杆，聽見秋蟬哀怨聲，梅香汝掠只珠簾來捲起，兼逢著障般光景，咱莫得懶惰少年時」不唱了，改從「心內懶悶」起唱；〈北相思・輾轉三思〉慢頭「月斜宮闕花影移，怨煞東君誤佳期，今朝飲酒酩酊醉，滿腹春情難把持。」刪除，從「輾轉三思」起唱。同樣的情形在指套中亦可見，〈中倍・趁賞花燈〉慢頭「趁賞花燈」四句，現在演奏時常被省略，從「端的」起奏，但也有從「燈」字的尾部落拍處開始演奏。〈野韻悲・虧伊歷山〉第二節〈見許渾天〉，常省略「見許渾天散紫」一句，而由「水月耀光」起奏，絃友亦稱「水月耀光」。由於南管音樂的表現，聲情重於詞情，這種情形造成樂曲曲詩的不完整性，似乎也從來不被樂人正視過，從那裡起唱都無所謂，重要的是曲韻轉折是否美聽。

7. 慢尾被刪除不唱：

帶慢尾的曲子原也是排門頭習慣中，同門頭曲目被演唱時用為最後一曲，如今的演唱中也被刪除不用，例如〈錦板・形影相隨〉，慢尾四句「燈下裁衣奉萱堂，但願老姑福壽康，願得膩婿早返來，許時一家喜春風 」被省略不唱。在省略慢尾不唱的同時，有些曲目結尾句須作調整，如〈柳搖疊・孫不肖〉，要改為正曲的收尾，必加「不女」唱法。「不女」的句尾收法，是所有帶有「北」字門頭的習慣用法（「北相思」除外，），如〈北青陽〉、〈北調〉（錦板）、〈寡北〉，均以此收尾。但有一特殊例子，如指套〈二調・自來生長〉第三節〈長滾・紗窗外〉，也用了「不女」的〈北青陽〉結尾句，此非〈長滾〉曲的常態結構，是否此曲由帶有「北」的曲調移調而來或其他關係？尚待探討。

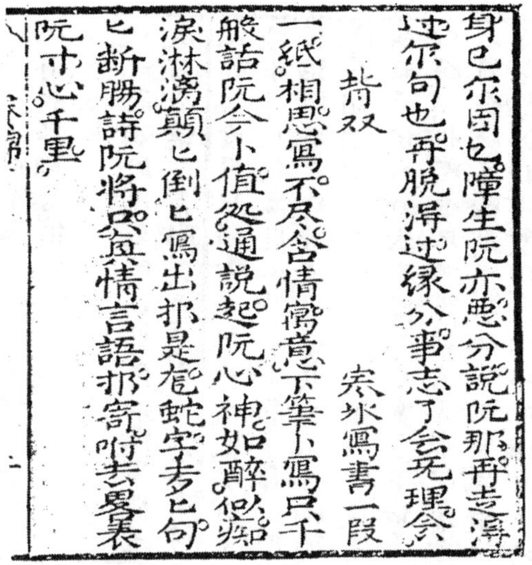

身已尔因乜障生阮亦悲分說阮那再壹滿
过尔句也再脫滑过缘分事志了会完理会
背双　寒冰寫書一段
一紙相思寫不尽含情寄意下筆卜寫只千
般話阮今卜值処通說起阮心神如醉似痴
淚淋漓顛乜倒乜寫出那是龍蛇字歩乜句
乜斷腸詩阮將只為情言語那寄附去寒表
阮寸心千里

（書影一）《百花賽錦》中「寒冰寫書」一段《一紙相思》

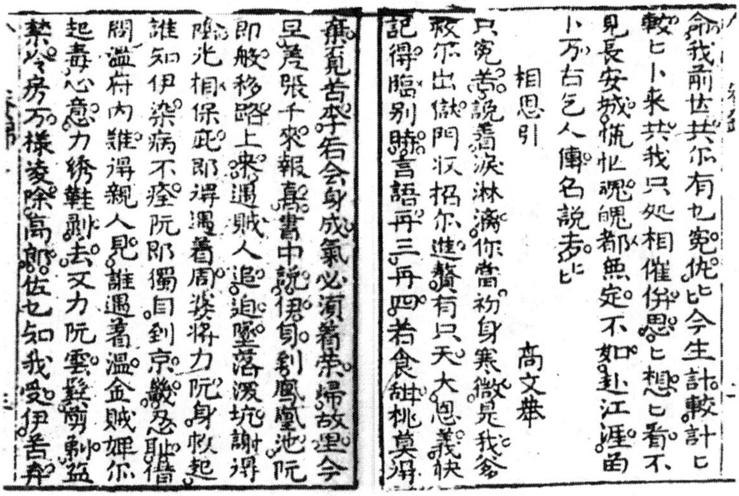

今我前世共尔有乜冤仇乜今生計較計乜
較乜卜來共我只処相催併思乜想乜看不
見長安城怯忙魂魄都無定不如赴江湖由
卜方白乞人傳名說歩乜
相思引　高文華
只冤苦說着淚淋漓你當初身寒微是我爹
救尔出做門収招尔進贅有只天大恩義快
記得臨别時言語再三再四若食甜桃莫滑
無冤苦卒右会身成氣必須着崇帰故里会
足是張千來報爲書中說伊身到鳳凰池阮
即般移路上來還賊人追迫墜落溪坑謝得
隊光相保庇郎得遇着周婆將力阮身救起
誰知伊染病不瘥阮即獨自到京幾悲恥借
問溫府內誰得親人見誰遇着溫金賊姆尔
起毒心意力綉鞋剝去又力阮雲鬟頭剝益
禁冷房不樣凌除高郎佐乜知我受伊苦楚

（書影二）《百花賽錦》中「只冤苦」門頭標爲〈相思引〉

丕丹連相玉頼阮障做力我媽親腸包羞
忽恥去到山門外入寺內見尔人酒醉阮
即近前力伊身拖尔見脈共阮断約更深
去到相国寺中尔来力阮障空磨怨万種
恨荷只千欵未得知日会得見伊心即
改得我只相思債完滿止

滾

娘子簡助如于勿得切身俞姻縁事穩完
戍菌菌架因弄影鳥雀悲春故意小来叫
㞫断鴞亲兒只幽含泥圾黄蜂尾蝶翻；
飛来採只花蕊阮心緒今小涙度雞肝腸
有猫但游力只目渾唫流涙咽娘首栢随
侍去到相国寺中伊人食侢醉昏；挨来
挨去力伊人全然不懼来恨覓家尔恰無
心肹侯我呢未只处无呆又无米肌膚瘦
不自在阮身恰是楊子江中散自風浪遥
擺崔喬会不敢来親像許牛郎織女長河
阻隔値許東西...

關錦　二十

（書影三）《百花賽錦》〈嬋勸娘子〉（即〈茶薇架〉）門頭標為「滾」

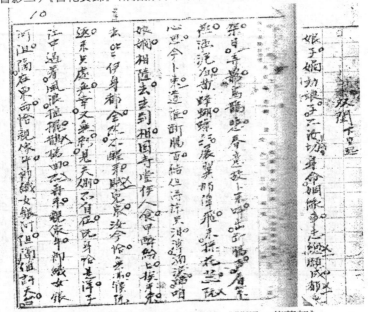

（書影四）麻豆「集英社」太平歌手抄本《雙閨‧茶薇架》

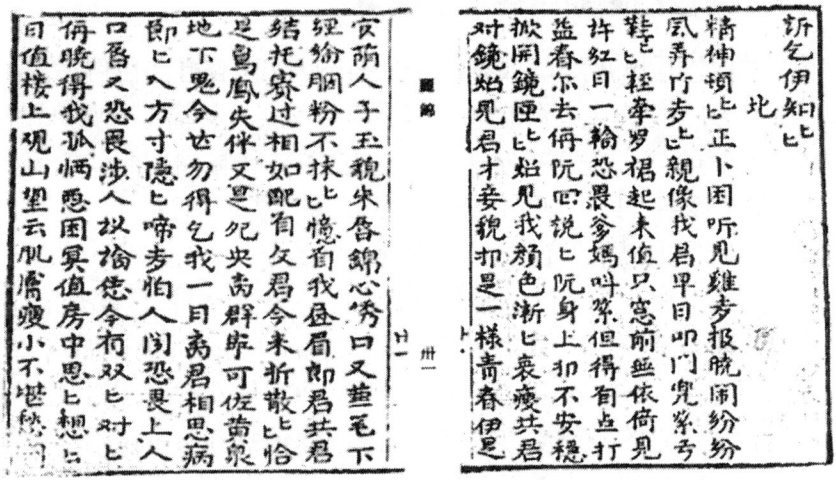

（書影五）《鈺妍麗錦》〈精神頓〉一曲門頭標爲「北」

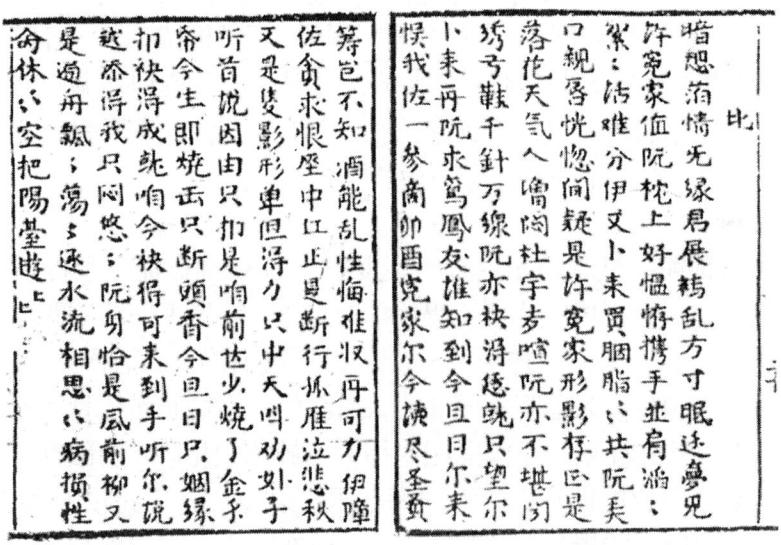

（書影六）《鈺妍麗錦》〈輾轉亂方寸〉一曲，門頭標爲「北」

二、影響南管曲唱曲目傳承的因素

南管曲唱曲目的傳承，與教館先生有關，如南聲社曲目傳承自吳道宏、張鴻明等位先生。台北地區傳承自江南先、林藩塘、吳彥點、廖昆明、歐陽泰等位先生。常聽南管絃友說，「這見曲的曲種如何如何」，絃友計算曲子以「見」作單位，可能來自古老語言，「曲種」則是指曲子傳承自何處。吳昆仁先生常說台北的曲種傳自廈門，從前台北的名師如江南先—戴梅友，以唱曲聞名，他來自廈門的「錦華閣」，台北館閣「清華閣」之名，即由錦華閣而來，錦華閣以散曲曲唱聞名。艋舺「集絃堂」之名，由廈門「集安堂」而來，集安堂以指譜演奏聞名，故艋舺集絃堂的指譜演奏也是一流的，傢俬腳的演奏技巧當時都是台北有名的。另從絃友的訪談中，得知在日治時期，泉州與廈門的南管曲風已出現差異性，絃友常說廈門的曲種較耐聽，但是泉州的散曲曲目多。筆者與來自泉州絃友接觸後，發現其講話的語調較輕，知道泉州唱曲偏於輕柔，與語言有很大的關係；廈門與臺灣人語音相近，語調較重，而且某些泉腔音容易咬字不清，故而特別強調其字音的咬字，因此唱曲時比泉州更講求行腔走韻。以下就影響臺灣南管曲唱曲目的傳承概況的因素，提出下列幾點看法：

（一）師承

臺灣早期館閣延聘館先生，一般以四個月為一館，館主須提供館先生吃住，也另有提供抽水煙（鴉片）的記錄，館先生駐館期間，館員一期通常約有十來人一齊學習，一般的習慣是館先生開出同一門頭的眾多曲目，由每個人習唱不同曲目，通常先生不給館員指骨，僅抄寫曲詩，點上撩拍，給學生幫助記憶用。由於門頭相同，曲韻亦同，故每個人除了各自的曲目與先生對嘴唸兩次以後，在旁聽別人的學習時，仍能獲得聽學的機會，聰明的人，可能在別人尚未記熟曲詩時，他可能將十數首曲子都學會了。據說吳昆仁先生就是這樣的一個人，

所以，張再興先生常說，只要有『黑狗』（吳昆仁）在，曲都給他學光了。因此，由這種學習方式，一門頭學得數十曲，各門頭積累下來，學有一二百首曲目並不難，這也是不少南管耆宿，常說腹內有一二百首曲之故。

由於經濟的因素，有些館閣無法一年到頭都聘請館先生，所以館先生也常遊走四方，到處教學；以臺灣教館的先生言，影響地區最廣的應屬吳彥點先生，從臺灣頭到臺灣尾，都有他教館的記錄。他所教過的館閣或學生，都屬同一曲種，曲風相同，絃友中，吳昆仁、張再興、張再隱、曾玉、蔣以煌、謝永欽等人，都曾拜吳彥點先生為師，吳彥點先生也是謝永欽的丈人，但是這些絃友同時也向其他名師學習，不過某些曲目習自某人，他們分得很清楚。

館閣中也有財力狀況極佳，如南聲社自民國初年成立至今，一直設有館先生，最初為江吉四，民國 17-60 年為吳道宏，民國 60 年以後為張鴻明。所以南聲社館員唱曲風格最趨於一致，曲腳也最多，館中傳承活傳統曲目也最多。

近四十年來的南管傳承方式，一直在改變中，研習班式的學習取代了舊有館閣的學習方式，群體式、藉助錄音帶的學習，是現今臺灣南管的學習模式，少了館先生與館員一對一的對嘴口傳，與糾正咬字發音，南管演唱不免走樣，這是一大缺失。

（二）曲腳性別的轉換

民國 40 年以前，臺灣的曲腳皆以男性為主，館閣的成員只有男性，當時的女性是不能拋頭露面，參加外面的活動。除了屬性為子弟館外，一般的館閣成員，大都屬於有錢有閒的階層人士，男性曲腳唱曲，講求用本嗓正聲演唱，如以低八度來唱，只能算是「低吟」，上不了檯面。不過男聲音域較低，通常在「士」空以上，就須轉換假嗓演唱，一首曲子中真假嗓之間的轉換頻仍，因此在館閣中常見男性曲腳耳紅脖子粗，滿頭大汗，努力的唱著曲子，一幅自我陶醉的樣子；

但實際上，這種唱法是相當累人的。大約在民國 45 年以後，可能是整個社會經濟的變遷，景氣蕭條，男性館員銳減，才開始有了女子參與唱曲活動，從此以後呈一面倒現象，以女性曲腳為主，男性館員退居傢俬腳地位。

如從發聲生理學看男性曲腳的演唱，一般的南管散曲曲目，男性演唱都要比女性來得辛苦，更遑論七撩或三撩的「上撩曲」，據筆者訪談樂人得知，從日治時期至今，能唱「七撩曲」的男性曲腳寥寥無幾，剛過世不久的著名男性曲腳張再隱先生，曾學唱一首七撩曲〈十八學士・睏都不得〉，但一生中卻只有一次演唱的機會。而日治時期，艋舺集絃堂與聚英社曾於 1914 年排場拼館，當時集絃堂負責人陳朝駿曾重金邀請藝旦演唱，筆者就此事請教現年 86 歲的吳昆仁先生，他提及以前的藝旦唱曲的藝術高，集絃堂是以指譜演奏出名，男性曲腳並不那麼出色，當時兩館的排場如同打擂臺般，誰也不肯服輸，加上藝旦的聲音甜美，比起男性唱曲當然好聽多了，所以才會請藝旦來助陣。再從樂人口中提及，日治時期到光復後的幾位知名藝旦，她們所能演唱的曲目看，筆者推測近百年來在臺灣的南管界，這些高難度曲目的演唱者，主要是藝旦，男性曲腳能唱的極少，甚至把時間往前推，十七世紀刊本中的高難度曲目，可能也是以女性樂伎為主要演唱者，這是專業的演唱家，男性是欣賞者，騷人墨客使用的刊本，純為欣賞用，非演唱之實用性刊本。因此，當南管館閣中的男性曲腳被女性曲腳取代之時，七撩曲已少人演唱，近百年來的錄音記錄也僅三四首而已。

唱曲活動性質，也因女性曲腳參與有了變化，從前南管的男性絃友可以整天泡在館閣中，奏唱整天整夜，不以為苦，當然館閣中並非僅有南管活動，一般言之，麻將牌局、酒菜是必備，有人喝喝酒聊聊天，有人打打小牌，有人唱奏南管，更番輪替，館閣中的生活實是男性的享樂窩；據說日治時期，有些館閣中還備有抽鴉片煙的房間，提

供館先生使用。

　　自從女性曲腳替代了男性曲腳，這些館閣活動也起了變化，早期的女曲腳以十幾歲的女孩為主，女孩不參加唱曲以外的活動，這些活動只有男絃友參與，慢慢地人數越來越少，當然不太可能繼續維持；而女孩長大結婚，有了婚姻生活，不見得有時間參與館閣活動，從而退出，如南聲社蔡小月、陳嬤朱、黃美美等人，都曾因結婚而中斷南管的唱曲活動，直到小孩長大才復出；女性曲腳因結婚退出，日後小孩長大後復出的狀況，南北兩地都有極多例子。調查記錄中，民國50年代，有些館閣就因此出現斷層，沒有曲腳唱曲活動，繼而散館；有些館閣因為曲腳男女參半，故還能維持唱曲活動而有新的傳承。女性因受到婚姻的束縛，無法如男性般整天「敕桃」南管，曲目的學習相對的減少，也是意料中的事。再加上館閣音樂活動本屬業餘，非專業性，對於藝術性難度較高的曲目，當然就乏人問津了。

（三）社會環境的變遷

　　近三十年來，隨著資訊媒體的發達，社會的變遷速度更快，臺灣人的生活步調亦發顯得緊張，是一個凡事講求時效的時代，如南管曲唱這般講求慢工出細活的音樂藝術，到底能受多少現代人的青睞呢？恐怕是少眾罷了。由近幾年各地的排場看，新手是增加不少，曲目也略增加，偶有久未曾聽聞的曲目出現。但受到社會變遷的影響，反映在音樂上的是：許多曲目的演唱，速度上明顯的加快了，囫圇吞棗式的學習南管演唱，雖學得形似，而無法神似，是目前南管音樂發展的一大隱憂。

第四章　南管曲詩

　　中國傳統音樂主要是「以文化樂」為根本，南管曲詩就是南管音樂的「文本」，南管起源於泉州，曲詩基本上以泉州地方方言發音演唱，泉州語言保存了許多中原古音。臺灣人先民大部份來自福建省漳州與泉州，因為在不同時間先後來到臺灣，再經過遷徙混居，語言上因漳泉語音的涵融，形成了不漳不泉的「福佬話」，一般人對於南管唱「泉州腔」顯得陌生，更遑論日常生活中使用。因此，以泉腔發音的南管音樂在臺灣的傳承，首先在語言發音上出現了學習上的困難；加上南管曲詩，除了以「泉州音」為主，又包括了所謂的鄉談（指當地特有的口音）、文讀音、白讀音、偏音（指特有音韻）等；在若干曲目中，如〈南北交〉、〈玉交猴〉、〈福馬猴〉…等類曲目，也使用「北方音」（藍青官話）來演唱的，如果不經過南管先生口傳心授，「叫字」時就會產生問題。習唱南管，首重「咬字」、「叫字」，就是要求發音正確，咬字清晰，因為泉州腔在臺灣已屬弱勢語言，南管曲詩在口耳相傳的傳承中，對於曲詩的「咬字」、「叫字」要求，比起在泉州當地更嚴格。

　　「叫字」是否正確，首先要分別曲詩的讀音，何時使用文讀音、白讀音，或是藍青官話，或如潮語等特殊方言等，根據南管先生的口授，才能依樂曲的性質、曲詩與音樂的關係，唱出適當的音。

　　以筆者習唱南管的經驗，解決曲詩讀音的問題，應是學習南管首要工作，曲詩內容的瞭解，亦有助於曲唱的情感發揮，而一般或謂

南管屬民間音樂，對於曲詞的平仄不甚講究，但田野調查中發現，具知識水準之樂人，仍極注意音樂旋律是否與語音聲調配合，對於平仄，樂人亦有不同看法。故本書以臺北華聲社曲目爲例，根據吳昆仁先生的唱唸，嘗試以羅馬字標音，讓有志學習南管者有所依據，不過南管的學習，必須經過「南管先生」的對嘴唱唸，方能得其精髓，此標音僅提供參考。由於南管音樂承傳主要靠口傳，一般唱曲者，對曲詩內容中的典故多不甚瞭解，故除標音外，曲詩內容出處以及諸多潮泉地方的方言、俗語、典故亦稍作說明。筆者能力有限，僅就所知，及相關資料稍作解讀，提供參考。

第一節　南管曲詩的語音

語音標音及韻字說明

　　《彙音妙悟》爲清嘉慶年間依據泉州方言所編成的韻書，其中文白、方言、正音備載，最適爲南管曲詩歸韻及注音的參考。[1]本書曲詩的歸韻皆依《彙音妙悟》，注音則以洪惟仁先生著作《彙音妙悟與古代泉州音》中各韻之擬音爲基礎，並參酌現存的語音現象來標注，符號亦逕採自該書。

（一）標音符號

輔音：

輔音	唇	音	舌	音	齒	音	牙	音	喉	音
LPA	p	ph	m	b	t	th	n	l	c	ch	s	z	k	kh	g	ng	h
本篇	p	ph	m	b	t	th	n	l	ts	tsh	s	z	k	kh	g	ng	h

---

[1] 有學者認爲南管曲詩讀音，可作爲對《彙音妙悟》擬音的重要參考，參見黃典誠〈彙音與南曲〉1984 泉州南音學術座談會論文。施炳華《荔鏡記音樂與語言之研究》1990 臺北:文史哲出版社。

元音：

元音	LPA	i	e		o	u	a				
	本文	i	e	oo	o	u	a	er	ir	iN	aN	uN

聲調：

調別		1	2	3	4	5	6	7	8
腔別		陰平	陰上	陰去	陰入	陽平	陽上	陽去	陽入
調值	本調	33	55	41	55	24	22	41	24
	變調	33	35	55	55	22	22	22	22

（二）語音説明

1.彙音妙悟音系表：

聲母（十五音系）

字母	柳	邊	求	氣	地	普	他	爭	入	時	英	文	語	出	喜
擬音	l/n	p	k	kh	t	ph	th	ts	z	s	§	b/m	g/ng	tsh	h
實際讀音					l										

韻母

韻目	春	朝	飛	花	香	歡	高	卿	杯	商	東	郊	開	居
擬音	un	iau	ui	ua	iong	ua N	oo	iirng	ue	iang	ong	au	ai	ir
實際讀音								ieng						
韻目	珠	嘉	賓	莪	嗟	恩	西	軒	三	秋	箴	江	關	丹
擬音	u	a	iirn	oN	ia	irn	e	ian	am	iu	irm	ang	uiriN	an
實際讀音			in						am				uiN	
韻目	金	鉤	川	乖	兼	管	生	基	貓	刀	科	梅	京	雞
擬音	iirm	eru	uan	uai	iam	uiN	irng	i	iauN	o	er	m	iaN	ere

實際讀音	im	iro								ire

韻目	毛	青	燒	風	箱	參	能				
擬音	ng	iN	io	uang	iuN	aN	aiN				
實際讀音						aiN	iriN				

說明：

1.《彙音妙悟》爲依泉州方言所編成的俗韻書，其中不同於傳統韻書之特點有：

（1）文白、方言、正音兼收。體制上仿《戚林八音》，即各韻皆配對十五個聲母及八種聲調而兼具韻圖之性質。

（2）介音不同，別立爲韻。

（3）入聲字配對於陽聲韻。而若干入聲字的方言音，韻尾塞音弱化擦音爲 h，皆收入《彙音妙悟》陰聲韻之入聲欄內。（見表一）

（4）泉州腔調之陰陽去本音混同，因此《彙音妙悟》中陰陽去混雜，然變音仍可分出陰陽。[2](見表二)

2.洪書中所擬音是二百年前泉州地區語音系統。而南管曲詩因樂師的口耳傳承，大致保存此語音的特色，但由於泉州語音系統的本身變異，以及因南管音樂流傳地區的擴大，受到其它區域語音特色的影響[3]，因此現今臺灣的南管曲詩唱唸的語音，與《彙音妙悟》已有有若干差異，茲說明如下：

---

[2] 泉州腔聲調分爲兩類：一類陰陽去混同，變音仍可分；另一類陽上去混同。《彙音妙悟》屬第一類。

[3] 清以來因廈門的經濟繁榮，南管在廈門的發展日盛，曲辭之發音亦受當地語音的影響。清末來臺傳樂之樂師，以廈門者爲最多。非原鄉於泉州或泉州移民區的南管樂師，雖盡可能保存泉州語音的特色，但仍無法擺脫母語語音的影響。此影響在早期指譜抄錄借音字中亦可看出端倪。

（1）現今近海泉州音系中，「入」紐多歸「柳」紐，南管唱唸時亦受影響，此依實際語音標注。

（2）居韻（ir）、科韻（er）為較難發之央元音，在南管唱唸中被嚴格地保存下來。但仍偶見轉為較易發音之 u、e，尤其是師承廈門派的樂師。

（3）原擬以央元音 ir 為元音之韻，現今實際語音多弱化，如賓、關、金。或轉化為 a、e，如箴、卿韻，此仍依實際語音標注。唯在南管唱唸中因咬字析音的緣故，仍可聽出此央元音的痕跡。

（4）以央元音 er 為元音之韻，南管唱唸因咬字的強調反轉為 ir，如鉤，雞韻。

（5）能韻（aiN）為同安地區之方言，泉州其它地區為（iriN）或（uiN），為免與關韻相混，此注為(iriN)。

（6）刀韻（o）的大多字，在廈門及臺北地區多轉為高韻（oo）。

（7）聲母有出氣的頃向如：待、程。若干陰聲韻有鼻化的現象如吳、五（語母高韻），異（基韻）。

（8）臺灣閩南語聲調受到漳廈系統的影響至巨，大多失去泉州聲調的特色，唯有在海岸或丘陵區鄉鎮，保留較純粹的泉州口音。然南管音樂的旋律並非完全發展自語言聲調，聲調的差異對南管唱唸影響較小，此不詳論。

（三）韻字說明：

韻字認定的問題，在南管曲詩上十分複雜。欲徹底解決甚至須考慮曲牌格律，但目前在格律方面尚無全面性的成果，故此僅暫就聲韻方面歸韻。南管曲詩多來自民間戲文，其歸韻並非嚴格地依傳統韻書，乃是依照閩南地區用韻習慣。根據閩語學者周長楫先生之研究[4]，閩臺地區的地方文藝作品在用韻上的特點有：

---

[4] 見周長楫《詩詞閩南話讀音與押韻》第五章 p.52。

1 不論聲調。

2.用韻的韻部包括主要元音和韻尾相同的元音。也包括鼻化元音，帶喉塞尾的入聲韻。

2.用韻時，對韻母的韻頭（介音）也頗注意。最好在韻頭方面也相同。

3 韻腳排列較密，多句句押韻。若韻段較長，則常有換韻的現象。

　　由於南管音樂的旋律，並非完全由語言音調的發展而成，乃是以既定腔韻填入曲詩，整體上屬於「以定腔傳辭」，僅部份屬「以字聲行腔」，故其四聲對於用韻影響不大。對於韻頭的講究，顯示閩南地方對於介音及元音的要求，並非在韻尾。此特點亦可從《彙音妙悟》中，異調不分韻，及介音不同則分立的分韻現象得到印證。本文韻字認定亦以上述原則爲主。

表一：彙音妙悟入聲字白話音歸入陰聲韻字表：

韻字	入聲字白話音歸入陰聲韻字
飛韻	扳 pueh^8 挖 ueh^4
花韻	撥 puah^4 跋 puah^8 割 kuah^4 罣 kuah^8 闊 khuah^4 潑 phuah^4 熱 zuah^8 煞 suah^4 活 uah^4 抹 buah^4 末 buah^8
嘉韻	臘 lah^8 百 pah^4 甲 kah^4 闔 khah^4 踏 tah^8 打 phah^4 匣 ah^8 覓 bah^8 插 tshah^4 截 tsah^8
嗟韻	掠 liah^8 壁 piah^4 舉 kiah^8 摘 tiah^4 食 tsiah^8 跡 ziah^4 削 錫 siah^4 石 siah^8 蝶 iah^8 赤 tshiah^4
西韻	伯 peh^4 白 peh^8 格 隔 keh^8 客 kheh^4 宅 teh^8
基韻	裂 lih^8 滴 tih^4 匹 pih^4
刀韻	落 loh^8 薄 poh^8 閣 koh^4 惡 oh^4 卜 boh^4 鶴 hoh^8 學 ho^8
科韻	雪 serh^4 說 serh^4
雞韻	節 tsereh^4 切 tshereh^4
燒韻	著 tioh^8 借 tsioh^4 石 tsioh^8 惜 sioh^4 藥 ioh^8 芍 sioh^8 尺 tshioh^4 宿 hioh^4 葉 hioh^8

表二：彙音妙悟陰陽去歸字與實際讀音之差異：

實際讀音	彙音妙悟陰陽去歸字
彙音妙悟歸於陰去， 實際讀音疑爲陽去者	恨 hirn³ 定 tiaN³ 袂 bue³ 悶 bun³ 亦 ia³ 又 iu³
彙音妙悟歸於陽去， 實際讀音疑爲陰去者	照 tsio⁷ 見 kiN⁷ 棄 khi⁷ 致 ti⁷ 過 ker⁷ 句 ku⁷ 寄 kia⁷ 誓 se⁷ 鏡 kieng⁷ 怨 uan⁷ 到 kau⁷ 且 tuaN⁷ 信 sin⁷ 訴 soo⁷ 看 khuaN⁷ 叫 kio⁷ 送 sang⁷ 惡 oo⁷ 畏 ui⁷ 記 ki⁷ 顧 koo⁷ 淬 tsaiN⁷ 且 tuaN⁷ 向 hiuN⁷ 置 ti⁷ 賽 ser⁷ 暗 am⁷ 故 koo⁷ 劍 tsiN⁷ 兔 thoo⁷ 四 si⁷ 數 soo⁷ 帶 tai⁷

第二節　南管曲詩標音與註釋—以華聲社曲目爲例

　　南管曲唱，首先講求曲詩讀音咬字清楚，本書以華聲南樂社吳昆仁先生傳習之五十首曲目爲例，並稍分難易度，一爲入門曲共十曲，二爲是經常可聽聞之一二拍的曲目，三爲上撩慢曲：二首七撩拍慢曲及八首三撩拍慢曲。每首曲詩開頭加註曲詩故事或相關戲曲資料，並將曲韻特色、曲唱時所能表現或應注意的地方，加以說明；每句曲詩除了標音，對於句中鄉談、方言或典故來源略加註釋，提供有志研究者參考。

　　標音附加符號說明：

　　1.平仄，字底加一橫線者爲「平」（陰平 1、陽平 5），未加者爲「仄」。

　　2.韻字，加網底者爲「韻字」。

　　3.聲辭「不女」、「於」，用於字前起音，則記於字前，用於字後

轉韻，則記於字後。

（一）入門曲

1. 直入花園（尪姨疊　四空管　疊拍）

此曲原為指套《弟子壇前》第三節，牌名為「尪姨疊」或稱「翁姨疊」，音近。「尪姨歌」是閩南地方民間信仰「請尪姨」[5]時，儀式中唱唸的歌曲，指套「弟子壇前」的牌名為〈尪姨歌〉，第二節亦為〈尪姨歌〉，本曲〈尪姨疊〉，即為〈尪姨歌〉拍法的節縮，速度較快。曲詩內容為描述進入地府途中經過一座花園，其間所見的景象。據民間的說法，如果看到園中的六角亭年久失修，表示將會有災厄發生；也有懷孕婦女，請尪姨前往花園「探花」，園中開白花，代表男孩，開紅花，代表女孩；甚至總共有幾朵紅花或白花都一併告知，即表示命中注定有幾男幾女等等。此曲因為是疊拍，篇幅短小，旋律較接近語言節奏，內容兼具趣味性，常被當為南管曲唱初學者的入門曲。

直　入　花　園　是　花　味　香
tit⁸ lip⁸ hue¹ hng⁵ si⁶ hue¹　bi⁶ phang¹
直　入　酒　店　都　面　帶　紅
tit⁸ lip⁸ tsiu² tiriN³　too¹ bin⁶ tua³ ang⁵
田　嬰　飛　來　都　真　於　成　陣，
tshan⁵iN¹ per¹ lai⁵ too¹ tsin¹　tsiaN⁵ tin⁶
「田嬰」即蜻蜓。
尾　蝶　飛　來　都　真　成　　雙
ber² iah⁸ per¹ lai⁵ too¹ tsin¹ tsiaN⁵ sang¹

---

[5] 「尪姨」是閩南地區對女性靈媒的稱呼，「牽尪姨」是流行在正月元宵夜的一種扶乩儀式，用來占問吉凶，或牽引已過世之親人前來對話的一種宗教習俗。「牽尪姨」通常由未婚女子充當「尪姨」，眾家姊妹圍繞著他，不斷的燒香焚紙，唱唸歌謠，等候神靈附身，以解凶改厄，或前往陰府牽引亡魂來與親人對話。

「尾蝶」即蝴蝶，亦作「蜈蝶」、「螞蝶」。

冥 陽 嶺 上 是 好 蹺 敧

bieng⁵ iong⁵ niaN² tsiuN⁶ si⁶ hoo² khiau¹ khi¹

「冥陽」指陰陽界交。

「蹺敧」指路途崎嶇難行。

阮 今 過 只 冥 陽 都 心於 歡 喜

guan² taN¹ ker³ tsi² bieng⁵ iong⁵ too¹ sim¹ huaN¹ hi²

掀 開 羅 巾 都 拭 汗 去

hian¹ khui¹ loo⁵ kun⁵ too¹ tshit⁴ kua⁶ khir³

　　本句有作「掀開羅裙都疾趨去」。

不女走 得 阮 頭 茹都 髻 又 敧

tsau² tit⁴ guan² thau⁵ lir⁵ too¹ ker³ iu⁶ khi¹

「茹」雜亂。

急 急 走 嘮 急於 急 行

kip⁴ kip⁴ tsau² loo¹ kip⁴ kip⁴ kiaN⁵

走 到 市 上 共 恁 說 拙 分 明

tsau² kau³ tshi⁶ tsiuN⁶ kang⁷ lin² serh⁴ tsuah⁴ hun¹ biaN⁵

「市上」指「鬼都」一酆都市。

六 角 亭 上 是 六 角 磚

lak⁸ kak⁴ tan⁵ tsiuN⁶ si⁶ lak⁸ kak⁴ tsng¹

「六角亭」傳說中陰間花園有做六角亭。閩南民間信仰，於「觀落陰」或「牽亡」儀式時，常用一「六角亭」當道具，其下或奉茶，或作觀音亭以供膜拜。

六 角 亭 下 都 好 茶 湯

lak⁸ kak⁴ tan⁵ e⁶ too¹ hoo⁵ te⁵ tng¹

六 角 亭 上 六 角於 石

lak⁸ kak⁴ tan⁵ tsiuN⁶ lak⁸ kak⁴ tsioh⁸

六 角 亭下都 好於 栳 葉
lak⁸ kak⁴ tan⁵ e⁶ too¹ hoo⁵ lau² hioh⁸

「栳葉」台閩兩地以栳葉包檳榔食用，其果實稱「栳籐」，亦可置於檳榔中食用。閩台舊習，結婚時以檳榔爲聘禮之一，現今臺灣原住民，檳榔、栳葉皆爲日常生活必需品，女子若中意某男子，必以檳榔袋定情。

素 香 不女 是茉 莉香
soo³ hiong¹ m⁷lir⁵ si⁶ bang⁶ li⁶ phang¹

「素香」疑應爲「素馨」，其香濃郁，可製香水。此處用以對比「茉莉」淡雅之香。

尾 蝶 成 陣 都 採於 花 叢
ber² iah⁸ tsiaN⁵ tin⁶ too¹ tsai² hue¹ tsang⁵

嗹 阿 溜 來嘮 溜嗹 來嘮
lian⁵ a¹ liu² lai⁵ loo¹ liu² lian⁵ lai⁵ loo¹

「嗹阿溜來嘮溜嗹來嘮」即「囉哩嗹」，據傳爲田都元帥咒語。南管稱此爲「嗹尾」。臺灣民間常稱「隨性起舞的動作」爲「弄溜嗹」；潮州人形容一個人在高興時順口唱無字曲，也叫做「唱囉嗹曲」。

腳 踏草 一 個腳 踏草
kha¹ ta⁶ tshau² tsit⁸ ke⁵ kha¹ ta⁶ tshau²

真 個 好於 勅 桃
tsin¹ kok⁸ hoo⁵ thit⁴ thoo⁵

「勅桃」即遊玩。

噯 啊真 個 好於 勅 桃
ai¹ ia¹ tsin¹ kok⁸ hoo⁵ thit⁴ thoo⁵

韻字：香、紅、雙〈江韻〉。敧、喜、去、敧〈基韻〉。行、明〈京韻〉。
磚、湯〈毛韻〉。石、葉〈燒韻〉。香、叢〈江韻〉嘮、桃〈刀韻〉。

2. 共君斷約（水車 四空管 一二拍）

本曲爲《陳三五娘》本事，臺灣七子戲《陳三五娘》劇本的第十六齣〈繡孤鸞〉齣中，以此曲作結。〈水車調〉原爲閩南民歌，故本曲音樂有上下句疊唱應用的民歌式結構，保持民歌的質樸風格，此曲調在閩南民間流傳甚廣，車鼓曲中有許多以此調演唱的曲目。

共　君　斷於　約，共　我　三　哥　恁　今　斷於　約。
kang⁷ kun¹ tuan⁶　iok⁴ kang⁷　gua² saN¹ koo¹ lin² taN¹ tuan⁶　iok⁴
「斷約」即約定。

須待　今　冥　人　去　睏　靜。
su¹ thai⁶ kim¹　mi⁵ lang⁵ khir³ khun³ tsiN⁶
「今冥」今晚也。「冥」應爲「暝」之省字。

若　還　於不來，　頭　上　　於是　天。
ziok⁸ huan⁵　m⁷ lai⁵　thau⁵ tsiuN⁶　si⁶ thiN¹
「來」字收韻爲「開韻」，許多曲目中演唱時，常先歸韻，再以「i」牽音，但此曲中的「來」字，都唱字頭音「la」，以「a」牽音，字尾才收「ai」。

若　還　那　負君，天　地　責　罰　五　娘　先　死。
ziok⁸ huan⁵ naN⁷ hu⁷ kun¹ thiN¹ tire⁷ tsiek⁴ huat⁴ goo⁶ niuN⁵siriN¹si²

感　謝　阿　娘，果　有於　真　心。
kam² sia⁷　a¹ niuN⁵ koo² u⁶　tsin¹ sim¹
「果有」古本亦作「果然」。

明　知　假作　磨　鏡　來　阮　厝　行，
bieng⁵ tsai¹　ke² tsire³ bua⁵ kiaN³ lai⁵ guan² tsu³ kiaN⁵

罵　君　恁幾　句都　是瞞　過　媽共　爹，
maN⁷ kun¹　lin² kui² ku³ too¹ si⁶ buaN⁵ ker³ ma² kang⁷ tia¹

見　君　恁障　說，焄　阮　心　頭　軟都　成　綿。
kiN³ kun¹lin² tsiuN³serh⁴ tshuah⁸guan² sim¹thau⁵nng²too¹tsiaN⁵ miN⁵

「軟都成綿」即心軟如綿，喻深受感動。

登　徒　於林　大，恨　著　登　徒　賊　於林　大。
tieng¹ too⁵　lim⁵ tua⁶　hirn⁷　tioh⁸ tieng¹ too⁵ tshat⁸　lim⁵ tua⁶

「登徒」即登徒子，喻好色之徒。見文選宋玉《登徒子好色賦》。「登徒」二字手抄本或做「丁古」，為閩南民間詈罵語，與「登徒」音近。

汝　著　　早　死　於無　命。
lir² tioh⁸　tsa² si²　boo⁵ miaN⁷

每　　日　催　親，阮　有　幾　遭　險　送　性　命。
muiN² lit⁸ tshui¹ tshin¹　guan² u⁶ kui² tsoo¹ hiam² sang³ siN³ miaN⁷

「每日催親」有作「催親逼緊」。

「幾遭」「遭」次也。事經幾次曰「幾遭」。

心　神　於把定，莫　得　心　著　　驚。
sim¹ sin⁵　pe² tiaN⁷ boo⁷ tit⁴ sim¹ tioh⁸ kiaN¹

「把定」把持安定。

「莫得」不必。

再　甘　割　捨，臺　負　三　哥　恁於　人　情。
tsai⁷ kam¹　kuah⁴ sia³ koo¹ hu⁷ saN¹ koo¹ lin²　lang⁵ tsiaN⁵

「再」或作「佇」，怎也。

「人情」情意也。

再　甘　來　割　捨，臺　負　阿　娘　恁於　人　情。
tsai⁷ kam¹ lai⁵　kuah⁴ sia³ koo¹　hu⁶ a¹　niuN⁵ lin²　lang⁵ tsiaN⁵

韻字：靜、天、死、綿〈基青韻〉。

命、行、爹、驚、情〈京韻〉。

3. 夫為功名（短滾　倒拖船　四空管　一二拍）

本曲為《高文舉》本事，為梨園戲〈玉真行〉齣之唱辭。本曲早期原以〈長倒拖船〉三撩拍演唱，後改唱〈倒拖船〉一二拍，因〈倒

拖船〉曲少，故一般併入〈短滾〉的門頭下。吳昆仁先生言，〈短滾〉曲目雖短小，但「一曲一樣」，變化多，有些曲目「彎彎曲曲」，並不見得好唱。

夫 爲於 功 名　往於 京　都，
hu¹ ui⁶　kong¹ bieng⁵ ong² kiaN¹ too¹
「功名」指科舉時代之科第。

名 標 金 榜於 因乜 不 回 顧。
Bieng⁵ piau¹ kim¹ png² in¹ mih⁴ m⁷ here⁵ koo³
「金榜」指科考中舉之榜單，尤指殿試而言。
「因乜」爲什麼。

抉 記 得 枕　邊 共 君 恁 說 出 壬　般 話，
bue⁷ ki³ tit⁴ tsim² piN¹ kang⁷ kun¹ lin² serh⁴ tshut⁴ tshiriN¹ puaN¹ ire⁶
「千般話」即一再地叮嚀。

今 旦 掠 阮　棄 覓 獨 對 孤 燈 苦。
Kin¹ tuaN³ liah⁸ guan² khi³ bah⁸ tok⁸ tui³ koo¹ tieng¹ khoo²
「棄覓」離棄。「覓」放離，放任。

又 畏 學 許 王於 魁於　張 千於　一 徒。
Iu⁷ ui⁷ oh⁸ hir² ong⁵ khire¹ tiuN¹ tshiriN¹ it⁸ too⁵
「王魁」宋王魁，受妓桂英之助，往求功名，臨行於海神廟立誓，後中舉任官，不念舊情，桂英自盡，其陰魂前往索命。
「張千」亦有寫爲「張崔」者。在古劇中常以「張千」名僕役。後戲曲中亦常以「張千」爲家僕名。

阮 即 拖 命於 跋 涉 只 路途，
guan² tsiah⁴ thua¹ miaN⁷ puat⁸ siap⁸ tsi² loo⁷ too⁵
「拖命」指勉強。
「跋涉」登山涉水，喻旅途之艱苦。

阮　弓　鞋　又　短　細　脚　痛　袂　進　步，

guan2 kieng1 ire5 iu7 ter2 sire3　kha1 thiaN3 bue7 tsin3　poo6

「弓鞋」古纏足婦女之鞋，因彎曲如弓，故稱。

「短細」短小也，「細」閩南語形容小也。

「進步」行步。

恨　阮　命　怯　　姿　娘，

hirn7 guan2 miaN7 khiak4　tsir1 niuN5

「命怯」指命運乖蹇。「怯」歹也。

「姿娘」閩南稱婦女爲「姿娘」。

到　今　旦　即　　會　對　著　負　義　乾　埔，

kau3　kin1 tuaN3 tsiah4　ire7 tui3 tioh8 hu7 gi7 ta1 poo1

「乾埔」閩南稱男子爲「乾埔」。

那　恨　阮　命　怯　　姿　娘，

NaN7 hirn7 guan2 miaN7 khiak4　tsir1 niuN5

到　今　旦　即　會　對　著　負　義　乾　埔。

kau3 kin1 tuaN3 tsiah4 ire7 tui3　tioh8 hu7 gi7 ta1 poo1

韻字：都、顧、苦、徒、途、步、埔、埔〈高韻〉

4. 我爲尔（柳搖疊　四空管　一二拍）

　　本曲爲《雪梅教子》本事。原爲指套《春今卜返》之第四、五節，當成散曲演唱時，二節常接連著演唱，也可只唱一節，原指套中帶有慢尾，演唱時，如果不唱慢尾，要收青陽疊尾「不女」。《昇平奏》本作〈青陽疊〉，民間手抄本亦有作〈二北疊〉者。據吳昆仁先生言，〈柳搖金〉與〈北青陽〉大韻相類似，僅差一譜字，卓聖翔先生則認爲〈柳搖金〉曲調較高亢，曲腹的特韻常在高音仪　仜　伬盤旋。

我　爲乜只處冷　冷　清　清　孤　里
gua² ui⁶ mih⁴ tsi² ter³ lieng² lieng² tshieng¹ tehieng¹ koo¹ tuaN¹

玉　潔冰清　阮　受盡艱辛
giok⁸ kiet⁴ pieng¹ tshieng¹ guan² siu⁶ tsin⁶ kan¹　sin¹

望　汝成　器
bang⁶ lir² sieng⁵ khi³

我　只門前長掛有只旌表個金字
gua² tsi² mng⁵ tsiriN⁵ thiuN⁵ kua³ u⁶ tsi²　tsieng¹ piau² ke⁵ kim¹ li⁶

「旌表」表彰也。自漢以來，凡忠孝節義之人建坊給額，以表異之者。《北史・隋
　煬帝紀》：「義夫節婦旌表門閭」

「金字」即表彰之匾中金字。

聽　你說，我今聽　你　說，
tiaN¹ lir² serh⁴　gua² taN¹ tiaN¹ lir²　serh⁴

「親疏」即商輅言非雪梅之親生子。

說拙親疏言語言語親疏
serh⁴ tsuah⁴ tshin¹ soo¹　gian⁵ gir² gian⁵ gir² tshin¹　soo¹

阮今情願
guan² taN¹ tshieng⁵ guan⁶

子今情願卜返去鄉里不女
kiraN² taN¹ tshieng⁵ guan⁶ booh⁴ tng² khir³ hiuN¹ li²

孫不肖致惹汝娘親心受氣
sun¹ put⁴ siau³ ti³ lia²　lir² niuN⁵ tshin¹ sim¹ siu⁶ khi³

「不肖」不孝也，不賢也。《中庸》：「賢者過之，不肖者不及也。」

「受氣」生氣。

商家只有一於孫兒
siong¹ ka¹　tsi² u⁶ tsit⁸ sun¹　li⁵

日 後 若 有 差 錯
lit[8] au[6] liok[8] iu[2] tsha[1] tshoo[3]

教 你 公 婆 今 卜 怙 誰 所 靠
ka[3] lir[2] kong[1] poo[5] taN[1] booh[4] goo[6] tsui[5] soo[2] khoo[3]
「怙」依靠也。《詩經》:「涉彼怙兮,瞻無母兮。」

商 郎 夫 汝 似 顏 回 壽 耽 誤 阮 雙於 人
siong[1] nng[5] hu[1] lir[2] sir[6] gan[5] hue[5] siu[6] tam[1] goo[6] guan[2] sang[1] lang[5]
「顏回壽」《論語・雍也》:「有顏回者,好學,不遷怒,不貳過,不幸短命死矣!」
故顏回壽,意指短命。

你 在 九 泉 心 何 忍
lir[2] tir[6] kiu[2] tsuan[5] sim[1] hoo[5] lim[2]
「九泉」地下也。阮瑀〈七哀詩〉:「冥冥九泉室,漫漫長夜臺。」

我 爹爹 公 婆 娘 親 障 說
gua[2] tia[1] tia[1] kong[1] poo[5] niuN[5] tshin[1] tsiuN[3] serh[4]

你 在 九 泉 心 何 忍
lir[2] tir[6] kiu[2] tsuan[5] sim[1] hoo[5] lim[2]

眼 睜 睜 眼 睜 睜 叫 都 袂 應
gan[2] tsng[1] tsng[1] gan[2] tsng[1] tsng[1] kio[3] too[1] bue[6] ieng[3]
「眼睜睜」《彙音》: tsieng[1]tsieng[1]。

玉 不 琢 不 成 器
giok[4] put[4] tok[8] put[4] sieng[5] khi[6]
「玉不琢不成器」見《禮記・學記》或荀子《勸學篇》,此亦為《三字經》中之
名句。

不 由 人 不 珠 淚
put[4] iu[5] lin[5] put[4] tsu[1] lui[6]

只 處 暗 流 目 滓
tsi[2] ter[3] am[3] lau[5] bak[8] tsai[2]

看　　兒　孫　行　　動　於舉　止
khuaN³ lir⁵　sun¹ hieng⁵ tong⁶　kir² tsi²

親　　像　我　子　崗　琳　伊人　再　來　出　世
tshin¹ tshiuN⁶　gua² kiraN² siong¹ lim⁵ i¹ lang⁵ tshai³　lai⁵ tshut⁴　si⁶

今　旦　日形　　無　踪　踪　　無　影
kin¹ tuaN³ lit⁸ hieng⁵　bu⁵ tsong¹ tsong¹　bu⁵ ieng²

「形無踪，踪無影」即不見蹤影。

日　後　若　再　相　　逢　除　非　著　南　柯　夢　裏
lit⁸ au⁶ liok⁸ tsai³ siong¹　hong⁵ tir⁵　hui¹ tioh⁸ lam⁸ kooN¹ bong⁶ li²

「南柯夢」唐·李公佐傳奇小說《南柯記》，寫故事主角淳于棼因夢而感富貴之
浮虛，悟人世之攸忽，遂棲身道門，後人謂夢曰「南柯」。本句意指此後二人相
見無由，唯有寄望夢裡。

苦　傷　悲阮　淚　淋　漓
kho² siong¹　pi¹ guan² lui⁶ lim⁵　li⁵

火　裏蓮　花　今　旦　袂　得　相　見
hoN² li² niriN⁵ hue¹ kin¹ tuaN³　bue⁶ tit⁴ saN¹　kiN³

「火裏蓮花」《維摩詰經·佛道品》：「火中生蓮花，是可謂希有，在欲而行禪，
希有亦如是。」

火　裏個蓮　花　今　旦　袂　得　相　見不女
hoN² li² ke⁵ niriN⁵ hue¹ kin¹ tuaN³　bue⁶ tit⁴ saN¹ kiN³

韻字：器、字、裏、氣、兒、器、指、世、裏、漓、見〈基青韻〉。

5.梧桐葉落（短滾　　四空管　一二拍）

梧　桐　葉　落　滿於　地　是。
GoN⁵ tong⁵　hioh⁸ loh⁸ buaN²　tire⁶　si⁶

那　虧　得阮　鎖　金　帳　內只　處　無　興。
NaN⁷ kui¹ tit⁴ guan² siau¹　kim¹ tiuN³ lai⁶ tsi²　ter³ boo⁵ hieng³

「**銷金帳**」「銷金」飾以敷金也。元‧戴善夫《風光好》雜劇:「你這般當歌對酒銷金帳,煞強如掃雪烹茶破草堂」。

「**無興**」無聊;「興」,興致也。

那　　獨　自　悶於　越　添,

naN⁷　tat⁸ ti⁷ bun⁶　uat⁸ thiN¹

空　倚　欄於　枉,望　白　　雲,

kang¹ ua² lan⁵　kan¹ bong⁶ piek⁸ hun⁵

看　君　都　不　見。

KhuaN³ kun¹ too¹　m⁷ kiN³

目　淬　流,目於　淬　滴　落,

bak⁸ tsaiN²　lau⁵ bak⁸　tsaiN² tih⁴　loh⁸

親　像　許　春　雨於　淋　灕。

Tshin¹ tshiuN⁶ hir²　tshun¹ hoo⁶　lin⁵　li⁵

又於　畏　聽　又　畏　聽　許　風　吹　鐵　馬　叮　噹　聲,

iu⁷　ui⁷ thiaN¹ iu⁷ ui⁷ thiaN¹hir² huan¹khau¹ thih⁴ be²　tin¹ tang¹ siaN¹

「**鐵馬**」又稱「簷馬」、「風馬兒」,現稱「風鈴」。傳源自爲隋煬帝后臨池觀竹,夜思其響而不能眠,帝作薄玉龍數十枚懸於簷外,夜中因風相擊,聽之與竹聲無異,民間不敢用龍,以竹馬代之,故民間稱之爲「鐵馬」。王實甫《西廂記》:「莫不是鐵馬兒簷前驟風。」

悲　慘　真　個　焉　人於　心　越　酸。

Pi¹ tsham² tsin¹ koh⁸ tshua⁷ lang⁵　sim¹　uat⁸ sng¹

除非,除非　著　我　君　返　來

tir⁵ hui¹ tir⁵ hui¹　tioh⁸ gua² kun¹ tng² lai⁵

同　入　銷　金　帳　內,

tang⁵ lip⁸ siau¹　kim¹ tiuN³ lai⁶

許　時　魚　水　相　邀,

hir² si⁵　gir⁵ sui² sang¹ io¹

「**魚水**」「如魚游水」喻能得契合。原應「如魚有水」見《三國志‧諸葛亮傳》:

「孤之有孔明，猶魚之有水。」

做　出　鴛　鴦　交　　頸，鸞　鳳　相　　隨，
tsire³ tshut⁴ uan¹ iuN¹ kau¹　kieng² luan⁵ hong⁷ saN¹　sui⁵

「鴛鴦交頸」、「鸞鳳相隨」皆形容夫妻恩愛之情。

阮　一　身　有　所　歸。
Guan² tsit⁴ sin¹　u⁶　soo² kui¹

許　時　即　會　解　得　阮　心　意。
Hir² si⁵tsiah⁴　ire⁶ kire² tit⁴ guan² sim¹　i³

除　非，除　非　著　我　君　返　　來
tir⁵ hui¹ tir⁵ hui¹　tioh⁸　gua² kun¹ tng²　lai⁵

同　入　鎖　金　帳　內，
tang⁵ lip⁸　siau¹ kim¹ tiuN³ lai⁶

許　時　魚　水　相　邀，
hir²　si⁵ gir⁵ sui² sang¹ io¹

做　出　鴛　鴦　交　　頸，鸞　鳳　相　　隨，
tsire³ tshut⁴ uan¹ iuN¹ kau¹　kieng² luan⁵ hong⁷　saN¹ sui⁵

阮　　一　身　有　所　歸。
Guan²　tsit⁴ sin¹　u⁶　soo² kui¹

許　時　即　會　解　得　阮　　心　意。
Hir² si⁵ tsiah⁴　ire⁶ kire²　tit⁴ guan²　sim¹　i³

「心意」二字，亦有唱爲「愁悶」，如唱爲「愁悶」，則不押韻。

韻字：是、添、見、漓〈基青韻〉。歸、隨〈飛韻〉。

6. 冬天寒（短滾　四空管　一二拍）

　　本曲詩最早見於萬曆年刊《新刻增補戲隊錦曲大全滿天春》之
上欄（見書影），據吳昆仁先生言，此曲於光復前並不流行，後逐漸
成爲南管流行曲目。本曲牌名在【滿】中爲〈太師引〉。現存〈太師

引〉門頭屬〈二調〉，四空管，七撩拍，而本曲爲〈短滾〉，四空管，
一二拍，可見是取材於舊曲詩，填以新調演唱；〈中滾〉、〈短滾〉的
曲韻一般都是由〈長滾〉節縮而來，此曲，觀其曲韻，似乎是節縮
自〈長滾‧越護引〉的曲韻而來。

冬於 天 寒， 雪於 滿 山。
tang[1] tiN[1] kuaN[5] serh[4] buaN[2] suaN[1]

羔 人 掩扉，只 處 獨 自 更 寒。
Tshua[7] lang[5] ian[2] hui[1] tsi[2] ter[3] tok[8] tsir[7] kieng[3] kuaN[5]

「掩扉」即緊關門扇。「扉」戶扇也。

「只處」於此處。

梅 香， 汝來 聽 阮 吩 咐，
muiN[5] hiuN[1] lir[2] lai[5] tiaN[1] guan[2] hun[1] hu[3]

「梅香」婢女名，古劇中常以「梅香」名婢女，以「張千」名僕役；南管曲辭
或戲曲中亦同。

圍爐 來 加 添 於獸 炭。
Ui[5] loo[5] lai[2] ke[1] tiN[1] siek[4] tan[3]

「獸炭」由獸骨鍛成的炭，又稱「骨炭」，又作「熄炭」，意指燃炭熄其燄，以
趁其餘溫。

阮 於情 人 兼 逢 雪 露 冰於 寒，
guan[2] tsiaN[5] lang[5] kiam[1] pang[5] suat[4] loo[7] pieng[1] han[5]

衣裳 薄， 誰 看 顧 恁。
i[1] tsiuN[5] poh[8] tsui[5] kuaN[3] koo[3] lin[2]

「恁」字的指法爲「撚挑甲」，下接的「阮」字指法爲「撚」，故「恁」字本應
唱成「一氣直貫」，但民間習慣唱成「雙氣」。吳昆仁先生言，此爲一二拍中的
特例。

阮　有　幾　件　塞　　衣，
guan² u⁶ kui² kiaN⁶ kuaN⁵　ui¹

卜　送　去　度　我　君　替　**換**。
Booh⁴ sang³ khir³ thoo⁶ gua² kun¹ thire³ uaN⁷

梅　香，叫　梅　香，汝　那　卜　　去，
muiN⁵ hiuN¹ kio³ muiN⁵ hiuN¹ lir² naN⁷ booh⁴ khir³

亦　著　走　來　阮　再　攔　吩　咐。
ia⁷　tioh⁸ tsau² lai⁵ guan² tsai³ koh⁴ hun¹　hu³

汝　去　再　三　共　　伊　人　說，
lir² khir³ tsai³ saN¹ kang⁷　i¹ lang⁵ serh⁴

阮　孤　單　人，
guan² koo¹ tuaN¹ lang⁵

為　伊　人　割　　吊　得　阮　相　思　病　重，
ui⁶　i¹　lang⁵ kuah⁴ tiau³ tit⁴ guan² siuN¹ si¹ piN⁷ tang⁶

「割吊」懸念傷心而斷腸也。

只　處　懨　懨　不女性　命　　惡　撐。
tsi² ter³ ian² ian²　　siN³ biaN⁷ ooh⁴ huaN⁷

「懨懨」病態也。宋·歐陽修《六一詞·定風波》：「把酒送春惆悵在，年年三月病懨懨。」

汝　去　再　三　共　伊　人　說，
lir² khir³ tsai³ saN¹ kang⁷ i¹ lang⁵ serh⁴

阮　孤　單　人，
guan² koo¹ tuaN¹ lang⁵

為　伊　人　割　　吊　得　阮　相　　思　病　重，
　ui⁶　i¹　lang⁵ kuah⁴　tiau³ tit⁴ guan² siuN¹　si¹ piN⁷ tang⁶

只　處　懨　懨　不女性　命　　惡　撐。
tsi²　ter³　ian² ian²　　siN³ biaN⁷　ooh⁴ huaN⁷

韻字：山、寒、換、捍〈歡韻〉

書影：《新刻增補戲隊錦曲大全滿天春》上欄〈冬天寒〉

7. 望明月（中滾　四空管　一二拍）

　　本曲詩爲《西廂記》本事，張君瑞於西廂會之翌日，等候崔鶯鶯的情形，砌辭頗爲典雅。此曲中有一〈中滾〉常用的特韻〈杜宇娘〉，牌名來自唐教坊曲中的〈杜韋娘〉[6]，「韋」與「宇」，音近致誤。此特韻有五拍的拖腔，屬「三字領」的字腔，本曲中只出現一次，用於「請回步」之疊唱句。

望　　明　　於月　　如鏡　　團　圓，
bong[6] bieng[5]　　guat[8] lir[5] kieng[3] tuan[5] guan[5]

坐　　對　薰　風於，　攬　人　不女睏　倦於。
Tsoo[6]　tui[3] hun[1] hong[1]　kiau[2] lin[5]　khun[3]　guan[3]

「薰風」「風」有讀白話音 huang[1]，然此詞性爲文詞，應讀文音。和風也，南風也。案《呂氏春秋》：「八風中薰風爲東南風。」《史記·樂書》：「舜作五絃之琴，以歌南風。」《集解》：「南風之薰兮。」

「攬」亂也，擾也。《詩·小雅》〈何人斯〉：「祇攬我心」，此處近於「引惹」之意。

追　想　昨　夜於敘情，　杯酒　於談　心，
tui[1] siong[2] tsa[6]　ia[6]　sir[6] tsieng[5] pue[1] tsiu[2]　tam[5] sim[1]

「敘情」亦有作「私情」，音同調異，依次句「杯酒談心」辭意推論應爲「敘情」。

怎　　料　到　今於　旦　誤　卻　情　於郎於　無　　伴於。
Tsirm[2] liau[6] kau[3] kin[1] tuaN[3] goo[6] khiok[8] tsieng[5]　long[5] boo[5]　phuaN[6]

吾　芳　卿　想　伊是　嚴　慈　拘　束，
goo[5] hong[1] khieng[1] siuN[2]　i[1]　si[6] gian[5] tsir[5] khu[1] sok[4]

「芳卿」對人之敬稱，唐·李義山詩：「芙蓉一樹金塘外，只有芳卿獨自看。」

---

[6] 「杜韋娘」：唐時名伎，相傳甚得劉禹錫賞識，元人周文質撰《春風杜韋娘》雜劇，演名伎杜韋娘與文人劉禹錫故事。而唐《教坊記》中有杜韋娘曲。杜韋娘曲保存在南管音樂中，僅剩出現在中滾中的三字句杜宇娘大韻，沒有完整的曲牌留下。

「嚴慈」母親也。

「拘束」受約束限制。

不女奉　侍親　於幃 伊即　不 敢　把 此　情　戀於。

　　Hong⁶ sir⁶ tshing¹ ui⁵ i¹ tsiah⁴　m⁷　kaN² pa² tshir² tieng⁵ luan⁵

「奉侍」「侍」有讀爲白話音 si⁶。

忽　然　聽　見 叮 噹　於聲　響，

　　hut⁸ lian⁵　thiaN¹ kiN³ tin¹ tang¹　siaN¹ hiuN²

疑　是 我　心 意人 拔　落　金　釵，扣　了 門　環於。

Gi⁵　si⁶ goo² sim¹ i³ lin⁵ pueh⁸ loh⁸ kim¹ thire¹ khiro² liau² bun⁵ khuan⁵

心　慌　忙，移 步 迎　接，

sim¹ hong¹ bong⁵ i⁵　poo⁶ gieng⁵ tsiap⁴

開　門 望，寂　無　蹤。

Khai¹ bun⁵ bong⁶ tsip⁸　bu⁵ tsong¹

「寂」《廣韻》截檄切，錫韻，《彙音》卿韻，入聲，應讀爲 tsiak⁸。然吳昆仁先生傳授爲 tsip⁸。

掩　身 再 聽，原　來 是 風　擺 銅　環於。

Ian² sin¹ tsai³ tieng³ guan⁵ lai⁵ si⁶ huang¹　pai² tong⁵ khuan⁵

「掩身」遮蔽也，《禮記》〈月令〉「君子齊戒處，必掩身。」

〈杜字娘〉

且　回步，且　回　步，入　書 齋，

tshiaN² hire⁵ poo⁶ tshiaN² hire⁵ poo⁶ lip⁴ tsir¹ tsai¹

翻　身 就 寢，莫　把 此 雙 眼　於望　穿。

Huan¹ sin¹ tsiu⁶ tshim² bok⁸　pa² tshir² song¹ gan²　bong⁶ tshuan¹

「雙眼望穿」喻盼望之殷切。李商隱詩：「腸斷未忍得，眼穿仍欲稀。」

翻　身 就 寢，莫　把 此　雙　眼 不女望　穿。

Huan¹ sin¹　tsiu⁶ tshim² bok⁸ pa² tshir² song¹　gan²　bong⁶ tshuan¹

韻字：圓、倦、戀、環、還、穿〈川韻〉

8.風打梨（寡疊　五六四似管　疊拍）

　　本曲爲指套《爲人情》之第三節，此節故事出處不詳，待考。觀其內容，似乎是閩南地區，秋天的生活常事，具趣味性。本曲音樂由兩支不同牌名組成，如《吳明輝》本，將本節分爲兩節：〈風打梨〉作〈倍滾疊〉（〈倍滾〉爲〈望遠行〉之別名，故〈倍滾疊〉即〈望遠行疊〉，或簡稱〈望遠疊〉。）「中秋月」句起作〈望遠疊過五供疊〉，一般多記寫作〈寡疊〉。

〈望遠疊〉

　風　　打　梨、霜於 降　　柿

　huang¹ phah⁴ lai⁵　sng¹　kang³　khi⁶

　「風打梨」梨夏生果，秋風至，梨已熟透而落。故風打梨意指熟透甜美之梨。

　「霜降柿」柿入秋而熟，中秋霜降時正美味。

　燒於 出　爐 餅、亦通 甲豬 鼻，

　sio¹　tshut⁴ loo⁵ piaN² ia⁷ thang¹ kau³ ti¹ phiN⁶

　「燒出爐餅」時序入秋而涼寒，故熱爐餅之爲一大享受，爐餅即燒餅，燒餅夾豬鼻，好比漢堡般香脆美味。

　「亦通」即亦可。

　「甲」意爲包夾。

　狀　元　　紅，蛀核 荔 枝，

　tsiong⁶ guan⁵ hong⁵　tsiu³ hut⁸ niriN⁶ tsi¹

　「狀元紅」荔枝名，相傳福建興化楓亭，爲宋狀元徐鐸故居，鐸手植荔枝，名爲「延壽紅」，鐸既歿，人因稱「狀元紅」。

　「蛀核荔枝」無子荔枝。

　含　糖 龜，火焙 蟳，

　ham⁵ tng⁵　ku¹ hue² pu⁵ tshi¹

　「含糖龜」以糯米作成龜形的粿，製作時不斷加糖，裏豆沙餡，多染成大紅色，

俗稱「紅龜粿」，為閩南傳統甜點。

「火焙蟶」焙即燒烤。《詩經·小雅》〈瓠葉〉：「有兔斯首，炮之燔之」。「炮」為本字。「蟶」蟹的一種，體型似梭子，俗名梭子蟹。

燒 水 燙 顏 腳，

sio¹ tshui² tng³ gan⁵ kha¹

「顏」寒泠也。應為「凍」。

消 息 通 撢 耳，暢 都 未 得 是。

siau¹ sit⁸ thang¹ lian² hi⁶ Thiong³ too¹ bue⁶ tit⁴ si⁶

「消息」掏耳垢之器具。

「撢耳」即掏耳。

「是」亦有作「死」。

〈五供疊〉

中 秋 月 照 紗 窗，

tiong¹ tshiu¹ gerh⁸ tsio³ se¹ than¹

倚 欄 杆，相 偎 傍 心 越 酸，

I² lan⁵ kan¹ san¹ ua² png⁶ sim¹ uat⁸ sng¹

誤 我 只 處 睻，不 見 阮 悁 人，

goo⁶ guan² tsi² ter³ ng³ m⁷ kiN³ guan² tsiaN⁵ lang⁵

「睻」凝望期待也。

又 聽 見 簷 前 鐵 馬，叮 噹 響 叮 噹。

Iu⁶ thiaN¹ kiN³ tsiN³ tsiriN⁵ thih⁴ be² tin¹ tang¹ hiang² tin¹ tang¹

「鐵馬」又稱簷馬、風馬兒，現稱風鈴。詳見〈梧桐葉落〉註。

一 點 春 心，著 伊 人 惹 動。

Tsit⁴ tiam² tshun¹ sim¹ tioh⁸ i¹ lang⁵ lia² tang⁶

倚 涼 亭，繡 牡 丹。

I² liang⁵ tan⁵ siu³ boo² tan¹

「繡」亦有作「賞」，音近。

舉　目　看，　光　　景　　好，似　美　人，相　牽　　伴。

Kia⁵ bak⁸ khuaN³ kong¹　kieng² hoo⁵ Sir⁶ bi² lin⁵ saN¹ khan¹ phuaN⁶

對　景　　傷　情，　那　是　割　吊　腸　肝。

Tui³ kieng² siong¹ tsieng⁵　naN⁷　si⁶　kuah⁴　tiau³ tng⁵ kuaN¹

見　景　　傷　情，　那　是　割　吊　腸　肝。

Tui³ kieng² siong¹ tsieng⁵　naN⁷ si⁶ kuah⁴　tiau³ tng⁵ kuaN¹

韻字：柿、鼻、枝、蛾、耳、是〈基青韻〉。窗、肝〈丹韻〉。傍、酸、暗〈毛韻〉。
人、噹、動、亭、單〈丹韻〉。伴、肝〈歡韻〉。

9. 非是阮（雙閨　五空管　一二拍）

　　本曲詩爲《蔣世隆》（即「拜月亭」）本事，爲王瑞蓮於招商店
向店婆訴說其拒私訂終身之由，此曲詩最早見於《新刻增補戲隊錦
曲大全滿天春》之〈招商店〉齣中。

非　是　阮　忘　　恩　義。

hui¹ si⁶ guan² bong⁵　irn¹ gi⁷

婆，汝　今　聽　阮　從　　頭　說　起。

poo⁵ lir² taN¹ tiaN¹ guan² tsng⁵ thau⁵ soo³ khi²

因　前　日　賊於　馬　亂，

in¹ tsiriN⁵ lit⁸ tshat⁸　be² luan⁷

阮　一　身　即　流　落在許　深　　林　邊。

guan² tsit⁸ sin¹ tsiah⁴ lau⁵ lo⁷ tir⁶ hir² tshim¹ naN⁵ piN¹

幸　　得　伊　於相　遇　見，

hieng⁶ tit⁴ i¹　　saN¹ gu⁷ kiN³

伊　說　是　誠　實君　子，阮　　即　共　伊　相　隨　侍。

i¹ serh⁴ si⁶ sieng⁵ sit⁸ kun¹ tsir² guan²　tsiah⁴ kang⁷ i¹ saN¹ sui⁵ si⁶

「隨侍」隨行也。

誰 於思 疑 來 於到 只，

tsui⁵ sir¹ gi⁵ lai⁵ kau³ tsi²

「思疑」料想。

在 只招 商 店內伊卜 共 阮 私結 連 理。

tir⁶ tsi² tsiau¹ siong¹ tui³ lai⁶ i¹ booh⁴ kang⁷ guan² sir¹ kiat⁴ lian⁵ li²

「連理」即「連理枝」，喻夫妻。白居易〈長恨歌〉：「在天願做比翼鳥，在地願爲連理枝。」

阮 亦曾 勸 過伊，

guan² ia⁷ tsng⁵ khng³ ker³ i¹

教伊 送 阮 返 去，

ka³ i¹ sang³ guan² tng² khir³

稟 過阮 雙 親，掠只彩 樓高 結 起，

pin² ker³ guan² song¹ tshin¹ liah⁸ tsi² tshai² lau⁵ koo¹ kat⁴ khi²

「彩樓」結彩樓即正式招親。

招 伊人 結親 誼，

tsio¹ i¹ lang⁵ kiat⁴ tshin¹ gi⁵

明 婚正 娶，明 婚共 正 娶

bieng⁵ hun¹ tsieng³ tshu¹ bieng⁵ hun¹ kang⁷ tsieng³ tshu²

豈不強 過 只處私 結 連 理，

khi² m⁷ kiuN⁵ ker³ tsi² ter³ sir¹ kiat⁴ lian⁵ li²

豈不強 過只處 私會 佳 期。

khi² m⁷ kiuN⁵ ker³ tsi² ter³ sir¹ hue⁶ ka¹ ki⁵

韻字：義、起、邊、見、侍、只、伊、去、起、誼、理、期〈基青韻〉。

10. 輕輕看見（短相思 五空管 一二拍）

〈短相思〉的曲韻常在樂曲中段「落倍」，暫轉爲倍士管，其中

有一落倍的大韻是〈短相思〉的特韻，本曲用於「返來」疊唱的首句，
是一個四拍的拖腔大韻。

輕　輕　　看　　見　阮　爲 伊 跌　一　倒
khin¹khin¹ khuaN³ kiN³　guan² ui⁶ i¹ puah⁴　tsit⁸ too²

致　惹　一　病　　不女致 惹　一　　病
ti³ liah⁴ tsit⁸ piN⁶　　　ti³ liah⁴ tsit⁸ piN⁶

「致惹」引發、導致也。

今　卜　　值　時　得 好
taN¹ booh⁴　ti⁷ si⁶ tit⁴ hoo²

「今卜」如今。

「值時」何時。或用以代「在」，音 tir⁷。

龍　　肝　鳳於　髓 阮　俍　　吞　得 落　喉
lieng⁵ kuaN¹ hong⁷　tsher² guan² tsai⁷　thun¹ tit⁴ loo⁷ au⁵

「龍肝鳳髓」喻難得之佳餚。

「俍」怎也。

相　　如琴　調 不女相　　如琴　　調
siong³ lir⁵ khim⁵ tiau⁷　siong³ lir⁵ khim⁵ tiau⁷

「相如琴調」喻悅耳怡心之曲調。傳漢司馬相如擅鼓琴，曾操〈鳳求凰〉挑卓
王孫女文君，文君貪夜相奔。

阮　亦　無 心　通　去　操
guan² ia³ boo⁵ sim¹ thang¹ khir³ tshoo³

拜　告 嫦　　娥　阮　問　伊 拙　下　落
pai³ koo³ siong⁵ goo⁵　guan² bng⁷ i¹　tsuah⁴ he⁷ loo⁷

「拙」即這、這些、一些之意。疑爲「只寡」tsi² kua² 之合音。

「今來」到如今。

看　阮　緣份 不女看　阮　緣於份 今來是有是無

khuaN³guan²ian⁵ hun⁶　khuaN³ guan²ian⁵ hun⁶ taN¹ lai⁵ si⁶ u⁶　si⁶ boo⁵

針　線　工於藝 阮　也 無 心 通　去 作

tsam¹　suaN³ kang¹ ger⁷ guan² ia³ boo⁵ sim¹ thang¹　khir³ tsoo³

〈落倍特韻〉

返　來於返 來 阮　繡　房於 枕　冷於被 薄

tng² lai⁵　tng² lai⁵ guan² siu³　pang⁵ tsim² lieng²　per⁶ pooh⁸

乞 君　恁 割　吊 得 阮 半　搥 又半　倒

khit⁴ kun¹　lin² kuah⁴ tiau³tit⁴　guan² puaN³ the¹ iu⁶ puaN³ too²

「乞」求也，給與也

「搥」周長楫《閩南語詞典》作「𣎴」：身體斜躺。《廣韻》齊韻，土雞切，臥也。

爲 君　恁 割　吊 得 阮　爬 起 又 倒　落

ui⁶ kun¹lin² kuah⁴ tiau³ tit⁴ guan² pe³　khi⁶ iu⁶ too² loo⁶

韻字：倒、好、操、落、無、做、薄、倒、落〈高韻〉。

（二）尋常熟曲

1. 嬋隨官人（短滾　四空管　一二拍）

　　本曲詩爲《同窗記》（即《梁山伯祝英臺》）本事，張再興《南樂曲集》，作祝英臺與婢僕銀心同往杭州讀書途中對答。然據吳昆仁先生言：其師點先（吳彥點）曾言此曲主角爲山伯與其僕士久，由曲詩觀之，亦應如是。查現存乾隆年刊之《同窗琴書記》中，於〈山伯行〉齣有相近之曲辭：「山高嶺砌路嶢崎，…人家客店今在值…今旦出來到只…看見前面是鄉里，討客店安身己。」故此曲應以此段文辭舖陳，並加入士久逐鳥之情節而成。此曲琵琶指法的變化較多，是〈短滾〉中稍有難度的曲目。

侃 隨 宜 人 來於 到 只。

Kan² sui⁵ kuaN¹　lang⁵ lai⁵　kau³　tsi²

「侃」吳守禮《光緒本荔枝記方言分類》作「簡」，奴僕也。案：吳昆仁先生
稱：「侃」並不只稱呼女童僕，男童僕亦稱。

「官人」吳守禮《光緒本荔枝記方言分類》：稱呼有身份者。

面 前 都 是 山 嶺 重 疊 崎 嶇。

Bin⁷ tsiriN⁵ too¹ si⁶ suaN¹ niaN²　tieng⁵ tiap⁸　khi¹ khu¹

「重疊」指山勢高低交錯。

「崎嶇」道路險阻不平。王符《潛夫論》：「傾倚險阻，崎嶇不便」

樹 林 內 黑 暗 看 都 不 見 天。

Tshiu⁶ naN⁵ lai⁶　oo¹ am³ khuaN³　too¹ m⁷ kiN³ thiN¹

我 又 看 見 一 個 鳥 仔 宿 值 許 屈 曲 乾 枝。

Gua² iu⁶ khuaN³ kiN³ tsit⁸ ke⁵ tsiau²kira² suah⁴tir⁷ hir²khuk⁴khiok⁴ ta¹ ki¹

「鳥仔」小鳥也。

「宿」休歇也。

我 掠 了，飛 走 飛 過 別 枝 宿 值 許 樹 尾 處 啼。

Gua²liah⁸liau² per¹tsau² ter¹ker³ pat⁸ ki¹suah⁴ tir⁷ hir² tshiu⁷ ber²ter³ thi⁵

掠 亦 不 得 著，唉 真 個 是 怎 人 好 氣。

Liah⁸ ia⁷ bue⁷ tit⁴ tioh⁸　ai¹ tsin¹ kooh⁴ si⁶ tshua⁶ lang⁵ hoo² khi³

官 人 須 著 作 緊 企 一 邊，

KuaN¹ lang⁵ su¹　tioh⁸ tsire³ kin² kira⁶ tsit⁸ piN¹

「作緊」即趕緊。

「企」站立也，或作「豎」。

待 侃 手 提 石 頭 來 挨 乞 伊 死。

Thai⁷ kan² tshiu² tire⁵ tsioh⁸ thau⁵　lai⁵　taN⁶ khit⁴　i¹　si²

「挨」丟擲也。

死奴汝亦莫　得空　過　意。

Si² loo⁵ lir² ia⁷ booh⁸ tit⁴ khang¹ ker³ i³

「過意」得意。

咱　雙　人　來　到只處，路　又　青，

lan² sang¹ lang⁵ lai⁵ kau³ tsi² tser³ loo⁷　iu⁶ tshiN¹

「路又青」路途陌生。

面　前　有一雙　叉大路，今　亦　未　知　值　去。

Bin⁷ tsiriN⁵ u⁶ tsit⁸ sang¹ tshe¹ tua⁷ loo⁷ taN¹　ia⁷ ber³ tsai¹　ti⁷　khir³

勸　　宜　人　汝亦莫　得心　著　悲。

Khng³ kuaN¹ lang⁵ lir² ia⁷ booh⁸ tit⁴ sim¹ tioh⁸ pi¹

婳看　有　一漁　翁　值許溪　邊，

Kan² khuaN³ u⁶ tsit⁸ gir⁵ ong¹ tir⁷ hir² khire¹ piN¹

待　婳來　去問　拙　因意。

thai⁷ kan² lai⁵ khir³ mng⁷ tsuah⁴ in¹ i³

「因意」此指問路。

四　山　雲　雨　起，

Si²　suaN¹ hun⁵ hoo⁶　khi²

一　陣　個狂　風　真　個　是吹　人於　面　耳。

tsit⁸ tin⁶ ke⁵ kng⁵ huang¹tsin¹ kook⁴ si⁶　tsher¹lang⁵ min⁷ hi⁶

日　頭　卜　落，作　緊　須　著　討　店　安身　己。

Lit⁸ thau⁵ booh⁴ loo⁷ tsire³ kin² su¹　tioh⁸ thoo² tiriN³　an¹ sin¹ khi²

「作緊」趕緊。

「討店」投宿也。

咱　雙　人　須著　尋　所　安　身　己。

Lan² sang¹ lang⁵ su¹ tioh⁸ tsher⁷ soo² an¹　sin¹ ki²

韻字：只、天、枝、啼、氣、死、意、青、去、悲、邊、耳、己〈基青韻〉。

2.看滿江（中滾　四空管　一二拍）

　　本曲砌辭甚典雅，故事敘述江上嫠婦彈琵琶泣訴。其意境情節頗似白居易〈琵琶行〉，所異者爲本曲主角已有所鍾情，因父母錯配而出尋舊情。此曲的〈杜宇娘〉特韻出現在「低聲叫」之疊句。

看　　滿　江，水　色　連　天。
KhuaN³ buaN² kang¹ tsui² siek⁴ lian⁵ tian¹

隔　岸　漁　火　於明　　滅　於依　然於。
keh⁴ gan⁶ gir⁵ hooN² 　bieng⁵ biat⁸ 　i¹ lian⁵

不　盡　舳　艫　於相　接，舴　艋　相　連。
put⁴ tsin⁷ tiat⁸ loo⁵ 　siong¹ tsiap⁴ 　tsa³ bieng² siong¹ lian⁵

「舳艫」《漢書·武帝記》：「舳艫千里」，李斐注「舳，船後持舵處，艫，船前頭刺櫂處。言其多，前後相銜，千里不絕也。」

「舴艋」《廣雅·釋水》：「舴艋，舟也。」王念孫疏證：「舴艋，小舟也。」

一　聲　裂於　帛，誰　撥　　江　舟　琵於　琶絃於。
it⁴ sieng¹ liat⁸ 　pit⁴ tsui⁵ puah⁴ 　kang¹ tsiu¹ 　pi⁵ 　pa⁵ hian⁵

「裂帛」狀琵琶聲。

聽　見　江　間　於聲　嘹。忽然　聽　見　江　間於聲　嘹
tiaN¹ kiN³ kang¹kan¹ siaN¹liau²hut⁸ ian⁵ 　tiaN¹ kiN³kang¹kan¹ siaN¹liau²

「嘹」嘹喨也，指聲音清遠。

卜　是　孤　舟　嫠　婦於　泣　訴　於前　言於。
Booh⁴ si⁶ koo¹ tsiu¹ 　li⁵ hu⁶ kip⁴ soo³ 　tsian⁵ gian⁵

「嫠婦」婦之無夫者，又有作「釐婦」，形近致誤。

料　想　伊早　赴　陽　臺，
liau⁶ siuN⁶ i¹ tsa² 　hu³ iong⁵ tai⁵

「陽臺」昔楚王與巫山女合歡處，見宋玉《高唐賦》。今稱男女相會之所。

伴　續　舊夢　必　向　郵亭　一於　夜　眠於。

phuan⁶ siok⁴ kiu⁶boo⁶ pit⁴ hiong³ iu⁵ tieng⁵ it⁸ ia⁶ bian⁵

「郵亭」行道驛館也。

爲慈親 爲慈親 伊人 錯 結東床 選,

ui⁶ tsir⁵ tshin¹ ui⁶ tsir⁵ tshin¹ i¹ lang⁵ tshoo³ kiat⁸ tong¹ tsong⁵ suan²

「東床」指佳婿也,《晉書·王羲之傳》:「郗鑒使門生求婿於王導,生歸謂鑒曰:「王氏諸少並佳,然聞信至,咸自矜持,唯一人在東床坦腹食,獨若不聞。」鑒曰「此正佳婿也。」

突 地 風 波於 反 作 惡於 因 緣於。

tut⁸ tire⁷ hong¹ phoo¹ huan² tsoo³ oo³ in¹ ian⁵

阮 即 爲伊 於趕 來 到 只,

guan² tsiah⁴ ui⁶ i¹ kuaN² lai⁵ kau³ tsi²

尋 卜 伊見 賽 過裴航 於共 船於。

tsher⁶ booh⁴ i¹ kiN³ serh⁴ ker³ pue⁵ hong⁵ kiong⁷ suan⁵

「船」若爲韻字應爲 sian⁵。

「裴航」手抄本作「裴蓬」,音近致誤,唐人小說有裴航故事。明傳奇《玉簪記》、《明珠記》等曲詞中皆有引用裴航故事之例子。

〈杜宇娘〉

低聲 叫,低聲 叫吁,不 見 蹤。

ti¹ sieng¹ kiau³ ti¹ sieng¹ kiau³ but⁴ kian³ tsong¹

未 知 客 棹吁 伊人 灣於 泊於 在 岸 邊。

ber⁶ sai¹ kiak⁴ tsau³ i¹ lang⁵ uan¹ pok⁸ tir⁶ gan⁶ bian¹

「棹」《釋名》:「在旁撥水爲櫂,櫂,濯也,濯於水中。」此代稱舟船。

未 知 客 棹吁 伊人 灣 泊 在 只 岸 邊。

ber⁶ sai¹ kiak⁴ tsau³ i¹ lang⁵ uan¹ pok⁸ tir⁶ tsi² gan⁶ bian¹

「吁」聲詞,同於「於」、「不女」,常用於收「u」的字,方便轉韻。

韻字:天、然、連、絃、言、眠、緣、船、邊〈軒韻〉。

3. 記當初（中滾　四空管　一二拍）

此曲爲《同窗記》本事，爲英台返家後思念山伯之辭。本曲韻腳收〈基、青、飛韻〉，演唱時先收字音，後以「i」牽音，故字尾的聲辭「於」可不用，但也有依〈中滾〉習慣收「於」。本曲用了三次〈杜宇娘〉特韻，在「阮共伊」、「料想伊」、「空誤阮」等三字腔的疊句；〈杜宇娘〉特韻在〈中滾〉裡的使用，「非一即三」，有固定用法。

記　當　初，記　當　初　芸　窗　　三　　年
ki³ tng¹ tshire¹ ki³ tng¹ tshire¹ un⁵ tshong¹　sam¹ lian⁵

「芸窗」書齋也，芸香能驅蟲，書齋常貯，故名。

返　來　伊　然　獨　守　閨　房　　裡
tng² lai⁵ i¹ lian⁵　tok⁸ tsiu² kui¹ pang⁵ li²

只　拙　時　阮　心　神　不　定　亂　蔥　　蔥
tsi² tsuah⁴　si⁵ guan²　sim¹ sin⁵ m⁷ tiaN⁷ luan⁷ tshong¹ tshong¹

「只拙時」即這時。

無　故　人　相　隨　伴
boo⁵　koo²　lin⁵ saN¹　sui⁵ phuaN⁶

「故人」舊友也。

想　伊　人　容　貌　聰　　俊
siuN³ i¹ lang⁵ iong⁵ mau⁷　tshong¹ tsun³

舉　止　言　談　真　個　令　人　可　　愛　珍　器
kir² tsi² gian⁵ tam⁵　tsin¹ kok⁴ lieng⁷　lin⁵ khooN² ai³ tin¹ khi³

「珍器」珍惜器重。

〈杜宇娘〉

阮　共　伊　伊　共　阮　吟　詩　做　對
guan² kang⁷　i¹ i¹　kang⁷ guan² gim⁵　si¹ tsire³ tui³

慇 懃 同 枕 共 眠 並 無 桑 中 憒 意
irn¹ khirn⁵ tong⁵ tsim² kang⁷ bin⁵ bieng⁷ boo⁵ song¹ tiong¹ tsieng⁵ i³

「慇懃」委婉之意。

「桑中」《詩》〈鄘風·桑中〉「刺衛公淫亂，男女相奔。」

阮 卜 分 圉 去 時 說 有 一 嫡 親
guan² booh⁴ pun¹ khui¹ khir³ si⁶ serh⁴ u⁶ tsit⁸ tiak⁸ tshin¹

「嫡親」血統最親近者。

共 伊 卜 鸞 鳳 到 百 年
kang⁷ i¹ booh⁴ luan⁵ hong⁷ kau³ pa³ niN⁵

〈杜宇娘〉

豈 料 想 料 想 伊 袂 記 得 臨 行 言 語
khi² liau⁷ siuN⁶ liau⁷ siuN⁶ i¹ bue⁷ ki³ tit⁴ lim⁵ hieng⁵ gian⁵ gir²

再 三 再 四 約 汝 二 八 三 七　 四 六
tsai³ saN¹ tsai³ si³ iok⁴ lir² li⁶ pat⁴ sam¹ tshit⁴ sir³ liok⁸

「再三再四」一再地。

「二八三七四六」據吳昆仁先生言：此謂逢二八、三七、四六、皆十，即爲一
月，英台原意希望山伯一個月內能來相見提親，然梁山伯誤以爲逢十方可，故
錯失其姻緣。

汝 因 乜 無 定 期
lir² in¹ mih⁴ boo⁵ tieng⁷ ki⁵

〈杜宇娘〉

空 誤 阮 空 誤 阮 只 處 盼 望 歸 鴻
khang¹ goo⁷ guan² khang¹ goo⁷ guan² tsi² ter³ phan³ bong⁷ kui¹ hong⁵

「歸鴻」此以歸鴻喻情郎。

那 瀛 得 阮 睹 物 思 人，阮 只 處 數 歸 期
naN⁷ iaN⁵ tit⁴ guan² too² but⁸ sir¹ lin⁵ guan² tsi² ter³ soo³ kui¹ ki⁵

那　瀛　得　阮　睹　物　思　人，阮　冥　日　空　等　伊

naN⁷ iaN⁵ tit⁴ guan² 　too² but⁸ sir¹ lin⁵ 　guan² miN⁵ lit⁸ khang¹ tan² 　i¹

韻字：裡、器、對、意、年、期、期、伊〈基青飛韻〉。

4. 賞春天（中滾　三遇反　四空管　一二拍）

　　本曲詩爲《朱弁》本事，朱弁妻姚氏賞春景思念朱弁之辭。本曲牌名以〈中滾〉犯〈水車歌〉、〈北青陽〉、〈杜宇娘〉，故稱爲「三遇反」。

賞　春　　天　賞　春　天於　百　花　開　巧　媚

siuN² tshun¹ 　thiN¹ siuN² tshun¹ thiN¹ 　bah⁴ hire¹ khui¹ kha² bi⁵

〈水車〉

黃　蜂　共　尾　蝶　飛　來　同　宿　不女花　枝

ng⁵ phang¹ kang⁷ ber² 　iah⁸ per¹ lai⁵ tang⁵ suah⁴ 　hire¹ ki¹

焄　阮　見　景　於傷　　惸

tshua⁷ guan² kian³ kieng² siong¹ 　tshieng⁵

憶　著　伊　惸　義

it⁴ tioh⁸ i¹ tshieng⁵ gi⁷

時　時　刻於　刻　都　亦　袂　得　我於　君　見

si⁵ 　si⁵ khiak⁴ 　khiak⁴ too¹ 　ia⁷ bue⁷ 　tit⁴ gua² 　kun¹ kiN³

〈杜宇娘〉

虧　得　伊　那　虧　伊

khui¹ tit⁴ i¹ naN⁷ khui¹ 　i¹

〈北青陽〉

虧　伊　許　處　壬　般　苦　萬　般　嗁

khui¹ i¹ hir² ter³ tshiriN¹ puaN¹ 　khoo² ban⁷ puaN¹ thi⁵

忠　孝　節於　義　留　傳　史　記

tiong¹ hau³ tsiat⁴ 　gi⁷ liu⁵ thuan⁵ sir² ki³

兩　　地　相　　思　想　兩　　地　那　卜　　相　　思
liong² tire⁷ siong¹ sir¹ siuN⁶ liong² tire⁷ naN⁷ booh⁴ siong¹ sir¹

袂　得　君　身　返　鄉　里
bue⁷ tit⁴ kun¹ sin¹ tng² hiuN¹ li²

望　天　地　汝　推　遷　　相　保　庇
bang⁷ thiN¹ tire⁷ lir² tshui¹ tshieng¹ saN¹ poo² pi⁷

「推遷」催促、成就之意。

我　君　那　返　來　恰　似　謝　花　重　　開
gua² kun¹ naN⁷ tng² lai⁵ khap⁴ sir⁶ sia⁷ hire¹ tieng⁵ khui¹

有　只　缺　月　團　圓
u⁶ tsi² khih⁴ gerh⁸ tuaN⁵ iN⁵

我　君　那　返　來　恰　似　謝　花　重　　開
gua² kun¹ naN⁷ tng² lai⁵ khap⁴ sir⁶ sia⁷ hire¹ tieng⁵ khui¹

有　只　缺　月　再　團　圓
u⁶ tsi² khih⁴ gerh⁸ tsai³ tuaN⁵ iN⁵

韻字：天、媚、枝、義、見、伊、啼、記、思、里、庇〈基青〉。
　　　開、圓、開、圓〈飛韻〉。

5.懶繡停針（中滾　四空管　一二拍）

　　本曲詩藉由畫丹青百花圖以抒愁懷，而興發青春易逝之歎。牌名為「百花圖」乃依辭意言，非曲牌名，但絃友慣稱牌名為「百花圖」。本曲韻腳收〈基、青、飛韻〉，故採「字尾腔」唱法，韻字都先收字音，再以「i」牽音。

懶　繡　停於　　針　無　慊於　采，
lan² siu³ thieng⁵　tsam¹ boo⁵ sieng⁶ tshai²

「慊采」意指人無精神而懶散也。「興」，興致也，「采」，原指五色，在閩南語

中，則用來形容人的精、氣、神。

閑 掠 只 丹 青 　畫，於略 解 愁 吁 懷，
IriN⁵ liah⁸ tsi² tan¹ tshieng¹ ire⁶ Liok⁸ kire² tshiu⁵ huai⁵

滿 幅 妝 成 百 花 形 於態。
muaN² pak⁴ tsng¹ tsiaN⁵ pah⁴ hue¹ hieng⁵thai⁶

梅 花 開，獨 於占 　　不女春 先。
MuiN⁵ hue¹ khui¹ tok⁸ tsiam³ 　　tshun¹ siriN¹

桃 李 爭 於紅 　　於濫 枝 鎖 帶。
Thoo⁵ li² tsieng¹ hong⁵ 　lam⁶ tsi¹ soo² tai³

芍 藥 花 開 伊 有 只 嬌 姿 體 態，
tsiok⁴ iok⁸ hue¹ khui¹ i¹ u⁶ tsi² kiau¹ tsir¹ the² thai⁷

薔 薇 顛 倒 　覓 在 東 西，
tshiuN⁵ bi⁵ tian¹ too² 　ba⁶ tir⁶ tang¹ sai¹

海 棠 任 伊 那 色 賽 胭 脂，
hai² tong⁵ lim⁶ i¹ naN⁷ siek⁴ ser³ ian¹ tsi¹

「賽」勝也。

佲 值 得 許 嫩 幼 牡 丹 可 觀 可 愛。
Tsai⁷ tat⁸ tit⁴ hir² lun⁶ iu³ boo² tan¹ koN² kuan¹ koN² ai³

「值得」「值」，有比較之意。

玉 萱 　在 許 枝 頭 擺 去 弄，
lok⁸ tshong¹ tir⁶ hir² tsi¹ thio⁵ pai² khir³ lang⁶

「玉萱」金針花之別名。

葵 花 開 　向於 日 色於 顏，
kui³ hue¹ khui¹ hiong³ lit⁸ siek⁴ gan⁵

真 堪 羨 許 杜 鵑 對 金 鳳 乜 去 無 端。
Tsin¹ kham¹ suan³ hir²too⁶ kuan¹ tui³ kim¹ hong⁷ mih⁴ khir³ bu⁵ tuan¹

「無端」無邊際之意。

一　鷹　爪　伴　雞　冠，
Tsit⁴ ieng¹ jiau² phuan⁶ kire¹ kuan¹

瑞　香　共　鵲　錦、班　芝，野　花、山　茶
sui⁶ hiuN¹ kang⁷ tshiok⁴ kim² pan¹ tsir¹ Ia² hue¹ suaN¹ te⁵

俙　值　得　許　菡　萏　含　笑　濫　開　滿　檻。
tsai⁷ tat⁸ tit⁴ hir²ham⁶ tam⁶ ham⁵tshiau³ lam⁶khui¹ buaN² tsang⁵

「濫開」或作「艷開」。

夏　來　有　只　蓮　花、石　榴　間　於紅於　杏。
He⁶ lai⁵ u⁶ tsi² niriN⁵ hue¹ siek⁸ liu⁵ kuiN¹ hong⁵ hieng⁶

秋　芙　蓉、金　菊　桂　於共　　蘭。
Tshiu¹ phu⁵ iong⁵ kim¹ kak⁴ kui³ kang⁷ lang⁵

可　惜　許　冬　天　景　盡　那　是　殘　霜　滿　眼，
ka² sioh⁴ hir² tan¹ thi¹ kieng² tsin⁶ naN⁷ si⁶ tsam⁵ song¹ buan² gan²

枯　木　帶　雪　傲　於霜　枝，松　柏　凝　霜　耐　歲　塞。
Koo¹ bok⁴ tai³ suat⁴go⁵ song¹ tsi¹ siong¹phiek⁴ gieng⁵ sng¹ nai⁶sue³ ham⁵

算　人　生　都　一　同　於，青　春　過　了　一　於場　空。
Sng³ lang⁵ siN¹too¹tsit⁴tang⁵ tshieng¹tshun¹ker³iau² tsit⁸ tiuN⁵khang¹

人　生　若　不　趁　於少　年，
ling⁵ sieng¹ liok⁸ m⁷ than³ siau³ lian⁵

莫　待　老　來　親　像　許　冬　天　景　盡，
boo⁶ thai⁶ lau⁶ lai⁵ tshin¹ tshiu⁶ hir² tang¹ thiN¹ kieng² tsin²

那　是　空　自　嗟　嘆。
NaN⁷ si⁶ kang¹ tsir⁶ tsia¹ than³

莫　待　到　老　來　恰　親　像　許　冬　殘　景　盡，
boo⁶ thai⁶ kau³ lau⁶ lai⁵ khap⁴ tshin¹tshiu⁶ hir²tan¹ tsuaN⁵ kieng² tsin⁶

那　是　空　自　嗟　嘆。
NaN⁷ si⁶ kang¹ tsir⁶ tsia¹ tan³

韻字：采、態、帶、態、西、愛〈開韻〉。端、冠〈川韻〉。叢、蘭、空、嘆〈江韻〉。

6. 三更人（中滾　四空管　一二拍）

　　本曲詩爲《荔鏡記》本事，全曲爲〈計議歸寧〉（或〈設計私奔〉）齣之情節，五娘、益春偕陳三，三人於半夜從後門偷偷離開，直奔泉州，只是走了好久，五娘回頭看，怎麼還在自家花園外邊呢？想著，想著，不禁悲從中來。本曲除了用一次〈杜宇娘〉特韻於「暗尋思」的疊句外，「月光風靜」爲一高音腔，非中滾的曲韻腔，經請教吳素霞女士，她認爲此腔韻可能來自「二調」。

　　　三 於更 人 盡 都 睏 靜，
　　　saN¹ kiN¹ lang⁵ tsin⁶　too¹ khun³ tsiN⁶
　　　爲 著 人 於情， 阮 亦 管 乜 一 羞 恥。
　　　ui⁶ tioh⁸ lang⁵ tsiaN⁵ guan²　ia⁷ kuan² mih⁴ tsit⁸ siu¹　thi²
　　　「人情」情份也。
　　　叫 益 春 收 拾 盤 纏，
　　　kio³ iah⁴ tshun¹ siu¹　sit⁸ puaN⁵　tiN⁵
　　　「盤纏」即日常費用，多指資本財。
　　　共 伊人 走 出 外 鄕 里。
　　　kang⁷　i¹ lang⁵ tsau²　tshut⁴ ua⁷ siong¹ li²
　　　趁 今 冥 月 光 風 於靜， 是 實 好 天 時。
　　　than³ kim¹ miN⁵ gerh⁸ kng¹ huang¹ tsiN⁶　si⁶　sit⁸ hoo² tiN¹　si⁵
　　　「趁」乘機也。
　　　烏 巾 來 包 頭， 阮 抄 起 繡 羅 衣。
　　　oo¹ kirn¹ lai⁵ pau¹ thau⁵ guan²　tshia¹ khi² siu³ loo⁵　i¹
　　　弓 鞋 短 細，步 於行 遲。
　　　Kieng¹ ire⁵ ter²　sire³ poo⁷　kiaN⁵ ti⁵

路 上　崎 嶇 險 於斜，咱 須 當 細 膩。
Loo⁷ siong⁶ khi⁵　khu¹ hiam² tshia⁵ lan² su¹　tong¹ sire³ li⁷

「細膩」細密也。心思細密引申爲小心之意。

全 靠 君,
Tsng⁵ khoo³ kun¹

那 靠 我 君 恁 著 贊 阮 相 扶 持。
naN⁷ khoo³ gua² kun¹ lin² tioh⁸　tsan³ guan² saN¹ hu⁵ tshi⁵

暗 尋 思,
am³ sim⁵　sir¹

〈杜宇娘〉

暗 尋 思想 起 來 忝 人 好 笑 亦 好 噀。
am³ sim⁵ sir¹ siuN⁶ khi² lai² tshuah⁸ lang⁵ hoo² tshio³ ia⁷　hoo² thi⁵

「尋思」不斷思索也。孫萬壽詩:「尋思久寂寥」。

噀 得 阮 後 頭 父 母 今 卜 怙 誰 通 奉 侍。
thi⁵ tit⁴ guan² au⁶ thau⁵　pe⁶ bu² taN¹ booh⁴ koo⁶ tsui⁵ thang¹ hong⁶ si⁶

「後頭」指娘家。

乜 於好 笑,笑 許 林 大,
Mih⁴　hoo² tshio³ tshio³ hir² lim⁵ tua⁶

汝 只 狗 拖 著　瘟病,
lir² tsi² kau² tua¹　tioh⁸ un¹ piN⁷

「狗拖著瘟病」閩南地區常用咒罵語,指得瘟疫死,且曝屍於野,遭狗啃食。

每　日 催 親 迫 緊,
muiN² lit⁸ tshui¹　tshin¹ piak⁴ kin²

阮 即　險 送 於了 殘 生。
guan² tsiah⁴ hiam² sang³ liau² tsuaN⁵ siN¹

又 於聽　見,
iu⁶　thiaN¹ kiN³

又 聽　見 門　樓　上　鼓　角 催　更。

iu⁶ thiaN¹　kiN³ mng⁵ lau⁵　tsiuN⁶ koo² kak⁴ tshui¹ kiN¹

「門樓鼓角」古時城門戍衛，日曉而吹角擊鼓。

行　有 拙　　時，因 乜　在 只 花　園　邊。

kiaN⁵ u⁶ tshuah⁴　si⁵　in¹　mih⁴　tir⁶ tsi¹　hire¹ hng⁵ piN¹

「拙」這、一些。「拙時」應釋爲「一些時候」。

咱 三　人　行　有 拙　　時，

lan² saN¹ lang⁵ kiaN⁵　u⁶ tshuah⁴ si⁵

因 乜　亦 句 在　咱 花　園　邊。

in¹ mih⁴　ia⁷ ku³ tir⁶ lan² hire¹ hng⁵ piN¹

韻字：靜、恥、纏、里、靜、時、衣、遲、膩、持、啼、侍、病、生、更、邊、編〈基
　　　青韻〉。

7. 出畫堂（中滾　四空管　一二拍）

　　本曲詩爲觀畫中百鳥態，而興發應守倫之嘆。因辭意而賦予牌
名「百鳥圖」。曲中用了三次〈杜宇娘〉特韻，於「鳩喚雨」、「杜鵑
鳥」、「論禽鳥」等三處。

出　於畫堂 且　看　　只 丹 青，

tshut⁴　ire⁶ tng⁵ tshiaN² khuaN³ tsi²　tan¹ tshieng¹

百　鳥　圖吁 中盡 是 食宿 飛　鳴。

Piak⁴ niau²　too⁵　tng¹ tsin⁶ si⁶　sit⁸ siok⁴ hui¹ bieng⁵

孔於　　雀　屏於　開，鸞 鳳 和　鳴。

Khong²　tshiok⁴ pin⁵　khai¹ luan⁵ hong⁷ hoo⁵ bieng⁵

大 鵬　鳥 出 天　庭，

tai⁶ phieng⁵ tsiau² tshut⁴ thian¹　tieng⁵

「大鵬鳥出天庭」語意出《莊子・逍遙遊》：「鵬之徙於南冥也，水擊三千里。

搏扶搖而上者九萬里。去以六月息者也」

天　鵝　共　福　　花　傳於　信　憻。

Thian¹ goo⁵ kang⁷ hok⁴　hua¹ thuan⁵　sin³ tsieng⁵

「福花」應為「鳧花」，音近，水鳥名，即野鴨子，棲於沼澤地。

飛　鵝　飛　入雲　端　影。

Hui¹ goo⁵ per¹　lip⁴ hun⁵ tuan¹ ieng²

〈杜宇娘〉

鳩　喚　雨，鳩　喚　雨，燕　呼　晴，

khiuN¹ huan³ u²　khiuN¹ huan³ u²　ian³ hoo¹ tsieng⁵

「鳩喚雨」《埤雅》「鳩陰則屏逐其婦，晴則呼之。」語曰：「天欲雨，鳩逐婦；既雨，鳩呼婦。」

「燕呼晴」形容雨後天晴，諸蟲群飛，燕呼伴覓食之景。

紫　燕　含　於泥　來喚　友　呼　朋。

Tsir² ian³ ham⁵　ne⁵ lai⁵ huan³ iu² hoo¹ pieng⁵

「紫燕」亦稱「越燕」、「漢燕」，小而多聲，頷下紫，築巢於民間屋厝門楣上。

鶯　出　谷，雁　南　濱。

Ieng¹ tshut⁴ kok⁴ gan⁶ lam⁵　pin¹

「雁南濱」「濱」應為「賓」，《幼學瓊林》：雁之大者，以仲秋先至南為主，其小者後至為賓。

白　鶴　來沖　天，於黃　鶯　飛　騰。

Peh⁸ hoo⁶　lai⁵ tshiong¹ tian¹　ng⁵ ieng¹ hui¹ thieng⁵

喜鵲　值　許簷　前　兆佳　音，

hi² tshiok⁴　tir⁶ hir² tsiN⁵ tsuiN⁵ tiau³ ka¹ im¹

吉　凶　禍　福，於瑞　氣相　應。

Kiat ⁴ hiong¹ hoo⁶　hok⁴　sui⁶ khi³ siong¹ ieng³

〈杜宇娘〉

杜 鵑 鳥，杜 鵑 鳥吁　泣 中 庭，
too⁶ kuan¹ tsiau² too⁶ kuan¹ tsiau²　khip⁴ tiong¹ tieng⁵

子 規 爲 著 春　去，啼 血 於悲 鳴。
Tsir² kui¹ ui⁶ tioh⁸ tshun¹　khir³ thi⁵ hiat⁴　pi¹ bieng⁵

鴛 鴦 值 許 池 內 相 交 頸，
uan¹ iuN¹　ti⁶ hir² ti⁵　lai⁶ saN¹ kau¹ kieng²

水 鴨 飛 來 同 遊 適 興。
Tsui²　ah⁴ per¹ lai⁵ tang⁵ iu⁵ siek⁴ hieng³

對 對 雙 雙 盡 是 夫 婦於 恩 愭。
Tui³　tui³ sang¹ sang¹ tsin⁶ si⁶ hu¹ hu⁶　irn¹ tsieng⁵

〈杜宇娘〉

論 禽 鳥，論 禽 鳥吁，亦 識 君 臣 父 子 恩，
lun⁶ khim⁵ tsiau² lun⁶ khim⁵ tsiau²　ia⁷ pat⁴ kun¹ sin⁵ hu⁶ tsir²　irn¹

夫 婦 共 兄 弟、朋 友 有 信。
Hu¹　hu⁶ kang⁷ hiaN¹ ti⁶　pieng⁵ iu² u⁶ sin³

五 倫 齊 備，報 本 知 恩。
GoN² lun⁵ tsire⁵　pi⁶ poo³ pun² ti¹ irn¹

豈 不 強 過 許 鳴 禽。
Khi²　m⁷ kiuN⁵ ker³ hir² bieng⁵ kim⁵

鸚 鵡 那 卜 能 言，
ieng¹ bu² naN⁷　booh⁴ lieng⁵ gian⁵

人 都 不 如 許 鳴 禽。
Lang⁵　too¹ m⁷ lir⁵ hir² bieng⁵　kim⁵

想 鸚 鵡 那 卜 能 言，
siuN⁶ ieng¹　bu² naN⁷ booh⁴ lieng⁵ gian⁵

人 都 不 比 許 飛 禽。
Lang⁵　too¹ put⁴ pi² hir² hui¹ kim⁵

韻字：青、鳴、庭、情、影、晴、朋、騰、應、鳴、頸、興〈卿韻〉。

8. 聽門樓（中滾 十三腔 四空管 一二拍）

本曲為《陳三五娘》本事，為五娘思念陳三之辭。牌名〈中滾十三腔〉，屬集曲，以中滾犯水車、玉交枝、望遠行、福馬郎、潮陽春、短相思、雙閨、駐雲飛、風潺北、金錢北、北青陽、短滾等腔韻。〈中滾十三腔〉因屬集曲性質，常直接取材自其他曲目中的某一段，如本曲尾段來自〈短滾·梧桐葉落〉；〈山險峻〉「那見曠野…鴛鴦枕上即得鸞鳳棲只」一段來自〈疊韻悲·阮今記得〉落一二拍段；〈恨王魁〉「袂記得當初…最出如魚游水」一段來自〈沙淘金·來到陰山〉落一二拍段；皆取其曲韻動人段與曲詩內容相同者，嫁接之。

〈中滾〉

聽於 門 樓 鼓 返 三 更

thiaN^1 mng^5 lau^5　koo^2 tng^2 saN^1 kiN^1

〈水車歌〉

尋 思 起 來於

sim^5　sir^1 khi^2 lai^5

〈玉交枝〉

阮 想 著 起 來 孤 單 獨 自

guan^2 siuN^6 tioh^8　khi^2 lai^5　koo^1 tuaN^1 tat^8 ti^7

〈望遠行〉

望 卜 返 圓 阮 望 卜 早 早 返 來

bang^7 booh^4 tng^2　iN^5 guan^2 bang^7 booh^4　tsa^2 tsa^2 tng^2 lai^5

孤 燈 獨於 對 阮 無 意 倚 東 西

koo^1 tieng^1 tok^8　tui^3　guan^2 boo^5 i^3 ua^2 tang^1 sai^1

「無意」心思不定貌。

「倚東西」此辭形容體態懶散貌。「倚」偎也，「東西」橫置。

〈福馬郎〉

東　君　一於　去 不女我　君　恁　一於　去

tong¹ kun¹ tsit⁸　khir³　　gua² kun¹ lin² tsit⁸ khir³

「東君」原指太陽，《楚辭·九歌》「東君」為日神。此則指稱「司春之神」。《全唐詩》：「東君愛惜與先春，草澤無人處也新。」

未　知　何　日　再　相　見

ber⁷ tsai¹　hoo⁵ lit⁸ tsai³ saN¹ kiN³

投　告　月　娘　阮　來　再　拜　嬙　娥

tau⁵ koo³　gerh⁸ niuN⁵ guan²　lai⁵ tsai³ pai³ siong⁵ goo⁵

〈潮陽春〉

推　遷　　阮　三　哥 不女乞　伊人　早　歸於 故　里

tshui¹ tshieng¹ guan²　saN¹ koo¹　　khit⁴　i¹ lang⁵ tsa² kui¹ koo³ li²

免　阮　只處　壬　思於萬 想於萬　想　壬　思

bieng² guan²　tsi² ter³ tshieng¹　sir¹ ban⁷ siong² ban⁷ siong² tshieng¹ sir¹

〈短相思〉

思　思　想　想　都　是　為著　荔　枝

sir¹ sir¹ siuN⁶ siuN⁶　too¹ si⁶ ui⁶ tioh⁸ niiriN⁷ tshi¹

一　身　為恁　割　吊　得阮　心　頭　悶　越　悲

tsit⁸ sin¹　ui⁶ lin² kuah⁴ tiau³　tit⁴ guan² sim¹ thau⁵ bun⁷ uat⁸　pi¹

誰　知　今　旦　即　會　拆　散　二　邊

tsui¹ tsai¹　kin¹ tuaN³ tsiah⁴　ire⁷ thiah⁴ suaN³ lng⁶ piN¹

〈雙閨〉

割　得阮　只　神　魂　散　頭　茹　髻　敧

kuah⁴ tit⁴ guan² tsi² sin⁵ hun⁵ suaN³ thau⁵　lir⁵ ker³ khi¹

「茹」原義「食」也，或稱「草蔬」。閩南語借此字形容雜亂之貌。

「敧」歪斜不正也。

日 來 忘　餐 長 冥 都 袂 睏　得 些 厘
lit[8]　lai[5] bong[5] tshan[1] tng[5] miN[5] too[1] bue[7]　khun[3] tit[4] sia[1] li[5]

「忘餐」「廢寢忘餐」原形容專心致志，在此則形容相思至深。

「睏」原指「欲睡」之狀態，閩南語逕作爲動詞「睡」之意

「些厘」應爲「些釐」，「些」少也，「釐」尺之千分之一，亦小也。

〈駐雲飛〉

嗏！聽　見杜 鵑 叫 月 鬧　都 聲 悲
tsha[1]　thiaN[1]　ki[3] too[6] kuan[1] kio[3] gerh[8] nauN[7]　too[1] siaN[1] pi[1]

「嗏」或作「嗟」，嘆辭，南戲中常用，此處曲韻爲「駐雲飛」特韻。

「杜鵑」鳥名。《禽經》：「江左曰子規，蜀右曰杜宇，甌越曰怨鳥，一名杜鵑。」

〈風漏北〉

虧 阮 孤 單　只 處 屈 守 惡 過 長 冥
khui[1] guan[2] koo[1] tuaN[1]　tsi[2] ter[3] khut[4]　siu[2] ooh[4] ker[3] tng[5] miN[5]

阮　但 得 著　來 投 告 天
guan[2] tan[7]　tit[4] tioh[8] lai[5] tau[5] koo[3]　thiN[1]

願 我 君 伊 人 身 脫 離 早 返 鄉　里
guan[7] gua[2] kun[1]　i[1] lang[5] sin[1]　thuat[4] li[5]　tsa[1] tng[2] hiuN[1] li[2]

〈金錢北〉

望　天 地 相 保 庇
bang[7] thiN[1]　tire[7] saN[1] poo[2] pi[7]

此句〈金錢北〉的腔韻來自〈三腳潮〉的移宮轉調。

有 好 畫 信 須 著 早 寄 返 來
u[6] hoo[5] sir[1] sin[3] su[1] tioh[8] tsa[2]　kira[1] tng[5]　lai[5]

免 阮 孤 樓 人 惡 等 待
bieng[2] guan[2]　koo[1] sire[1] lang[5] ooh[4] tan[2] thai[6]

〈北青陽〉

憶 著 我 三 哥 亦 好 噬

it⁴ tioh⁸ gua² saN¹ koo¹ ia⁷ hoo² thi⁵

一 身 只 處 受 苦 氣

tsit⁸ sin¹ tsi² ter³ siuN⁶ khoo² khi³

〈中滾〉

顏 色 青 空 阮 身 無 意

gan⁵ siak⁴ tshiN¹ khang¹ guan² sin¹ boo⁵ i³

「顏色」面色也。

「無意」心意無定，不知所措貌。

又 畏 聽 見 ，

iu⁶ ui⁷ thiaN¹ kiN³

又 聽 見 玉 漏 疊 催 是 雞 聲 於亂 噬

iu⁶ thiaN¹ kiN³ iok⁸ liro⁶ tiap⁸ tshui¹ si⁶ kire¹ siaN¹ luan⁷ thi⁵

「玉漏」玉製的計時器。《初學記》四，唐・蘇味道〈正月十五詩〉：「金吾不禁
夜，玉漏莫相催。」崔液〈夜游詩〉：「玉漏銀壺且莫催，鐵關金鎖徹明開。」

思 量 阮 只 雲 鬢 斜 敧

sir¹ niuN⁵ guan² tsi² hun⁵ pin³ tshia⁵ khi¹

「思量」考慮之意。

〈短滾〉

除 非 除 非 著 我 君 返 來 同 入 繡 幃 對 鏡

tir⁵ hui¹ tir⁵ hui¹ tioh⁸ gua² kun¹ tng⁵ lai⁵ tang⁵ lip⁸ siu³ ui⁵ tui³ kiaN³

「繡幃」「幃」簾帳也，繡幃指閨房內之簾帳。

此句以下直接剪裁自〈短滾・梧桐葉落〉的尾句疊唱部份，只「銷金帳內」一
辭改爲「繡幃對鏡」，最後一句「心意」改爲「相思」，音樂全同。

許 時 解 得 阮 心 意

hir² si⁶ kire² tit⁴ guan² sim¹ i³

除非 除非 著 我 君 返來 同 入 鎖 金 帳 內
tir⁵ hui¹ tir⁵ hui¹ tioh⁸ gua² kun¹　tng⁵ lai⁵ tang⁵　lip⁸ siau¹ kim¹ tiuN³ lai⁵

許 時 解 得 阮 只 相 思
hir² si⁶ kire² tit⁴ guan² tsi² siuN¹ si¹

韻字：更、自、見、里、枝、悲、邊、厘、悲、冥、天、里、庇、啼、氣、意、啼、
敲、幛、意、思〈飛基韻〉。來、西、來、待〈開韻〉。

9. 恨王魁（中滾　十三腔　　四空管　一二拍）

　　本曲爲《王魁》本事，敘述桂英自盡後，陰魂上路尋王魁報仇之
唱辭。本曲牌名爲〈中滾十三腔〉，但實際上有十八腔。其牌名分別
爲中滾、短滾、水車歌、玉交枝、望遠行、福馬、潮陽春、短相思、
雙閨、疊韻悲、聲聲漏、綿搭絮、駐雲飛、錦板、寡北、北青陽、中
滾等，尙有二牌名未知。

〈中滾〉　　　　　　　　　　〈短滾〉
恨於 王 魁，　汝 不 是 不 仁 不 義，
hirn⁷ ong⁵ khire¹　lir² m⁷ si⁶ put⁴ lin⁵ put⁴ gi⁷

〈水車〉
聲 聲 罵 阮
siaN¹ siaN¹ maN⁷ guan²

　　　　　　　　　　〈玉交枝〉
汝 聲 聲 來 罵 阮 是 煙 花 門 楣。
Lir² siaN¹ siaN¹ lai⁵ maN⁷ guan² si⁶ ian¹ hua¹ bun⁵ bi⁵

「煙花」指妓女，辛棄疾〈眼兒媚〉：「煙花叢裏不宜他，絕似好人家。」

「門楣」門上橫梁，借指門第，家世。原辭作「賤婢」，吳昆仁先生以其不雅，
改此。

〈望遠行〉

佴　　通　　虧　心　卜　　來　輕　　棄，

tsai⁷　　thang¹　khui¹　sim¹　booh⁴　lai⁵　khieng¹　khi³

一　身　含　冤 不女一　身　含　冤　阮　無　處　於訴　起。

tsit⁸ sin¹ ham⁵ uan¹　　tsit⁸ sin¹ ham⁵　uan¹ guan² boo⁵ ter³　soo³ khi²

　　　　　　〈福馬　〉

袂　記　得　當　初　　共　恁花　前　　月　下　歡　笑　迎，

bue⁷ki³ tit⁴tng¹ tshire¹ kang⁷ lin² hue¹ tsiriN⁵ gerh⁸ e⁶ huan¹ tshiau³ gieng⁵

三　年　衾　枕

sam¹lian⁵khim⁵tsim²

不女三　年　同　衾　枕　做　卜　　如　魚　游　水。

　　saN¹ liN⁵ tang⁵ khim⁵ tsim² tsire³booh⁴ lir⁵ gir⁵ iu⁵ ui²

「衾枕」大被曰衾。《詩・召南》：「肅肅宵征，抱衾與裯。」《傳》曰：「衾被也」。

「袂記得當初…如魚游水」此段曲詩與音樂直接剪裁自〈沙陶金・來到陰山〉

落一二拍段。

　　　　　　　〈潮陽春〉

虧　阮　　一　身　於那　虧　阮　　一　身

khui¹ guan²　tsit⁸ sin¹　naN⁷ khui¹ guan²　tsit⁸ sin¹

到　今　旦　阮　著　恁　障　躭　置。

kau³　kin¹ tuaN³ guan² tioh⁸ lin² tsiuN³　tam¹ ti³

袂　記　得　當　初　臨　別　時，海　神　廟　內　同於　立　　誓，

bue⁷ ki³ tit⁴ tng¹ tshire¹ lin⁵ piat⁸ si⁵　hai⁵　sin⁵ bio⁷ lai⁶ tang⁵　lip⁸　se⁷

誰　人　於僥　心，自　有　皇　天　做　於證　　見。

Tsui⁵ lang⁵ hiau⁵ sim¹　tsir⁷ u⁶ hong⁵ thian¹ tsire³　tsieng³ kiN³

「僥心」負心也。案「僥」，原意僥倖也。

「證見」即見證。

〈杜蘭香〉　　　　　　　　　〈短相思〉

恨　煞　冤　家　可　不　是，那　恨　於王　魁　　可　不　是。
Hirn⁷ suah⁴ uan¹ke¹ khah⁴ m⁷ si⁶　naN⁷ hirn⁷　ong⁵ khire¹khah⁴ m⁷ si⁶

「冤家」多作情人之匿稱，此可作原意「仇敵」解。

誤　阮　青　　春，
Goo⁷guan² tshieng¹ tshun¹

汝　耽　誤　阮　一　身　只　處　無　所　依　倚。

lir² tam¹ goo⁷guan² tsit⁸ sin¹ tsi² ter³ boo⁵ soo² i¹　i²

〈雙閨〉

想　於起　　來　發於　怒　氣，提　起　金　刀　割　喉　於身　死。
SiuN⁶ khi²　lai⁵ huat⁴ noo⁷ khi³ tire⁵ khi² kim¹ too¹ kuah⁴ au⁵　sin¹ si²

〈疊韻悲〉

阮　一　命　歸　陰　司，今　旦　來　到　只　黃　泉　中，
guan² tsit⁸ miaN⁷ kui¹ im¹ si¹ kin¹ tuaN³　lai⁵ kau³ tsi² hong⁵ tsuan⁵ tng¹

「陰司」陰間地府。

「黃泉」喻陰間。黃泉為地下之代辭，人死則葬於地。

「疊韻悲」為三撩拍，此處所用為疊韻悲落一二拍的曲韻，樂人仍慣稱「疊韻悲」。

陰　風　慘　　慘　又　兼　　許　萬　仞危　坑，
im¹ hong¹ tsham² tsham² iu⁶ kiam¹　hir² ban⁷ lim⁶ gui⁵ khiN¹

「萬仞」喻極高。

「青清」冷清也。

對　只　黃　泉　　中，擎　　目　一　看，
tui³　tsi² hong⁵ tsuan⁵ tng¹ kirah⁸　bak⁸ tsit⁸ khuaN³

「擎」即「舉」，手抄本常用「擎」。

黑於水　黃　砂
Hiak⁴sui² hong⁵ sa¹

越　惹　得　阮　單　身　進　退不女是　實　兩　難。

uat[8] liah[4] tit[4] guan[2]tuaN[1]sin[1] tsin[3] thire[3]　si[6] sit[8] liong[2] nan[5]

阮　一　身　只　處　責　責　清　清，

guan[2] tsit[8] sin[1]　tsi[2] ter[3] tshiN[1] tshiN[1]　tshin[3] tshin[3]

冷　冷　清　清　那　虧　得　阮　孤　單，

lieng[2] lieng[2] tshieng[1]　tshieng[1] naN[7] khui[1] tit[4] guan[2] koo[1]　tuaN[1]

只　處　怨　切　身　　命。

Tsi[2] ter[3] uan[3]　sin[1] tshireh[4] miaN[7]

「怨切」「切」恨也，即怨恨。

「身命」命運也。

〈聲聲漏〉

茫　　茫　不女渺　渺

Bong[5] bong[5] biau[2] biau[2]

「茫茫渺渺」不明、難見貌。

阮　行　來　到　只　魂　魄　驅　馳。

guan[2] kiaN[5] lai[5]　kau[3] tsi[2] hun[5] piak[8] khu[1]　ti[5]

「驅馳」疾趕之意。《詩》〈鄘風·載馳〉：「載馳載驅」。

〈綿答絮〉

陰　路　那　障　巔　危　是　實　惡　於行。

Im[1] loo[7]　naN[7] tsiuN[3] tian[1]　gui[5] si[6] sit[8] ooh[4] kiaN[5]

〈駐雲飛〉

嗟！恨　煞　賊　促　命，　可於見　非　理。

tsha[1] hirn[7]　suah[4] tshat[8] tshiat[4] miaN[7]　khah[4] kiN[3]　hui[1] li[2]

「促命」催命，即冤家之意。

專　用　許　花　言　巧　語　來　相　欺，

Tuan[1] ieng[7]　hir[2] hua[1] gian[5] kha[2]　gir[2] lai[5] saN[1] khi[1]

「花言巧語」言其言語華麗不實，虛假而動聽。《朱子語類·論語》：「巧言即今

花言巧語，如今世舉子弄筆端、作文字便是。」

〈錦板〉

心　頭　怨　切　　那　是　愁　鎖　於雙　眉。

sim¹ thau⁵　uan³ tshireh⁴ naN⁷　si⁶ tshio⁵ soo² song¹ bi⁵

「愁鎖雙眉」愁怨之氣形於顏色。

忽　聽　見　鼓　角　催　更，靈　雞　於聲　啼。

Hut⁸ thiaN¹　kiN³ koo² kak⁸ tshui¹ kiN¹　lieng⁵ kire¹　siaN¹　ti⁵

須　著　緊　行　莫　延　遲。

su¹ tioh⁸ kin² kiaN⁵　boo⁷　ian⁵ ti⁵

〈寡北〉〈北青陽〉

噲！虧　阮　一　身　無　所　歸，

m¹ khui¹ guan² tsit⁸ sin¹ boo⁵soo²kui¹

「噲」〈寡北〉曲調之特韻，屬一字領。南部絃友唱此腔韻，會落倍ㄨ，吳昆仁
先生認為是錯誤，寡北與北調應有別，寡北調不可落倍ㄨ，北調才可以，北部
的唱法是不落倍ㄨ的。

三　寸　金　蓮　行　來　到　只，

sam¹ tshun³ kim¹ lian⁵ kiaN⁵ lai⁵ kau³ tsi²

「三寸金蓮」指稱古代婦女之足，因纏足而短小。

直　去　　徐　州

Tit⁸ khir³　sir⁵ tsiu¹

「直去」逕往，速往。

直　去　到　徐　州　尋　卜　王　魁　對　理。

Tit⁸ khir³　kau³ sir⁵ tsiu¹ tsher⁷　booh⁴ ong⁵ khire¹ tui³　li²

「對理」理論。

阮　直　去　到　徐　州　尋　卜　王　魁　對　理。

Guan² Tit⁸ khir³　kau³ sir⁵ tsiu¹ tsher⁷　booh⁴ ong⁵ khire¹ tui³　li²

韻字：義、楣、棄、起、置、見、是、倚、死、司、坑、馳、理、欺、眉、啼、遲、

只、理〈基青韻〉。

10. 重臺別（北青陽　四空管　一二拍）

本曲詩爲《陳杏元和番》本事，陳梅兩家受奸相盧杞陷害，陳杏元被逼奉命至北國和番，其未婚夫梅良玉送妻到重台，二人共誓忠貞，揮淚別離，故稱「重台別離」。此曲詩在句首作疊頭處理，〈北青陽〉的特韻有四拍的拖腔，在句中位置的處理很靈活，用於句尾作句尾韻，如：「賊奸臣」、「風波起」，用於句首疊頭作領字，如三字句「告蒼天」、「咱所望」，一字句「啼」。主腔韻的句首韻與句中韻，常配合唱詞字數與聲調而變化；句尾韻也會配合聲調變化，或作板式變化，如本曲落疊後「功名成遂」的「遂」字，即是以此韻作減值疊拍的變化。〈北青陽〉收尾腔用「不女」，是帶有「北」字牌名特有的收尾腔（北相思除外）。

此曲一般稱爲「戲仔曲」，因《陳杏元和番》一劇而有名，且戲班教戲先生口傳之故，各地傳唱曲種差異性很大，但〈北青陽〉大韻不變。

重　臺　別　離，咱　夫　妻　值　只　重　臺　拆　散　分　離。
Tiong⁵ tai⁵ piat⁸　li⁵ lan² hu¹ tshe¹ tir⁷ tsi² tiong⁵ tai⁵ tiah⁴suaN³ pun¹ li⁵

恨　著　盧　杞　汝　只　賊　奸　臣，
hirn⁷ tioh⁸ loo⁵ ki²　lir² tsi² tshat⁸　kan¹ sin⁵

汝　掠　阮　鴛　鴦　來　障　拆　散　做　二　邊
lir² liah⁸ guan² uan¹ iuN¹ lai⁵ tsiuN³ thiah⁴ suaN³ tsire³　nng⁶ piN¹

致　惹　今　旦　日，咱　夫　妻　在　只　重　臺　中，
ti³ lia² kin¹ tuaN³ lit⁸　lan² hu¹ tshe¹　tir⁷ tsi² tiong⁵ tai⁵ tng¹

四　目　相　看　　只　處　淚　都　淋　漓
si³ bak⁸ saN¹ khuaN³　tsi² ter³ lui⁷ too² lim⁵　li⁵

告 蒼　天，告 蒼　天，只 去 出　邊　關，
koo³ tshong¹ thian¹ koo³ tshong¹ thian¹　tsi² khir³ tshut⁸ pian¹ kuan¹

陳 杏 元 就　死 伊 都 不 肯　受 辱
tan⁵ hieng⁶ guan⁵ tshiu⁷ si²　i¹　too¹ m⁷ khieng² siu⁶ liok⁴

將　身 報 答 梅　郎 汝 只 深 恩 情　義
tsiong¹ sin¹ poo³ tat⁸ muiN⁵ nng⁵ lir² tsi² tshim¹　irn¹ tsieng⁵　gi⁷

咱 所 望，望 卜 和 諧 白 首 相　依
lan² soo² bang⁷ bang⁷ booh⁴ hoo⁵ hai⁵ biak⁸ siu² siong¹　i¹

誰 想 咱 雙 人，未 曾 洞　房　先 有 風 波　起。
Tsui⁵ siuN⁶lan² saN¹lang⁵ ber⁷ tsieng⁵tong⁷pong⁵siriN¹u⁶ hong¹phoo¹ khi²
「洞房」原指新婚夫婦之新房，此指婚禮之完成。

拔 落 金 釵 一 枝 阮　奉　君 收 做 爲 記。
Pueh⁸ loo⁷ kim¹ thire¹ tsit⁸ ki¹　guan²　hong⁶ kun¹ siu¹　tsire³ ui⁵ ki³
「金釵」金製之髮笄，婦女之首飾也。

「奉」呈送也。

若 見 阮 只 釵 親　像　見 阮　一 面，
liok⁸ kiN³ guan² tsi² thire¹ tshin¹ tshiuN⁶ kiN³ guan² tsit⁸ bin⁷

所 望 卜 到　百 年。豈 知 有 知 千　里 驅 馳，
soo² bang⁷ booh⁴ kau³ bah⁴ niN⁵ khi² tsai u⁶ tsi²　tshiriN¹ li²　khu¹ ti⁵
「百年」意指終老。

「千里驅馳」「驅馳」，原指急趕，此喻相隔極遠。

虧 咱 夫 妻 隔 別 都 亦 袂 得 通　相 見
khui¹ lan² hu¹ tshe¹ keh⁴ piat⁸ too¹ ia⁷ bue⁷ tit⁴ thang¹ saN¹ kiN³

愛 卜 相 見，除 非 著 南 柯　夢 裏
ai³ booh⁴ saN¹ kiN³ tir⁵ hui¹ tioh⁸ lam⁵ khooN¹ bong⁷ li²

阮 於 苦，苦 得 阮 腸 肝 做 寸 裂
guan² khoo² khoo² ṭit⁴ guan² tng⁵　kuaN¹ tsire³ tshun³ li⁷

「肝腸寸裂」喻悲傷至極。

啼　　啼　得於 阮　目　痛　喉　又 乾。
Thi⁵　Thi⁵ tit⁴ guan²　bak⁸ thiaN³　au⁵ iu⁶　ta¹

萬　苦　壬　辛 那 恨　妊 臣 盧 杞。
Ban⁷ khoo² tshiriN¹ sin¹ naN⁷ hirn⁷ kan¹　sin⁵ loo⁵　ki²

願　君　恁　只 去 功　名　成 遂,
guan⁷ kun¹ lin² tsi² khir³ kong¹　bieng⁵ sieng⁵ sui⁷

「成遂」順遂也。

許　時　節　叩　丹 墀
hir² si⁵ tsireh⁴ khiro³　tan¹ ti⁵

「丹墀」古皇宮前階石梯為紅色,謂「丹墀」。漢・張衡〈西京賦〉:「右平左城,
青瑣丹墀。」

將　咱 二 家　冤 枉 奏　過 君 王 知
tsiong¹ lan² nng⁶ ke¹　uan¹ ong² tsau³　ker³ kun¹ ong⁵ tsai¹

將　妊 臣 萬 刀 碎　割,
tsiong¹ kan¹ sin⁵ ban⁷ too¹ tshui³ kuah⁴

陳　杏　元　心 即 願 渧 得 滿　腹於 含 冤
tan⁵ hieng⁶ guan⁵ sim¹ tsiah⁴ guan⁵ siau⁵ tit⁴ muaN²　pak⁴ ham⁵ uan¹

梅　郎　汝 壬　萬　莫 掠 妾　身 掛　念,
buiN⁵ nng⁵ lir² tshiriN¹ ban⁷ boo⁷ liah⁸ tshiap⁴ sin¹ kuah⁸ liam⁷

梅　郎　汝 壬　萬　莫　掠 妾　身 掛　念不女。
buiN⁵ nng⁵ lir² tshiriN¹ ban⁷ booh⁴ liah⁸ tshiap⁴ sin¹ kuah⁸ liam⁶

韻字:離、邊、漓、義、依、起、記、馳、見、裏、裂、杞、遂、墀〈基飛韻〉。

11. 一間草厝（望遠行　五六四仅管　一二拍）

本曲詩為《孟姜女》本事,故事最早源於《左傳》,唐代有《孟
姜女變文》,描述孟姜女聽到丈夫杞梁死於長城,來到長城慟哭,長

城為之坍倒。本曲為〈孟姜女送寒衣〉齣之本事內容。牌名〈望遠行〉最早見於唐教坊曲。

一 間 草 厝 於低 都 成 乜，
tsit⁸ kuiN¹ tshau² tshu³ ke⁶ too¹ tsiaN² mih⁴
「成乜」「乜」非常也，「低成乜」的「乜」為強調形容詞「低」之副詞。

門 前 都 是 蜘 蛛 經 絲
Bng⁵ tsiriN⁵ too¹ si⁶ ti¹ tu¹ kiN¹ si¹

蚊 飛 來 咬 人 都 痛，如 針 刺。
Bang² per¹ lai⁵ ka⁶ lang⁵ too¹ thiaN³ lir⁵ tsam¹ tshi³
「蚊」泉州唱法為「蚊子」，轉韻較順暢，臺灣只唱「蚊」，其韻較直。

孤 燈 一 於盞， 阮 無 油 通 去 添。
Koo¹ tieng¹ tsit⁸ tsuaN² guan² boo⁵ iu⁵ thang¹ khir³ tiN¹

思 量 卜 做，怎 阮 度 過 只 今 冥
sir¹ niuN⁵ booh⁴ tsire³ tsirn² guan² too⁶ ker³ tsi² kim¹ miN⁵

翻 來 覆 於去，阮 袂 睏 得 些 厘。
Huan¹ lai⁵ hok⁸ khir³ guan² bue⁶ khun³ tit⁴ sia¹ li⁵

矇 朧 個 所 在 阮 未 知 是 幾 更，
bong⁵ long⁵ ke⁵ soo² tsai⁶ guan⁵ ber⁶ tsai¹ si⁶ kui² kiN¹

等 待 月 落 雞 啼， 不女起 來 看 孤 星。
Tan² thai⁶ gerh⁸ loo⁶ kere¹ thi⁵ khi² lai⁵ khuan³ koo¹ tshiN¹

掠 只 烏 巾 包 頭，阮 寒 衣 揹 起。
Liah⁸ tsi² oo¹ kirn¹ pau¹ thau⁵ guan² kuaN⁵ ui¹ pue⁶ khi²

為 郎 憒 著 於障 生，管 麼 壬 鄉 共 萬 里。
Ui⁶ lang⁵ tsiaN⁵ tioh⁸ tsiuN³ siN¹ kuan² mih⁴ tsiriN¹ hiuN¹ kang⁷ ban⁶ li²
「郎情」亦作「人情」皆指情份。

星　稀墜，月　落　山，

tshiN¹　hi¹ tui⁶ gerh⁸ loh⁸ suaN¹

野　雞　啼，阮　只　心　都　不　安，

ia² kire¹　thi⁵ guan² tsi² sim¹ too¹ m⁷ uaN¹

一　陣　西風　起，都　是　煩　惱　我　君　寒。

Tsit⁸ tsun⁶　sai¹ huan¹ khi² too¹ si⁶ huan⁵ hoo² gua² kun¹ kuaN⁵

「煩惱」「惱」音 loo²，南管曲詩都唱成 hoo²。

心　頭苦　有只壬　萬　般，

Sim¹ tau⁵ khoo²　u⁶ tsi² tsiriN¹ ban⁶ puaN¹

但　得　過嶺　盤　山。

Tan⁶　si⁶ ker³ niaN² phuaN⁵ suaN¹

障　般　樣　艱辛　苦，都　是　爲君恁　牽　絆，

tsiuN³ puaN¹　iuN⁶ kan¹ sin¹ khoo² too¹ si⁶ ui⁶ kun¹ lin² khan¹ phuaN⁶

受　障　般　樣　艱辛　苦，都是煩　惱　我　君　寒。

Siu⁶ tsiuN³ puaN¹ iuN⁶ kan¹ sin¹ khoo² too¹ si⁶ huan⁵ hoo² gua² kun¹ kuaN⁵

韻字：乜、絲、刺、添、冥、厘、更、啼、星、起、生、里〈基青韻〉。山、安、寒、
般、山、絆、寒〈歡韻〉

12. 書中說（望遠行　五供養　五六四仪管）

本曲詩爲《王十朋》（即《荊釵記》）本事，爲十朋母向十朋訴說
其妻錢玉蓮守節及投水之情。本曲牌名以〈望遠行〉爲主，於「情願
剪髮…」犯〈五供養〉之韻。此曲有極高與極低的音域，高低聲區的
唱法，較難兩全。故有高音者須練低音的「喉韻」唱法，有低音者須
練高音挺拔有勁。《中原音韻》中〈五供養〉爲雙調，〈望遠行〉爲商
調。

畫 中 說 汝 不是 致 惹 一於　家 人　都 怨 恨 氣，
tsir[1] tng[1] serh[4] lir[2] m[7] si[6] ti[3] lia[2] tsit[8]　ke[1] lang[5] too[1] uan[3] hirn[7] khi[3]

「致惹」致使，導致。

又 罵 汝 真 個 負 義。
Iu[6] maN[7] lir[2] tsin[1]　ko[7] hu[7]　gi[7]

汝丈　姆迫 教 新婦 著 再 結 親，
lir[2] tiuN[6]　m[2] piak[8] ka[3] sin[1] pu[6] tioh[8] tsai[3] kiat[8] tshin[1]

「丈姆」即丈母娘。

「新婦」原意為新婚媳婦，閩南語以「新婦」稱「媳婦」。

教 阮　主 張　都 只 載 志。
Ka[3] guan[2]　tsu[2] tiuN[1] too[1] tsi[2] tai[7]　tsi[3]

「載志」或記作「代志」，應作「事志」，事情也。

新婦伊即　推 說，　說 叫 只 畫
sin[1] pu[6] i[1]　tsiah[4] ther[1] serh[4]　serh[4] kio[3] tsi[2] tsir[1]

「推說」以理由推託、拒絕。

又 說　叫 這 封　書 都　不是 子 汝 親　筆 字。
Iu[6] Serh[4] kio[3]　tsi[2] pang[1] tsir[1] too[1] m[7] si[6] kira[2]　lir[2] tshin[1]　pit[4]　li[7]

「說叫」即「說道…」。

〈五供養〉

惜　願 剪 髮 做 尼 姑，
tshieng[5] guan[7] tsian[2] huat[2] tsire[3] niN[5] koo[1]

甘 心 守 節 來 過 一 世，更　不 障 嫌於 棄。
Kam[1] sim[1] tsiu[2] tsiat[4] lai[5] ker[3] tsit[8] si[3]　kieng[3]　m[7] tsiuN[3] hiam[5] khi[3]

「障」如此，這樣。

於誰 知　被 伊 後 母 相 迫　勒 天，
　tsui[5] tsai[1]　pi[6] i[1] au[6] bu[2]　saN[1] piak[4]　liah[8] thiN[1]

「迫勒」即「逼勒」，泉語音同，意為強迫、欺壓，此為南戲中常用語。

萬　事 到 頭 是 不 由 己，半　　冥　是 三　更。

Ban⁷　sir⁷ too³ thiro⁵ si⁶ put⁴ iu⁵ ki² puaN³ miN⁵　si⁶ saN¹　kiN¹

投 落 在　許 湘 江　水 裏。

tau⁵ loo⁷ tir⁷　hir² siong¹ kang¹ sui² li²

伊 即 投　落 在　許 湘　　江　水 裏。

I¹ tsiah⁴ tau⁵　loo⁷ tir⁷　hir² siong¹ kang¹ sui² li²

韻字：氣、義、志、字、棄、天、更、裏〈基青韻〉。

13. 心頭悶憔憔（玉交枝猴　五六四仅管　一二拍）

　　本曲詩描述一女子思念情人，欲觀賞花鼓以解愁思，觀後反益增感懷。打花鼓者所唱之〈花鼓調〉，採北方語言（即官話）演唱，此曲調來自民間「花鼓調」，娘子則唱泉腔。本曲牌名以〈玉交枝〉為主，因其中加入「花鼓調」，故稱〈玉交猴〉。「猴」、「交」音近，因「玉交」已具「交」字，故以「猴」代「交」字。牌名中凡有「猴」或「交」字，皆指演唱時以二種不同語言演唱，一為泉腔，一為官話。台灣樂人演唱本曲時，句尾韻皆以「字尾腔」唱法演唱，先收字音，再以「u」牽音，唱完整個腔韻。泉州唱法則否。據吳昆仁先生言，此曲官話部份，廖昆明先生教授時，已改為國語演唱，故北部唱法依此，南部唱法，如蔡小月所唱，仍用不純正之官話演唱。

心　頭 悶 憔 憔。

Sim¹ thau⁵　bun⁷ tsiau¹ tsiau¹

「憔」本字原指心神委頓而形色消瘦。「心憔」於閩南語中多形容心情鬱悶不安。

肝 腸　百 結 都 是 為 君　恁 割 吊。

kan¹ tiong⁵　piak⁸ kiat⁴ too¹　si⁶ ui⁶ kun¹　lin² kuah⁴ tiau³

「肝腸百結」喻心中悲怨難解。

伊 今 一 去 恰 親 像　魚 沉 雁 於 杳。

I[1]　taN[1] tsit[8] khir[3] khap[4] tshin[1] tshiuN[6] gir[5] tim[5] gan[7]　biau[2]

「魚沉雁杳」如魚入水與雁高飛般，消失無蹤，言音信全無。

一 年 四 季 於 音 信 絕　消。

Tsit[8] niN[5] si[3] kui[3]　im[1]　sin[3] tsuat[8] siau[1]

「絕消」有作「絕少」。

誤 阮 孤 樓，教 人 再 會　過 暮 朝。

Goo[7] guan[2] koo[1] sire[1] ka[3] lang[5] tsai[7] ire[7]　ker[3] boo[7] tiau[1]

「孤樓」孤單。李白〈把酒問月〉：「白兔搗藥秋復春，嫦娥孤樓與誰鄰。」

「暮朝」早晚，此言時日。

舉　目 一 看，都 是 花　鼓 聲 於 招　搖。

Kirah[8] bak[8] tsit[8] kuaN[3]　too[1] si[6] hua[1]　koo[2] siaN[1]　tsiau[1] iau[5]

「招搖」張揚也，以惹人注目。

好 笑、好 笑，請　伊 來 唱　出 思 君 憤 意 調。

Hoo[5] tshio[3]hoo[5]tshio[3] tshiaN[2]　i[1]　lai[5]　tshiuN[3] tshut[4] sir[1]kun[1] tsieng[5]　i[3] tiau[7]

（以下以官話唱。）

聽你說，真堪笑！唱什麼情意調，

此段曲調來自民歌「花鼓調」。

花鼓婆，打花鼓，打起來叮叮咚咚，

乒、乒、乒、乒、乒、乒、乒、乒、乒！

花鼓公你身逍遙，娘子聽我唱一曲。

「逍遙」又作「消搖」，安閒自得，自在貌。

五娘思君是無顏面；相國寺中會一面；

「五娘思君」《荔鏡記》陳伯卿與黃五娘之情事。

「相國寺會一面」《留鞋記》宋郭華與王月英之事。

陳妙常對舟啼淚，是秋江別離；

「陳妙常秋江別離」指《玉簪記》宋陳妙常與潘必正秋江別離之事。

孟姜女送寒衣

「**孟姜女送寒衣**」《敦煌曲子‧擣鍊子》:「孟姜女,杞良妻,一去煙山更不歸。
造得寒衣無人送,不免自家送征衣。」

〈落疊〉

爲著丈夫遠離漂遙。

唱到如今是半天了,

娘子銅錢我收了。

「了」作爲韻脚,應唱 liau^2,但吳昆仁先生教唱爲 la^2。

〈返一二〉(以下唱泉腔)

聽	拙	言	於語,		阮	心	神	如	醉	癡。

ThiaN^1 tsuah^4 gian^5 gir^2 tshua^7 guan^2　sim^1 sin^5 lir^5　tsui^3 tshi^1

壬	辛	萬	於苦,		都	是	爲	君	恁	割	吊,

tshiriN^1 sin^1 ban^7　khoo^1　too^1 si^6 ui^6 kun^1 lin^2 kuah^4 tiau^3

萬	苦	壬	辛,	都	是	爲	君	恁	發	業。

Ban^7 khoo^2 tshiriN^1 sin^1　too^1 si^6 ui^6 kun^1 lin^2 huat^8 giap^8

韻字:吊、杳、消、朝、搖、調、笑、搖、遙、了、吊〈朝韻〉。
　　　離、衣〈基韻〉。

14. 奏明君（寡北　五六四仪管　一二拍）

　　本曲詩爲《蘇皇后鸚鵡記》本事,描寫周代梅妃以損壞溫涼盞、
白鸚鵡二寶爲罪名,誣陷幽王愛妃蘇英,幽王賜死,丞相潘葛以己妻
代死,救出蘇英,蘇英在逃亡中產子、失散,十三年後始相見,後潘
葛奏明幽王,蘇英母子終於獲得平反,此子即周平王。本曲爲宰相潘
葛救出蘇英,密護出城時,蘇英與女婢對唱之辭。此曲落疊後的曲調
深受男性老絃友喜愛,故常從疊拍起唱。

　　據吳昆仁先生言,寡北調排序比北調（錦板）大,故同樣是一二
拍,但寡北唱法不能快,北調可稍快;寡北的腔韻可用於北調中,相

同的曲韻在北調中則可落倍ㄨ，但在寡北中則否；而北調的腔韻不可雜用於寡北中。

華聲社所唱的〈奏明君〉，在大韻上有所刪減，吳昆仁先生言，此曲為廖昆明的曲種，但因應曲詩情意的轉折而將幾處大韻刪減，使曲意更緊湊，此為其傑作。樂人如陳梅、江膜堅等，則認為大韻不可隨便刪減。不過筆者檢視散曲曲目，發現此為常見之舉。

奏　明　君，君　不　憐。
Tsau³ bieng⁵ kun¹ kun¹　m⁷　lin⁵

恨　梅　妃，怨　煞　賊　梅　妃，
Hirn⁷ buiN⁵ hui¹ uan³　suah⁴ tshat⁸ buiN⁵ hui¹

汝來損　壞　國　珍。
lir² lai⁵ sun² huai⁷ kok⁴ tin¹

又　掠　只　讒　言，奏　主　於成　真。
Iu⁶ liah⁸ tsi² tsam⁵　gian⁵ tsau³ tsu²　sieng⁵ tsin¹

「讒言」〈荀子〉：「傷良曰讒」。〈漁父〉：「好言人之惡，謂之讒。」

　　此句因蘇英先孕，冊立為后，並收管西羌所進異寶。而梅妃假意祝賀，毀壞國寶並誣陷蘇后致罪。

發　起　雷　霆　怒，卜　掠　阮　性　命　休。
Huat⁸ khi² lui⁵ tieng⁵ nooN⁶　booh⁴ liah⁸ guan² siN³　miaN⁷ hiu¹

「雷霆」喻盛怒。《後漢書》〈彭脩傳〉：「明府發雷霆於主簿，請聞其過。」

君　王　汝都　不念　著　阮共　恁有　只同　衾　枕。
Kun ong⁵ lir² too¹ m⁷ liam⁷ tioh⁸ guan² kang⁷ lin² u⁶ tsi² tong⁵ khim⁵ tsim²

人　於俗　說，
Lang⁵ siok⁸ serh⁴

說　叫　一　日夫　妻有　只　百　年　恩　愛。
serh⁴ kio³ tsit² lit⁸ hu¹ tshe¹ u⁶ tsi²　pah⁴ niN⁵ irn¹ tsieng⁵

淚　盈　盈，親　像　　許　萬　丈　深　坑，
ui⁷ ieng⁵ ieng⁵tshin¹ tshiuN⁶ hir² ban⁷ tng⁶ tshim¹ khiN¹

「盈盈」充滿貌。

卜　　來　陷　殺　人，
booh⁴ lai⁵ ham⁷ suah⁴ lin⁵

越　傷　悁，年　少　夫　妻，
uat⁸ siong¹ tsieng⁵ lian⁵　siau³ hu¹ tshe¹

那　虧　阮　少　年　個　夫　妻，在　只　中　途　流　離。
NaN⁷ khui¹ guan² siau³ lian⁵　ke⁵ hu¹ tshe¹ tir⁷　tsi² tiong¹too⁵ liu⁵ li⁵

見　紅　羅，驚　得　阮　　魂　魄　於消　　盡，
kiN³ ang⁵ loo⁵ kiaN¹ tit⁴ guan² hun⁵　piak⁴　siau¹　tsin⁶

「紅羅」蘇英被誣陷，上賜與紅羅七尺，並築臺於相府執行絞刑。

卜　相　逢，愛　卜　相　　逢，
Booh⁴ saN¹ pang⁵ ai³ booh⁴ saN¹　pang⁵

想　阮　今　生，總　　然　實　惡　會　面。
siuN⁶ guan² kim¹　sng¹ tsong²　lian⁵ sit⁸ ooh⁴　hue⁷ bin⁷

「總然」或作「終然」究竟也。

兼　阮　身　有　孕，況　兼　阮　身　中　有　懷　孕，
kiam¹ guan² sin¹　u⁶　in⁷ hong⁷ kiam¹ guan² sin¹ tiong¹ u⁶　huai⁵ in⁷

君　王　汝　都　不　肯　相　憐。
Kun¹ ong⁵ lir² too¹　m⁷ khieng² saN¹ lin⁵

只　都　是　汝　命　　內　該　休。
tsi² too¹ si⁶ lir² miaN⁶　lai⁶ kai¹ hiu¹

（落疊）

雖　是　阮　命　　內　該　休，
sui¹ si⁶ guan² miaN⁷　lai⁶ kai¹ hiu¹

去 到 黃 泉， 阮 就 死去 到 黃 泉 路，
khir³ kau³ hong⁵ tsuan⁵ guan² tsiu⁷ si² khir³ kau³ hong⁵ tsuan⁵ loo⁷

掠 拙 冤 枉 事，訴 乞 地府 曾 神 知，
liah⁸ tsuah⁴ uan¹ ong² tai⁷ soo³ khit⁴ te⁷ hu² tsun¹ sin⁵ tsai¹

就 掠 只 讒 婆 來 對 不女證，
Tsiu⁷ liah⁸ tsi² tsam⁵ poo⁵ lai⁵ tui³ tsieng³

害 阮 命 爲 乜 因？
hai⁷ guan² miaN⁷ ui⁶ mih⁴ in¹

汝 今 陷 害阮 一命 正是爲 是 乜 何 因？
Lir² taN¹ ham⁷ hai⁷ guan² tsit⁸ miaN⁷ si³ ui⁶ mih⁴ si⁶ mih⁴ hoo⁵ in¹

許 時節 汝著 賠阮 命， 阮 即 甘 心。
Hir² si⁵ tsireh⁴ lir² tioh⁸ per⁵ guan² miaN⁷ guan² tsiah⁴ kam¹ sim¹

到 許 時定 教汝只一命 著 賠阮 命，
Kau³ hir² si⁶ tiaN⁷ ka³ lir² tsi² tsit⁸ miaN⁷ tioh⁸ per⁵ guan² miaN⁷

夭，阮 即 甘 心。
iau¹ guan² tsiah⁴ kam¹ sim¹

告 娘 娘 莫 得淚 哀哀，
koo³ niuN⁵ niuN⁵ booh⁸ tit⁴ lui⁷ ai¹ ai¹

只 都 是汝前 世 註 定，
tsi² too¹ si⁶ lir² tsiriN⁵ si³ tsu³ tiaN⁷

到 今 生 即 遇著 賊 梅 妃，只處 暗毒 害。
Kau³ kim¹ sng¹ tsiah⁴ gu⁶ tioh⁸ tshat⁸ bui⁵ hui¹ tsi² ter³ am³ tat⁸ hai⁷

阮 冤 枉 有只天 地 知，
guan² uan¹ ong² u⁶ tsi¹ thiN¹ tire⁷ tsai¹

鸚哥 踩 死， 玉 盞 擊 碎，
ieng¹ koo¹ tshai² si² iak⁸ tsuaN² kiak⁸ tshui³

「鸚哥」即是鸚鵡。「鸚哥、玉盞」即所損壞之國珍異寶，此爲蘇敬伐西羌後進

貢之貢品。

梅　妃、梅　倫汝可　毒心於倖　歹。

BuiN5 hui1 buiN5　lun5 lir2 khah4 tat8　sim1 hieng7　tai2

「**倖歹**」應作「行歹」即行惡。

勸　娘　娘　汝著　且　忍　耐。

Khng3 niuN5 niuN5　lir2 tioh8 tshia2 lim2 nai7

黃　河　水　有只　澄　清　於再　來，

Hong5 hoo5 sui2　u6 tsi2 tieng5 tshieng1 tsai3 lai2

黃　河　水　都　有　只　澄　清　再　來不女。

hong5 hoo5 sui2 too1　u6　tsi2 tieng5 tshieng1 tsai3 lai2

韻字：憐、珍、真、人、盡、面、孕、孕、憐、因〈賓韻〉。哀、害、知、歹、耐、來〈開韻〉。

15. 懇明臺（南北交　五六四仪管　一二拍）

本曲詩爲《郭華》本事，爲包公審郭華時，二人對唱之辭。牌名原爲〈錦板南北交〉，五空管，南聲社張鴻明先生謂，其從前在大陸所學即爲五空管。現今將包公唱韻改爲五六四**仪管〈寡北〉**，有較激昂的聲情。郭華所唱仍爲〈錦板〉，較委婉，形成五空管與五六四仪管不同管色交互出現，造成戲劇性變化。曲詩中郭華唱以泉腔，包公則唱官話，故稱爲「南北交」，但在南管曲唱中，不管劇中人角色，蓋由一人演唱，這是南管曲唱的特色。

〈郭華唱〉

懇　明　臺，容　訴　起：

kirn2　bieng5 tai5 iong5 soo3　khi2

「**明臺**」古傳爲皇帝聽政之所，此郭華尊稱公堂之官。

念 郭 華 厝 宿 值 河 南_於 人_於 氏。

lian⁶ kerh⁴ hua⁵ tshu³ tiu⁶ tir⁶ hoo⁵ lam⁵ lin⁵ si⁶

「念」姑念，有求憐憫之意。

「厝」置也，所停也。閩南語稱家屋爲厝。

〈包公唱〉

爾乃斯文家，

「斯文」論語：「天將喪斯文也，後死者不得與予斯文也。」原指大道也。現引
申爲禮樂法度教化。斯文家即指儒生。

爲什麼踰垣越禮，做出桑中情意？

「踰垣越禮」逾越禮法也。

〈郭華唱〉

遇 開 科 來_於 赴 試，

u⁶ khai¹ kher¹ lai⁵ hu⁶ tshi³

「開科」古時分科甄試舉士，稱爲開科考選。

借 在 柳 員 外 書 軒 _{於安於} 置；

tshioh⁴ tir⁶ liu² uan⁵ ue⁶ tsir¹ ian¹ an¹ ti³

朝 暮 溫 習 經_於 史，夭 何 曾 有 乖 禮 義。

tiau¹ boo⁶ un¹ sip⁸ kieng¹ sir² iau¹hoo⁵ tsng⁵ iu² kuai¹ le² gi⁶

「夭」作連接詞。

「乖」背逆也。

〈包公唱〉

此_於詭言_於嗡！訴不盡！

「詭言」有作「僞言」。

既然書軒溫習經史，

「訴不盡」有作「訴不得」。

又無端醉倒嗡相國寺？

〈郭華唱〉

幸　金　吾　不於　禁　夜。

hieng⁶ kim¹　goo⁵ put⁴　kim³ ia⁶

「**金吾**」執金吾，漢官名。唐宋設金吾衛，禁衛京都。

「**不禁夜**」古俗，元宵不禁夜以賞燈。

遊　賞　元　宵，偶　遇　著　朋　友　懇　愭　留　飲，

iu⁵ siuN²　guan⁵ siau¹ gio² gu⁶ tioh⁸ pieng⁵ iu² khirn² tsieng⁵ liu⁵ im²

醉　朦　朧　不　知　是　爲　何　事　志。

tshui³ bong⁵ long⁵　m⁷ tsai¹ si⁶ ui⁶ hoo⁵ tai⁶ tsi³

〈包公唱〉

爾於說話，嗡！如夢裏，

雖然沉醉，朦朧不知天地，

誰叫爾吞繡鞋在那咽喉底？

〈郭華唱〉

莫　不　是　有　女　懷　春　效　學　祆於　廟　記，

mooh⁴ put⁴ si⁶　iu² lir² huai⁵ tshun¹ liau⁶ hak⁸ hian¹　miau⁶ ki³

「**有女懷春**」謂男女幽會。《詩・召南》〈野有死麕〉：「有女懷春，吉士誘之。」

「**祆廟記**」《異苑》：北齊公主，幼與乳母子陳氏日弄玉環。及長，公主入宮，後約祆廟之會，陳氏先至，熟睡不醒。公主投環爲記，陳氏醒而悔忿，遂焚其廟。

錯　認　書　生，卻　把　弓　鞋　混　藏　懷　底，

tshoo³ zin⁶　su¹ sng¹ kiok⁴ pa² kieng¹ ire⁵ hun³ tsong⁵ huai⁵　ti²

致　使　奸　人　生　詭　計，故　掠　僵　桃　代　李。

Ti³ sir² kan¹　lin⁵ sng¹ kui² ke³ koo³ liah⁸ khiong¹ thoo⁵ tai³ li²

「**李代桃僵**」喻以此代彼也。《樂府・雞鳴篇》「桃生露井上，李樹生桃傍。蟲來齧桃根，李樹代桃僵。」

〈包公唱〉

呀啊！堪笑爾！堪笑爾是假顛癡，

就是他人私約現在那裏？

爾又是讀書家，身遊泮水，

「**泮水**」古代學宮前水池，中秀才爲「入泮」。

與人不爭不鬥，何冤何仇？

謀害爾何因？

敢我跟前託言飾抵！

「**託言飾抵**」指狡辯，情禮不容之處。

〈郭華唱〉

且　　停　威，息於　怒　氣。

Tshia² thieng⁵　ui¹　siek⁴ noo⁶ khi³

念　畫　生　琴　劍　飄　　零，良　緣　未　遂，

lian⁶ tsir¹ sng¹　khim⁵ kiam³ phiau¹ lieng⁵ liong⁵ ian⁵ bi⁶ sui⁶

「**琴劍**」古文士隨身之物，所謂「劍膽琴心」也。「琴劍飄零」意指落魄書生。

「**遂**」成也，達也。

又　是　寡　鳳　求　凰　四　海　馳。

iu⁶　si⁶ kua² hong⁷ kiu⁵ hong⁵ sir² hai² ti⁵

「**寡鳳求凰**」鳳凰皆神鳥，雄稱鳳，雌爲凰，多成偶並稱。見司馬相如故事，

琴歌有「鳳求凰」。

縱　　有　佳　人　奇　遇，密　約　終　身，那　是　風　月　雅　意。

Tshiong³ iu² ka¹lin⁵ ki⁵ gu⁶ bit⁸ iok⁴ tsiong¹　sin¹naN⁷si⁶ hong¹guat⁸gaN² i³

「**那是**」只是。

此兩句自比鳳求凰，言己之追求爲人之常情。

望　　開　恩　莫　辨　真於　假，容　縱　一　枝　棲止。

Bang⁶ khai¹　irn¹ boo⁶ pan⁶ tsin¹　ke² iong⁵ tshiong³it⁸ tshi¹ tshe¹ tsi²

「**一枝棲止**」猶言「一席地」也。「棲止」，棲息也。李義山詩：「上林無限地，

不借一枝棲。」

望　　開 恩 莫 辨　真_於假，

Bang⁶ khai¹ irn¹ boo⁶ pan⁶ tsin¹ ka²

大 人 容 縱　　一 枝 樓　止_{不女}。

tua⁶ lang⁵ iong⁵ tshiong³ it⁸ tshi¹ tshe¹ tsi²

韻字：起、氏、意、試、置、義、寺、志、地、記、李、抵、底、裏、癡、止、意、馳〈基青韻〉。

16. 荼薇架（雙閨　五空管　一二拍）

本曲詩《郭華》本事，爲王月英於相國寺遇郭華醉不醒，事不諧，返家後思念郭華之辭。依情節爲梨園戲〈月英悶〉齣之唱辭。本曲首見於萬曆年刊《精選時尙新錦曲摘隊》（簡稱【麗錦】）（見第三章書影），牌名〈滾〉。原曲詩曲首有「娘子，簡（嫺）勸娘子，勿得切身命，姻緣事總完成。」此二句現今南管曲唱已略去，但筆者在麻豆集英社太平歌館手抄本中發現尙存。

荼_於薇 架，日 _於弄　影。

Too⁵ bi⁵ ke³ lit⁸ lang⁷ iaN²

「荼薇」應作「荼蘼」，花名，薔薇科，有刺。夏日開花甚美。

鳥 鵲 悲 春，意 故 卜　來 叫 出 斷 腸 聲。

Niau² tshiok⁴ pi¹ tshun¹ i³ koo³ booh⁴ lai⁵ kio³ tshut⁴ tuan⁶ tiong⁵ siaN¹

「斷腸聲」極度悲傷之聲，唐詩「玉人良夜品，不是斷腸聲。」

「鳥鵲悲春」乃作者悲嘆錯失良時之心情。

看　紫 燕_於 含 泥 歸，

KhuaN³ tsir² ian³ ham⁵ ne⁵ kui¹

黃 蜂　螞 蝶 翩 翻 那 障　飛 來 採 花 蕊。

ng⁵ phang¹ ber² iah⁸ phian¹ huan¹ naN⁷ tsiuN³ per¹ lai⁵ thai² hire¹ lui²

「翩翻」飛翔貌，張衡《西京賦》：「眾鳥翩翻，群獸駓騃。」

阮 於心 事 今卜　訴 度 誰 知，
guan² sim¹ sir⁷ taN¹ booh⁴ soo³ thoo⁷ tsui⁵ tsai¹

肝 腸 百 結，但 得 掠 只 目 淬 暗 淚 滴。
Kan¹ tiong⁵ piak⁴　kiak⁴ tan⁷ tit⁴ liah⁸ tsi² bak⁸ tsaiN² am³ lui⁷ tih⁴

「肝腸百結」喻心中悲怨難解。

「但得」只得。

「掠只」將也。

咱 娘 嫺 於相 隨 行，　去 到 相 國 寺，
lan² niuN⁵ kan²　saN¹ sui⁵ kiaN⁵　khir³ kau³ siong³ kok⁴ si⁷

「相隨行」一作「相隨侍」。

見 伊人 酒 醉 醄 醄。
KiN³ i¹ lang⁵ tsiu²　tsui³ hun¹ hun¹

「醄醄」酣醉貌。岑參〈三送羽林長孫將軍赴歙州〉：「青們酒樓上，欲別醉醄醄。」

挨 來 抹 去 伊身 都 全　然 不 醒 來。
ire¹ lai⁵　sak⁴ khir³ i¹　sin¹ too¹ tsuan⁵ lian⁵ m⁷ tshiN² lai⁵

「挨」推也。案《彙音》作「摌」下注「摌去也」。

「抹」推出也。案《彙音》作「束」下注「土解，束入也」。

賊 於冤 家 無 於心 腹，
Tshat⁸ uan¹ ke¹ boo⁵ sim¹ pak⁸

「賊冤家」「冤家」為情人之膩稱，「賊冤家」之稱則略有恨意。

「無心腹」意為心思不密，做事太不小心。

誤 阮 返 來 只 處 無 興　無 采。
goo⁷ guan² tng² lai⁵ tsi² ter³ boo⁵ sieng⁷ boo⁵ tshai²

「無興無采」意指人無精神而懶散也。

肌 膚 瘦 阮 不 自 在，
Ki¹ hu¹ soo² guan²　m⁷ tsir⁶ tsai⁶

阮　身恰　似揚　子江　中　遇著風　浪　搖　擺。

guan² sin¹ khap⁴ sir⁶ iong⁵ tsir² kang¹ tng¹ gu⁷ tioh⁸ huang¹ nng⁷ io⁵ pai²

「揚子江」：長江舊稱。

鵲於　橋　會　不於　駕來，

Tshiok⁸ kiau⁵ hire⁷ m⁷　ka³ lai⁵

「鵲橋會」神話，相傳每歲七月七日，牛郎織女相會，群鵲銜接爲橋以渡銀河。

親　像　生郎　織女，銀河阻　隔　在東　西。

tshin¹ tshiuN⁶ gu⁵ nng⁵ tsit² lir² girn⁵ hoo⁵ tsoo⁵　keh⁴ tir⁷ tang¹ sai¹

「親像」好像，如同。

「牛郎織女」原爲兩星，因神話傳說而得名，見「鵲橋會」。

親　像　生郎　織　女，銀河阻　隔　在天　臺。

Tshin¹ tshiuN⁶ gu⁵ nng⁵　tsit⁴　lir² girn⁵ hoo⁵ tsoo⁵ keh⁴ tir⁷ thian¹ thai¹

「天臺」「臺」音原作 thai¹ 陰平，吳昆仁先生強調作陽平。

韻字：影、聲〈京韻〉。蕊、滴、寺〈基韻〉。來、采、擺、西、臺〈開韻〉。

17. 感謝公主（福馬郎　五空管　一二拍）

　　本曲詩取自指套《心肝跋碎》之第二節〈感謝公主〉，原爲〈倍工・大環著〉，屬五空管，七撩拍慢曲，較難唱，後由廈門南管聞人紀經畝先生改填以〈福馬郎〉調傳唱。此曲尾句收尾韻，泉州唱法收〈福馬〉尾，但臺灣則否。

〈福馬〉與〈福馬郎〉曲調相近，差別是〈福馬〉調不落倍，句法結構亦稍有不同，其第二句的前詞逗須疊唱；〈福馬郎〉調要落倍，第一二句皆不疊唱，但也有疊唱第一句的前詞逗。

感　謝　公　主汝只深　恩無　比

kam² sia⁷　kong¹　tsu² lir² tsi² tshim¹ irn¹ boo⁵　pi²

念　著　朱　弁　刻　骨　銘　心　我　須　當　謹　記

liam⁷ tioh⁸ tsu¹ puan⁵ kiek⁴ kut⁴　bieng⁵ sim¹　gua² su¹ tong¹　kin² ki³

「刻骨」感受深刻入骨也，《後漢書·鄧騭傳》：「刻骨定分，有死無二。」

「銘心」銘記在心《三國志》〈吳志·周魴傳〉：「魴仕東典郡，始願已獲，銘心立報。」

記　得　當　初　　值　許　玉　樓　前

ki³ tit⁴　tng¹ tshire¹　tir⁶ hir² giok⁸ lio⁵ tsiriN⁵

「玉樓」裝飾華麗的樓房，此為公主初見朱弁之處。李白〈宮中行樂〉詞：「玉樓巢翡翠，金殿鎖鴛鴦。」

許　時　節　阮　曾　共　哥　恁　相　見

hir² si⁶ tsireh⁴ guan² tsirng⁵ kang⁷ koo¹ lin²　saN¹ kin³

一　心　所　望　愛　卜　共　　我　哥　恁　結　做　連　里

tsit⁸ sim¹ soo² bang⁷ ai³ booh⁴ kang⁷ gua² koo¹ lin² kiet⁴ tsire³ lieng⁵ li²

「愛卜」複動詞，欲也。

誰　知　到　今　旦　反　成　於　參　商　兩　星

tsui⁵ tsai¹ kau³ kin¹ tuaN³ huan² tsiaN⁵　tsam¹ siong¹ liong²　tsiN¹

「參商星」二星名，參在西，商在東，相隔東西，彼出此沒，從不相見。喻雙方隔絕。

「星」字的琵琶指法為「點挑甲」，下句指法起「撚頭」，本應唱為直貫聲，但此處一般都唱為「雙氣」，為特例。

今　卜　有　什　麼　路

taN¹ booh⁴ u⁶ sit⁸ mih⁴ loo⁷

會　報　答　報　答　公　主　汝　只　恩　義

ire⁷　po³ tap⁴ boo³ tap⁴ kong¹ tsu²　lir² tsi² irn¹ gi⁷

哥　汝　須　謹　記　我　　哥　今　須　當　謹　記

koo¹ lir²　su¹ kin²　ki³　gua²　koo¹ taN¹ su¹ tong¹　kin² ki³

記 得 十 六 年 來 恩 義
ki³ tit⁴ sap⁸ lak⁸ lian⁵ lai⁵ irn¹ gi⁷

愛 卜 相 見 除 非 著 南 柯 夢 裡
ai³ booh⁴ saN¹ ki³ tir⁵ hui¹ tioh⁸ lam⁵ khooN¹ bong⁷ li²

愛 卜 相 見 除 非 著 南 柯 夢 裡
ai³ booh⁴ saN¹ ki³ tir⁵ hui¹ tioh⁸ lam⁵ khooN¹ bong⁶ li²

韻字：比、記、見、理、星、義、記、義、裡〈基青韻〉。

18. 為伊割吊（短相思　五空管　一二拍）

　　本曲為《荔鏡記》本事，為五娘思念陳三，寫信遣僕小七送往，本曲之情節，嘉靖年刊之《荔鏡記》不見，順治年刊《荔枝記》中始有〈遣僕送書〉齣，南管七子戲此折戲稱為〈小悶〉或〈小七送書〉。此曲為〈短相思〉曲目中的「功夫曲」，曲韻變化較一般的〈短相思〉曲豐富。

為 伊 割 吊 得 阮 病 成 相 思，
ui⁶ i¹ kuah⁴ tiau³ tit⁴ guan² piN⁷ tsiaN⁵ siuN¹ si¹

頭 眩 目於 暗
Thau⁵ hin⁵ bak⁸ am³

「頭眩目暗」頭眩目暗即頭昏眼花之意，形容生病精神不佳。

不女頭 眩 目於 暗 阮 今 攆 都 不 起。
　　Thau⁵ hin⁵ bak⁸ am³ guan² taN¹ kirah⁸ too¹ m⁷ khi²

千 般 苦 痛 都 是 為 著 荔 枝，
tshiriN¹ puaN¹ khoo² thang³ too¹ si⁶ ui⁶ tioh⁸ niriN⁷ tsi¹

「千般」多樣、多種。此意為「這般，諸般」

天 涯 路 遠，不女崖 州 個 路 遠，
thian¹ gai⁵ loo⁷ hng⁶ 　　gai⁵ tsiu¹ ke⁵ loo⁷ hng⁶

「**天涯**」天之邊際，江淹〈古別離〉:「君行在天涯，妾身常別離。」

「**崖州**」在廣東省崖縣（即今海南島）。

隔 別 雲 宵 萬 里,

keh⁴ piat⁸ hun⁵　siau¹ ban⁷ li²

「**雲宵**」即天上極高處，喻極遠。

阮 只 處 孤 栖 於無 伴。 伊 許 處 孤　里於 獨 自,

guan² tsi² ter³ koo¹ sire¹ boo⁵ phuaN⁶ i¹　hir² ter³ koo¹　tuaN¹ tat⁸ ti⁷

「**孤栖**」孤單。李白〈把酒問月〉:「白兔搗藥秋復春，嫦娥孤棲與誰鄰。」

衣 裳 破 損, 不女寒 衣 那 破 損,

I¹　tsiuN⁵ phua³ sng²　kuaN⁵ ui¹ naN⁷ phua³ sng²

今 卜 怙 誰 人　通 補 綻。

taN¹ booh⁴ koo⁷ tsui⁵ lang⁵　thang¹ poo² tiN⁷

「**補綻**」衣縫補綴也。

阮 有 寒 衣 都 亦 無 人 通　送 去,

guan² u⁶　kuaN⁵ ui¹ too¹　ia⁷ boo⁵ lang⁵ thang¹　sang³ khir³

越 自 傷 悽

Uat⁸ tsir⁷ siong¹ tsieng⁵

不女越 自 傷 悽 割 阮 腸 肝 寸 裂。

　　Uat⁸ tsir⁷ siong¹ tsieng⁵ kuah⁴ guan² tng⁵ kuaN¹ tshun³ li⁷

「**腸肝寸裂**」喻極度傷心，同「肝腸寸斷」。

吩 咐 小 七 汝 著 用 心 為 阮 送 去,

hun¹ hu³ siau² tshit³ lir² tioh⁸ ieng⁷ sim¹ ui⁶ guan² sang³ khir³

叮 嚀 拙 話, 不女叮 嚀 言於語 須 當 謹 記。

Tieng¹ lieng⁵ tsuah⁴ ire⁶　tieng¹ lieng⁵ gian⁵　gir² su¹ tong¹ kin² ki³

下 筆 寫 畫 阮 手 軟 都 成 綿。

he⁶ pit⁴ sia² tsir¹ guan² tshiu² nng² too¹ tsiaN⁵ miN⁵

「**軟成綿**」形容因病體虛弱而手力不繼。

說　得　阮　　只　畫　寫　袂　盡，
serh[4] tit[4] guan[2]　tsi[2] tsir[1] sia[2] bue[7] tsin[6]

並　無　三　心　共　二　意，
pieng[7] boo[5] saN[1] sim[1] kang[7] nng[6] i[3]

只　去　若　有　蘇　張　好　言　語，
tsi[2] khir[3] liok[8] iu[2]　soo[1] tiong[1] hoo[5] gian[5] gir[2]

「三心二意」意志不專一。原應作「二心兩意」。王充《論衡》：「非有二心兩意，前後相反也。」

「蘇張」指戰國蘇秦、張儀，二人爲縱橫家，善辭令。一作「訴衷」。以「訴衷」之意較佳。

教　伊　不　可　　輕　　棄，念　阮　糟　糠　於　恩　義。
Ka[3] i[1] put[4] khooN[2] khieng[1] khi[3] liam[7] guan[2]　tsau[1] khong[1] irn[1] gi[7]

「糟糠」貧者所食也。《後漢書‧宋弘傳》：湖陽公主新寡。光武圖試宋弘，弘對曰：「貧賤之交不可忘，糟糠之妻不下堂。」今喻貧賤夫妻。

投　告　天　地　於暗　地　相　保　庇，
tau[5] koo[3] thiN[1] tire[7]　am[3] tire[7]　saN[1] poo[2] pi[7]

保　庇　伊人　宜　司　了　離，
poo[2] pi[7]　i[1] lang[5] kuaN[1] si[1] liau[2] li[5]

乞　君　返　來　莫　延　遲
Khit[4]　kun[1]tng[2]　lai[5]　booh[4] ian[5] ti[5]

乞　我　三　哥　返　來　莫　　得　延　遲。
khit[4] gua[2]saN[1] koo[1] tng[2] lai[5] booh[4]　tit[4] ian[5]　ti[5]

韻字：思、起、枝、里、自、綻、裂、記、綿、意、棄、義、庇、離、遲〈基青韻〉。

19. 因送哥嫂（短相思　五空管　一二拍）

本曲爲《荔鏡記》本事，最早見於順治年刊《新刊時興潮泉雅調

陳伯卿荔枝記大全》之〈益春留傘〉(見圖)，另光緒年刊《荔枝記》〈益春留傘〉亦有此曲，與現今用辭皆有所差異。現梨園戲保留之〈留傘〉即唱此曲，然整曲依劇情分爲兩段，其中穿插他曲及科白。

本曲牌名於順治年刊《荔枝記》作「潮調」，至今不傳。此曲原作「相思引」，然除少數曲簿抄本仍保留外，目前傳唱皆作爲「短相思」。但筆者在高雄縣大樹鄉的太平歌館，及麻豆集英社太平歌館等處，發現仍以〈相思引〉演唱。

因 送 哥 嫂於卜 去 廣 南 城

in^1 $sang^3$ koo^1 soo^2 $booh^4$ $khir^3$ kng^2 lam^5 $sieng^5$

「廣南城」宋代路名，自唐設嶺南道，即今兩廣及安南，邑治廣州。「城」讀文讀音方能合韻。

才 到 潮 州 喜 遇 上 元 燈 月 明

$tsai^5$ too^3 tio^3 $tsiu^1$ hi^2 gu^7 $siong^6$ $guan^5$ $tieng^1$ $guat^8$ $bieng^5$

偶 然 燈 下遇見 阿 娘 有 只 絕 群 娉 婷

$giru^2$ $lieng^5$ $tieng^1$ e^6 gu^7 kiN^3 a^1 $niuN^5$ u^7 tsi^2 $tsuat^8$ kun^5 $phieng^3$ $thieng^5$

「娉婷」美好貌。

見 恁 嬌 姿 絕 色 女

khi^3 lin^5 $kiau^1$ $tsir^1$ $tsuat^8$ $siak^4$ lir^2

此句舊抄本原作「見恁嬌羞牛遮面」。樂人劉讚格先生認爲原曲詩語意較佳。

於即 會 惹 動 我 一 點 相 思

$tsiah^4$ ire^6 $liah^4$ $tang^6$ gua^2 $tsit^8$ $tiam^2$ $siong^1$ sir^1

勉 強 送 哥 嫂於 次 早 啓 程

$bieng^2$ $kiong^2$ $sang^3$ koo^1 soo^2 $tshir^3$ tsa^2 khi^2 $thieng^5$

一 身 爲 恁 割 吊 即 會 離 別 我 胞 兄

$tsit^8$ sin^1 ui^6 lin^2 $kuah^4$ $tiau^3$ $tsiah^4ire^6$ li^5 $piat^8$ goo^2 pau^1 $hieng^1$

轉　回　潮州　駿　馬　雕　鞍　遊　遍　街　市

tsuan² hue⁵　tio⁵ tsiu¹　tsun³ maN²　tiau¹ an¹ iu¹ phian³ kire¹ tshi⁶

「駿馬雕鞍」可見陳三之家勢財富。據吳昆仁先生言：舊時嘗聽以〈相思引〉

演唱，「雕鞍」讀爲白話音 taiu¹ uaN¹。

對　恁　樓　前　經　過

tui³　lin²　lau⁵　tsiuN⁵ kieng¹ ker³

「對」自，從。

往　往　來　來　真　個　難　解意　馬　心　猿

ong² ong²　lai⁵ lai⁵ tsin¹ kook⁸ lan⁵ kai²　i³ maN² sim¹ uan⁵

「意馬心猿」亦作心猿意馬，喻心神馳放不定，如猿馬之難制。唐・敦煌變文

〈維摩詰經・菩薩品〉：「卓定深沉莫測量，心猿意馬罷顛狂。」

幸　逢　六　月　恁　在　樓　上　適　愓

hieng⁷ pang⁵ lak⁸ gerh⁸ lin² tir⁷ lau⁵ tsiuN⁶ siak⁴ hieng³

「適愓」閑適以作樂。

汝力　荔　枝　揆落卜　來共　我　眼　裡　偸　情

lir² liah⁸ niriN⁵ tshi¹ taN³ looh⁸booh⁴lai⁵kang⁷ gua² gan² li² tiro¹ tsieng⁵

「揆」潮州語音 taN³，疑應作「擲」也。

我　怗　叫　汝　有　真　心

gua² koo⁶ kio³　lir² u⁶ tsin¹ sim¹

「怗叫」原以爲…之意。現多作「誤叫」，音義亦近。

即　故　意　打　破　寶　鏡

tsiah⁴ koo³ i³ phah⁴ phua³ poo² kiaN³

願　甘　心　捧　盆　水　共　恁　掃　廳　堂

guan⁶ kam¹ sim¹ phang⁵ phun⁵　tsui² kang⁷　lin² sau³ thiaN¹ tng⁵

「掃」因應「廳堂」讀爲白話音，原應讀白話音 sau³，然實際皆唱文讀音 soo³。

我　一　心　望　卜　共　汝　喜　會　荔　枝　緣　盟

gua² tsit⁸ sim¹ bang⁷ booh⁴ kang⁷　lir² hi² hire⁶　niriN⁵ tshi¹ ieng⁵ bieng⁵

誰 知 今 旦 說 是 措　手 無 定

tsui⁵ tsai¹ kin¹　tuaN³ serh⁴ si⁶　tshook⁴ tsiu² boo⁵ tiaN⁷

「措手」「措」：安置也。措手無定謂失手、無意所爲。

既 然 那 是 措　手 羅 帕

ki³ lieng⁵ naN⁷　si⁶ tshook⁴ tsiu²　loo⁵ phe³

夙　世 前　緣 都 是 阿 娘 恁 今 親 手 繡　成

sook⁴ se³ tsieng⁵ ieng⁵ too¹　si⁶ a¹ niuN⁵ lin² taN¹　tshin¹ tsiu² siu³ tsiaN⁵

「夙世」即「宿世」，前世，累世。

汝 今　日 今　日 那 卜　虧　心

lir² kim¹ lit⁸　kim¹ lit⁸ naN⁷ booh⁴ khui¹ sim¹

「虧心」負心。

汝 騙　我 恁 厝 空　行

lir² phieng³ gua² lin² tshu³　khang¹ kiaN⁵

相 思 一 病 了 會 送 幽 冥

siu¹ si¹ tsit⁸ piN⁷ liau²　ire⁷ song³ hiu¹ mieng⁵

「幽冥」舊稱地下，陰間。《文選》曹子建〈王仲宣誄〉：「嗟乎夫子，永安幽冥。」

相 思 一 並 大 半　了 會 送 南　幽 冥

siu¹　si¹ tsit⁸ piN⁷ tua⁶ puaN³　liau² ire⁷ song³ lam⁵　hiu¹ mieng⁵

韻字：明、婷、程、兄、興、情、盟；冥〈卿韻〉。鏡、定、成、行〈京韻〉。

20.鼓返五更（錦板　五空管　一二拍）

　　本曲曲辭爲女郎思念情人輾轉反側，難以成眠，起而梳妝卻又思念不已之情。張再興《南樂曲集》作《荔鏡記》故事。觀此曲情節與文辭，確實應爲〈五娘思君〉之辭，但臺灣七子戲抄本或泉州梨園戲皆未用此曲，張再興先生言此應爲後人新創作曲，非原劇中曲目。

　　本曲牌名「錦板」或「北調」，因「錦」、「百」皆有多樣之義，吳昆仁先生言「錦板」即「北調」，古稱「百調」，亦即指其變化多端，

每首曲目腔韻皆有不同。

鼓　返　於五　更，

koo² tng²　goo⁶ kiN¹

「鼓返」「返」，閩南語言往復之動作爲「返」，故鼓之擊打亦稱。周長楫《閩南語辭典》做「轉」較合宜。然南管諸指譜曲本皆作「返」，故依傳統。

又　聽　　見玉　漏　於疊　催，靈　雞　亂　啼。

Iu⁶ thiaN¹　kiN³ giok⁸ lio⁶　tiap⁸ tshui¹ lieng⁵ kire¹ luan⁶　thi⁵

「疊催」「疊」重也，引申爲距短，就時間上爲頻繁之意。

「靈雞」雞以時而鳴，俱五德而似有靈，故美稱「靈雞」。

心　中　愛睏，　著　伊於攪　醒。

Sim¹ tiong¹ ai³ khun³　tioh⁸ i¹　kiau² tshiN²

「著」被、受也。

「攪」亂也，擾也。《詩・小雅・何人斯》：「祇攪我心」。

醒　　來思想，思想　阮　雲　鬢　於斜　敧。

TshiN² lai⁵ sir¹ siuN² sir¹ siuN² guan² hun⁵ pin³　tshia⁵ khi¹

「雲鬢」喻鬢髮如雲，絲細美而盛。《樂府詩集》〈木蘭詩〉：「當窗理雲鬢。」

卜　梳　妝阮　無　心　意，

Booh⁴ sire¹ tsng¹ guan² boo⁵ sim¹ i³

卜　照　鏡阮　顏於色　青。

booh⁴ tsio³ kiaN³ guan² gan⁵　siek⁴ tshiN¹

「顏色青黃」因相思廢寢忘食，故而氣色不佳。

細　尋　思，恐　　畏外　人　看　見。

Sire³ sim⁵ sir¹ khiong²　ui⁶ gua⁶ lang⁵ khuaN³ kiN³

說　笑　阮　只姿　娘　人，　嬌　妝　懶於惰，

serh⁴ tshio³ guan²　tsi² tsir¹ niuN⁵ lang⁵　kiau¹ tsong¹ lan² too⁶

「說笑」取笑也。

空　　誤了責　春　少　年　時。
Khang[1]　goo[6] liau[2] tshieng[1]　tshun[1] siau[3] lian[5]　si[5]

阮　　來掀　開　鏡　匣，掠只　頭　髻　整　理。
Guan[2] lai[5] hian[1] khui[1] kiaN[3]　ah[8] liah[8] tsi[2] thau[5] ker[3]　tsieng[1] li[2]

花　粉　來　燦　顏　色，　不女唇　上　點　胭　脂。
Hue[1] hun[2] lai[5] tshan[3] gan[5] siek[4]　tun[5] tsiuN[6] tiam[2] ian[1] tsi[1]

「燦」應爲「粲」。《彙音》注：美也、飾也。

妝　成　深　閨　女兒，體　態　風　雅　是　實　無　比。
Tsng[1]　tsiaN[5] tshim[1] kui[1] lir[2] li[5]　the[2] thai[3] hong[1] gaN[2]　si[6] sit[8] boo[5] pi[2]

任　是　西施　長　存，屈　守　雲　霄　於萬　里。
Lim[6]　si[6] se[1] si[1] tiong[5] tsun[5]　khut[4] siu[2] hun[5] siau[1]　ban[6] li[2]

「西施」古傾國美女。西施爲春秋越國女，句踐敗，進於吳王以乞和。

掠　拙　諸　般　話須　著　輕　　聲　細　說，
liah[4] tsuah[4] tsir[1]　puaN[1] ire[6] su[1] tioh[8] khieng[1] siaN[1] sire[3] serh[4]

「諸般」這般。

「須著」必須。

恐　　畏隔牆　有人，四　邊　盡　都　有耳。
Khiong[2]　ui[6] geh[4] tshiuN[5] u[6] lang[5] si[3] piN[1]　tsin[6] too[1] u[6]　hi[6]

「隔牆有耳」言機事須加保密，以防洩漏。《水滸傳》第十六回：「常言道隔牆
須有耳，窗外豈無人。」

只　場　事須　著　放　　覓一　邊，
tsi[2] tiuN[5] tai[6] su[1] tioh[8] pang[3]　ba[6] tsit[4] piN[1]

「覓」放也，放離。

阮　記　得　當初　　時，曾　邀君　值　許花　園　內，
guan[2] ki[3]　tit[4] tng[1] tshire[1] si[6] tsng[5]　io[1] kun[1] tir[6] hir[2] hue[1] hng[5]　lai[6]

蕭　蕭　灑於　灑同　賞　值許　陽　臺　上。
Siau[1] siau[1] sa[3]　sa[3] tang[5] siuN[2]　tir[6] hir[2] iong[5] tai[5] siong[6]

「瀟灑」豁脫無拘之貌。

心　神　迷　亂，　遍　身　袂　顧　些　厘。
Sim¹　sin⁵　be⁵　luan⁶　phieng³　sin¹　bue⁶　koo³　sia¹　li⁵

只　是　爲　君　恁　發於　業，真　個　　是　著　君　眈　置。
Tsi²　si⁶　ui⁶　kun¹　lin²　huat⁴　giap⁸　tsin¹　kooh⁸　si⁶　tioh⁸　kun¹　tam¹　ti⁶

阮　　是　爲　君　恁　發於　業，真　個　　著　君　眈　　置不女。
Guan²　si⁶　ui⁶　kun¹　lin²　huat⁴　giap⁸　tsin¹　kooh⁸　tioh⁸　kun¹　tam¹　ti⁶

「發業」煩惱。手抄本有作「癈業」，筆誤也。

韻字：更、啼、醒、敧、青、見、時、理、脂、比、里、耳、邊、厘、置〈基青韻〉。

21. 聽見杜鵑（錦板　五空管　一二拍）

　　本曲詩爲《陳三五娘》本事，爲陳三發配崖州後，五娘思念陳三之情。本曲詩最早見於順治年刊《新刊時興泉潮亞調陳伯卿荔枝記大全》〈遣僕送書〉齣，亦見於光緒年刊《荔枝記》，本曲原有「繡幃青冷，忽聽見杜鵑...」一句爲可能是慢頭，今不唱。此曲較特殊的地方爲落疊處改唱四空管。

聽　見　杜　鵑　於叫　聲。
tiaN¹　kiN³　too⁶　kuan¹　kio³ siaN¹

伊是　爲　著　舂　去　花　謝。
i¹ si⁶　ui⁶ tioh⁸　tshun¹　khi³　hue¹　sia⁶

叫　悲　悲，悄　慘　慘。焉　人於　心　痛。
kio³　pi¹　pi¹ tsieng⁵ tsham²　tsham² tshuah⁸　lang⁵　sim¹　thiaN⁶

從　伊去　後於，
tsng⁵　i¹ khi³　au⁶

親　像　索　斷　風　筝　不　見　蹤　影。
tshin¹　tsiuN⁶　soo²　tng⁶　huang¹　tsiN¹　but⁴　kian³　tsong¹　iaN²

誤 阮 只 處 倚 門 瞭，瞭 得 阮 目 都 成 空，
goo⁶ guan² tsi² ter³ ua² bng⁵ ng³　ng³ tit⁴ guan² bak⁸ too¹ tsiaN⁵ tshng¹

「瞭」期待而凝望也。

又 聽 見 簷 前 鐵 馬 聲。
ti⁶　tiaN¹ kiN³ tsiN⁵ tsiriN⁵ thih⁴ be² siaN¹

叮 叮 噹 噹，阮 睏 都 不 成。
tieng¹ tieng¹ tang¹ tang¹　guan² khun³ too¹ m⁷ tsiaN⁵

強 企 起 來，行 出 於 外 庭
kiuN⁵　nih⁴ khi² lai⁵ kiaN⁵ tshut⁴　　gua⁶ tiaN⁵

「強企」勉強也。

見 許 月 照 花，於 風 弄 影，
ki² hir² gerh⁸　tsio³ hue¹ huang¹　lang⁶ iaN²

矇 面 見 阮 心 愘 傾，
bang⁶ bin⁶　kiN³ guan² sim¹　tah⁴ niaNh⁴

「矇眠」睡眼朦朧。

「愘傾」驚嚇。

恍 忽 間 阮 受 盡 驚 惶。
hong² hut⁴ kan¹ guan² siu⁶ tsin⁶ kiaN¹ hiaN⁵

「恍忽間」恍忽原指神志不清。《文選》宋玉〈神女賦〉：「精神恍忽，若有所喜。」。引申為忽然間。

「驚惶」惶恐也。

只 都 是 為 君 恁 精 神 滅。
tsi² too¹ si⁶ ui⁶ kun¹ lin² tsieng² sin⁵ kiam²

只 拙 時 不女阮 心 不 定。
tsi² tsuah⁴ si⁵　guan² sim¹ m⁷ tiaN⁶

「只拙時」這時候。

對　菱　花惰　梳妝懶　畫眉，
tui³ lieng⁵　hue¹ taN⁷ sire¹ tsng¹ lan² ire⁶ bai⁵

對　鏡　照見阮　只顏色衰，
Tui³ kiaN³ tio³ kiN³ guan²　tsi² gan⁵ siek⁴ sire¹

於鞋倒拖，羅裙摺。
　ire⁵ too³ thua¹　loo⁵ kun⁵ tsih⁴

阮　　今　畏去打扮。
guan²　taN¹　ui⁶ khi³ ta² pan⁶

記得　於當初　枕於上　敘憒，
ki³ tit⁴　　tng¹ tsire¹ tsim² tsiuN⁶ sir⁶ tsieng⁵

仔細思阮　心念　念
tsir² sire³ sir¹ guan² sim¹ liam¹⁶ liam⁶

只　處惡　般　於惡　捨。
tsi²　ter³ oo³ puaN¹　oo³ siah⁴

「惡般惡捨」難以割捨。

誰　思疑　到今旦，　潮知　州汝　貪財利，
tsui⁵　sir¹ gi⁵ kau³ kin¹ tuaN³ tio⁵ ti¹　tsiu¹ lir² tam¹ tsai⁵ li⁶

掠　伊發　配　崖州　城市。
liah⁸ i¹ huat⁴　phue³ gai⁵ tsiu¹ siaN⁵ tshi⁶

「掠」捉拿也。

路　遠如天，兼　又重　疊山　嶺。
loo⁶　hng⁶ lir⁵ tiN¹ kiam¹　iu⁶ tieng⁵ tiap⁸ suaN¹ niaN²

「兼」況也。

一番　想　起，阮腸肝　寸　痛。
it⁴ huan¹ siuN⁶　khi² guan² tng⁵ kuaN¹ tshun³ tiaN³

金　錢　買不盡，望天　汝著有靈　聖，
kim¹ tsian⁵　mai² but⁸ tsin⁶ bang⁶ tiN¹ lir² tioh⁸ u⁶ lieng⁵ siaN³

（落疊·四空管）

推　遷　　我　三　哥，見　伊　兄　早　回　程，
tshui¹ tshieng¹　gua² saN¹ koo¹ kiN³ i¹ hiaN¹ tsa² here⁵ tiaN⁵

恰　親　像　許　月　光　彩　無　雲　遮，依　舊　分　明。
khap⁴ tshin¹ tshiuN⁶hir²gerh⁴ kng¹tshai² boo⁵hun⁵zia¹ i¹ kiu⁶ hun¹ biaN⁵

免　阮　為　君　只　處　費　盡　心　憒，
bian² guan²　ui⁶kun¹ tsi² ter³ hui³ tshin⁶ sim¹ tsiaN⁵

〈返五空管〉

亦　免　阮　厝　三　哥　許　處　怨　切　身　命不女。
Ia⁷ bian² guan² tshu³ saN¹ koo¹ hir² ter³ uan² tsireh⁴ sin¹ biaN⁶

韻字：聲、謝、痛、影、庭、憒、嶺、惶、定、捨、聖、程、遮、明、捨〈京韻〉。

22. 遠望鄉里（錦板　四朝元　五空管　一二拍）

　　本曲詩為《朱弁》本事，為朱弁被留置金國時，思念君王、母親、妻子、兒子之辭，極為深切動人。故絃友有言：「在家不唱〈當初貧〉，離家不唱〈遠望鄉〉。」實乃畏興感於辭，而不勝思鄉思親之情。此曲句首「遠望鄉里」四字，舊手抄本作慢頭起唱，太平歌館還有如此唱法，南管曲唱則皆改以正拍演唱。

遠　望　鄉　　里，舉　眼　何　處　是。
Uan² bong⁷ hiuN¹　li² kir² gan² hoo⁵ tsir³ si⁶

見　許　層　巒　於　疊　嶂，　層　巒　疊　嶂。
KiN³ hir² tsieng⁵ luan⁵ tiap⁸ tshiong² tsan⁵ luan⁵ tiap⁸ tshiong²

盼　我　家　山，隔　在　許　白　雲　邊。
Phan³ goo² ka¹ san¹ keh⁴　tir⁶ hir²　piek⁸ hun⁵ piN¹

心 想　我 尋　思，魂 魄　驅　馳。

sim[1] siong[2] goo[2] sim[5]　sir[1] hun[2] phiek[4] khu[1]　ti[5]

忽 然　見 母，恍 似 我 母 許 處 觀　望　兒。

hut[4] lian[5] kiN[3] mu[2] hong[2]　sir[6] gua[2] mu[2] hir[2]　ter[3] kuan[1] bong[7] li[5]

望　子 讀　畫 相 致 蔭，

Bang[7] kiraN[2] thak[8]　tsir[1] saN[1] ti[3] im[3]

「致蔭」受福蔭也。「致」引也。「蔭」謂人庇護之德。

反　爲 讀　畫 誤 我 母 無　終　始。

Huan[2] ui[6] thak[8] tsir[1] goo[7] gua[2] mu[2]　boo[5] tsiong[1] si[2]

「無終始」沒完沒了。

思 憶 子　兒，思 憶 我 子　　兒。

Sir[1] iek[4] kiraN[2]　li[5]　sir[1] iek[4] gua[2] kiraN[2]　li[5]

未　知 何 日，

Ber[7] tsai[1] hoo[5] lit[8]

未 得 知 咱 父 子　相　見 今 卜 值 時。

ber[7] tit[4] tsai[1] lan[2] pe[6] kiraN[2] saN[1] kiN[3] taN[1]booh[4] ti[6] si[5]

恨　身 袂 插於 翅 飛，恨 身 袂 生　翅 飛。

hirn[7] sin[1] bue[6] tshah[4]　sit[8] per[1]　hirn[7] sin[1] bue[6] siN[1] sit[8] per[1]

飛 去 朝 君 拜 我 母、見 妻 見 我 子 兒。

Ber[1] khir[3] tiau[5] kun[1]　pai[3] gua[2] mu[2] kiN[3] tshe[1] kiN[3] gua[2]　kiraN[2] li[5]

心 想　我 賢　妻，臨 別 親　囑　咐。

sim[1] siong[2] goo[2] hieng[5]　tshe[1] lin[5] biat[8]　tshin[1] tsiok[8] hu[3]

功 名　成　遂，必 須 著　歸　故 里。

kong[1] bieng[5]　sieng[5] sui[7]　pit[4]　su[1] tioh[8] kui[1] koo[3] li[2]

「遂」達也、成也、終也。成遂即成就。

誰　知 今 旦 日，

tsui[5] tsai[1] kin[1] tuaN[3] lit[8]

參　商　兩　星　袂　得　相　見。

tsham¹ siong¹ liong² tshiN¹ bue⁶ tit⁴ saN¹ kiN³

譬　做　伊　會　迴　文　織　錦，織　錦　迴　文。

Pi⁷ tsire³ i¹　ire⁷ hire⁵　bun⁵ tsit⁴ kim² tsit⁴ kim² hire⁵ bun⁵

「譬做」便做。

「迴文織錦」《晉書・列女傳》：蘇蕙，竇滔妻，滔戍流沙，蕙作織錦做迴文勸歸，詞極悽婉。

千　　端　萬　於緒，萬　緒　千　　端。

tshian¹ tuan¹ ban⁷　sir⁶ ban⁷ sir⁶ tshian¹ tuan¹

「千端萬緒」「端緒」即頭緒，如理絲緒，必循其端。謂頭緒繁多，難理其緒。

想　伊　亦　俖　到　得　外　夷。

SiuN⁶ i¹　ia⁷ tsai⁷ kau³　tit⁴ gua⁷ i⁵

說　起　來　我　抱　恨　於沖　　天，抱　恨　沖　天。

Serh⁴ khi² lai⁵ gua² phau⁶　hirn⁷　tshiong¹ tiN¹ phau⁶ hirn⁷ tshiong¹ tiN¹

「沖天」至極也。

親　　像　孫　賈　共　溫　喬，

Tshin¹ tsiuN⁷　sun¹ ka² kang⁷ un¹ kiau⁵

「孫賈」：未知其人故事，可能音近而誤，暫不註記。

「溫喬」：應爲「溫嶠」，字太眞，晉人，博學能文，善談論；平定王敦、蘇峻之亂，官拜驃騎將軍，封始安郡公。元人雜劇有《溫太眞玉鏡臺》。

不　孝　罪　名　子　　當　都　不　起。

but⁴ ha³ tsue⁷ biaN⁵ kiraN²　tng¹ too¹ m⁷ khi²

我　只　處　向　於日於思　君，望　雲　思　親。

gua² tsi² ter³ hiong³ lit⁸　sir¹ kun¹　bong⁷ hun⁵ sir¹ tshin¹

思　君　憶　母　都　是　鬱　陶　個　情　意，

sir¹ kun¹ iek⁴ bio² too¹　si⁶ ut⁴ too⁵ ke⁵ tshieng⁵ i³

「鬱陶」鬱悶，悲傷。《尚書・五子之歌》：「鬱陶乎予心，顏厚乎忸怩。」

憶　母　思　君，切　　切　思　思，

iek⁴ bio² sir¹ kun¹ tshiet⁴ tshiet⁴sir¹sir¹

只　都　是　鬱　陶　個　愭　意不女

tsi² too¹ si⁶ ut⁴ too⁵ ke⁵ tshieng⁵ i³

韻字：是、邊、馳、兒、始、時、里、見、夷、天、起、意〈基青韻〉。

23. 輾轉亂方寸（錦板　相思北　五空管　一二拍）

　　本曲詩爲《郭華》本事，爲王月英與郭華相約於相國寺，郭華遇友飲酒醉而不醒，事不得諧，回家後思怨郭華之辭。依情節爲梨園戲〈月英悶〉齣之唱辭。本曲首見於萬曆年刊《精選時尙新錦曲摘隊》（簡稱【麗錦】)(見第三章書影)，曲首尙有「暗想薄情無緣君」一句，現今南管曲唱已省略，故曲名乃以第二句「輾轉亂方寸」名之。「暗想薄情無緣君」一句，在太平歌館中仍以慢頭起唱。臺灣七子戲劇本中亦保留有此句慢頭。

　　本曲門頭爲〈錦板〉，牌名〈相思北〉，或言此曲開頭引用〈相思引〉曲首韻而得名。然據吳昆仁先生言，此韻應作「秋思北」或「愁思北」。「秋」、「愁」泉腔二字音近。

輾　轉　　亂　方　寸

tian² tsuan² luan⁷ hong¹ tshun³

「輾轉」形容臥不安席。《詩・關雎》：「悠哉悠哉，輾轉反側。」

「方寸」指心。

眠　邊 不女夢　見夢　見冤家

bieng⁵ piN¹　　bang⁷　kiN³ bang⁷ kiN³ uan¹ ke¹

「眠邊」眠，閩南語意指「睡夢」，眠邊，指半睡半醒之間。

伊　來　在阮　枕　邊　好　相　溫存

i¹ lai⁵　tir⁷ guan² tsim² piN¹　hoo⁵ saN¹ un¹ tsun⁵

「**溫存**」憐惜撫慰。韓愈詩〈雨中寄孟刑部幾道聯句〉:「溫存感深惠,琢切奉明誠。」

攜 手於 並　肩　滔　滔　緒　緒　話於　難　**分**
he⁵ siu² pieng⁷ kieng¹ thoo¹ thoo¹ sir⁶ sir⁶ ire⁶ lan⁵ hun¹

「**攜手並肩**」牽手互依貌,表親密。

「**滔滔緒緒**」應爲「絮絮叨叨」,形容說話囉唆。

又 來 買 胭 脂 共　阮 弄　嘴於　**斟**　唇
iu⁶ lai⁵ ber² ian¹ tsi¹ kang⁷ guan² lang⁵ tshui³ tsim¹ tun⁵

「**弄嘴**」以言語挑情也。

「**斟**」吻也。

恍於　惚 間忽 然　間
hong² hut⁸ kan¹ hut⁸ lian⁵ kan¹

「**恍惚間**」原指神志不淸。《文選》宋玉〈神女賦〉:「精神恍惚,若有所喜。」引申爲忽然間。

疑 是 許 冤 家 伊 人 形　影 存
gi⁵ si⁶ hir² uan¹ ke¹ i¹ lang⁵ hieng⁵ iaN² tsun⁵

正 是 陽 春 天　氣 人於　增　　悶
tsiaN³ si⁶ iong⁵ tshun¹ thian¹ khi³ lin⁵ tsieng¹ bun⁷

「**陽春**」溫暖的春天。李白文:「況陽春昭我以煙景,大塊假我以文章。」

杜 宇 聲 喧 杜 宇 聲　喧 不於 堪　聞
too⁶ u² sieng¹ suan¹ too⁶ u² sieng¹ suan¹ put⁴ kham¹ bun⁵

「**杜宇**」即杜鵑鳥,又名子規。舊傳爲古蜀帝杜宇所化。

「**喧**」聲大而鬧。

繡 弓　鞋 壬　針 萬 線 阮 亦 袂 得 紉 就
siu² kireng¹ ire⁵ tshiriN¹ tsam¹ ban⁷ suaN³ guan² ia⁷ bue⁷ tit⁴ in² tsiu⁷

「**紉**」而鄰切,眞韻,《彙音》賓韻柳母陰上,應讀 lin²。讀 in²,疑爲「引」。「引」字於意亦佳。

只望　汝卜　來代　阮　求鸞於鳳　友
tsi² bang⁷　lir² booh⁴ lai⁵ tsan⁷　guan² kiu⁵ luan⁵ hong⁷ iu²

「代」或作「贊」，即贊助也。

「鸞鳳友」喻夫妻恩愛敬重。

誰　知　到　今旦　　日，
tsui⁵ tsai¹　kau³ kin¹ tuaN³　lit⁸

汝來誤　阮　做　一　參　商　於卯酉
lir² lai⁵　goo⁷　guan² tsire³ tsit⁸ tsham¹ siong¹　bau² iu²

冤家冤家枉汝讀　盡聖於賢　籌
uan¹ ke¹ uan¹　ke¹ ong² lir² thak⁸　tsin⁶ sieng³ hian⁵ tiu⁵

「籌」指書冊。

豈不知酒　中　亂　性　悔於難收
khi² m⁷ tsai¹ tsiu²　tiong¹ luan⁷　sieng³ here² lan⁵ siu¹

汝今俪　通　貪　求
lir² taN¹ tsai⁷ thang¹ tham¹ kiu⁵

恨　壓於重　坵　親像　斷　行　孤　雁　泣於悲秋
hirn⁷ ah⁴　tiong⁶ khiu¹ tshin¹tshiuN⁶ tuan⁶ hang⁵ koo¹ gan⁷ khip⁴ pi¹ tshiu¹

「重坵」即墳墓。【麗錦】作「中丘」。

「斷行」雁成行群飛，「斷行」即失群之意。

又是隻　影　形　單　但　得在只　中　天　　叫旺
iu⁶ si⁶ tsiah⁴ iaN² hieng⁵　tuaN¹ tan⁷ tit⁴ tir⁷ tsi² tiong¹　thieng¹ kiau³

勸　娘　仔　聽　嫻　訴　因　由旺
khng³ niuN⁵ kira² thiaN¹　kan² soo³ in¹　iu⁵

只都是咱前　世少燒了　金　錢　紙
tsi² too¹ si⁶ lan² tshiriN⁵　si³ tsio² sio¹ liau² kim¹ tsiN⁵ tsa²

「少燒金錢紙」謂前世少獻帛紙與神明，而未積福份。

今　生　燒　了　斷　頭　香

kim¹ sng¹ sio¹ liau² tuan⁷ thiro⁵　hiuN¹

「斷頭香」喻做事不能徹底圓滿，不能到頭。元人雜劇已盛行此語，如《西廂記》、《救孝子》皆用到此句，南北管戲曲中亦常用此句。

致　惹　今　旦　日

ti³ lia² kin¹ tuaN³　lit⁸

好　姻緣　袂　得　通　　來　成　不女就

hoo² in¹ ian⁵ bue⁷　tit⁴ thang¹ lai⁵ sieng⁵　tsiu7

「致惹」導致也。

「成就」【麗錦】作「到手」。

聽　汝　說　越　添　得阮　悶　憂　愁吁

thiaN¹ lir² serh⁴ uat⁸ thiam¹　tit⁴ guan²　bun⁷　iu¹ tshiu⁵

心　神　恰　似　風　前　柳

sim¹ sin⁵ kap⁴　sir⁶ huang¹ tsiriN⁵ liu²

「恰」《彙音》三韻氣母陰入，故亦讀爲 khap⁴。

「風前柳」喻飄忽不定。如詩：「癲狂如柳絮隨風舞。」

阮　一　身　如　在　扁　舟　飄　飄　蕩　蕩

guan² tsit⁸　sin¹ lir⁵ tsai³ phian¹ tsiu¹　phiau¹ phiau¹ tong⁶ tong⁶

「扁舟」小船也，亦作「偏舟」。

「飄飄蕩蕩」謂行止無定所貌。

蕩　蕩　飄　　飄於　逐　水　流

tong⁶ tong⁶ phiau¹ phiau¹　tiok⁴ sui² liu⁵

「逐」隨也。同上詩：「輕薄似桃花逐水流。」

勸　娘　仔　暫　且　珠　淚　收

khng³ niuN⁵ kira²　tsiam⁶ tshia² tsu¹　lui⁷ siu¹

〈落疊〉

又恐　　畏了　夕陽　　西下去　難留

iu⁶ khiong² ui⁷ liau²　siak⁴ iong⁵　se¹ ha⁶ khir³ lan⁵ liu⁵

空　對　盞　燈　空　　對　盞　　燈　獨　自　愁

khang¹ tui³ tsuaN² tieng¹ khang¹　tui³ tsuaN² tieng¹ tok⁸ tsir⁶ tshiu⁵

相　思　相　思　病　損　性　命　休

siuN¹ si¹ siuN¹　si¹ piN⁷　sng² siN³ miaN⁷ hiu¹

兩　下　休　空　　把　陽　臺　獨　自　愁

liong² ha⁶ hiu¹ khang¹　pa² iong⁵ tai⁵ tok⁸ tsir⁷ tshiu⁵

兩　　下　休　空　把　陽　臺　只　處　獨　自　憂　愁不女

liong² ha⁶ hiu¹ khang¹　pa² iong⁵ tai⁵ tsi²　ter³ tok⁸ tsir⁷ iu¹ tshiu⁵

韻字：寸、存、分、唇、存、悶。聞〈春韻〉。

　　　　就、友、酉、籌、收、求、秋、由、相、就、柳、流、收、留、愁、休
　　　　〈秋韻〉。

24. 形影相隨（錦板　四朝元　五空管）

　　本曲詩為《朱弁》本事，為姚氏裁衣時，思念朱弁及其子之辭，依其情節應為梨園戲〈裁衣〉齣之曲。本曲帶慢尾，為錦板之煞曲（或稱落曲）。據吳昆仁先生言：排場時，若本曲已先唱而慢尾未唱之情況下，得以〈錦板・冬天寒〉加唱本曲慢尾「燈下裁衣奉萱堂，但願老姑福壽康，願得臘夫早返來，許時一家喜春風。」充作煞曲。〈冬天寒〉與〈形影相隨〉二曲牌名皆為〈四朝元〉

形　影　相　隨，　君　身　在　北於。

Hieng⁵ iaN²　saN¹ sui⁵　kun¹ sin¹ tir⁷ pak⁴

「北」指北地。朱弁出使金國，被滯留未歸。

細　思　量，伊　許　處　受　苦　虧。

Sire³ sir¹ niuN⁵　i¹　hir² ter³ siu⁶ khoo² khui¹

「思量」想念考慮。

「苦虧」虧損也，受苦難之意。

衣裳　薄，兼　逢　著　霜　雪　飄　　墜。
I¹ tsiuN⁵　poh⁸ kiam¹ pang⁵ tioh⁸ sng¹ serh⁴ phiau¹　tui⁷

記　當　初，孟於　姜　　女　伊　是　望　身　一於　姿　娘，
ki³ tng¹ tshire¹ bieng⁷ khiuN¹　lir² i¹ si⁶ tuaN¹ sin¹ tsit⁸　tsir¹ niuN⁵

去　在　千　　里　路　途　中，伊去　千　　里　路　途　中，
khir³ tir⁷ tshiriN¹ li² loo⁶ too⁵ tng¹ i¹ khir³ tshiriN¹　li² loo⁷ too⁵ tng¹

亦　曾　親　送　拙　寒　　衣。
Ia⁷ tsng⁵　tshin¹ sang³ tshuah⁴ kuaN⁵　ui¹

思　鄉　　無　託，空　　誤　了　歐　陽　夫　人　畫　荻　教，
sir¹ hiong¹ boo⁵ thok⁴ khang¹ goo⁷ liau² au¹ iong⁵ hu¹ lin⁵ hiak⁴ tiat⁸ kau³

「無託」無可託付。

「歐陽夫人畫荻教」宋歐陽修幼時家貧，其母折荻書沙以教。

又　負　了　孟　　母　伊人　斷　了　機。
Iu⁶ hu⁷ liau² bieng⁷　biro² i¹ lang⁵ tuan⁶　liau² kui¹

「孟母斷機」孟軻幼年惰學，其母斷織以教。見劉向《列女傳・鄒孟軻母》。

子　汝值去，何於　所　歸。
KiraN² lir² ti⁷ khir³ hoo⁵ soo² kui¹

我　子　　汝今　值去　何於　所　歸。
Gua² kiraN² lir² taN¹ ti⁷ khir³ hoo²　soo² kui¹

以上疊句爲姚氏思念其子之語，姚氏於動亂時棄子扶姑。見〈錦板・冬天寒〉曲詩。

致　惹阮　　冥　日　只處　心　都　碎。
Ti³ lia² guan²　miN⁵ lit⁸ tsi² ter³ sim¹ too¹ tshui³

停　針　淚　垂，
thieng⁵ tsam¹　lui⁷ sui⁵

聽　見　門　樓　上　更　鼓　不女聲　催，

thiaN¹ kiN³ mng⁵ lau⁵ tsiuN⁵ kiN¹ koo²　　siaN¹ tshui¹

怨　煞　門　樓　上，鼓　角　催　更，更　鼓　不女聲　催不女。

Uan³ suah⁴ mng⁵ lau⁵ tsiuN⁶koo²kak⁴tshui¹kiN¹ kiN¹ koo²　siaN¹ tshui¹

韻字：隨、虧、墜、衣、機、歸、歸、碎、催〈飛韻〉。

25. 冬天寒（錦板　五空管　一二拍）

　　本曲詩爲《朱弁》本事，爲姚氏嚴冬作寒衣時，思念朱弁之情。其情節疑爲梨園戲〈裁衣〉之曲。本曲於「朱郎夫…」一句爲〈錦板・四朝元〉之大韻。故本曲應作〈錦板・四朝元〉。

冬　天　寒，雪　落　滿　山。

tang¹ tiN¹ kuaN⁵ serh⁴　loo⁶ buaN² suaN¹

繡　幃　內　賣　清，　阮　無　人　相　隨　伴。

siu³ ui⁵ lai⁶ tshiN¹ tshin³　guan² boo⁵ lang⁵ saN¹ sui⁵ phuaN⁶

「清清」冷清之意。「清」寒也。

提　起　針　線　做　於寒　衣，　憶　著　我　愱　人，

thire⁵ khi² tsam¹ suaN³ tsire³　kuaN⁵ ui¹　it⁴ tioh⁸ gua² tsiaN⁵ lang⁵

目　滓　如　珠，暗　淚　彈。

bak⁸ tsai² lir⁵ tsu¹　am³ lui⁷ tuaN⁵

「彈」眼淚如珠彈而出，形容流淚之多。

記　當　初　擾於亂　時，

khi³ tng¹ tshire¹　nau² luan⁶ si⁵

阮　亦　曾　棄　子　扶　姑，

guan² ia⁷ tsng⁵ khi³ tsir² hu⁵ koo¹

卜　行　孝　義，阮　卜　行　孝　義。

booh⁸ kiaN⁵ ha³ gi⁷　guan² booh⁸ kiaN⁵ ha³ gi⁷

阮　夫 妻 望　卜 舉 案 不女齊 眉，

guan^{2} hu^{1} tshe^{1} bang^{7} booh^{8} kir^{2} an^{3} tsire^{5} bi^{5}

「**舉案齊眉**」漢孟光，貌醜力巨，德行高雅，擇對不嫁，意屬梁鴻之節。鴻聞妻之。每進食，光舉案與齊眉，傳爲佳談。

誰 知 今 旦　日 夫 別 妻，母 離 兒。

tsui^{5} tsai^{1} kin^{1} tuaN^{3} lit^{8} hu^{1} biat^{8} tshe^{1} biro^{2} li^{5} zi^{5}

夫 妻 母 子　隔 別 袂 得 相 見，

hu^{1} tshe^{1} bu^{2} kira^{2} keh^{4} biat^{8} bue^{7} tit^{8} sang^{1} kiN^{3}

朱 郎 夫，汝 身 若　不 早 回　歸，

tsu^{1} lng^{5} hu^{1} lir^{2} sin^{1} ziok^{8} m^{7} tsa^{2} hire^{5} kui^{1}

媽 親　年 老，我 乾 家 老 大，

ma^{2} tshin^{1} ni^{5} lau^{6} gua^{2} ta^{1} ke^{1} lau^{6} tua^{6}

「**乾家**」婆婆，夫之母也。應作「大家」，此依諸舊本用字。

早 晚 今 卜　怙 誰 人 通 奉 侍。

tsa^{2} bng^{2} taN^{1} booh^{4} koo^{6} tsui^{5} lang^{5} tang^{1} hong^{6} si^{6}

「**怙**」「怙」《彙音妙悟》音 hoo^{6}，爲文讀音。讀 koo^{3} 爲白話音。案：「怙」：《廣韻》古侯切，依靠之意。《詩．小雅》：「無父何怙，無母何恃。」

投 告 天 地 共 神 祇，

tau^{5} koo^{3} tiN^{1} tire^{6} kang^{7} sin^{5} ki^{5}

推 遷　金 國 主，伊人 回　心 返　意，

tshui^{1} tshieng^{1} kim^{1} kok^{4} tsu^{2} i^{1} lang^{5} hire^{5} sim^{1} tng^{2} i^{3}

「**推遷**」催促成就之意。「推」又有作「催」。

放　乞 朱 弁　歸 故　里。

pang^{3} kit^{4} tsu^{1} phuan^{5} kui^{1} koo^{3} li^{2}

「**乞**」與也，予也。

許 時　節，阮　夫 妻 賽 過 文　良 妻、蕭　氏 女。

hir^{2} si^{6} tsireh^{4} guan^{2} hu^{1} tshe^{1} ser^{3} ker^{3} bun^{5} liong^{5} tshe^{1} siau^{1} si^{6} lir^{2}

挨　過　十　八　年，值　許　洗　馬　河　邊，
ire¹ ker³ tsap⁸ pueh⁴ niN⁵ tir⁶ hir² sire¹ me² hoo⁵ piN¹

「文良妻、蕭氏女，洗馬河」見《金釵記》。漢劉文龍，妻蕭氏女，新婚三日赴京，求功名中舉，因拒權相招親，隨昭君出塞和番。爲單于公主扣留十八年，公主感其思親心切，私縱歸漢，於洗馬河邊會晤其妻，一家團圓。

共　君　相　見，伊共　君　相　見不女。
kang⁷ kun¹ saN¹ kiN³ i¹ kang⁷ kun¹ saN¹ kiN³

韻字：山、伴、彈〈歡〉。韻、義、眉、兒、見、歸、侍、祇、意、里〈女韻〉。邊、見〈基青韻〉。

26. 繡成孤鸞（潮陽春　望吾鄉　倍思管　一二拍）

本曲詩爲《陳三五娘》本事，最早見於明嘉靖年刊《重刊五色潮泉插科增入詩詞北曲荔鏡記戲文》《第二十六齣·五娘刺繡》（見書影）。

繡　成　不女孤　鸞，繡　牡　丹。
siu³ tsiaN⁵ koo¹ luan⁵ siu³ boo² tan¹

又　繡　一　個　鸚　鵡，不女飛　來　在　只　枝　上　宿。
iu⁶ siu³ tsit⁸ ge⁵ ieng¹ bu² per¹ lai² tir⁶ tsi² ki¹ tsiuN⁶ suah⁴

孤　鸞　共　鸚　鵡於不　是　伴，
koo¹ luan⁵ kang⁷ ieng¹ bu² m⁷ si⁶ phuaN⁶

親　像　阮　對　著，
tshin¹ tshiuN⁷guan² tui³ tioh⁸

不女對著　許　工　古　賊　林　大，
tui³ tioh⁸ hir² tieng¹ koo¹ tsat⁸ lim⁵ tua⁶

於無　好於　緣　份。
bo⁵ hoo² ian⁵ hun¹

切　　人　只　心　內，無奈何。

Tshireh⁴ lang⁵ tsi² sim¹ lai⁶　bo⁵ ta⁷ ua⁵

又　繡　一　叢　綠　竹，

iu⁶ siu³ tsit⁸ tsang⁵ liek⁸ tiek⁸

不女須　待　許　鳳　　凰　飛　來　宿。

su¹ thai⁷ hir² hong⁷ hong⁵ per¹lai⁵ suah⁴

再　繡　一　叢　　綠　竹，

iu⁶　siu³ tsit⁸　tsang⁵liek⁸ tiek⁸

不女須　待　許　鳳　　凰　飛　來　宿

su¹ thai⁷ hir² hong⁷ hong⁵ per¹lai⁵ suah⁴

韻字：宿、伴、大、何、宿〈花韻〉。

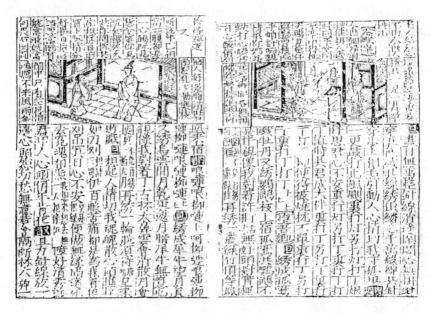

書影：明嘉靖年刊《重刊五色潮泉插科增入詩詞北曲荔鏡
記戲文》─〈繡成孤鸞〉

27. 精神頓（潮陽春 三腳潮 倍思管）

本曲詩爲《陳三五娘》本事，最早見於萬曆年刊《精選時尚新錦曲摘隊》（下簡稱【麗錦】）（見書影），曲詩最後尚有一句「肌膚瘦小不堪愁悶」，本曲詩已略。嘉靖年刊《荔鏡記戲文》不見本曲，而見於順治年刊《荔枝記大全》第五十一齣〈五娘思君〉及光緒年刊《荔枝記》第四十八齣〈五娘思君〉。現今七子戲戲文〈五娘思君〉中仍唱本曲。曲中有兩處「二字領」特韻，分別在「益春」、「青春」的句首。

本曲牌名爲〈潮陽春・三腳潮〉，而【麗錦】作「北」。北部地區皆唱〈三腳潮〉，台南南聲社則改唱〈潮疊〉。

精 神 頓，正 卜 睏。
tsieng¹ sin⁵ tun³ tsiaN³ booh⁴ khun³

「頓」睏頓。
「正」卜睡「正」與「才」音近義似，可訓爲「才」。

聽 見 雞 聲，
tiaN¹ kiN³ kire¹ siaN¹

忽 聽 見 雞 聲 報 曉 鬧 紛 紛。
hut⁴ iaN¹kiN³ kire¹ siaN¹ po³ hiau² nauN⁷hun¹ hun¹

風 弄 竹 聲，
huang¹ lang⁷ tiek⁴ siaN¹

親 像 我 君 伊人 早 日 於扣 門。
tshin¹ tshiuN⁶ gua² kun¹ i¹ lang⁵ tsa² jit⁸ khiro³ bun⁵

兜 緊 弓 鞋，
tau¹ kin² kieng¹ ire⁵

阮 來 兜 緊 繡 弓 鞋，輕 牽 於 羅 裙。
guan²lai⁵ tau¹ kin² siu³ kieng¹ ire⁵ khieng¹ khan¹ loo⁵ kun⁵

起 來 窗 前 悶 無 意，
khi² lai⁵ thang¹ tshiriN⁵ bun⁷ boo⁵ i³

見 許 紅 日 於一 輪。
kiN³ hir² hong⁵ jit⁸ it⁸ lun⁵

爹 媽 叫 阮，但 恐 媽 親 於叫 緊。
tia¹ maN² kio³ guan² tan⁷ khiong² maN² tshin¹ kio³ kin²

但 得 著 來 點 打，
tan⁷ tit⁴ tioh⁸ lai⁵ tiam² taN²

「但得」只得。

「點打」即打點。

〈特韻〉

益 春！汝 去 代 阮 推 說，
iek⁴ tshun¹ lir² khir⁸ tsan⁵ guan² ther¹ serh⁴

「代」亦作「再」，為也，替也。

說 阮 拙 時 身 上 不 安 樂。
serh⁴ guan² tsuah⁵ si⁵ sin¹ tsiuN⁶ m⁷ uaN¹ lok⁸

掀 開 鏡 盒，阮 來 掀 開 寶 於鏡 盒，
hian¹ khui¹kiaN³ ah⁸ guan² lai⁵ hian¹ khu¹ poo² kiaN³ ah⁸

照 見 阮 顏 容 漸 漸 於衰 損。
tsio³ kiN³ guan² gan⁵ iong⁵ tsiam⁷ tsiam⁷ sire¹ sun²

邀 君 對 鏡，君 恁 邀 阮 對 於寶 鏡，
io¹ kun¹ tui³ kiaN³ kun¹ lin² io¹ guan² tui³ poo² kiaN³

照 見 君 才 妾 貌，共 阮 都 是 一 樣。
tsio³ kiN³ kun¹ tsai⁵ tshiap⁴ mau⁶ kang⁶ guan² too¹ si⁶ it⁸ iuN⁶

〈特韻〉

責 春！胭 粉 不 抹，阮 有 香 花 於不 帶。
shieng¹ tshun¹Ian¹ hun² m⁷ buah⁴ guan² u⁶ phang¹ hue¹ m⁷ tua³

憶著 阮　畫 眉於　郎　君，
it⁴ tioh⁸ guan² ire⁵ bai⁵　long⁵ kun¹
「憶著」思憶，有惦記之意。

伊 是 宜　蔭 人 子，伊是宜　蔭　人　子，
i¹　si⁶ kuaN¹ im³ lang⁵　kiraN² i¹ si⁶ kuaN¹ im³　lang⁵ kiaN²
「官蔭人子」凡因先世勳蹟敘官者曰「官蔭」，或「蔭生」。

兼　又玉　貌 朱 唇，
kiam¹ iu⁶ giok⁸　mau⁶ tsu¹ tun⁵
「玉貌朱唇」形容容貌俊美姣好。

錦　心 繡 口，　即 又兼 伊 人　筆 下於經　　綸。
kim² sim¹ siu³　khiro² tsiah⁴ iu⁶ kiam¹　i¹　lang⁵ pit⁴ ha⁶　kieng¹　lun⁵
「即」纔也，此疑爲語助詞。
「又兼」況又，連接詞。
「錦心繡口」「錦心」喻心思精巧細緻，「繡口」喻言辭華美，本指文章而言。
李白〈送仲弟令聞序〉：「吾心肝五臟皆錦繡耳，不然，何以開口成文，揮毫散
霧。」
「經綸」原爲理絲成繩，引申籌劃治理。《中庸》：「唯天下至誠，爲能經綸天
下之大經。」

共　君　結　託，賽 過 相　如對 文 君。
kang⁶ kun¹ kiet⁴ thot⁴ sir³ ker³ siong³　lir⁵ tui³ bun⁵ kun¹
「賽過」勝過。
「相如對文君」漢臨邛卓王孫女寡居在家，司馬相如過飲卓氏，以琴心挑之，
文君夜奔相如，同歸成都。見《史記·漢書》〈司馬相如列傳〉。

今　來拆　散，今　來 拆　分　散，
taN¹ lai⁵ thiah⁴ suaN³ taN¹　lai⁵ thiah⁴ pun¹ suaN³

如 是 鸞　鳳　失 伴，
lir⁵ si⁶ luan⁵ hong⁷ sit⁴ phuaN⁶

又 親 像 許 鴛 鴦於 離 群。
iu⁶ tshin¹ tshiuN⁶ hir² uan¹ iuN¹ li⁵ kun⁵

「鸞鳳失伴、鴛鴦離群」喻夫妻離異。

寧 作 黃 泉 地 下 鬼,
lieng⁵ tsok⁴ hong⁵ tsuan⁵ te⁶ he⁶ ku²

莫 作 今 生,莫 得 今 生 一 日於 離 君。
bok⁸ tsok⁴ kim¹ sng¹ bok⁸ tit⁴ kim¹ sng¹ it⁸ jit⁸ li⁵ kun¹

相 思病,節 節 入 方 寸。
siuN¹ si¹ piN⁶ tsat⁴ tsat⁴ jip⁴ hong¹ tshun³

隱 隱 啼聲,隱 隱 啼 聲 怕 人 聞。
irn² irn⁵ thi⁵ siaN¹ irn² irn² thi⁵ siaN¹ phaN³ lin⁵ bun⁵

「隱隱」形容啼聲隱約不明,或言暗地不敢啼。

恐 畏上 人 於嘴 唇,
khiong² ui⁷ tsiuN⁶ lang⁵ tshui³ tun⁵

又 恐 畏了 外 人於議 論。
Iu⁶ khiong² ui⁷ liau² gua⁷ lang⁵ gi⁶ lun⁶

恁 有雙 雙 於對 對,夭人有成 雙 成 對,
lin² u⁶ sang¹ sang¹ tui³ tui³ iau² lin² u⁶ sieng⁵ siang¹ sieng⁵ tui³

再 曉 得 阮 孤 棲 於無 伴。
tsai⁷ hiau² tit⁴ guan² koo¹ sire¹ boo⁵ phuaN⁶

冥 值 房 中 哀怨,冥 值 房 中 空 思 想;
miN⁵ tir⁶ pang⁵ tng¹ ai¹ uan³ miN⁵ tir⁶ pang⁵ tng¹ kang¹ sir¹ siuN²

日 在 樓 上,日 在 樓 上 那 是 觀 山 於望 雲。
jit⁸ tsai⁶ lau⁵ tsiuN⁶ jit⁸ tsau⁶ lau⁵ tsiuN⁶ na⁶ si⁶ kuan¹ sang¹ bong⁶ hun⁵

那 是 觀 山 於望 雲
na⁶ si⁶ kuan¹ sang¹ bong⁶ hun⁵

韻字:頓、睏、紛、門、裙、輪、春、損、君、唇、綸、群、聞、論、雲〈春韻〉

28.聽門樓（潮陽春三腳潮　倍思管　一二拍）

　　本曲詩應是來自閩南民歌，其辭與閩南民歌〈五更鼓〉甚類似。曲詩語音及辭語多爲潮州語習慣用法，然因南管樂人多泉州語系，故現今傳唱此曲時，除少數較特殊之字音外，皆以泉語唱之。林藩塘先生的手抄本中，此曲中每一更鼓都爲獨立的曲目，門頭爲「金錢花」，每曲之後皆唱「嗹尾」，曲風更接近民歌，從這也可看出「金錢花」與「三腳潮」的關係，吳昆仁先生認爲「金錢花」由「三腳潮」移宮轉調而來，但到底是先有「金錢花」還是先有「三腳潮」，二者之間的關係有待研究。

　　　聽　門　樓嘮　鼓　打　是　一　更
　　　tiaN¹ buiN⁵ lau⁵　loo¹ koo² taN²　si⁶　tsit⁸ kiN¹

「門樓」施炳華《南戲戲文陳三五娘註下》第二十九齣 p.282 作「潮式院落建築之大門，上有門瓦，左右有『門樓房』」。然多數曲詩中，門樓與更鼓之並述，此門樓應作爲更鼓所發之所，故應爲鼓樓，或作譙樓。此「門樓」唱潮音。

「嘮」語尾助辭。

　　　小　娘　子　嘮　汝　只　前　門　亦　著　鎖
　　　sio² niuN⁵ kira²　loo¹ lir² tsi² tsiriN⁵ buiN⁵　ia³ tioh⁸ soo²

　　　後　門　亦　著　攔　吓
　　　au⁶ buiN⁵　ia³ tioh⁸tuiN³ eNH⁴

「攔」鎖門。與前句「鎖」同義。

「吓」同「呀」，語尾助辭。

　　　不女即　知　阮　厝　爹　媽　伊　阿　伊　都　心於　性　硬
　　　　tsiah⁴ tsai¹ guan² tshu³ tia¹ maN² i¹　a¹　i¹ too¹ sim¹ siN³ giN⁷

「心性」性情、脾氣。

　　　二　更　鼓　嘮　月　照　庭
　　　li⁷　kiN¹ koo² loo¹ guah⁸ tsio³ tiaN⁵

照見　庭　前　伊阿伊都 有於 人　行
tsio³ kiN³ tiaN⁵ tsiriN⁵　i¹　a¹　i¹ too¹ u⁷　lang⁵ kiaN⁵

「伊阿伊都」寫聲詞，漢樂府多用之。

誤　叫是君　狗吠兩　三　聲 吓
goo⁷ kio³ si⁶　kun¹ kau² pui⁶ noo⁶　saN¹ siaN¹ eNH⁴

「兩」三聲唱潮音。

噯喲誤 叫是 冤 家原　來是短命　吓
ai¹ io¹ goo⁷ kio⁷ si⁶ uan¹ ke¹ guan⁵ lai⁵　si⁶ ter² miaN⁶ eNH⁴

「噯喲」同上寫聲辭。

「冤家短命」「冤家」原指有冤仇者，「短命」原為詈人之語，此處作情人之暱
語。

噯喲 枉我 枉我　只處費盡心 於憒
ai¹ io¹ ong² gua² ong² gua²　tsi² ter³ hui³ tsin³ sim¹　tsiaN⁵

三　更　鼓嘮月　照　窗
saN¹ kiN¹ koo² loo¹ gueh⁸ tsio³ thang¹

照見　窗　前　伊阿伊都 有於 雙　人
tsio³ kiN³　thang¹ tsiriN⁵ i¹　a¹　i¹ too¹ u⁷　sang¹ lang⁵

雙　人　本成　雙那　虧阮　無尪 吓
sang¹ lang⁵ pun² tsiaN⁵ sang¹ naN⁷ khui¹ guan² boo⁵ ang¹ eNH⁴

「尪」丈夫也。

噯喲枉我　枉我 只處 守只 空　於房
ai¹ io¹ ong² gua²　ong² gua² tsi² ter³ tsiu² tsi²　khang¹　pang⁵

四更　鼓嘮月 照　臺
si³ kiN¹ koo¹ loo¹ gueh⁸ tsio³　tai⁵

照見　臺前　伊阿伊都 有於 人　來
tsio³ kiN³ tai⁵ tsiriN⁵　i¹　a¹　i¹ too¹ u⁷　lang⁵ lai⁵

好 來 不 來 吓　　嗳喲 汝 只 不 來 即 卜 來 吓
hoo² lai⁵　m⁷ lai⁵ eNH⁴　ai¹ io¹ lir² tsi² m⁷ lai⁵ tsiah⁴ bue² lai⁵ eNH⁴
「好來不來，不來即卜來」意指該來的不來，不該來才來。

嗳喲 枉 我 枉 我 只 處 等 到 月 斜 西
ai¹ io¹　ong⁵gua² ong² gua² tshi¹　ter³ tang² kau³ gueh⁸ tshia⁵　sai¹
「月斜西」指天將破曉，苦候意中人不至。

五 更 鼓 嘮 雞 聲 啼
goo⁷ kiN¹ koo¹ loo¹　kire¹ siaN¹ thi⁵

雞 聲 未 啼 伊 阿 伊 都 娘 子 先 啼
kire¹ siaN¹ ber⁶ thi⁵ i¹ a¹ i¹　too¹ niuN⁵　kiaN² siriN¹ thi⁵

借 問 娘 子 啼 阿 啼 做 乜
tsioh⁴ buiN⁵ niuN⁵　kira² thi⁵ a¹ thi⁵　tsire³ mih⁴
「問」唱潮音。
「做乜」做什麼？為何？
「婿」夫婿也。

啼 阮 無 婿 受於 人 氣
thi⁵ guan² boo⁵ sai³ siu⁶　lang⁵ khi³

阮 無 翁 嘮 無 婿 只 處 受於 人 欺
guan² boo⁵　ang¹ loo¹ boo⁵ sai³　tsi² ter³ siu⁶　lang⁵ khi¹

思 量 卜於 去 嫁 但 恐 不 稱 人於 心 意
si¹ niuN⁵ booh⁴　khir³ ke³ tan⁷ khiong² m⁷ tshieng³ lang⁵ sim¹ i³
「稱人意」音 tshieng³ i³ 或 tieng³ i³。即適意，合意。

既 然 那 卜 相 稱 意
ki³ lieng⁵ naN⁷ booh⁴　saN¹ tieng³　i³

就 只 今 冥 同 入 鏰 金 帳 內
tsiu⁶ tsi¹ kim¹ miN⁵ tang⁵　lip⁸　siau¹ kim¹ 1iuN³ lai⁶

會　合　於佳　期　只處　會　合　於佳　期

hire⁶　hap⁸　ka¹ ki⁵　tsi² ter³ hire⁶　hap⁸　ka¹ ki⁵

韻字：更、硬〈青韻〉。台、來、西〈開韻〉。人、窗、房〈香韻〉。啼、氣、欺、意、期〈基韻〉。

29. 當天下咒（潮陽春　三腳潮　倍思管　一二拍）

本曲為《陳三五娘》本事，《嘉靖刊》、《萬歷刊》、《順治刊》、《光緒刊》等四本《荔枝記》中均有此曲。七子戲《陳三五娘》〈相馬走〉出中，此曲由陳三、益春、五娘三個角色輪流演唱。曲唱中以一人演唱到底，但因曲中人物不同，陳三係泉州人，故曲詩疊唱時，以一句潮音、一句泉音處理。此曲也有從「七月十四」起唱，曲名則稱「七月十四」。

當　天　下　咒，咱　來　當　天　燒香　下　咒。

TuiN¹ tiN¹　he⁶ tsua³ lan² lai⁵　tng¹ tiN¹ sio¹ siuN¹　he⁶ tsua³

「下咒」立誓也。

「當天」第一次唱潮音，第二次唱泉音。

出　門　去，休　管　林　家　於謗　議，

Tshut⁴ buiN⁵　khi³ hiu¹ kuan² lim⁵　tsia¹　pong³ gi⁶

休　管　林　家　於謗　議。

Hiu¹ kuan²　lim⁵ ka¹　pong³ gi⁶

（落疊）

七　月　十　四，三　更　時，

Tsit⁴ gue⁶ tsap⁸　si³　saN¹ kiN¹　si⁶

月　光　風　於靜，便　是　好　天　時。

gue⁶ kuiN¹ huang¹ tsiN⁶ pieng⁶ si⁶ hoo² tiN¹ si⁶

君　恁　有　心，三　哥　恁　有　心，阮　即　同　恁　有意。
Kun¹ lin²　u⁶ sim¹ saN¹ koo¹ lin² u⁶ sim¹ guan² tsiah⁴ tang⁵ lin² u⁶ i³

亦　著　同　恁　走，就　在　今　於　冥　便　是　三　更　時。
Ia⁷ tioh⁸ tang⁵　lin² tsau² tsiu⁶ tsai⁷ kim¹　miN⁵ pian⁶ si⁶ saN¹ kiN¹ si⁵

收　拾　錢　銀，在　嫺　隨　身　邊。
Siu¹ sit⁸ tsiN⁵ girn⁵　tsai⁷ kan² sui⁵　sin¹ piN¹

路　上　去　亦　通　買　果　子，亦　通　做　盤　纏。
Loo⁶ sang⁶ khir³　ia⁷ thang¹ mai² kua¹　tsi²　ia⁷ tang¹ tsire³ phuaN⁵ tiN⁵

抄　起　繡　羅　衣，抄　起繡羅　衣
Tshau¹　khi²　siu³ loo⁵ i¹　tshiau¹　khi² sui³ loo⁵ ui¹

「抄起」將裙擺撩起，以便行動。第一次唱泉音，第二次唱潮音。

整　起　阮　春　雲　鬢。
Tsieng² khi² guan² tshun¹　hun⁵ pin³

掠　只　金　蓮　步　步　輕　於　移。
Liah⁸ tsi²　kim¹ lian⁵ poo⁶　poo⁶ khieng¹ i⁵

阿　娘　頭　上　釵，阿　娘　頭　上　釵，
A¹ niang⁵ thoo⁵ sang² tshai¹　a¹ niuN⁵ thau⁵ tsiuN⁶ thire¹

「阿娘」第一次唱潮音，第二次唱泉音。

插　卜　端　正　無　倒　邊。
Tshah⁴ booh⁴ tuan¹ tsiaN³　boo⁵ too² piN¹

十　四　冥　月　光，十　四　冥　月　光。
Tsap⁸ si³ miN⁵ gue⁶　kuiN¹ tsap⁸ si³ miN⁵ gerh⁴　kng¹

「光」第一次唱潮音，第二次唱泉音。

照　見　咱　形　影　共　君　相　隨，
Tsio³ kiN³ lan² hieng⁵　iaN² kang⁷ kun¹ saN¹ sui⁵

咱　今　三　人　只　處　惡　分　於惡　離。
Lan² taN¹ saN¹ lang⁵　tsi² ter³　oo³ pun¹　oo³　li⁵

「**恶分恶離**」即難分難離，佛家語「五苦」，有「愛別離苦」。

有 心 到 泉 　州，有 心 到 泉 　州，
u⁶ sim¹ kau³ tsuiN⁵ tsiu¹　u⁶ sim¹ kau³ tsuan⁵ tsiu¹

「**泉州**」第一次唱潮音，第二次唱泉音。

不 管 許 山 　高 路 嶺 　崎
but⁸ kuan² hir² suaN¹ kiriN⁵ loo⁶　niaN²　khi¹。

披 星 　載 月 去，不女恐 　畏 人 知 　機。
Phi¹ sieng¹ tai³ gue⁶ khi³　khiong² ui⁶ lang⁵ tsai¹ ki¹

「**披星載月**」形容行路風塵之勞苦。

披 星 　載 月 去，不女恐 　畏人 看 　見。
Phi¹ sieng¹ tai³ guat⁴ khir³　khiong² ui⁶ lang⁵ khuaN³ kiN³

韻字：議、時、意、纏、衣、移、邊、隨、離、崎、邊、機、見〈基青韻〉。

30.孤樓悶（潮疊　倍思管　疊拍）

　本曲爲「陳三五娘」本事，按曲詩爲陳三發配崖州後，五娘思念之情。然不見於諸本「荔鏡記」中。但現今南管曲唱中，此曲是相當受歡迎的曲目。本曲牌名舊作〈潮陽春〉（一二撩拍），只唱到「免阮今旦受盡倒巔做人」止，「爲伊」以下原爲另一曲，改唱〈潮疊〉（疊拍）後，兩曲合而爲一。

孤 樓 悶 懶 怛 入 繡 房
koo¹ sire¹bun⁷ lan² than³ lip⁸ siu³ pang⁵

「怛」或作「坦」（見吳明輝《南音錦曲選集》）。案音似形同者有「呾」，爲潮州語，意爲「說」，然於此文意不符。故疑爲「憚」。

空 房 青 清 床 空 蓆 冷 悶 煞 人
khang¹ pang⁵ tshiN¹ tshin³ tshng⁵ khang¹ tshioh⁸ lieng² bun⁷ suah⁴ lang⁵

昨　冥　於一　夢　夢　見　是　我　三　哥　　於情　人
tsah⁸ miN⁵　　tsit⁸ bang⁷ bang⁷ kiN³ si⁶ gua² saN¹ koo¹　　tsiaN⁵ lang⁵

來在　房中　於哀怨訴　出　伊人　千　　般　　於苦　痛
lai⁵ tir⁷ pang⁵tng¹ ai ¹uan³ soo³tshut⁴ i¹ lang⁵ tshiriN¹ puaN¹khoo² thang³

醒　　來尋　思　於無　人
tshiN² lai⁵ sim⁵ sir¹　　boo⁵ lang⁵

想　來　算　去　想　來　算　去
siuN⁶ lai⁵ sng³ khir³ siuN⁶ lai⁵ sng³ khir³

越　自　割　阮　腸　肝　作　寸　　斷
uat⁸ tsir⁷ kuah⁴ guan² tng⁵ kuaN¹ tsire³ tshun³ tng⁷

伊　是　官　　於蔭　人　子
i¹　　si⁶ kuaN¹　　im³ lang⁵ kiraN²

爲　咱　荔　枝　爲著　咱　厝　荔　枝
ui⁶ lang² niriN⁷ tshi¹ ui⁶ tioh⁸ lang² tshu³ niriN⁷ tshi¹

即　　會　發　配　崖州　城　市
tsiah⁴　ire⁶ huat⁴ phue³ gai⁵ tsiu¹ siaN⁵ tshi⁶

從　君　於一　去　阮　今　廢　寢　　於忘　　餐
tsng⁵ kun¹　　tsit⁸ khir³ guan² taN¹ hue³ tshim²　　bong⁷ tshan¹

「廢寢忘餐」言終日思念，以致眠食俱廢。

值　曾　識　去　畫　眉　於照　　鏡
ti⁷ tsng⁵ pat⁴ khir³ ire⁷ bai⁵　tsio³ kiaN³

「值曾」何也，何曾。

「識」曾經也。

顔　容　衰　損　冥　日　怨　身　於切　　命
gan⁷ iong⁵ sire¹ sng² miN⁵ lit⁸ uan³ sin¹　　tshire³ miaN⁶

「怨身切命」即「怨切身命」，「怨切」即怨恨，「身命」命運也。

早 知 會 誤 君 早 知 會 誤 君
tsa² tsai¹ ire⁶ goo⁷ kun¹ tsa² tsai¹ ire⁶ goo⁷ kun¹

何 卜 當 初 來於 出 世
hua⁵ booh⁴ tng¹ tshire¹ lai⁵ tshut⁴ si³

「何卜」何必。

免 阮 今於 旦 受盡 倒顚 於做 人
bieng² guan² kin¹ tuaN³ siu⁷ tsin⁶ too²tian¹ tsire³ lang⁵

「倒顚」疑即「倒懸」，困苦也。《孟子》：「民之悅之，猶解倒懸也。」

爲 伊 爲 伊人 減 玉 容 損 冰 肌
ui⁶ i¹ ui⁶ i¹ lang⁵ kiam² iok⁸ iong⁵ sng¹ pieng¹ ki¹

「玉容冰肌」形容女性肌膚瑩潔光潤。此句言其青春因相思而瘦損。

即 知 恁 相 耽 誤
tsiah⁴ tsai¹ lin² saN¹ tam¹ goo⁶

恨 煞 當 初 揀 荔 枝
hirn⁶ suah⁴ tng¹ tshire¹ taN³ niriN⁵ tshi¹

君 君 身 若 是 官 司 了 離
kun¹ kun¹ sin¹ liok⁸ si⁶ kuaN¹ si¹ liau² li⁵

「官司了離」此句言官司能脫身。

須 著 回 鄉 歸 故 里
su¹ tioh⁸ hire⁵ hiong¹ kui¹ koo³ li²

聽 見 杜 鵑 於聲 啼
thiaN¹ kiN³ too⁷ kuaN¹ siaN¹ ti⁵

忽 然 聽 見 杜 鵑 叫 聲 悲
hut⁸ lian⁵ thiaN¹ kiN³ too⁷ kuaN¹ kio³ siaN¹ pi¹

更 深 花 露 滴 心 悶 越 自 悲
kiN¹ tshim¹ hua¹ loo⁷ ti³ sim¹ bun⁷ uat⁸ tsir⁷ pi¹

滿　腹　愁　思惡　說　起

buaN² pak⁴ tshiro⁵ sir¹ ooh⁴ serh⁴ khi²

「惡」即難也。

除　非　著　見　君　一於　面

tir⁵ hui¹ tioh⁸ kiN³ kun¹ tsit⁸　bin⁷

訴　出　真　情　　說　拙　真　情

soo³ tshut⁴ tsin¹ tsieng⁵ serh⁴ tsuah⁴ tsin¹ tsineg⁵

即　　會　解　得　阮　心　意

tsiah⁴ ire⁶ kire² tit⁸ guan² sim¹　i³

即　　會　解　得　阮　心　意

tsiah⁴ ire⁶ kire² tit⁸ guan² sim¹ i³

韻字：房、人、痛〈江韻〉。鏡、命〈京韻〉。枝、市、滴、離、肌、起、意、啼、悲〈基韻〉。

三、上撩曲

（一）七撩曲

1. 月照芙蓉（山坡里陽　五六四仅管　七撩拍）

　　本曲詩據張再興編《南樂曲集》乃取自元散曲「月照芙蓉」，但應為仿元散曲之作品。最早見於萬曆年刊《精選時尚新錦曲摘隊》一卷，牌名或作「山坡羊」（如【麗錦】、張再興本）或作「山坡裡羊」（如吳明輝《南音錦曲選集》等）。依吳昆仁先生言：「山坡里羊」與「山坡里」之差異在於「山坡里羊」兼有「倍工」之韻（或言有落五ㄨ），而「山坡里」則無。此曲從「月照芙蓉」至「七夕騙過了又是負中秋」為五六四仅管，以下則為五空管。

月　照　於芙　蓉　色於淡，

gerh⁸ tsio³　phu⁵ iong⁵ siek⁴ tam⁶

「淡」琵琶指法「緊行指」處，手抄本中均註明有「血氣」唱法。

風　吹　許　梧　桐　聲　慘。
huang¹khau¹hir²goo⁵ tong⁵ siaN¹ tsham²

「芙蓉」依吳昆仁先生言：此二字之韻，名爲「鯉魚吐珠」。案「芙」閩南語白
話音讀重唇音出氣，有「吐」之象，故而名之。

「風吹」【麗錦】作「恍惚」。「吹」音 khau¹，乃借義字。周長楫《閩南語詞典》
作「摳」，於此不甚雅，作「敲」較宜。

「梧」讀音亦可鼻化爲 gooN⁵。

愭　人　一於　去，繡　幃　內　晝　　清，於那　阮　獨自。
tsiaN⁵ lang⁵ tsit⁸ khir³ siu³ ui⁵ lai⁶ tshiN¹ tshin³ naN⁷ guan² tat⁸ ti⁶

西　風　梢　梢，怨　煞　　長　冥。
Sai¹ huang¹ tshiau² tshiau² uan³ suah⁴ tng⁵ miN⁵

「梢梢」【麗錦】作「颯颯」。「梢」：《廣韻》所交切，沈富進《彙音寶鑑》時母
交韻，應讀 siau¹ siau¹，然吳昆仁先生唱音 tshiau²，應誤作「悄」。「梢梢」：風葉
聲。鮑照詩：「風梢梢而過樹，月蒼蒼而照臺。」，李白詩：「梢梢風葉聲。」

孤　燈　渺　渺，
Koo¹ tieng¹ biau² biau²

「渺渺」【麗錦】作「杳杳」。

照　阮　看　君　形　　影 不女都　不　見
tsio³ guan² khuaN³ kun¹ hieng⁵ iaN² too¹ m⁷ kiN³

君，恨於君　恁　薄　愭　可　負　義，
kun¹ Hirn⁷ kun¹ lin² pok⁸ tsieng⁵ khah⁴ hu⁷ gi⁷

「可」有「非常」之意。

七　夕　騙　過　了　又　負史　秋　暝。
tshit⁴ siah⁴ phian³ ker³ liau² iu⁷ hu⁷ tiong¹ tshiu¹ si⁵

誤　阮　悶　倚　南　樓，
goo⁷ guan² bun⁷ ua² lam⁵ lio⁵

「倚」《彙音》i² 文讀音。

「樓」《彙音》leru⁵，南管唱音 liro⁵ 又弱化爲 lio⁵。「南樓」：原爲古樓名，即「庾樓」，又稱「玩月樓」。《世說・容止》記載晉庾亮秋夜登南樓之韻事。現指觀月賞景之樓臺。

對　月　朗　共　於星不女稀　共　　於星　　於稀。

tui³ guat⁸ lang² kang⁷　sieng¹ hi¹　kang⁷　sieng¹　hi¹

於早　知　汝害　阮　　病成　　相　思，

　tsa² tsai¹ lir² hai⁷ guan²　piN⁷ tsiaN⁵ siuN¹　si¹

任　汝　那　嘴　出　蓮　　花，

lim⁶ lir² naN⁷ tshui³　tshut⁴ niriN⁵ hue¹

「嘴出蓮花」即「舌燦蓮花」，喻言語動人。

阮　不甘　放　恁離。

guan² m⁷ kam¹ pang³　lin² li⁵

聽　見　窗　外孤雁聲　慘，

tiaN¹ kiN³ thang¹ ua⁷　koo¹ gan⁷ siaN¹ tsham²

兼　寺院　內鐘　聲　於透　入人於耳。

giam¹ si⁷ iN⁷ lai⁶ tsieng¹ siaN¹　thau³ lip⁸ lang⁵　hi⁶

越　添　得阮　悶人　目淬　珠淚滴。

uat⁸ thiam¹ tit⁴ guan² bun⁷ lang⁵ bat⁸ tsaiN² tsu¹ lui⁷　tih⁴

當初　　靠於汝　如靠天，

tng¹ tshire¹ kho³　　lir² lir⁵ kho³ tiN¹

誰　知　冤家汝可　負　義。

tsui⁵ tsai¹ uan¹ ke¹ lir²　khah⁴ hu⁷　gi⁷

任　是　天　翻　共　地覆，地覆天　翻　，

Lim⁶ si⁶　thian¹ huan¹ kang⁷　te⁷ hok⁸ te⁷ hok⁸ thian¹ huan¹

「天翻地覆」形容形勢巨大變化，唐・劉商《胡笳十八拍》：「天翻地覆誰得知，如今正南看北斗。」

阮 心 堅 如 鐵 <u>於</u> 石 更 　難 <u>於</u> 移。

guan[2] sim[1] kian[1] lir[5] thiek[4] siek[8] kieng[6] 　lan[5] i[5]

「心堅如鐵石」即「鐵石心腸」喻人堅貞剛毅。

任 是 天 翻 　共 地 覆，地 覆 天 翻，

lim[6] si[6] thian[1] huan[1] 　kang[7] 　te[7] hok[8] te[7] hok[8] thian[1] huan[1]

阮 心 肝 　堅 如 鐵 <u>於</u> 石 更 亦 難 移。

guan[2] sim[1] kuaN[1] 　kian[1] lir[5] thiek[4] siek[8] kieng[6] ia[7] 　lan[5] i[5]

韻字：自、冥、義、時、稀、思、離、耳、滴、天、義、移〈基青韻〉。

書影：《麗錦》〈月照芙蓉〉

2. 玉簫聲（倍工　五空管　七撩拍）

本曲詩乃《趙貞女與蔡伯喈》本事，梨園戲中有『三行』：〈貞女行〉、〈雲英行〉、〈玉眞行〉，此曲爲〈貞女行〉之唱段，亦爲南管曲唱著名曲目，曲詩來自指套〈玉簫聲〉之首節。

本曲牌名各本所記有兩種：【鈺】【章】吳明輝《南音錦曲選集》張再興《南樂曲集》作「七犯子」，【昇】【輝】【溝】則作〈五韻美〉（〈五圓美〉或〈五員美〉，此統一稱〈五韻美〉。）據呂錘寬《泉州弦管指譜叢編》上【昇】本〈玉簫聲〉注，本曲應作「五韻美」，且於「真情..」過〈湯瓶兒〉。據吳昆仁先生言：此曲尾自「阮抱琵琶…」過〈生地獄〉。

玉　簫　聲　和，因乜會來吹　出　　雙　調　倍。
giek⁸ siau¹ siaN¹　her⁵ in¹ mih⁴ ire⁷ lai⁵ tsher¹ tshut⁴　　sang¹ tiau⁷　per⁶

「雙調倍」《辭海》「雙調」原商調樂律名，指燕樂商聲七調之第四均。在南管中「雙調」爲「倍工」之古稱（據呂錘寬《泉州弦管指譜叢編》上【昇】本〈玉簫聲〉注），而在南管古刊本【麗錦】、【賽錦】中「雙」，可爲「中倍」或「倍工」（皆五空管），而「背雙」則爲「大倍」及「小倍」（皆五六四仪管）。

不女舊　絃　雖　換　了　新　絲，
　　　Kiu⁷ hieng⁵ sui¹ uaN⁷ liau² sin¹ si¹

此句「新絲」比新人，「舊絃」比舊人，喻蔡伯喈迎新棄舊，不念糟糠之妻。

想　汝儜　彈　再　彈　得到　尾。
siuN⁶ lir² tsai⁷　tuaN⁵ tsua⁷ tuaN⁵　tit⁴ kau³ ber²

不女伯　喈坐琴　堂，掠父母共　妻兒不　顧　尋。
　　　piek⁴ kai¹ tse⁶ khim⁵ tng⁵ liah⁸ pe⁶ bu² kang⁷ tse¹ li⁵ m⁷ koo³ tsher⁷

「琴堂」彈琴的地方，《呂氏春秋・察賢》：「宓子賤治單父，彈鳴琴，身不下堂，而單父治。」

「掠」捉、拿、將也。

虧 得 真 女，一 身 即 行 到 不女只 處。

khui[1] tit[4] tsin[1] lir[2] tsit[8] sin[1] tsiah[4] kiaN[5] kau[3] tsi[2] ter[3]

玉 堂 身 富 貴，誤 阮 責 春 雖 易 過。

giok[8] tong[5] sin[1] hu[3] kui[3] goo[7] guan[2] tshieng[1] tshun[1] sui[1] kere[2] ker[3]

「玉堂」官署府衙之頌稱，俞文豹《吹劍錄》：東波在玉堂日，有幕士善歌。因問：「我何如柳七？」對曰：「柳郎中詞，只合十七八女郎，執紅牙板，歌『楊柳岸曉風殘月』；學士詞，須關西大漢，銅琵琶、鐵綽板，唱『大江東去』。東波爲之絕倒。

「易過」「易」，《彙音》：無難也。

汝倆 通 誤 置 爹 媽， 有 只 八 十 老 年 歲。

lir[2] tsai[7] tong[1] goo[7] ti[7] tia[1] ma[2] u[6] tsi[2] pue[3] tsap[8] lau[6] niN[5] her[3]

於生 在 深 閨 女 兒，阮 苦 苦 痛 痛，

siN[1] tir[6] tsim[1] kui[1] lir[2] li[5] guan[2] khoo[2] khoo[2] thang[3] thang[3]

跋 涉 千 里來 只 處 相 尋。

puat[8] siap[8] tsiriN[1] li[2] lai[5] tsi[2] ter[3] saN[1] tsher[7]

「跋涉」登山涉水，喻旅途之艱苦。《詩·鄘風·載馳》：「大夫跋涉，我心則憂。」

於真 憒 付 流 水，恩 愛於 趁 風 吹。

tsin[1] tsieng[5] hu[3] lau[5] tsui[2] irn[1] ai[3] than[3] hong[1] tsher[1]

「水」字琵琶指法「緊行指」處，手抄本中均註明有「血氣」唱法。

除非 著 見 憒 人於不女 面，

tir[5] hui[1] tioh[8] kiN[3] tsiaN[5] lang[5] bin[6]

掠 拙 舊 恨 新 愁

liah[8] tsuah[4] kiu[7] hirn[7] sin[1] tshiro[5]

「新愁舊恨」對往事與現況的煩惱與怨恨情緒。唐·韓偓詩：「新愁舊恨真無奈，須就鄰家甕底眠。」

從 頭 共 君 恁 細 說。

tsng[5] thau[5] kang[7] kun[1] lin[2] ser[3] serh[4]

阮　抱　　琵琶　彈　卜　和，
guan² phoo⁶　pi⁵ pe⁵ tuaN⁵ booh⁴ her⁵

未　　知　知音，伊　人　　去不女值　處。
Ber⁶ tsai¹ ti¹ im¹　i¹ lang⁵　khir³　tir⁶ ter³

未　　知　知音，阮　　知心　憊　人　去 不女值　處。
Ber⁷ tsai¹ ti¹ im¹　guan²　ti¹ sim¹ tsiaN⁵ lang⁵ khir³　　tir⁶ ter³

「知音」《呂氏春秋・本味篇》記伯牙與鐘子期之故事，即以知己爲知音。

「知心」喻彼此相契，能互知心事。《文選》〈李陵答蘇武書〉：「相識滿天下，知心能幾人。」

韻字：和、倍、尾、尋、處、過、歲、尋、吹、說、和、處〈科韻〉。

（二）三撩曲

1. 三更鼓（長滾　越護引　四空管　三撩拍）

　　本曲詩乃《陳三五娘》本事，首見於明嘉靖年間(1566 年)出版的《重刊五色潮泉插科增入詩詞北曲荔鏡記戲文》（以下簡稱【荔嘉】）〈第四十八齣，憶情自嘆〉，爲五娘所唱，本曲接唱於同牌名之「紗窗外」（指套〈自來生長〉第三節）之後。

三　更　鼓，阮　今　翻　身　於一　返。
SaN¹ kiN¹ koo²　guan² taN¹ huan¹ sin¹　tsit⁸ tng²

據吳昆仁先生言：此曲在從前七子戲演出時，演員（扮五娘者）先背觀眾而臥，唱至「翻身一返」時，方緩緩坐起。

此句臺南南聲社演唱時須過撩，故下句聲詞「不女」不用。

不女鴛　鴦　枕　上，阮　　目　滓　淚　滴　壬　行。
　　Uan¹ iuN¹ tsim² tsiuN⁶ guan² bak⁸ tsaiN² lui⁷　tih⁴ tshiriN¹ hng⁵

「目滓」眼淚也。「滓」澱也，液之沉澱物。《彙音妙悟》開韻爭母陰去聲，注：目液也。案《廣韻》阻史切，應作上聲。

誰　思　疑　阮　會　行　到　只於　機　頓。
Tsui⁵ sir¹ gi⁵ guan² ire⁷ kiaN⁵ kau³ tsi² ki¹ tng³

「思疑」即料想。

「機頓」地步，局面。即走到這步田地。

一　枝　燭　火　暗　又　光，對　只　孤　燈　阮　心　越　酸。
tsit⁸ ki¹ tsiak⁴ her² am³ iu⁷ kng¹ Tui³ tsi² koo¹ tieng¹ guan² sim¹ uat⁸ sng¹

更　深　寂　靜　兼　冥　長。
KiN¹ tshim¹ tsip⁸ tsiN⁶ kiam¹ miN⁵ tng⁵

「寂」靜也。《廣韻》前歷切，《彙音》卿韻爭母陽入，應讀 tsiak⁸，然南管樂師普遍收唇入聲。

「冥長」夜長也。

聽　見　孤雁，忽　聽　見　孤　雁　長　冥　那　障　悲，
thiaN¹ kiN³ koo¹ gan¹ hut⁸ thiaN¹ kiN³ koo¹ gan¹ tng⁵ miN⁵ naN⁷ tsiuN³ pi¹

不　見　我　君　伊　寄　有　封　書　返。
m⁷ kiN³ gua² kun¹ i¹ kira³ u⁶ pang¹ tsir¹ tng²

記　得　當　原　不女初　時阮　共　伊人　恩　愛　情　長，
ki³ tit⁸ tng¹ guan⁵ tshire¹ si⁵ guan² kang⁷ i¹ lang⁵ irn¹ ai³ tsieng⁵ tng⁵

「當原初」即「當初」，閩南語亦作「當原初」。

「恩愛情長」【荔嘉】作「恩義停當」。

相　愛　相　惜，情　意　如　蜜　調於　落　糖。
SaN¹ ai³ saN¹ sioh⁴ tsieng⁵ i³ lir² bit⁸ tiau⁵ loo⁷ thng⁵

恨　著　登　徒　林大，深　惱恨　著　登　徒　賊於　林大，
hirn⁷ tioh⁸ tieng¹ too⁵ lim⁵ tua⁷ tshim¹ au² hirn⁷ tioh⁸ tieng¹ too⁵ tshat⁸ lim⁵ tua⁷

「深惱」依讀音應作「深懊」。

汝　掠　阮　情　人　阻　隔　去　外　方。
Lir² liah⁸ guan² tsieng⁵ lang⁵ tsoo² keh⁴ khir³ gua⁷ hng¹

「外方」即外地。

誰　人　會　放　得　我　三　哥　返，

tsui⁵ lang⁵ ire⁷ pang³　tit⁴ gua² sam¹ koo¹ tng²

願　辦　壬　兩　黃　金　就　來　答　謝　恁，阮　都　不　算。

Guan⁷pan⁷tshiriN¹niuN²ng⁵kim¹ tsiu⁷lai⁵ tap⁴ sia⁷ lin²guan² too¹m⁷ sng³

投　告　於天　地，阮　今　著　來　再　拜　於　嫦　娥，

tau⁵ koo³　thiN¹ tire⁷ guan² taN¹ tioh⁸ lai⁵ tsai³　pai³ siong⁵ goo⁵

〈落一二拍〉

保　庇　阮　膩　婿，返　來　共　伊　人　同　入　賞　花　園。

Poo² pi³ guan² li⁷　sai³ tng² lai⁵ kang⁷ i¹ lang⁵ tang⁵ lip⁸ siuN² hue¹ hng⁵

「膩婿」親膩之情郎。亦有作「兒婿」。「膩」此爲柔順溫和之意。

落一二拍處各地有不同，南聲社從「保庇」處起。

推　遷　乞　我　三　哥，

tshui¹ tshieng¹ khit⁴ gua²　saN¹ koo¹

伊早　返　來共　　阮，共　伊　人　同　入　遊賞花　園。

I¹ tsa² tng² lai⁵ kang⁷　guan² kang⁷ i¹ lang⁵ tong⁵ lip⁸ iu⁵ siuN² hire¹ hng⁵

韻字：返、行、頓、光、酸、長、返、長、糖、方、返、算、園〈毛韻〉。

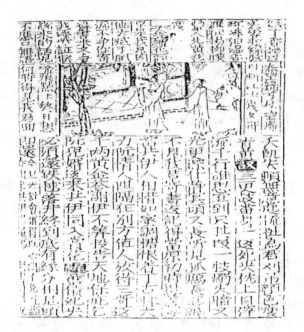

書影：1566 年《荔鏡記》戲文〈三更鼓〉

2. 共君斷約（長滾　大迓鼓　四空管）

本曲牌名作「大迓鼓」，南聲社曲簿作「鵲踏枝」，應有誤。一般長滾曲末句及其疊句皆落一二撩，末拍再返三撩。而本曲從頭至尾皆作三撩拍，爲較少見之例子。

共　　君　斷 於 約　鼓　返　三　更
kang[7] kun[1] tuan[6] iok[8] koo[2]　tng[2] saN[1] kiN[1]

阮　只　處 不 睏　等　到 於 值　時
guan[2] tsi[2] ter[3] m[7] khun[3]　tan[2] kau[3]　ti[7] si[5]

於 挑　盡 於 燈　花　無　數　返
thio[1] tsin[6] tieng[1] hire[1] boo[5] soo[3] tng[2]

「燈花」即燈心之餘燼，呈花狀。庾信《對燭賦》：「剌取燈花持桂燭，還　燈檠下燭盤。」

「無數返」即無數次。

心　內發　於業　又畏靈　雞聲　啼

sim¹　lai⁶ huat⁴ giap⁸　iu⁷ ui⁷ lieng⁵ kire¹ siaN¹ ti⁵

門　外人　盡　許多阮　麼狐　疑

mng⁵ gua⁷ lang⁵　tsin⁶　hir² too¹ guan² mih⁴ koo¹　gi⁵

「狐疑」《埤雅》狐性疑也。故如狐疑而不決也。〈離騷〉：「心猶豫而狐疑兮，欲自適而不可。」「狐」音應讀 hoo⁵。

惱得阮　行　都　不於成行　坐都　不成　坐

loo² tit⁴ guan² kiaN⁵　too¹ m⁷　　tsiaN⁵ kiaN⁵ tse⁶ too¹ m⁷ tsiaN⁵ tse⁶

「行都不成行，坐都不成坐。」此句形容坐立不安貌。

半　睏又都半　醒

puaN³ khun³ iu⁷　too¹ puaN³ tshiN²

促　命　冤家短　命　賊於　冤家

tshiok⁴ miaN⁷ uan¹　ke¹ ter² miaN⁷ tshat⁸　uan¹ ke¹

「促命」催命也。

汝今　因麼　做　障　於呆　痴

lir² taN¹　in¹ mih⁴ tsire³　tsiuN³　gai¹ tshi¹

「呆癡」喻呆拙不解情意。

何　不早　來共　阮　只　鎖金帳　內

hua⁷ m⁷ tsa²　lai⁵ kang⁷　guan² tsi² siau¹ kim tiuN³ lai⁶

做　出　嘮於　嗹哩唱　出　哩嘮嗹

tsire³ tshut⁴ loo¹　lian⁵ li² tshiuN³　tshut⁴　li² loo¹lian⁵

何卜　做障　延　於遲

hua⁷ booh⁴ tsire³ tsiuN³　ian⁵　ti⁵

誤 阮 壹 叠 一 場 風 流 於事 志
goo⁷ guan² thieng¹ tshun¹ tsit⁸ tiuN⁵ hong¹ liu⁵ tai⁷ tsi³
「風流」原指風韻、風情，此指男女之情事。

若 卜 於不 來 罪 過 於平 天
liok⁸ booh⁴ m⁷ lai⁵ tsue⁶ ker³ piN⁵ thiN¹
「罪平天」喻罪大惡極。

即 知 恁 乾埔 人 話 說 無 定
tiah⁴ tsai¹ lin² ta¹ poo¹ lang⁵ ire⁶ serh⁴ boo⁵ tiaN⁷

不女那 笑 阮 只 姿 娘 人 可 見 不 識 八 死
naN⁷ tshio³ guan² tsi² tsir¹ niuN⁵ lang⁵ khah⁴ kiN³ m⁷ pat⁴ pue³ si²

不女都 不 說 叫 恁 乾埔 人 言 語 無 憑
too¹ m⁷ serh⁴ kio³ lin² ta¹ poo¹ lang⁵ gian⁵ gir² boo⁵ pin⁵
「憑」《彙音》賓韻，然《廣韻》皮蠅切，蒸韻。

那 笑 阮 只 姿 娘 人 可 見 不 識 羞 恥
naN⁷ tshio³ guan² tsi² tsir¹ niuN⁵ lang⁵ khah⁴ kiN³ m⁷ pat⁴ siu¹ thi²
韻字：更、時、啼、疑、醒、癡、遲、志、天、死、恥〈基青韻〉。

3. 見許水鴨（長滾　潮迓鼓　四空管）

本曲腔韻，直接來自〈長潮陽春〉的移宮轉調，即以原「工」音，改爲「六」；故原〈長潮陽春〉「工」空起的樂句，本曲轉變爲「六」空起。樂人常言「長滾」即爲五空管的「潮陽春」，〈潮迓鼓〉的表現最爲直接，曲韻幾乎完全爲〈長潮陽春〉的五空管表現。本曲最難唱的句子爲「從伊去後」，「從伊」二字在高音仜與仪二譜字盤旋，「從」又是鼻音字，不容易發響聲。

見 許水 鴨鴛 鴦，
KiN³ hir² tsui² a³ uan¹ iuN¹

飛 來 在 只 水 上　於雙　雙 於對 對。
per¹ lai⁵ tir⁷ tsi² tsui² tsiuN⁶　sang¹ sang¹　tui³ tui³

虧 阮 只 處 守 孤 單。
Khui¹ guan² tsi² ter³ tsiu²　koo¹ tuaN¹

冥 日 思 君 阮 只 心 肝 於都 碎。
miN⁵ lit⁸ sir¹ kun¹ guan² tsi² sim¹ kuaN¹ too¹ tshui³

想 起 人 情 意 好,
siuN⁶ khi² lang⁵ tsiaN⁵ i³ hoo²

任於 那 是 刀 劍 割 都 不 開;
lim⁷ naN⁷ si⁶ too¹ kiam³ kuah⁴ too¹ m⁷ khui¹

從 伊 去 後, 阮 目 滓 於流 淚。
Tsng⁵ i¹ khir³ au⁶ guan² bak⁸ tsaiN² lau⁵ lui⁷

不女薄於 情, 想 許 冤 家 恁是 乜 般 於所 爲,
bok⁸ tsieng⁵ siuN⁶ hir² uan¹ ke¹ lin² si⁶ mih⁴ puaN¹ soo² ui⁵

許 處 貪 戀 花 粉,
Hir² ter³ tham¹ luan⁵ hue¹ hun²

不 念 阮 體 糠 恩 情 好。
m⁷ liam⁷ guan² tsau¹ khong¹ irn¹ tsieng⁵ hoo²

障 般 樣 哀 怨,
TsiuN³ puaN¹ iuN⁷ ai¹ uan³

未 知 阮 共 君 今 卜 值 時 得 相 見。
ber⁷ tsai¹ guan² kang⁷ kun¹ taN¹ booh⁴ ti⁷ si⁵ tit⁴ saN¹ kiN³

障 般 樣 哀 怨,
TsiuN³ puaN¹ iuN⁷ ai¹ uan³

未 得 知 阮 共 君 恁 今 卜 值 時 再 相 見。
ber⁷ tit⁴ tsai¹ guan² kang⁷ kun¹ lin² taN¹　booh⁴ ti⁷ si⁵ tsai³ saN¹ kiN³

韻字:對、碎、開、淚、爲〈開韻〉。

4. 思想情人（相思引　潮相思　五空管　三撩拍）

本曲爲〈相思引〉之名曲，[7]牌名〈潮相思〉，即本曲中有轉至〈潮調〉的腔韻；本曲相思引的腔韻僅用了兩次，即轉入倍士管〈長潮陽春〉的腔韻，其中「阮當初望卜相隨，永遠來交頸到百年；今來爲著功名，即會拆散做二邊。」之腔韻來自指套《忍下得》第二節之〈日頭落・鷓鴣啼〉的腔韻。較特殊處爲：落一二拍，「佳期」的「期」腔韻爲〈北相思〉尾大韻，因此結束收「北相思尾」而非「相思引尾」。

思　想　不女情　　人於　伊　今　一　於去
sir¹　siuN³　　tsiaN⁵　lang⁵　i¹　taN¹　tsit⁸　khir³

不女君　今　一　去　伊都　不肯　返　圓
　　　kun¹　taN¹　tsit⁸　khir³　　i¹　too¹　m⁷　khieng⁵　tng²　iN⁵

空　誤　阮
khang¹　goo⁷　guan²

空　誤　阮　責　　睿　卜　俩　會　得　過　長　冥
khang¹　goo⁷　guan²　tshieng¹　tshun¹　booh⁴　tsai⁷　ire⁶　tit⁴　ker³　tng⁵　miN⁵

君　不　念　阮　憶　著　伊，
kun¹　m⁷　liam⁷　guan²　ik⁴　tioh⁸　i¹

我　君　恁　不　念　阮　思　憶　著　　伊
gua²　kun¹　lin²　m⁷　liam⁷　guan²　sir¹　ik⁴　tioh⁸　i¹

乞　恁　乾　埔　人　臺　負　阮　姿　娘　人　空　守　於生　世
khit⁴lin²ta¹poo¹　ang⁵　koo¹　hu⁶　guan²tsir¹　niuN⁵lang⁵　khang¹tsiu²　sieng¹se³

「生世」一生一世。

當　初　阮　許　當　初　望　卜　相　隨
tng¹　tshire¹　guan²　hir²　tng¹　tshire¹　bang⁷　booh⁴　saN¹　sui⁵

---

[7] 〈相思引〉有醉、南、杜、戀、交、潮、五韻悲、八駿馬、千里急、九連環等不同曲韻，其中以千里急排序最大。

不女永　遠 來 交 頸　　到 百 年
　　　　ieng² uan² lai⁵ kau¹ kieng⁵　kau³ bah⁴ niN⁵
「交頸」為「鴛鴦交頸」之略，意夫妻恩愛。

今 來 為著 功 名 不女即 會 來 拆 散　做 二 邊
taN¹ lai⁵ui⁶ tioh⁸ kong¹bieng⁵ tsiah⁴ ire⁷ lai⁵ thiah⁴suaN³ tsire³ nng⁶ piN¹

願 我 君，願 我 君 只 去 龍 門 著 早 跳 過
guan⁷ gua² kun¹ guan⁷ gua² kun¹ tsi² khir³ liong⁵mng⁵ tioh⁸ tsa² thiau³ ker³
「龍門跳過」相傳魚躍龍門而化龍，喻登科之意。

名 標 金 榜，不女名　標 金 榜 題 出 我 君 名 字
bieng⁵piau¹kim¹png²　bieng⁵ piau¹kim¹ png²tire⁵tshut⁴ gua² kun¹miaN⁵li⁷
「金榜」指科考中舉之榜單，尤指殿試而言。名標金榜即中舉。

又 恐　畏，又 恐　畏 伊 人 迷 亂　楚 館
iu⁶ khiong² ui⁷　iu⁶ khiong² ui⁷ i¹ lang⁵ me⁵ luan⁷　tshoo² kuan²
「楚館」舊時指歌舞風月場所，《琵琶記》:「敢只是楚館秦樓，有個得意人兒。」

掠 阮 恩 情
liah⁸ guan² irn¹ tshieng⁵

汝 佇 通 掠 阮 恩 於情　盡 都 忘 記
lir² tsai⁷ thang¹ liah⁸ guan² irn¹ tshieng⁵ tsin⁶ too¹ bong¹ ki³

想 冤 家 汝 今 是 乜 心 意
siuN⁶ uan¹ ke¹ lir² taN¹　si⁶ mih⁴ sim¹ i³

賊 冤 家 汝 來 誤 阮　只 佳 期
tshat⁸ uan¹ ke¹ lir² lai⁵ goo⁵ guan²　tsi² ka¹ ki⁵
「佳期」指如此良宵。「期」字之曲韻為「北相思」落一二拍的大韻。

若 還 割 吊，
liok⁸ huan⁵ kuah⁴ tiau³

不女若 還 那 割 吊 得 阮 病 成 相 思
　　liok⁸ huan⁵ naN⁷ kuah⁴ tiau³ tit⁴ guan² piN⁷ tsiaN⁵ siuN¹ si¹

相 思一病 了 會 爲 君 躭 置

siuN[1] si[1] tsit[8] piN[7]　liau[2] ire[7]　ui[6] kun[1] tam[1] ti[3]

厭 厭 病 損 性 命 了 會 爲 君 恁 障 躭 置

iam[2]　iam[2] piN[7] sng[2] siN[3] miaN[7]　liau[2] ire[7] ui[6] kun[1] lin[2] tsiuN[3] tam[1] ti[3]

本曲「躭置」二字尾韻以〈北相思〉尾韻收尾。

韻字：去、圓、伊、隨、年、邊、字、記、意、期、思、置〈基青韻〉。

5. 追想當日（相思引 八駿馬 五空管 三撩拍）

　　本曲爲《鄭元和》故事，爲鄭元和金盡、落魄，悔恨之辭。牌名爲〈相思引・八駿馬〉，即集合八種腔韻而成，而以〈相思引〉爲主體，分別爲〈相思引〉(三撩拍)、落一二：〈北調〉、〈福馬〉、〈雙閨〉、〈將水令〉、〈麻婆子〉、〈玉交枝〉及〈短相思〉。

〈相思引〉

追 想　當 日我 心 頭 如 刀 刺

tui[1] siong[2]　tong[1] lit[8]　gua[2] sim[1] thau[5] lir[5] too[1] tshi[3]

悔 卻　前於 愆，不女悔 卻　前於 愆 覆 水 難 收 起

hue[2] khiok[4]tsian[5] khian[1]　hue[2] khiok[4] tsian[5] khian[1]hok[8] sui[2] lan[5] siu[1] khi[2]

「愆」罪過也。

「覆水」謂事成定局難挽回。「覆水難收」典故來自齊太公妻馬氏，嫌貧求去，後太公富貴又求復合。詳見《拾遺記》。漢朱買臣妻亦如是。

記 得前　日於來 興 臨 別 時

ki[3] tit[4] tsiriN[5]　lit[8]　lai[5] hin[1]　lin[5] piat[8] si[5]

二 人 相 看，

nng[6] lang[5] saN[1] khuaN[3]

阮 二 人 相 看 目 淬 暗 淚 滴

guan[2] nng[6]lang[5] saN[1]khuaN[3]bak[8] tsaiN[2]am[3]lui[7]　tih[4]

〈北調〉

無 奈 割 捨 拆 散 <u>於</u>分 <u>離</u>
bu⁵ nai⁷ kuah⁴ sia³ thiah⁴ suaN³ pun¹ li⁵

心<u>於</u> 想 我 尋 思 魂 魄 驅 馳
sim¹ siong² gooN² sim⁵ sir¹ hun⁵ phiak⁴ khu¹ ti⁵

<u>千</u> 般 苦 痛<u>於</u> 有 誰 <u>於知</u> 機
tshiriN¹ puaN¹ khoo² thang³ u⁶ tsui¹ tsai¹ ki¹

〈福馬〉

說 著 起 <u>來</u> 我 腸 <u>肝</u> 做 寸 裂
serh⁴ tioh⁴ khi² lai⁵ gua² tng⁵ kuaN¹ tsire³ tshun³ li⁷

當 <u>初</u> 本 是
tng¹ tshire¹ pun² si⁶

不女當 <u>初</u> 本 是 富 貴 <u>人</u> 仔 兒
　　tng¹ tshire¹ pun² si⁶ hu³ kui³ lang⁵ kira² li⁵

〈雙閨〉

<u>今</u> 反 做 下 <u>於</u>賤 夫
taN¹ huan⁵ tsire³ ha⁶ tsian³ hu¹

<u>衣</u>裳 襤 褸 怎 當 塞 清 天
i¹ tsiuN⁵ lam⁵ lir² tsim² tng¹ kuaN⁵ tshin³ thiN²

「襤褸」謂衣服破敝。《方言》:「南楚凡人衣被醜敝,謂之襤褸。」
「當」蔽擋也。

〈將水令〉

<u>腳</u>凍 清 我 壨 都 不 起
ka¹ tang³ tshin³ gua² kira⁵ too¹ m⁷ khi²

<u>須</u>強 企 行 上 <u>於</u>幾 里
su¹ kiuN⁵ niN⁴ kiaN⁵ tsiuN⁶ kui² li²

<u>查</u>尋 僻 處 暫 度 片 <u>時</u>
tsa⁵ tsher⁷ phiah⁴ tshu³ tsiam⁶ too⁷ phian³ si⁵

「僻」《彙音》：偏。

「片時」形容時間之短暫。

〈麻婆子〉

亞 仙 亞 仙 汝 今 值 去
a¹ sian¹ a¹ sian¹ lir² taN¹ ti⁷ khir³

於 倆 通 忘 我 恩 義
　tsai⁷ thang¹ bong⁵ gua² irn¹ gi⁷

錢 銀 錢 銀 汝 今 騙 去 了 旺
tsiN⁵ girn⁵ tsiN⁵ girn⁵ lir² taN¹ phian³khir³liau²

於 掠 我 趕 於 出 來
　liah⁸ gua²kuaN² tshut⁸ lai⁵

一 身 狼 狽 無 於 依 倚 於
tsit⁸ sin¹ long⁵ pue⁷ boo⁵ i¹ i²

「狼狽」喻況窘迫境。李密《陳情表》：「臣之進退，實爲狼狽。」

〈玉交枝〉

是 我 不女是 我 可 呆 痴
si⁶ gua² 　si⁶ gua² khah⁴ gai¹ tshi¹

到 今 旦 我 說 麼 得 是
kau³ kin¹ tuaN³ 　gua² serh⁴ mih⁴ tit⁴ si⁶

想 著 起 來 我 亂 都 如 痴
siuN⁶ tioh⁸ khi² lai⁵ gua² luan⁷ too¹ lir⁵ tshi¹

〈短相思〉

早 知 誤 落 於 陷 阱
tsha² tsai¹ goo⁷ loo⁷ ham⁷ tsiN²

任 是 天 仙 不女任 待 那 是 天 仙
lim⁶ si⁶ thian¹ sian¹ 　lim⁷ thai⁷ naN⁷ si⁶ thian¹ sian¹

我　亦　㑑　敢　貪　戀　伊

gua² ia⁷ tsai⁷ kaN² tham¹　luan⁵ i¹

看　　天　色　黃　昏　時

khuaN³ thiN¹ siat⁴ hong⁵　hun¹ si⁵

做　緊　強　企，不女做　緊　強　企　客　寓　安　身　己

tsire³ kin² kiuN⁵ niN⁷　tsire³ kin² kiuN⁵ niN⁷ khiak⁴　gu⁷ an¹ sin¹ ki²

暫　度　一　宵　且　看　是　㑑　呢

tsiam⁶ too⁷ it⁸ siau¹ tshia² khuaN³　si⁶　tsai⁷　niN⁵

暫　度　一　宵　試　看　是　㑑　呢

tsiam⁶ too⁷ it⁸ siau¹ tshi³ khuaN³ si⁶　tsai⁷　niN⁵

韻字：刺、起、時、滴、離、馳、機、裂、而、天、起、里、時、義、倚、癡、癡、阰、伊、時、己、呢〈基青韻〉。

6. 遠看見長亭（相思引　千里急　五空管　三撩拍）

　　本曲爲《孟姜女》之故事，描述孟姜送寒衣與范杞郎，途遇軍營而入營尋夫。門頭爲〈相思引〉，據吳昆仁先生言：本曲多處省略原相思引應過撩之處，且低韻（落下空）後的下接句常翻高，爲高八度音（一空）起唱，因而造成曲韻促急跌蕩，故牌名稱〈千里急〉。

遠　看　　見　長　亭，於未　過　短　亭，路　又　遠。

hng⁶ khuaN³ kiN³ tng⁵ tan⁵　ber⁷ ker³ ter² tan⁵　loo⁷ iu⁷ hun⁶

「長亭、短亭」秦漢十里置亭，曰長亭。北周·庾信《哀江南賦》：「水毒秦涇，山高趙陘。十里五里，長亭短亭。」故十里一長亭，五里一短亭。

人　家　稠於密，只　都　是　軍　守　營　門。

lin⁵ ke¹ siap⁴ biat⁸　tsi² too¹ si⁶ kun¹ siu² iaN⁵ bng⁵

「稠密」原應爲讀 siap⁴ bat⁸。

被　進　去　近　前　借　問，

pi⁷ tsin³　khir³ kirn⁶ tsiriN⁵ tioh⁴ bng⁶

「被」或作「譬」、「俾」、「便」。應作「便」。然樂師唱唸往往做 pi[7]，故仍做「被」。

范　氏　杞　良　　伊今　住　在　值一　軍　營　中。
huan[6] si[6] khi[2] liong[5]　i[1] taN[1] tiu[6] tir[6] ti[6] tsit[8] kun[1]　iaN[5] tng[1]

得　見　我　君，不女得　見　著　我　君。
tit[4] kiN[3] gua[2] kun[1]　　　tit[4] kiN[3] tioh[8]　gua[2] kun[1]

恰　親　像　蜜內再　添　於糖，
khap[4] tshin[1] tshiuN[6] bit[8] lai[6] tsai[3] thiam[1]tng[5]

不女錦　上　再　於添　妝。
　　kim[2] siong[6] tsai[3] tiN[1] tsng[1]

喊　聲，聽　見　喊　聲　都　喨，
hiam[3] siaN[1] thiaN[1] kiN[3] hiam[3]　siaN[1] too[1] liang[7]

「喊」吆喝，驅趕聲。

「喨」音聲清遠。

驚　得　阮　只　腳　酸　手　軟。
kiaN[1] tit[4] guan[2] tsi[2] kha[1]　sng[1] tshiu[2] nng[2]

又　畏　巡　軍　人　來　相　不女盤　於問，
iu[6] ui[6] sun[5] kun[1] lang[5]　lai[5] saN[1]　phuan[5] bun[7]

把　定　阮　今　把　定　莫　得　驚　惶。
pe[2] tiaN[7] guan[2]　taN[1] pe[2] tiaN[7] boo[7]　tit[4] kiaN[1] hiaN[5]

「惶」若為韻腳應為 hng[5]。

想　阮　只　姿　娘　人，
siuN[6] guan[2]　tsi[2]　tsir[1] niuN[5] lang[5]

出　路　無　乜　犯　法，夾　帶　贓。
tshut[4] loo[7] boo[5]　mih[4] huan[6] huat[4] kiap[4] tai[3] tsong[1]

「夾帶贓」「贓」原指竊盜所得，現指不法之物。此句對應於下句。「贓」若為韻腳應為 tsng[1]。

那　是　送　只，送　只塞　衣尋　我　范　杞　郎。
naN⁷ si⁶ sang³　tsi²　sang³ tsi² kuaN⁵ ui¹ tsher⁷ gua² huan⁶ khi² liong⁵

「郎」若爲韻腳應爲 nng⁵。

那　是　送　只 將　只塞　衣 度 不女我　郎。
naN⁷ si⁶ sang³　tsi² tiong¹ tsi² kuaN⁵　ui¹ thoo⁷　　gua² nng⁵

韻字：遠、們、問、中、糖、妝、軟、問、惶、臢、郎〈毛韻〉。

7. 我爲汝（北相思　五空管　三撩拍）

　　本曲爲〈陳三五娘〉本事，然在諸本《荔鏡記》不見此曲。臺灣
七子戲則將此曲分成數段，中間穿插其他曲目與說白。第十二齣〈相
思〉，從「我爲汝」起唱，至「親手揕落度我爲記」穿插說白，接唱
「我尋思都無計智」至「共汝結做連理」插白，接唱「誰想汝」至「返
鄉里」；然後穿插〈勸告阿娘〉等曲。而本曲詩落一二部份，則在第
十四齣〈安童尋主〉從「早知恁負心」起唱，以本曲結束此出劇情。
按本曲曲意爲陳三向五娘訴說來意，並責五娘無情而有歸意。牌名〈北
相思〉，爲五空大四子之一。呂書謂〈北相思〉爲〈長聲聲鬧〉，但卓
聖翔與林素梅編著曲牌大全，則認爲北相思與長聲聲鬧無關，反與駐
雲飛的曲調爲父子關係。筆者請教吳素霞女士、吳昆仁先生等人，則
認爲〈北相思〉與〈長聲聲鬧〉無關，與〈駐雲飛〉亦無關係，也從
未聽過此說法。

我 於爲汝 費 盡 心 機，
gua²　ui⁶ lir² hui³　tsin⁶ sim¹ ki¹

別 哥嫂偷 身 來於到 只。
biat⁸ koo¹ soo² thau¹ sin¹　lai⁵ kau³ tsi²

爲於當 初 元 宵 時，賞 燈 來 於相 見。
ui⁶　tng¹ tshere¹ guan⁵ siau¹ si⁵　siuN² tieng¹ lai²　saN¹ kiN³

著 恁花 容 於玉 貌，體 態 嬌 媚。

$tioh^8$ lin^2 hua^1 $iong^5$ iok^8 mau^6 the^2 $thai^7$ $kiau^1$ bi^5

冰 肌朱 唇，天 姿 國 色，不女貌 賽 西 施。

$pieng^1$ ki^1 tsu^1 tun^5 $tieng^1$ $tsir^1$ kok^4 $siek^4$ mau^6 $serh^8$ sai^1 si^1

「國色天姿」原「國色天香」，出唐．李正封詩：「天香夜染衣，國色朝酣酒。」

因只上， 我即 病成 於相 思，

in^1 tsi^2 $tsiuN^6$ gua^2 $tsiah^4$ piN^6 $tsiaN^5$ $siuN^1$ si^1

因只「上」疑爲「只樣」（這樣）之合音。

到 廣南拜 別 哥，因勢返來潮州，不女遊遍 街 市。

kau^3 kng^2 lam^5 pai^3 $piat^8$ koo^1 in^1 se^3 tng^2 lai^5 tio^5 $tsiu^1$ iu^5 $phian^3$ $kire^1$ $tshi^6$

「因勢」即便。

幸 見汝値許高 樓 上，掠 荔 枝裝 入 手 帕，

$hieng^6$ kiN^3 lir^2 tir^6 hir^2 $kuiN^5$ lau^5 $tsiuN^6$ $liah^8$ $niriN^5$ tsi^1 $tsoo^1$ zip^8 $tshiu^2$ pe^7

汝親 手 揬落度 我 爲記。

lir^2 $tshin^1$ $tshiu^2$ taN^6 loo^7 $thoo^6$ gua^2 ui^6 ki^3

我 尋思都 無 計 智，

gua^2 sim^5 sir^1 too^1 boo^5 ke^3 ti^3

「計智」計策。

袂 得見 恁面，我 冥 日只 處 苦 疼 傷 悲。

bue^6 tit^4 kiN^3 lin^2 bin^6 gua^2 miN^5 lit^8 tsi^2 ter^3 $khoo^2$ $thang^3$ $siong^1$ pi^1

但 得棄 馬賣 身，來恁 於厝 豎 起。

tan^6 tit^4 khi^3 me^2 bue^6 sin^1 lai^5 lin^2 $tshu^3$ $khira^6$ khi^2

「豎起」住下之意。

只望 汝共 我心 同 都 一 意，

tsi^2 $bang^6$ lir^2 $kang^7$ gua^2 sim^1 $tang^5$ too^1 $tsit^8$ i^3

即 甘心 捧 盆 水，共 恁掃 廳。

$tsiah^4$ kam^1 sim^1 $phang^5$ $phun^5$ $tsui^2$ $kang^7$ lin^2 soo^2 $tieng^1$

我　一　心　望　卜　共　汝 不女結　做　　連　理，

gua² tit⁸ sim¹ bang⁶ booh⁴ kang⁷ lir²　　kiat⁴ tsire³ lian⁵ li²

誰　想　汝　掠　荔　　枝　都　不　提　起，

tsui⁵ siuN⁶　lir² liah⁸ niriN⁵　tsi¹ too¹ m⁷ the⁵ khi²

誤　我　一　身　到　只，

goo⁶ gua²　tit⁸ sin¹ kau³ tsi²

拙　　時　拋　　別　畫　詩，

tsuah⁴ si⁵ phau¹　piat⁸ tsir¹ si¹

「拙時」這些時候。

苦　苦　疼　疼　我　袂　得　通　　返　鄉　里。

Khoo² khoo²　thang³ thang³ gua² bue⁶　tit⁴ thang¹ tng² hiuN¹　li²

〈落一二拍〉

早　知　恁　於負心，任　汝　貌　　賽　西　施　褒　姒。

tsa² tsai¹ lin²　　hu⁶ sim¹　lin⁶ lir² mau⁶ serh⁸ sai¹　si¹ poo¹ si⁶

我　亦　儕　肯　　做　障　行　儀。

gua² ia⁷ tsai⁷ khieng²　　tsire³ tsiuN³ kiaN⁵ gi⁵

「行儀」：行為。

鄙　乞　恁　姿　娘　人，說　我　惺　　惺　男　兒　無　志。

phit⁴ khit⁴ lin²　tsir¹ niuN⁵ lang⁵ serh⁴ gua² sieng¹ sieng¹ lam⁵ li⁵ boo⁵ tsi³

「鄙乞」低聲下氣祈求。

「惺惺男兒」形容男子漢大丈夫。也有作「生成男兒」，音近。

緊　收　拾　我　拙　行　李，放　早　抽　身　返　去。

kin² siu¹　sit⁸ gua² tsuah⁴ hieng⁵　li² phang³ tsa² thiu¹ sin¹ tng² khir³

免　我　只　處　共　恁　於相　　纏，

bian² gua² tsi²　ter³ kang⁷ lin²　saN¹　tiN⁵

到　底　我　終　　然　是　著　恁 尞置，

too³　ti² gua² tsiong¹ lian⁵ si⁶ tioh⁸ lin² tam¹ ti³

我 厝 門 風 豈 無 一 窈 窕 淑 女，
gua² tshu³ bng⁵ hong¹ khi² boo⁵ tit⁸ iau² thiau² siok⁴ lir²

通 來 共 我 匹 配 佳 期。
thang¹ lai² kang⁷ gua² phit⁴ phue³ ka¹ ki⁵

何 卜 輕 身 下 賤，只 處 受 恁 輕 棄。
hua⁷ booh⁴ khieng¹ sin¹ ha⁶ tsian⁶ tsi² ter³ siu⁶ lin² khieng¹ khi³

何 卜 輕 身 下 賤，只 處 受 恁 娘 嫺 輕 棄。
Hua⁷ booh⁴ khieng¹sin¹ ha⁶tsian⁶tsi² ter³ siu⁶ lin² niuN⁵ kan² khieng¹ khi³

韻字：機、只、時、見、媚、施、思、市、記、智、悲、起、意、理、起、只、詩、里、姒、儀、志、李、去、纏、置、期、棄。〈基青韻〉。

8. 小妹聽（長潮陽春　倍思管　三撩拍）

本曲爲《陳三五娘》本事，其辭意同於嘉靖年刊《重刊五色潮泉插科增入詩詞北曲荔鏡記戲文》第二十一齣〈陳三掃廳〉之〈誤佳期〉段，生唱：「小妹我說乞…」段，爲陳三向益春說明來身世及來由。臺灣七子戲此齣爲第八齣〈掃廳〉。

〈長潮陽春〉的曲目，有「工」空、「一」空、「士」空三種起音方式，而本曲起音於「士」，據吳昆仁先生言：長潮陽春起音於「士」者，變化較多，較爲難唱。

小 妹 聽 我 說 拙 因 來：
sio² ber⁷ thiaN¹ gua² serh⁴ tsuah⁴ in¹ lai⁵

念 伯 卿 亦 曾 讀 書 做於 秀 才，
liam⁷ piek⁴ khieng¹ ia⁷ tsng⁵ thak⁸ tsir¹ tsire³ siu³ tsai⁵

「念」姑念，有求憐憫之意。

厝 住 泉 州 許 處 繁 華 於所 在。
tshu³ tiu⁶ tsuan⁵ tsiu¹ hir² ter³ huan⁵ hua⁵ soo³ tsai⁶

「厝」《彙音》人所居者，指家宅。

「住」：此爲白話音。

「**繁華所在**」泉州在宋元時爲海內外船泊港灣，商業重鎮。

我　哥　廣　南　做　運　使，

gua² koo¹　kng² lam⁵ tsire³ un⁷ sai⁷

「**廣南**」宋路名，自唐設嶺南道，即今兩廣及安南，邑治廣州。

「**運使**」轉運史，唐宋時置於轉運司，職掌水路轉運，兼理邊防獄訟錢穀之事。

我　叔　做　知　州，現　在　西　川　於城　內。

gua² tsiek⁴　tsire³ ti¹ tsiu¹ hian⁷ tsai⁶ se¹　tshuan¹ siaN⁵ lai⁶

「**知州**」宋代官名，鑑唐末藩鎮之亂，宋以朝臣出守列郡，號知軍州事。

「**西川**」宋代路名，在今四川省境，邑治成都。

因　送　哥　嫂　於即　會只於路　來。

in¹ sang³ koo¹ soo²　tsiah⁴ ire⁷ tsi²　loo⁶ lai⁵

記　得　騎　馬　遊　遍　街　西，

ki³ tit⁴ khia⁵　be² iu⁵ phian³ kire¹ sai¹

阿　娘　同　小　妹　在　許　樓　上　繡於　櫻　鞋，

a¹ niuN⁵ tang⁵ sio² ber⁶ tir⁶ hir² lau⁵ tsiuN⁶ siu³　ieng¹ hai⁵

「**櫻鞋**」弓鞋上所飾之小繡毬，故稱「櫻鞋」。「繡櫻鞋」：張再興《南樂曲集》及吳明輝《選集》皆亦作「荔骸」，據蔡添木先生言，應作「敍閒懷」，語意較佳。

共　我　眼　裏　偷　愷，做　出　有意於體　態。

kang⁷ gua² gan²　li²　thiro¹ tsieng⁵ tsire³ tshut⁴ u⁶ i³　the² thai⁷

袂　得　見　恁　娘　面，假　做　磨於　鏡　師。

bue⁶ tit⁴ kiN³ lin²　niuN⁵ bin⁷ kire² tsire³ bua⁵　kiaN³ sai¹

故　意　來打　破　恁　厝　寶　鏡，

koo³ i³　lai⁵ phah⁴ phua³　lin² tshu³ poo² kiaN³

我　爲恁　娘　嫺 只於 路 來。

gua² ui⁶ lin²　niuN⁵ kan² tsi²　loo⁶ lai²

意故　來打　破　　恁厝寶　鏡,

i³　koo³　lai⁵ phah⁴ phuah⁴ lin² tshu³ poo² kiaN³

不女伯　卿　爲恁　娘　嫺 只於 路 來。

piek⁴ khieng¹ ui⁶ lin²　niuN⁵ kan² tsi²　loo⁶ lai²

韻字：來、才、在、使、內、來、西、鞋、態、師、來〈開韻〉。

以上五十首華聲社南管散曲曲目，依內容分類如下：

內　　　容 劇目（或閒辭）	曲　　　　目	門　　　頭	備　　　註
王魁	恨王魁	中滾十三腔	共一曲
王十朋	書中說	望遠行五供犯	共一曲
陳三五娘	共君斷約	水車	
	三更人	中滾	
	聽門樓	中滾十三腔	
	爲伊割吊	短相思	
	因送哥嫂	短相思	
	鼓返五更	錦板	
	聽見杜鵑	錦板	
	繡成孤鸞	望吾鄉	
	精神頓	三腳潮	
	當天下咒	三腳潮	
	孤棲悶	潮疊	
	三更鼓	長滾	
	我爲汝	北相思	
	小妹聽	長潮陽春	共十四曲

陳杏元	重臺別	北青陽	共一曲
孟姜女	一間草厝	望遠行	
	遠看見長亭	相思引	共二曲
高文舉	夫爲功名	倒拖船	共一曲
道教曲	直入花園	尪姨疊	共一曲
閒辭	輕輕看見	短相思	
	梧桐葉落	短滾	
	冬天寒	短滾	
	風打梨	寡疊	
	看滿江	中滾	
	懶繡停針	中滾	
	出畫堂	中滾	
	心頭悶憔憔	玉交猴	
	聽門樓	三腳潮	
	月照芙蓉	山坡里陽	
	共君斷約	長滾	
	見許水鴨	長滾	
	思想情人	相思引	共十三曲
雪梅教子	我爲乜	柳搖疊	共一曲
西廂記	望明月	中滾	共一曲
蔣世隆	非是阮	雙閨	共一曲
祝英臺	嫻隨官人	短滾	
	記當初	中滾	共二曲
朱弁	賞春天	中滾	
	感謝公主	福馬郎	
	遠望鄉里	錦板	
	形影相隨	錦板	

	冬天寒	錦板	共五曲
鸚鵡記	奏明君	寡北	共一曲
郭華	懇明臺	南北交	
	茶薇架	雙閨	
	輾轉亂方寸	錦板	共三曲
趙貞女	玉簫聲	倍工	共一曲
鄭元和	追想當日	相思引	共一曲

第三節、南管曲詩常用方言熟語釋義

本節南管曲詩常用方言釋義，以指套與散曲爲範圍[8]，依內容分爲兩部分：一爲通用辭語：爲閩南語一般用語，包含代名詞、指稱詞、常見基礎用語等；二爲方言，爲古代泉州語中的方言，有許多詞雖爲常用基礎且甚常用，如卜、袂、障等，然其用字多爲借音字，本書註釋體例爲：「本字」：注音，各指譜版本用字，定字及釋義。

一、通用辭語：

「阮」：音 guan² 亦作 gun²（案：本字《廣韻》慮遠切，《彙音》川韻，故讀爲 gua² 較佳），閩南語中爲第一人稱複數「我們」，而不包含對方。南管曲辭多以代稱「我」。南管樂人則認爲：「阮」爲女性自稱；「我」爲男性自稱。各版指譜用字：除【秋】皆作「我」外，其餘各本皆「我」、「阮」混用，於男性自稱皆用「我」，女性自稱則「阮」、「我」皆用，（女性作單數所有格時則常用「我」，如：我君、我只心。複數則常用「阮」，如：阮夫妻。）

「咱」：音 lan²，本爲北方人自稱詞，在閩南語中作「我們」而包括對方，南管曲辭則泛指「我們」。

---

[8] 基於南管散曲用詞常擷取自找套曲詩，故常用方言釋義，乃將指套與散曲納入。

「恁」：音 lin²，閩南語中作第二人稱複數「你們」，或作第二人稱單數之受格。

「汝」：音 lir²，第二人稱單數「你」，【鈺】【章】作「爾」，【秋】【泉】【輝】【溝】【滿】【賽】作「汝」。（案：「爾」音 li²，【鈺】【章】採「爾」乃受廈門語音之故。）

「伊」：音 i¹，第三人稱單數，「他」也。

「只」：音 tsi²。【秋】作「這」，餘皆作「只」。近指詞，此也。

　　「只處」：於此。

「許」：hir²。指示詞：

　　「許處」即「在那裏」。

　　「許時」：那時。

「亦」：音 ia²。也，語助詞，亦為連接詞。

「著」：音 tioh⁸。須得也，達到也，被、受、因也。

「即」：音 tsiah⁴。纔，連接詞。

「且」：音 tshia²。姑且，暫且。

「莫」：音 boo⁷，勿也。

　　「莫得」：不必，無須也。

「共」：音 kang⁷。與也。

　　「相共」：相與也

「通」：音 thang¹。【鈺】【昇】【輝】【溝】作「通」；【秋】【章】作「堪」，可也

「冥」：音 mi⁵。夜也。應為「暝」。

　　「冥日」：日夜也。

　　「冥昏」：音 miN⁵ hng¹，黃昏也。

「那」：音 naN⁷。若也，只也。再也。

　　「那是」：只是，都是，若是。亦代作「哪是」

「親像」：【秋】【輝】作「真像」【章】【昇】作「侤像」，好像，如

　　同。

二、方言

二劃

　　「人情」：音 lan⁵ tsiaN⁵。情份、恩惠也。

　　「八死」：音 pueh⁴ si²。羞恥也。【章】【秋】即作「一羞恥」。【昇】【溝】作「見八死」，【輝】作「見八恥」

　　「力」：音 liah⁸。【鈺】【昇】【滿】【賽】【麗】【鏡萬】皆作「力」；【章】【輝】【溝】作「掠」【秋】作「摕」捉、拿、將也。唯做「捉」解多用「掠」。【荔方】p.11 以「力」為俗字，在官話中則皆用「掠」字。

　　「卜」：音 booh⁴。【秋】作「謀」，餘作「卜」。欲也，須也，疑也。
　　　　「今卜」：音 taN1 booh⁴，「如今將....」

　　「又兼」：音 iu⁷ kiam¹，況又，連接詞。

　　「乜」：音 mih⁴。【秋】作「麼」，餘皆作「乜」。什麼，多麼，怎麼。案：【彙音】音 mia²，嗟韻文母陰上，注為「番姓」，此字應為借音字。

　　　　「乜般」：這般，多麼。「因乜」：因何？為何？「為乜」：為什麼？

三劃

　　「丁古」：音 tieng¹ koo²，【鈺】、【章】、【泉】、【輝】、【溝】本作「丁古」：疔、古皆為惡疾，係潮州咒罵語。【秋】本作「登高」，【章】本作「丁古林大...登高早死林岱」。或言「登徒」即登徒子，喻好色之徒。典出《文選》宋玉〈登徒子好色賦〉。

　　「下咒」：音 he⁷ tsiu³。立誓也。

　　「下項」：音 he³ hang⁷。《閩南語詞典》作「繫項」：著落、下落也。

　　「丈姆」：音 tiuN⁶ m²，岳母也。

　　「上」：音 tsiuN⁶，疑為「只樣」（這樣）之合音

「乞」：音 khit[4]。【秋】【輝】作「給」，餘作「乞」。求也，給與也，被也，及也。或作爲後置助動詞之用。

四劃

「今旦」：音 kin[1] tuaN[3]，「今」《彙音》金韻，音 kim。然南管唱唸中「今旦」皆作 kin[1]，而「今日」仍作 kim[1]，至爲特殊。義爲今日，如今也。

「今來」：taN1 lai[5]。到如今。

「分」：音 hun[1]，「今卜共誰分」，「分」疑作「訴說」解。【鈺】【章】作「吩」；【賽】【麗】【昇】【輝】【溝】作「分」，【秋】作「問」：案：「分」與「吩」依字義皆不符，疑爲方言借音字，

「切」：音 tshireh[4]，【秋】作「慼」，【輝】作「忉」，餘皆作「切」。恨也

「及得」：音 tat[8] tit[4]，【秋】作「值得」，【鈺】【章】【昇】【輝】【溝】皆作「及得」：比得上。

「夭」：音：iau[2]。【秋】【輝】作「要」，連接詞。【荔方】：「用如『再說』

「夭句」：音 iau[1] ku[3]，【秋】【輝】本作「要究」；【章】【溝】本作「夭久」；【鈺】【昇】作「夭句」。「夭」：還也，「句」：又再也。「夭句」：且又…之意。

「心性」：音 sim siN3，性情、脾氣。

「火焙蟶」：音 her[2] pu[5] tshi[1]，【泉】本作「烰」，【鈺】、【輝】、【章】本作「浮」，火烤也。「蟶」：蟹類。

五劃

「出輪」：音 tshut[4] lun[5]，超脫也。

「可」音 khah[4]。【秋】【輝】或作「較」：有非常之意。

「可㾪」：音 khah[4] nih[8]，【秋】作「嬌媚」，【溝】作「企」：「㾪」：可憐。案：㾪音 niN[7]，憐 lin[5]。音近。

「可見」：音 khah⁴ kiN³，肯定辭，即是。

「可忝」：音 khah⁴ thiam²。【鈺】【秋】【溝】【昇】作「可忝」。【章】作「可添」【輝】作「較添」，有作「悐」《廣韻》他玷切，利害，嚴重之意。

「可怙」：【秋】、【章】本作「所靠」；【昇】本作「看怙」；【輝】、【溝】本作「看顧」。「可怙」《彙音》音 kho² hoo⁶，皆文讀音。Khah⁴ koo³為白話音。案：「怙」：《廣韻》古侯切，依靠之意。《詩·小雅· 莪》：「無父何怙，無母何恃。」「無可怙」即「所靠」，無所依靠之意。

「句」：音 ku³，【鈺】【昇】【溝】作「句」【秋】【章】【輝】作「究」亦作「久」，更也，尚也，猶也。

「失頓」：「頓」：音 tng³，次也。膳食一次曰頓。

「市上」：tshi⁷ tsiuN⁶，指陰府酆都市。

「正」：tsiaN³。正好。案「正」與「即」（才）音近義似，可訓爲「才」。

「正是」：tsiaN³ si⁶，究竟也。

「生人、怯人」：音 siN¹ lang⁵ khiak⁴ lang⁵。「怯人」，【秋】、【輝】本作「彶人」，【章】本作「歹人」【溝】本作「彶」；「怯」意爲「歹」，「怯人」：此指去世者的陰魂。「生人：指在世者。

「田蝧」：音 tsan⁵ iN¹，或 tsan⁵ niN¹，即蜻蜓。【鈺】本作「田英」；【秋】、【章】本作「蜻蚨」。【昇】、【溝】本作蝧。

「甲」：【章】本作「較」，【輝】本作「夾」，音 kau³，意爲包夾。

「目滓」：音 bak⁸ tsaiN²，眼淚也。

六劃

「吓」：音 eNH⁴， 同「呀」，語尾助辭。

「交併」：音 kau¹ pieng⁷，【鈺】【泉】【輝】【溝】作「交併」，【秋】、【章】本作「交忙」。案：《彙音妙悟》：「摡」卿韻邊母去聲，音 pieng⁷，撞也。故疑作「交摡」。「併」：吳昆仁先生讀陽聲鼻化爲 piaN³。

「任」：音 lim[7]，任意，儘管之意。

「企起」：音 khira[6] khi[2]，居住。「企」：常作「徛」或「竪」：站立，設置，支撐等義。「徛」：《說文》舉脛有渡也，《爾雅釋宮》石杠謂之「徛」即石橋也。而「企」《說文》舉踵也，古音屬支部。此依其詞性採「企」。

「向」：音 hiuN[3]。【秋】作「許」，餘作「向」。「許樣」之合音，「那麼」之義。

　　　「向般」：那般。

「因只上」：音 in[1] tsi[2] tsiuN[6]，即「因只樣」，因此之意。

「因勢」：音 in[1] se[3]，即便，因此就…之意。吳守禮《光緒刊荔枝記方言分類詞彙·副辭》：「疑作即便..」。此辭依施炳華《南管曲辭匯釋》：或作「因時」、「因世」，故應讀 in[1] si[3]，然現皆讀如 in[1] se[3]。

「忙面」：音 bang[5] bin[7]，【鈺】【昇】【輝】【溝】作「忙面」，【秋】【章】作「望面」，忽然。亦作「夢眠」，如半夢半醒間而不經意之意。依讀音應作「忙面」，雖依其字意難解，然各舊本皆多作「忙面」，故此仍延用。

「耳鉤」：音 hi[7] kau[1]。即耳環。

「行歹」：音 hieng[5] tai[2]。品行舉止不良，有違義理。

七劃

「伴纏」：音 phuaN[7] tiN[5]。【秋】【章】【輝】作「滕纏」：或作「絆纏」：即糾纏。

「何卜」：音 hua[7] booh[4]：爲何要…

「但得」音 tan[7] tit[4]，只得。

「作緊」：音 tsire[3] kin[2]，即趕緊。

「呆癡」：音 gai[1] tshi[1]。即呆板、癡呆，茫然。

「含糖龜」：音 ham[5] thng[5] ku[1]。以糯米作成龜形的粿，做時要加糖，裹豆沙餡，俗稱『紅龜粿』，爲閩南傳統甜點。

「蜢蝶」：音 ber² iah⁴。【秋】【章】【輝】【溝】作「螞蝶」，【鈺】、【昇】【滿】【荔萬】本作「尾蝶」，即蝴蝶。此依傳統作「蜢蝶」。

「抄起」：音 tshia¹ khi²，

「身己」：音 sin¹ ki²，身體，己身。

「身命」：音 sin¹ miaN⁷，命運也。

八劃

「侢」：音 tsai⁷【秋】【輝】作「怎」，餘作「再」：怎也。另音 tsan⁷【秋】【輝】【溝】作「代」，替也。

「侢年」：音 tsai⁷ niN⁵，【鈺】【章】【昇】作「侢年」，【秋】【輝】作「怎呢」，【溝】作「侢呢」怎麼。

「侢會」：怎會。

「烕」：音 tshua⁷。【秋】作「觸」餘皆作「烕」，引惹也。本字疑為會意字，取毛引火之意。

「事」：音 tai⁷，「事志」之略稱。「事志」：音 tai⁷ tsi³。事情也。

「受氣」：音 siu⁷ khi³。生氣。

「念」：音 liam²，姑念，有求憐憫之意。

「怯」：音 khiak⁴。【秋】【輝】作「及人」【章】作「歹人」【溝】作「却」歹也。

「所見可淺」：音 soo² kian³ khah⁴ tsiN²。指行為膚淺不合宜。

「拙」：音 tsuah⁴。【秋】作「這、諸」，餘皆作「拙」。這，這些，一些。疑為「只寡」tsi² kua² 之合音。

「只拙」：這些。

「拙時」：這些時候或一些時後候。

「拖命」：音 thua¹ miaN⁷，有十分勉強之意。

「放早」：音 pang³ tsa²，相對於「放遲」，及早、儘早。

「易過」：音 kire³ ker³，「易」：《彙音》雞韻求母去聲：無難也。

「枉屈」：音 ong² khut⁴，口語多作動詞「冤屈」之意，參見《閩

南語詞典》。此作「枉費枉費委曲」解。

「**狗拖著瘟病**」：音 kau² thua¹ tioh⁸ un¹ bin⁷，咒罵語，應指得瘟疫死且曝屍受野狗啃食。

「**直來**」：音 tit⁸ lai⁵。【秋】作「同來」。

「**知機**」：音 tsai¹ ki¹。「機」端也、微也。知事之端即知情、知曉也。

「**肯**」：音 kieng⁵。竟也，竟然。

「**返員**」：音 tng² iN⁵，【鈺】【章】【昇】【賽】【荔萬】作「返員」，【秋】【輝】【溝】作「返圓」。可見諸舊本皆作「返員」，依此。

「**青燐**」：燐即鬼火，青燐則言其火光色青而暗

「**怙叫**」：「怙」：音 koo⁶，【秋】、【輝】本作「姑」，原爲依靠之義，《詩・小雅・菁莪》：「無父何怙，無母何恃。」「怙叫」：作「誤以爲..」之義。其義由依恃轉爲誤認之例，如同閩南語之「靠勢」一辭。或用以代「顧」字。

九劃

「**促命**」：音 tsiok miaN⁷，「促」催迫也，即短也。短命也。

「**姿娘**」：音 tshir¹ niuN⁵，閩南人總稱女性爲「姿娘」。如稱少女爲「姿娘」

「**度**」：音 thoo⁶，【秋】本作「付」，《彙音》音 thoo⁶，與也、予也。

「**後頭**」：娘家，即已婚婦女之本家。

「**思疑**」：料想。

「**恰是**」：音 khap⁴ si⁶，或作 khah⁴ si⁶：疑本作「恰似」。

「**某婿**」：【秋】作「婆婿」【輝】作「蔓婿」：夫妻也。「**婿**」：夫婿也

「**盈**」：音 ia⁵，【鈺】【泉】作「濚」；【秋】本作「盈」，【章】、【輝】本作「溋」，【溝】本作「瀛」，【滿】作「啼」，【賽】作「營」。案：「濚」爲水聲或作水迴旋貌。「瀛」原指環陸之水，亦通「盈」或「溋」。然依此句及第三節「濚得阮只處眼睜睜珠淚滴」中皆爲引發淚珠之義，

應爲閩語方言。借作「盈」似較佳。

「致惹」：引發、導致也。

「致蔭」：「蔭」：謂人庇護之德。受福蔭也。

「苦切」：音 koo^2 tshireh^4，憂愁悲傷之意。

「苦虧」：「虧」損也。受苦虧即受苦難之意。

「若還」：若是。

「計智」：計策計謀。

「風吹」：「吹」音 khau^1，乃借義字。周長楫《閩南語詞典》作「摳」，於此不甚雅，作「敲」較宜。

十劃

「值」：音 ti^7，底，何也。「值時」：何時？「值曾」：「何曾」。或用以代「在」，音 tir^7。本篇爲免二義混雜，不用代「在」。

「值曾」：音 ti^7，何也。何曾。

「兼」：況也，又也

「冥昏」：，夜曉也，日夜也。

「厝」：音 tshu^3，《廣韻》倉故切，置也。《彙音妙悟》人所居者，即家宅。

「哺個」：音 poo^1 ke^5。【泉】、【輝】、【溝】本作「哺個」；【鈺】【章】作「孤個」；【秋】本作「牡個」。（案：「哺」爲借音字，依曲意疑作「孤個」。）

「挨」：音 ire^1。推也。案：《彙音妙悟》作「摻」下注：「摻去也」。

「捍」：音 huaN^6 衛也，扶也。引申爲維持也。

「根究」：【鈺】、【章】、【昇】、【輝】本作「跟究」，追究也。

「消息」：掏耳垢之杓棒。

「烏巾包頭」：爲閩南地區婦女外出奔波時之打扮。

「真個」：實是。

「眠邊」：眠，閩南語意指「睡夢」，眠邊：指半夢半醒之間。

「翁」：音 ang[1]，丈夫也。

「茹」：音 lir[5]，借音字，原義食也，或稱草蔬。閩南語形容雜亂之貌。

「袂」：《彙音妙誤》音 be[7]，西韻。實際唱唸音 bue，【秋】【輝】作「沒」，餘作「袂」。不能、不會也。與「未」雖音近義似，但仍有差別。「未」：音 ber，尚未也。

「討」：尋找，取也。

「除」：音 tir[5]。【秋】【章】作「著」為後置助動詞，吳守禮《光緒版荔枝記方言辭彙分類初稿》：「疑用如「掉」，有時與本類（後置助動詞）「處」互用..有時以「著」代入」，疑應如「卻」。

十一劃

「乾埔人」：音 ta[1] poo[1] lang[5]，即男人。案：應作「大夫人」。「大」古祭部定母，「夫」古魚部幫母，音近。然南管舊指譜曲本皆作「乾埔人」，此依舊本。

「乾家」：婆婆，夫之母也。應作「大家」，此依諸舊本用字。

「偷身」：謂暗地裏前往，或趁機前往之意。

「兜」：包圍環繞。閩南語常以此字指稱區域，或家宅。

「宿」：音 suah[4]，休止。

「強企」：音 kiuN[5] niN[7]：勉強也。

「推遷」：「推」音 tshui[1] 又作「催」：催促成就之意。

「教示」：教誨，教導。

「敕桃」：音 thit[4] thoo[5]。玩樂也。【鈺】【章】【泉】【溝】作「勅桃」、【秋】【輝】作「迭」。一說作「彳丁」。案：左步為彳，右步為丁。意指遊玩之意。

「望面」：音 bang[6] bin[6]，或作「忙面」：忽然。

「梯」：音 the[1]。周長楫《閩南語詞典》作「髲」：身體斜躺。《廣韻》齊韻，土雞切：臥也。

「**梅香**」：婢女名，南管曲辭中常以梅香作爲婢女名。

「**清清**」：音 tshiN¹ tshin³。【鈺】【泉】作「青冷」【秋】【輝】作「清清」【章】【溝】作「青清」。「清」：寒也，應作「清清」：冷凊之意。

「**細膩**」：音 sire³ li⁷，【鈺】本作「細二」，「膩」細密也。心思細密引申爲小心之意。

「**終然**」：究竟也。

「**莫畏**」：【輝】本作「莫非」，應作「莫非」。

「**被**」：【秋】【章】【溝】本作「譬」；【輝】本作「俾」【滿】作「便」。應作「便」。然樂師唱唸往往做 pi⁷，故仍做「被」。

「**覓**」：音 bah⁸。放也，放離。

「**揞**」：音 taN³，【秋】、【輝】作「彈」，「揞」音「豔」：舒也。潮州語音 taN³：疑應作「擲」也。

「**晗**」：【秋】【輝】【溝】【溝】作「晗」【鈺】【昇】作「映」【滿】作「夾」。晗」：《廣韻》古洽切：眼細暗也。《康熙字典》引《字彙》：「丁本切，敦上聲。朦朧欲睡貌。」映」：通「晗」。《彙音》兼韻爭母陰入，音 tsiap⁴，注：目旁毛也。又同韻時母陰去，注曰：「日貌」。《集韻》：吉洽切，眇也。《韓非子，說林》：「今有人見君則映一目」《集解》：「映〈御覽〉引作「瞑」，注云：『閉目也』」

十二劃

「**割吊**」：【鈺】【昇】【滿】【賽】作「刈吊」，係簡筆。【秋】作「割掉」。「割吊」：傷心斷腸也。

「**喊**」：音 hiam³，吆喝，驅趕聲。

「**惡**」：音 ooh⁴，《彙音妙悟》標音 oo³。【秋】作「難」，餘作「惡」：即難也。

「**惡般惡捨**」：

「**提**」：《彙音妙悟》西韻音 the⁵，南管唱音 thire⁵，持，拿、執也。

「**飫饑**」：又【秋】【輝】【溝】作「枵」，【荔】：「夭」。原指木根空

竅，訓爲空虛之意。如：柯腹。「柯飢」：飢餓腹空。

「無心腹」：意爲心思不密，做事太不小心。

「無行」：「無行」同「無行止」，指無品性，德行。

「無采」：徒然，可惜，無味之意。

「無倒邊」：

「無興，無采」：「興」興致也，「采」原指五色，閩南語中則用來形容人的氣色精神，「無興采」，意指人無精神而懶散也。

「無賽」：「賽」音 serh[4]。有相勝之義，「無賽」指無可比。

「發業」：心生憂愁。案：閩南語中「業」常指愁煩。

「睏」：原指倦而欲睡，閩南語之「睏」即「睡」。

「結托」：結交而依托也。

「趁」：音 than[3]，乘機也，逐物也。

「跋碎」：【鈺】【昇】【賽】作「跋碎」【秋】、【章】、【輝】本作「怔悴」【滿】作「跌碎」（案：「怔」爲「怖」之俗字，怖：《廣韻》北末切，意不悅也。「悴」：《說文》：憂也。），「跋」：《集韻》：「北末切，音撥，義同。」《彙音妙悟》puah[8]，注「跋倒」，《閩南語詞典》注：跋落。故作「跋碎」：喻心如跋落而碎。「怔悴」則形容內心憂傷。

「敧」：歪斜不正也。

十三劃

「斟」：音 tsim[1]，【麗錦】作「親」，借音字，親吻也。

「新婦」：音 sin[1] pu[6]，媳婦，妻也。

「暗」：私下地。

「暗靜」：音 am[3] tsiN[6]，暗地裡，悄悄地。或作「夜深人靜」解。

「當」：音 tng[1]，承受也。

「當原初」：即「當初」，閩南語亦作「當原初」。

「罪乎天」：喻罪大極天。

「補綻」：「綻」：衣縫補綴也。

「較議」:【輝】本作「較疑」,疑應爲「可議」。「可」,較也,非常也。計較議論也。

「過意」:得意。

「頓」:睏頓

「鼓返」:「返」音 tng²,閩南語言往復之動作爲「返」,故鼓之擊打亦稱。周長楫《閩南語辭典》做「轉」較合宜。然南管諸指譜曲本皆作「返」,此依傳統。

十四劃

「堎」:音 kiN⁵,邊沿也。

「僥倖」:音 hiau⁵ hieng⁶ ,依辭原指意外之獲。在閩南語中,「僥心」謂負心,而「僥倖」原則指女人薄情變心。參見《閩南語詞典》「僥心」、「僥倖」條。此作「負心」解。

「僥險」:「僥」:依辭原指分外之獲。此指爲獲分外之得而冒險。

「對」:自,從。

「盡日」:終日也。

「稱意」:音 tshieng³ i³ 或 tieng³ i³。即適意,合意。

「端的」:音 tuan¹ tih⁴,究竟也。

「說叫」:「說道...」

「說笑」:譏笑,取笑。

「障」:音 tsiuN³。那麼、如此。【秋】作「遧」,餘皆作「障」。

「障般」:這般。

十五劃

「嘮」:語尾助辭。

「彈」:形容眼淚如珠彈而出。

「嗒𪏯」:音 tah⁴ niaNh⁴,受驚嚇。

「憚」:音 than3。或作「坦」(見吳明輝《南音錦曲選集》),案:音似形同著有「呾」,爲潮州語,意爲「說」,然於此文意不符。故疑

為「憚」。

「憔」：音 tsiau[1]，本字原指心神委頓而形色消瘦。「心憔」於閩南語中多形容心情鬱悶不安。

「憔枯」：音 tsiau[1] koo[1]，【秋】【輝】作「焦枯」，【章】作「憔怯」，【鈺】【昇】【溝】作「憔枯（【鈺】枯字似怯」。「憔」：瘦病也。故「憔枯」於義較佳。然閩南語中「憔」通常指心神狀態，即如「憔怯」（疑讀為 tsaiu[1] tsoo[1]），故作「焦枯」義較清楚分明。此仍依舊本作「憔枯」。

「餓鬼」：喻貪食之人。

「瞬」：音 ng[3]。【秋】【輝】作「映」。期待而凝望。

「嫻」：音 Kan[2]，吳守禮《光緒本荔枝記方言分類》作「簡」，奴僕也。案：吳昆仁先生稱：嫻並不只稱呼女童僕，男童僕亦稱。

「噪人耳」：音聲擾人也。

「唸步」：音 lian[5] poo[7]。疑形容步伐小心；【章】作「連」步。或「蓮步」形容女子舉步之細膩；或「連步」則稱娘嫻同行之意。

十六劃

「憶著」：思憶，有惦記之意。

「機頓」：【荔嘉】作「其段」：音 ki[1] tng[3]，地步、局面。即走到這步田地。

「磨刣」：【秋】本作「笞」。「刣」：以刀刃物。「笞」：即箠也。皆折磨之意。下同。

「興采」：「興」興致也「采」原指五色，在閩南語中則用來形容人的氣色精神，「無興采」意指人無精神而懶散也。

「親成」：《閩南語詞典》作「親情」：親事也。

「親淺」：【秋】、【輝】本作「新靚」，【章】本作「倷淺」，標緻可愛之意。

「頻惰」：音 pin[6] tuaN[7]。【鈺】本作「怠懶」，【昇】本作「痲疸」，

《閩南語詞典》作「貧惰」：懶惰之意。

「頭眩目暗」：「眩」：暈眩也，原指「視不明，眼昏花。」閩南語中通常形容頭昏。頭眩目暗即頭昏眼花之意，形容生病精神不佳。

「髻尾梳」：插在髮髻的小梳子。

十七劃

「擱」：音 koh[4]，又也，再也。

「燦」：應爲「粲」。《彙音》注：美也、飾也。

「薄行」：「行」音 hieng[7]，去聲，品行也。

「虧」：損也。「虧伊..」：有「難爲伊..」之意。

「虧心」：負心也。

十八劃

「擲」：音 tuiN[3]

「撞耳」：掏耳。

「斷約」：即約定。

「顏」：【鈺】、【章】本作「彥」。【輝】本作「凝」，或作「慳」，此字爲借音字。原意爲打鐵時淬以冷水，引申爲凍冷之意。

「顏色青黃」：因相思廢寢忘食，故而面色不佳。

十九劃

「藝」：音 ge[7]。案「無藝」義爲空閑無聊，「藝」指「趣味、情趣」。

「識」：音 pat[4]，借義字，即識也。

「籐纏」：【秋】【輝】作「滕」，【鈺】作「纏藤」：原指如藤蔓糾纏不離，此形容蜂蝶與花難捨難分之狀。

「顧」：【昇】本作「怙」，案：「怙」原指依靠依恃之意，音同「顧」，應爲借音字，然戲文曲本中以「怙」代「顧」之例眾多，故疑此字於閩南語中亦即作「顧」解。

二十劃及以上

「攑」：【秋】【輝】【溝】作「舉」。「攑」：《廣韻》：丘言切，舉也。《彙音妙悟》歸於喈韻求母陽入（案：依此應讀爲 kiah[8]，南管唱唸時，因咬字重而易爲 kirah[8]，稱爲「銜音」。）

「糴」：音 tiah[8]，購穀入己也。

「靈聖」：應驗。

「忉置」：耽擱、耽誤也

「恦」：【秋】：【輝】本作「存」：案：吳守禮《光緒刊荔枝記方言分類》：「存」據台日大辭典亦作「尊」音，疑有此含義。閩南語中「尊存」一辭即有尊重及顧念之義。故「恦天」應爲顧及遵照天理之義。

「抹」：推出也。案：《彙音妙悟》作「束」下注：「土解，束入也」。

三、熟語典故

一劃

「一葉秋」：即見一葉落而知天下秋。

二劃

「九泉」地下也，阮瑀<七哀詩>：「冥冥九泉室，漫漫長夜臺。」

三劃

「三心二意」：意志不專一。原應作「二心兩意」。王充《論衡》：「非有二心兩意，前後相反也。」

「下筆流水」：喻文思如流水，源源不絕。亦指文章文氣流暢如流水無滯。蘇軾〈與謝民師推官書〉：「所示書教及詩賦雜文，觀之熟矣。大約如行雲流水。」

「上清」：道家謂人天界外，有玉清、上清、太清三清境。此泛指仙境。

「千里驅馳」：「驅馳」：原指急趨，喻相隔極遠。

「千般」：多樣，多種。此意爲「這般，諸般」。

「千端萬緒」:「端緒」即頭緒,如理絲緒,必循其端。謂頭緒繁多,難理其緒。

「大、二娘、三姑」:依民間道教咒語「....三人姊妹同學法,返來分作三路行。大妹降落福州,二妹降下古州城普田縣下,三姑娘媽有名聲,引卜生魂陰府路上行...」則知「娘媽」之神有三位並各有所司。

「大鵬飛天」:語意出《莊子・逍遙遊》:「鵬之徙於南冥也,水擊三千里。搏扶搖而上者九萬里。去以六月息者也」

「子規」:即杜鵑鳥。《禽經》:「江左曰子規,蜀右曰杜宇,甌越曰怨鳥,一名杜鵑。」

「寸心」:心也,心之位方寸耳,故曰「寸心」。本句意出何遜〈夜夢故人詩〉:「相思不可寄,直在寸心中。」

「山門」:佛寺之外門。佛寺多在山林中,故稱山門。

「山鬼」:《九歌》原指山神也,此作山中精怪,如夔之類。或作「山魈」:山中動物,類狒狒,古人以為山怪。

「弓鞋」:纏足婦女所穿之鞋。

「不由己」:外力強迫而不由自主。

「不肖」:不似也,不賢也。《中庸》:「賢者過之,不肖者不及也。」

「不堪」:不忍也

「不禁夜」:古俗,元宵不禁夜以賞燈。《初學記》四,唐・蘇味道〈正月十五詩〉:「金吾不禁夜,玉漏莫相催。」

四劃

「丹墀」:古皇宮前階石梯為紅色,謂「丹墀」。張衡〈西京賦〉:「右平左城,青瑣丹墀。」

「五娘思君」:《荔枝(鏡)記》陳伯卿與黃五娘之情事。

「天津」:原指天河之津梁,所以度神通四方也。此指通仙境之津梁。

「天涯」:天之邊際,江淹〈古別離〉:「君行在天涯,妾身常別離。」

「天翻地覆」：形容形勢巨大變化，唐劉商〈胡笳十八拍〉：「天翻地覆誰得知，如今正南看北斗。」

「夫唱婦隨」：應作「夫倡夫隨」。舊時男尊女卑，妻者唯夫是從。《關尹子·三極》：「天下之理，夫著倡，婦著隨。」

「心堅如鐵石」：即「鐵石心腸」，喻人堅貞剛毅。

「文良妻、蕭氏女，洗馬河」：見《金釵記》。漢劉文龍，妻蕭氏女，新婚三日赴京，求功名中舉，因拒權相招親，隨昭君出塞和番。為單于公主扣留十八年，公主感其思親心切，私縱歸漢。於洗馬河邊會親晤妻而團圓。

「方寸」：指心。

「月中折桂攀枝」：謂登科也。典見《初學記》，晉虞喜安〈天論〉。李白〈詩十贈崔司戶文昆季〉：「欲折月者桂，特為寒者薪。」

「月姑、月姨」：月姑、月姨應為月之神靈，疑為古紫姑占卜習俗之流傳，而以月為對象。從南管曲辭中諸多如：「拜告嫦娥」、「再拜月娘」之辭，可見閩南婦女對月神之崇拜問卜風氣極盛。

「月斜西」：指近曉。案日月之運行多反向，如：金烏西墜則月兔東昇，故月斜西則日將現。

「木客」：亦為山中精怪，形似人，爪如勾。

「比目魚」：即鰈，單眼，比而後行。《爾雅·釋地》：「東方有比目魚焉，不比不行，其名謂之鰈。」

「火裏蓮花」：《維摩詰經·佛道品》：「火中生蓮花，是可謂希有。在欲而行禪，希有亦如是。」

「王魁」：宋王魁，受妓桂英之助，往求功名，臨行於海神廟立誓，後中舉任官，不念糟糠，桂英自盡，其陰魂前往索命而死。

五劃

「功名」：指科舉時代之科第。

「卯酉」：卯於東，酉於西，亦指對立隔絕。

「可人」：使人滿意而能幹。《三國志·蜀志·費　傳》：「君信可人，必能辨賊也。」

「叮噹」：【秋】、【輝】本作「玎璫」，古或或「丁當」。狀敲擊聲。「叮」：《彙音妙誤》卿韻地母，音 tieng。叮噹連讀時往往讀爲 tin¹ tang¹（疑受後音聲母臨接同化作用）

「叵耐」：即「叵奈」，無奈之義。

「玄紫丹丘」：「紫」：紫府也。《抱朴子，怯惑》：「及到天上，先過紫府。」傳聞仙境常有紫氣、紫雲瀰漫，爲祥瑞之徵，故代指仙人所居也。「丹丘」：《楚辭·遠遊》：「仍羽人於丹丘兮，留不死之舊鄉。」指神仙之地，盡夜長明。

「玉兔」：月之代稱。傳說月中有玉兔搗藥。

「玉容冰肌」：形容女性肌膚瑩潔光潤。此句言其青春因相思而減損。

「玉液」：道家言飲玉液得長生。《文選》江淹詩：「道人讀丹經，方士鍊玉液。」

「玉堂」官署府衙之頌稱，俞文豹《吹劍錄》：東波在玉堂日，有幕士善歌。因問：「我何如柳七？」對曰：「柳郎中詞，只合十七八女郎，執紅牙板，歌『楊柳岸曉風殘月』；學士詞，須關西大漢，銅琵琶、鐵綽板，唱『大江東去』。東波爲之絕倒。

「玉圍」：玉圍即玉帶，古高官侯爵，圍帶飾以玉。

「玉漏」：玉製的計時器。《初學記》四，唐·蘇味道〈正月十五詩〉：「金吾不禁夜，玉漏莫相催。」崔液〈夜游詩〉：「玉漏銀壺且莫催，鐵關金鎖徹明開。」

「玉貌朱唇」：形容容貌俊美姣好。

「玉樓」：裝飾華麗的樓房。李白〈宮中行樂詞〉：「玉樓巢翡翠，金殿鎖鴛鴦。」

「玉潔冰清」：喻人品之高潔，此指守節之貞潔。

「白首」：白首偕老，喻恩愛夫妻，相偕到老。

「目成穿」：「眼穿」：喻盼望之殷切。李商隱詩：「腸斷未忍得，眼穿仍欲稀。」

六劃

「交併」：【鈺】【泉】【輝】【溝】作「交併」，【秋】、【章】本作「交忙」。案：《彙音妙悟》：「挋」卿韻邊母去聲，音 pieng⁷，撞也。故疑作「交挋」。「併」：吳昆仁先生讀陽聲鼻化爲 piaN³。

「冰肌朱唇」：形容肌膚精瑩剔透，唇色亮麗，即描寫女性貌美。

「夙世」：即「宿世」，前世，累世。

「如魚游水」：喻能得契合。原應「如魚有水」。見《三國志》〈蜀志・諸葛亮傳〉：「孤之有孔明，猶魚之有水。」

「有女懷春」：謂男女無禮相會。《詩・召南》〈野有死麕〉：「有女懷春，吉士誘之」

「朱顏」：指紅潤的面容。《楚辭・招魂》：「美人既醉，朱顏酡些。」

「百年」：意指終老。

「行止」：德行也。《外史檮杌》：「鄭奕教子〈文選〉，其兄曰：『莫學沈謝嘲弄風月，汙人行止』」

「行徑」：原謂通行之小路也，此稱人之模樣或行爲之趨向。孤本元明雜劇《梁山七虎鬧銅臺》：「倉官壞法胡行徑，瞞天昧地不公平」

「行儀」：行爲，品性。或同「行宜(誼)」，然「行誼」多指道義之品行。

「西川」：宋路名，在今四川省境，邑治成都。

「西施，褒姒」：皆古傾國美女。西施爲春秋越國女，句踐敗，進於吳王以乞和。褒姒爲西周褒國女，爲幽王所寵。

七劃

「君」：女子指稱丈夫或情郎。

「吸露餐霞」：《莊子・逍遙游》：「藐姑射山有神人居..不食五穀，

吸風飲露。」

「**困龍**」：龍有飛天之能而遭困，喻人不得意，不得展才。

「**宋玉悲秋**」：宋玉〈九辨〉：「悲哉秋之爲氣也..」

「**忘餐**」：「廢寢忘餐」：此形容相思至深，而無心寢食。

「**更漏短**」：古時觀漏以知時，漏短則近曉。

「**更籌**」：古代夜間報更的牌。庾信〈奉和春夜應令〉：「燒香知夜漏，刻燭驗更籌。」

「**李代桃僵**」：此代彼也《樂府詩集·雞鳴篇》「桃生露井上，李樹生桃傍。蟲來齧桃根，李樹代桃僵。」

「**杜宇**」：即杜鵑鳥，又名子規。舊傳爲古蜀帝杜宇所化。

「**杜鵑**」：杜鵑鳥。《禽經》：「江左曰子規，蜀右曰杜宇，甌越曰怨鳥，一名杜鵑。」

「**步青雲**」：指科舉士途得意，南齊孔稚珪〈北山移文〉：「度白雪以方絜，步青雲而直上。」

「**肝腸寸裂**」：或作「寸斷」喻悲傷至極。

八劃

「**些厘**」：應爲「些釐」，「些」少也，「釐」尺之千分之一，亦小也。「些釐」少許也。

「**京都**」：京城也。

「**刻骨**」：感受深刻入骨也，《後漢書·鄧騭傳》：「刻骨定分，有死無二。」「**銘心**」：銘記在心。《三國志·吳志》〈周魴傳〉：「魴仕東典郡，始願已獲，銘心立報。」

「**命乖運蹇**」：「乖」：戾也。「蹇」：難也。「命乖運蹇」：命運坎刻艱難。

「**姑子**」：即尫姨（靈媒），由未婚少女來擔任。

「**始終**」：原指自始至終也，此指結果言。

「**孟母教子**」：典故見劉向《列女傳·鄒孟軻母》：孟子之少也，既

學而歸，孟母方績，問曰：「學何所至矣？」 孟子曰：「自若也。」孟母以刀斷其織。孟子懼而問其故，孟母曰：「子之廢學，若吾斷斯織也。…」孟子懼，旦夕勤學不息，師事子思，遂成天下之名儒。

「**孟姜女**」：劉向《列女傳》「齊杞梁殖戰死，其妻哭於城下，十日而城崩。」送寒衣之事見於《敦煌曲子・擣鍊子》：「孟姜女，杞良妻，一去煙山更不歸。造得寒衣無人送，不免自家送征衣。」

「**孤棲**」：「棲」《彙音妙悟》西韻，音 se[1]。「孤棲」：孤單。李白詩〈把酒問月〉：「白兔搗藥秋復春，嫦娥孤棲與誰鄰。」

「**孤鸞**」：「鸞」神鳥也。雄爲鳳，雌爲鸞。自古鸞鳳成對，有鸞無鳳則雌而無雄。此句自喻失偶或分離之情人或夫妻。

「**官人**」：稱呼有身份者。

「**官蔭人子**」：凡由先世勳蹟敍官者曰「官蔭」，此即官家子弟。

「**招搖**」：張揚也，以惹人注目。

「**易交易妻**」：《後漢書・宋弘傳》湖陽公主新寡，光武試圖宋弘曰：「富易交，貴易妻，人情乎?」「富易交，貴易妻」是宋代的社會風氣，至元明，許多戲文多演此類故事。此句意指因身分地位而改變社交圈子社會，或另娶名門閨秀。

「**明臺**」：傳爲黃帝聽政之所，《管子・桓公問》「黃帝立明臺之議者，上觀於賢也。

「**東君**」：原指太陽，《楚辭・九歌》「東君」即爲日神。此則指稱「司春之神」《全唐詩》：「東君愛惜與先春，草澤無人處也新。」

「**東床**」：指佳婿也，《晉書・王羲之傳》：「郗鑒使門生求婿於王導，生歸謂鑒曰：「王氏諸少並佳，然聞信至，咸自矜持，唯一人在東床坦腹食，獨若不聞。」鑒曰「此正佳婿也。」

「**泥金書**」：中進士的喜信，用金粉飾書箋，即報登科之帖。《開元天寶遺事》：「新進士每及第，以泥金書帖子以附於家書中，至鄉曲親戚，例以聲樂相慶，謂知喜信。」

「**爭些兒**」：【鈺】【輝】作「爭些兒」【秋】作「只些兒」【章】作「曾些厘」【昇】作「爭些厘」【溝】作「爭些釐」。「爭些」：差一點，常接詞尾如子、兒。

「**狀元紅**」：荔枝名，相傳福建興化楓亭爲宋狀元徐鐸故居，鐸手植荔枝，名爲延壽紅。鐸既沒，人因稱狀元紅。

「**狐疑**」：《埤雅》狐性疑也。故如狐疑而不決也。《離騷》：「心猶豫而狐疑兮，欲自適而不可。」。案：「狐」音《廣韻》戶吳切。應讀 hoo^5，吳昆仁先生唱念作 koo^1。

「**知心**」：喻彼此相契，能互知心事。《文選》〈李陵答蘇武書〉：「相識滿天下，知心能幾人。」

「**知州**」：宋官名，鑑於唐末蕃鎮之亂，宋以朝臣出守列郡，號知軍州事。

「**知音**」：《呂氏春秋・本味篇》記伯牙與鐘子期之故事，即以知己爲知音。

「**芳卿**」：對人之敬稱，明楊基〈無題和唐李義山詩〉「芙蓉一樹金塘外，只有芳卿獨自看。」

「**芳菲**」：花草之芳香 亦可稱花草。南朝梁顧野王〈陽春歌〉：「春草正芳菲，重樓啓曙扉。」

「**芰荷**」：應作「芰荷」案：「芰荷」菱荷也。引自《離騷》;「製芰荷以爲衣兮，集芙蓉以爲裳」。

「**花言巧語**」：言其言語華麗不實，虛假而動聽。《朱子語類・論語》「巧言即今花言巧語，如今世舉子弄筆端、作文字便是。」

「**花前月下**」：白居易《長慶集・老病詩》「盡聽笙歌夜醉眠，若非月下即花前。」多指男女談情說愛之所：

「**芸窗**」：書齋也，芸香能驅蠹，書齋常貯，故名。

「**迎新棄舊**」：奉迎新人，忘棄舊人恩義。

「**邸**」：《說文》：「屬國舍也」，即諸侯來朝所居之舍，此指客舍。

「金井」：施以雕欄之井，多美稱宮中或園林之井。李白〈長相思〉：「絡緯秋啼金井闌，微霜淒淒簟色寒。」

「金吾」：執金吾，漢官名。唐宋設金吾衛，禁衛京都。

「金盆玉欄」：二者皆爲牡丹之陪襯物，牡丹代表富貴，故以金玉修飾之。

「金烏」：日之代稱。神話傳說日中有三足金烏，晝飛夜息。

「金笄」：金製之髮笄，婦女之首飾也。

「金鈿」：金花釵也。

「金榜」：指科考中舉之榜單，尤指殿試而言。名標金榜即科試中舉。

「金蓮」：稱女子之纖足。語出《南史‧齊東昏侯紀》：「又鑿金爲蓮花以帖地，令潘妃行其上曰：『此步步生蓮華也。』」

「長亭、短亭」：秦漢十里置亭，曰長亭。北周庾信〈哀江南賦〉：「水毒秦涇，山高趙陘。十里五里，長亭短亭。」故十里一長亭，五里一短亭。

「門樓鼓打」：古門樓戍衛，第更而鼓角響。施炳華《南戲戲文陳三五娘註下》第二十九齣 p.282 作「潮式院落建築之大門，上有門瓦，左右有『門樓房』」。然多數曲辭中門樓爲更鼓聲所發之所，故應爲鼓樓，或作譙樓。

「青蒼林」：應作「倩疏林」。《西廂記》〈長亭送別〉一折中〈滾繡球〉：「恨相見得遲，怨歸去得疾。柳絲長，玉驄難繫。恨不倩疏林掛住斜暉。」。

「泮水」：古學宮，多以代稱學校。

九劃

「南柯夢」：即「淮安夢」：出自唐李公佐作〈南柯太守傳〉言：淳于棼居廣陵郡，飲酒古槐樹下。醉後夢入古槐穴，見大槐安國，其王招爲駙馬，任南柯太守三十年，享盡榮華富貴。醒後槐下見一大蟻穴，

南枝又一小穴，即槐安國及南柯郡。後感富貴之浮虛，悟人世之攸忽，遂棲身道門，後人謂夢曰南柯。

「**南浦**」：《九歌・河伯》：「子交手兮東行，送美人兮南浦。」。《文選》江淹〈別賦〉：「送君南浦，傷如之何？」引申為送別之處。

「**南樓**」：又名「庾樓」，在江西省九江縣。傳晉庾亮鎮江州時，喜登樓賞月，清《縣志》又名「玩月樓」，後樓高可觀月皆泛稱「南樓」。

「**幽冥**」：舊稱地下，陰間。《文選》曹子建〈王仲宣誄〉：「嗟乎夫子，永安幽冥。」

「**思量**」：原指思慮量度也，此有想念之意。

「**恍似**」：隱約不清難以辨認。

「**恍惚間**」：恍忽原指神志不清。《文選》宋玉〈神女賦〉：「精神恍忽，若有所喜。」引申為忽然間。

「**扁舟**」：小船也，亦作「偏舟」。

「**春山**」：喻眉也。「愁鎖春山」喻雙眉緊鎖。

「**春心動**」：懷春之心情。《西廂記》：「我則怕漏洩春光與乃堂，夫人怕女孩兒春心蕩。」案：「動」、「蕩」音近。

「**昭陽**」：宮殿名，漢後宮中有昭陽宮，成帝趙飛燕居之。後世小說、戲劇多以昭陽為后宮。

「**洞房**」：原指新婚夫婦之新房，亦指婚禮之完成。

「**相如文君**」漢臨邛卓王孫女寡居在家，司馬相如過飲卓氏，以琴心挑之，文君夜奔相如，同歸成都。見《史記・漢書》〈司馬相如列傳〉。

「**相如琴調**」：傳漢司馬相如善琴，曾操〈鳳求凰〉挑卓王孫女文君，文君夤夜相奔。故相如琴調喻悅耳怡心之曲調。

「**相國寺會一面**」：宋郭華與王月英之故事。

「**相戲相弄**」：遊戲玩樂也。

「**祆廟記**」：《異苑》：北齊公主，幼與乳母子陳氏日弄玉環。及長。

公主入宮，後約祅廟之會，陳氏先至，熟睡不醒。公主投環爲記，陳氏醒而悔恣，遂焚其廟。

「**秋江**」：喻眼也。「淚滿秋江」喻淚水盈眶。《玉簪記》有〈秋江淚別〉折。

「**紅輪**」：形容日也。唐太宗〈賦得日半西山詩〉：「紅輪不暫駐，烏飛豈復停。」。

「**紅顏薄命**」：舊說美貌女子易遭不幸。

「**胡笳**」：古代匈奴北方民族之管樂器，其音悲涼。

「**迢迢**」：遙遠貌。《古詩十九首》之十：「迢迢牽牛星，皎皎河漢女。」

「**迫勒**」：即「逼勒」，強迫、欺壓。「迫」與「逼」泉腔音同，南戲中常用語。

「**風打梨**」：梨夏生果，秋風至熟透而落，故風吹之梨。意指熟透甜美之梨。

「**風花雪月**」：原指四時景色，亦指男女風情。金王重陽詞〈西江月〉：「堪歎風花雪月，世間愛戀偏酬。」

「**風流**」：俊秀，傑出，又指風韻、風情，男女之情事。《世說新語・賞譽》：「范豫章謂王荊州：『卿風流雋望，真後來之秀。』」

「**風雷**」：【秋】作「風雲」，應作「風雷」。《幼學瓊林・科第》：「挾風雷而燒尾，終非海底之魚。」注「魚躍龍門，風雷爲燒尾，乃得化龍。」

「**風塵**」：喻行旅艱辛。《藝文類聚》漢秦嘉〈與妻書〉：「當涉遠路，趨走風塵。」

十劃

「**倒顛**」：疑即「倒懸」：困苦也。《孟子》：「民之悅之，猶解倒懸也。」

「**冤家**」：情人的暱稱，帶有怨意。

「**冥陽**」:指陰陽交界處。

「**凌雲**」:高入雲霄,喻志氣之高超。

「**凋忌**」:即運蹇犯忌。

「**娉婷**」:美好貌。

「**桑中**」:《詩·鄘風》〈桑中〉,此詩刺衛公淫亂,男女相奔,後比作淫亂之事。

「**桃李**」:原指色美者言,此指嬌妻。

「**消魂**」:謂為情所傷,如魂銷魄散。出自江淹〈別賦〉:「黯然銷魂者,唯別而已矣。」

「**海山盟誓**」:即「海誓山盟」:喻盟誓之堅定,辛棄疾〈南鄉子·贈妓〉:「別淚沒些些,海誓山盟總是賒。」

「**狼狽**」:喻為難窘境。李密〈陳情表〉:「臣之進退,實為狼狽。」

「**珠冠**」:飾珠之冠,亦即鳳冠,為古婦女之婚服。

「**珠圍翠繞**」::形容豪華之飾。馬致遠〈一枝花·惜春曲〉:「齊臻臻珠圍翠繞,冷清清綠暗紅疏。」

「**秦盟**」:晉惠公負秦盟,以太子圉質於秦,秦穆公以女懷嬴妻之。圉久遂逃歸,及圉叔重耳至秦,穆公納女五人,懷嬴與焉。事見《左傳》,此典故中秦晉兩國從此世代通婚,故後人便以秦晉代表結婚。故「秦盟晉約」乃指婚姻言。

「**秦樓**」:又稱「鳳樓」,傳說中秦穆公的女兒弄玉與丈夫蕭史在鳳臺上吹簫引鳳,後乘鳳升仙。「秦樓」又泛稱歌舞之所。

「**素香**」:即「素馨」,其香濃郁,可製香水。對比於「茉莉」淡雅之清香。

「**衷情**」:內心之誠情。

「**迴文織錦**」:《晉書·列女傳》:蘇蕙,竇滔妻,滔戍流沙,蕙作織錦做迴文勸歸,詞極悽婉。

「**凊**」:寒也。

「荖葉」：草名，蔓生，葉大如掌。宋姚寬《西溪叢語》：「閩廣人食檳榔，每切作片，醮蠣灰，以荖葉嚼之。」

「衾」：大被曰衾。《詩·召南》〈小星〉：「肅肅宵征，抱衾與裯。」傳曰：「衾被也」。

十一劃

「參商卯酉」：「參商」：二星名，參在西，商在東，相隔東西，彼出此沒，從不相見。「卯酉」：卯於東，酉於西，亦指對立隔絕。

「國色天姿」：原作「國色天香」，唐李正封詩：「天香夜染衣，國色朝酣酒。」

「婆娑」盤旋貌。《文選》宋玉〈神女賦〉：「既姽嫿於幽靜兮，又婆娑乎人間」注：「婆娑，猶盤姍也」

「崎嶇」：道路險阻不平。王符《潛夫論》：「傾倚險阻，崎嶇不便」

「崩夫痣」：

「張千」：元雜劇及後代戲曲中常以張千名家僕。《高文舉》劇中，張千為溫家僕役，於途中謀害玉真。

「從容」：舒緩貌，朱弁獲旨得歸，心急行緊，而公主欲留，故勸其從容緩身。

「御溝信稀」：唐僖宗時，宮女韓翠蘋紅葉題詩，流於御溝。士人于佑拾而復之，後成佳事。

「情由」：事情的經過和原由。

「情悄」：【秋】作「悄悄」，「悄」：憂心也。《詩·陳風》〈月出〉：「勞心悄兮。」

「接踵」：足跟相接，連續不斷貌。

「措手」：「措」：安置也。措手無定謂失手、無意所為。

「掩身」：遮蔽也，《禮記·月令》：「君子齊戒處，必掩身。」

「掛礙」：應作「罣礙」，障礙，牽制也。《般若心經》：「依般若波羅蜜多故，心無罣礙。」

「**旌表**」：表彰也，自漢以來，凡忠孝節義之人，建坊給額，以表異之者。《北史·隋煬帝紀》：「義夫節婦，旌表門閭。」

「**艄婆**」：船家之婦。

「**艄艄**」：「艄」《廣韻》所交切，沈富進《彙音寶鑑》時母交韻，應讀 siau¹ siau¹，然吳昆仁先生唱音 tshiau²，應誤作「悄」。「艄艄」風葉聲。鮑照詩：「風艄艄而過樹，月蒼蒼而照臺。」，李白詩：「艄艄風葉聲。」

「**悄悄**」：憂心貌《詩·邶風》「憂心悄悄，慍於　小。」

「**毫光**」：指神光細密如毫。

「**毫芒**」：亦指神光細密之貌。

「**清風明月**」：清涼的風，明亮的月。後喻高人雅士。宋許彥周〈詩話〉：「金馬玉堂三學士，清風明月兩閒人。」

「**清醮**」：僧道設壇祈祀稱醮。

「**淋漓**」：沾渥貌，多指流汗而言。此形容淚多不止。

「**荼薇**」：應作「荼蘼」：花名，薔薇科，有刺。夏日開花甚美。

「**蛀核荔枝**」：荔枝之一種，其籽細小，呈不規則狀，猶如虫蛀而得名，乃果中極品。

「**逍遙**」：又作「消搖」，安閒自得，自在貌。

「**連理**」：「連理枝」喻恩愛夫妻。白居易〈長恨歌〉「在天願做比翼鳥，在地願爲連理枝。」

「**陳妙常秋江別離**」：宋陳妙常與潘必正秋江別離之故事。

「**魚沉雁杳**」：原應作「沉魚落雁」原喻人之美貌，南管曲辭則轉義，喻音信如魚深入，雁高飛之後而難尋。

「**舳艫相接**」：即《漢書·武帝記》：「舳艫千里」之意，李斐注：「舳，船後持舵處，艫，船前頭刺櫂處。言其多前後相銜，千里不絕也。」

「**舴艋**」：《廣雅·釋水》：「舴艋，舟也。」王念孫《疏證》：「舴

艋，小舟也。」

十二劃

「喧」：聲大而鬧

「單綃」：「單」坐床也「綃」絲也引申帳也

「尋思」：不斷思索也。

「散紫」：案古人常以紫形容神仙祥瑞之象。散紫即謂瑞氣充盈，已入仙境。

「斐航」：唐長慶時秀才，後和仙女雲英結婚，並得道仙去。唐傳奇小說有裴航故事。

「斯文」：《論語·子罕》：「天將喪斯文也，後死者不得與予斯文也。」原指大道也。現引申爲禮樂法度教化之跡。斯文家即指儒生。

「朝思暮想」：形容想念之深。柳永〈傾杯樂〉：「朝思暮想，自家空恁情瘦。」

「棹」：劉熙《釋名》：「在旁撥水爲櫂；櫂，濯也，濯於水中。」，此代稱「舟船」。

「湄」：《爾雅·釋水》：「水草交也」。

「無意」：心意無定，不知所措貌。

「無端」：無因、無故之意。又無邊際之意。

「琴堂」：彈琴的地方，《呂氏春秋·察賢》：「宓子賤治單父，彈鳴琴，身不下堂，而單父治。」

「琴劍」：古文士隨身之物。

「畫眉郎君」：喻親暱情人。《漢書·張敞傳》：「敞無威儀，爲婦畫眉，有司以奏。上問之敞曰：『臣聞閨房之私，有甚於畫眉者。』」

「畫堂」：傳統宅屋廳堂牆面常飾以書畫，故稱廳堂爲畫堂。

「登徒」：登徒子，喻好色之徒。見《文選·宋玉》〈登徒子好色賦〉。

【荔嘉】作「丁古」：咒罵之語，疔、□皆爲惡疾。

「筆下經綸」：「經綸」：原爲理絲成繩，引申籌劃治理。《中庸》：「唯

天下至誠，爲能經綸天下之大經。」

「**結契**」。結交相得也，尤稱異姓兄弟爲「金蘭結契」。

「**紫姑**」：《顯異錄》：「紫姑，萊陽人，姓何名媚字麗卿。壽陽李景納爲妾，爲大婦曹氏所嫉，正月十五夜陰，殺之於廁間。上帝憫之，命爲廁神，故世人以其日作其形於廁間迎祝，以占眾事。」宋蘇軾著有〈紫姑神記〉

「**紫袍**」：古三品以上官員之服，。

「**紫誥金花**」：「紫誥」即聖旨，古聖旨，袋以錦囊，紫金泥封，故稱紫誥。「金花」：宋科舉設瓊林宴，賜進士以金花，後成定例。意即及第封官。

「**紫燕**」：《爾雅翼‧釋鳥》：「越燕，小而多聲，頷下紫，巢于門楣上，謂之紫燕，亦謂之漢燕。」

「**菱花**」：古銅鏡，背鑴菱花，後代稱鏡。李白詩〈代美人愁鏡〉：「狂風吹卻妾心斷，玉筋並

「**跋涉**」：登山涉水，喻旅途之艱苦。《詩‧鄘風》〈載馳〉：「大夫跋涉，我心則憂。」

「**郵亭**」：行道驛館也。

「**開科**」：古時分科甄試舉士稱爲開科。

「**陽和**」：指春天之暖氣。《史記‧始皇紀》〈之罘刻石〉：「時在中春，陽和方起。」

「**陽春**」：溫暖的春天。《管子‧地數》：「陽春農事方作」

「**陽臺**」：昔楚王與巫山女合歡處，見《文選》宋玉〈高唐賦〉。今稱男女相會之所。

「**雁足**」：見《漢書》，漢蘇武出使匈奴，被拘不屈。後漢與匈奴和親求武，匈奴佯言武已死，武吏教漢使詭言：「帝射於上林，得北來雁，雁足繫帛書，書武在某澤中。」單于因謝漢使，武得歸。後因稱雁足可傳書。

「**雁門**」：關名，位山西代縣西北雁門山，自古為戍守軍事重地。

「**雁南濱**」：「濱」應為「賓」，《幼學瓊林》雁之大者，以仲秋先至南為主。其小者，後至為賓。

「**雲宵**」：即天上極高處，喻極遠。

「**雲霄萬里**」：喻極高遠處，為人所不知。「雲霄」：極高處。

「**雲鬢**」：喻鬢髮如雲，絲細美而盛。《樂府詩集》〈木蘭詩〉：「當窗理雲鬢。」

「**黃泉**」：地下深處，亦指陰間地府，死後所居之處。

「**扊扅**」：戶牡也，所以止扉。《風俗通》：百里奚為秦相，其妻歌曰：「百里奚，五羊皮。憶別時，烹伏雌，炊扊扅。今日富貴，忘我為。」今代稱貧賤之妻。

十三劃

「**塞曲**」：邊塞之地方歌謠。

「**意馬心猿**」亦作心猿意馬：喻心神馳放不定，如猿馬之難制。唐《敦煌變文》〈維摩詰經・菩薩品〉：「卓定深沉莫測量，心猿意馬罷顛狂。」

「**搖曳**」：飄蕩貌，鮑照《鮑氏集》〈三代棹行歌〉：「颼戾長風振，搖曳高帆舉。」

「**新人**」：新娶之妻。《玉臺新詠》古詩：「新人雖言好，未若故人姝。」

「**新愁舊恨**」：對往事與現況的煩惱與怨恨情緒。唐韓偓詩：「新愁舊恨真無奈，須就鄰家甕底眠。」

「**楚臺風，庾樓月**」：此二句引自王安石〈千秋歲引〉詞句：「別館寒砧，孤城畫角，一派秋聲入寥廓。東歸燕從海上去，南來雁向沙頭落。楚台風，庾樓月，宛如昨。」意謂賞心悅目事，卻因自身煩憂而傷情。「楚臺風」：語出自宋玉〈風賦〉：楚王遊於蘭臺，有風颯至，王乃披襟以當之曰：「快哉此風！」。「庾樓月」：「庾樓」原名「南樓」，在江西省九江縣。相傳晉庾亮鎮江州時，喜登樓賞月，清縣志又名「玩月樓」。見《世說新語》〈容止〉。

「**楚館**」：舊時指歌舞場所，高明《琵琶記》：「敢只是楚館秦樓有個得意人兒」。

「**溫存**」：憐惜撫慰。韓愈《昌黎集》〈雨中寄孟刑部幾道聯句〉：「溫存感深惠，琢切奉明誠。」

「**滔滔緒緒**」：或作「絮絮叨叨」，形容說話囉唆。

「**煙花**」：指妓女，辛棄疾〈眼兒媚〉「煙花叢裏不宜他，絕似好人家。」

「**當**」：蔽檔也。

「**腸肝寸斷**」：形容悲痛之極。《文選》江淹〈別賦〉：「是以行子腸斷，百感悽惻。」

「**落花流水**」：形容殘春情景，唐李群玉詩：「蘭浦蒼蒼春欲暮，落花流水思離襟。」

「**運使**」：轉運史，唐宋時置於轉運司，職掌水路轉運，兼理邊防獄訟錢穀之事。

「**運數**」：命運，氣數也。

「**道情**」：道情源於唐代道教在道觀內所唱的「經韻」，文體為詩讚體，後吸收詞調、曲牌，演變為民間佈道所唱的「道歌」。依辭意，此疑指道友。

「**隔牆有耳**」：言機事須加保密，以防洩漏。《水滸傳》第十六回：「常言道：『隔牆須有耳，窗外豈無人。』」

「**雷霆**」：喻盛怒。《後漢書彭脩傳》：「明府發雷霆於主簿，請聞其過。」

「**鳩喚雨**」：《埤雅》「鳩陰則屏逐其婦，晴則呼之。」語曰：「天欲雨，鳩逐婦，既雨，鳩呼婦。」

「**嗏**」：【鈺】、【章】本作「嗟」。語氣辭，詞曲中用作表頓折。南管中為〈駐雲飛〉之特韻。

「**厭厭**」：病態也。宋歐陽修《六一詞》〈定風波〉：「把酒送春惆悵

在，年年三月病懨懨。」

十四劃

「慇懃」：委曲盡心貌。

「碧荔」：應作「薜荔」香草也，出《九歌·山鬼》「披薜荔兮帶女蘿」。

「颯颯」：風聲也。《九歌，山鬼》：「風颯颯兮木蕭蕭」

「鳳簫」：即古之雲簫（排簫）。《宋史·樂志》：「簫集眾律，編而爲器。參差其管，以象鳳翼，蕭然清亮，以象鳳鳴。」

「嫠婦」：婦之無夫者，有作「釐婦」。

「瞅睬」：「瞅」：音丑，正眼注視也。案：應作「怹睬」或「瞅睬」，意爲理會也。孔尚任《桃花扇》：「竟沒人怹睬。」

十五劃

「嘹嚦」：指聲音清遠者，疑應爲「嘹唳」，《樂府詩集》陶弘景〈寒夜怨〉詩：「夜雲生，夜源驚，悽切嘹唳傷夜情。」唐陳子昂詩：「嘹唳白露蟬」又黃庚〈孤雁詩〉：「長空獨嘹唳」。

「嘴出蓮花」：即「舌燦蓮花」，喻言語動人。

「廢寢忘餐」：言終日思念，致於眠食俱廢。

「廣南」：宋路名，自唐設嶺南道，即今兩廣及安南，邑治廣州。

「廣寒宮」：《天寶遺事》：「明皇遊月宮，見　曰：廣寒清虛之府。」世因稱月曰廣寒宮。

「憔悴」：《彙音妙悟》音 tsiau⁵ tshui³，【鈺】作「憔怹」【秋】【輝】作「顦顇」《玉篇》「顦顇」憂貌。【章】【昇】【溝】作「憔悴」。《楚辭·漁父》：「顏色憔悴，形容枯槁」。

「盤纏」：日常費用，尤指旅費。

「翩翻」：飛翔貌，張衡《西京賦》：「眾鳥翩翻，群獸騷駭。」

「銷金帳」：「銷金」：飾以敷金也。元戴善夫〈風光好〉二：「你這般當歌對酒銷金帳，煞強如掃雪烹茶破草堂」。

十六劃

「儔」:【鈺】、【章】本作「籌」,應作「儔」:侶也。

「戰兢」:《詩·小雅·小旻》:「戰戰兢兢,如臨深淵,如履薄冰。」《毛傳》:「戰戰,恐也。」。「兢兢」:戒慎也。「戰兢」在此應作「顫驚」,即膽戰心驚之意。

「燈花」:即燈心之餘燼,呈花狀。庾信〈對燭賦〉:「剌取燈花持桂燭,還　燈檠下燭盤。」

「螢火」:即鬼火常見於野外若忽隱忽現。

「錦心繡口」:「錦心」喻心思精巧細緻,「繡口」喻言辭華麗,本指文章而言。李白〈送仲弟令聞序〉:「吾心肝五臟皆錦繡耳,不然,何以開口成文,揮毫散霧。」

「頰顋」:【鈺】作「腮頰」,【秋】【章】【輝】作「顋頰」,【昇】作「耳鉤」,【溝】作「頤頰」:《康熙字典》引《玉篇》作「頰顋」。「頰」:面旁也,「顋」:《彙音》音 sai¹,吳昆仁先生音 sir¹,領下也(應作頷下),俗作「腮」。

「頭陀」:梵語稱僧人為「頭陀」。

「龍肝鳳髓」:喻難得之佳餚。

「龍門跳過」:《三秦記》:「江海魚集龍門下,登者化龍」,此喻登科成就。

「踰垣越禮」:「垣」矮牆也,此引申為分際。即逾越禮法也。

十七劃

「檄」:古官書木簡,多作徵召、討伐。若有急事則插羽,又稱「羽檄」。

「糟糠」:貧者所食也。《後漢書·宋弘傳》:湖陽公主新寡。光武圖試宋弘,弘對曰:「貧賤之交不可忘,糟糠之妻不下堂。」今稱同食糟糠之貧賤夫妻。

「舉案齊眉」:漢孟光,貌醜力巨,德行高雅,擇對不嫁,意屬梁

鴻之節。鴻聞妻之，每進食，光舉案齊眉，傳爲佳談。

「**輾轉**」：形容臥不安席。《詩·周南》〈關雎〉：「悠哉悠哉，輾轉反側。」

「**霜降柿**」：柿至入秋而熟，中秋霜降時正美味。【輝】本作「霜楝柿」。

「**鮫綃**」：【鈺】、【章】本作「嬌羞」，【昇】、【溝】本作「鮫鮹」【滿】【賽】作「絞綃」。張華《博物志》：「鮫人，水居，出寓人家賣綃。臨去從主人索器，泣而出珠，盤滿，以與主人。」另南朝梁任昉《述異記》：「南海中有鮫人室，水居如魚，不廢機織，其眼能泣則出珠。」後以鮫人所織之綃，製成手帕的，稱爲「鮫綃帕」，形容手帕之華貴，此句形容眼淚如珠滾落而淫透綃帕。

「**懨懨**」：病態也。宋·歐陽修《六一詞》〈定風波〉：「把酒送春惆悵在，年年三月病懨懨。」

十八劃

「**斷腸詩**」：【秋】作「斷腸詞」。《斷腸詞》爲南宋·朱淑真所著之詞集，因所適非偶，故多幽怨之音。此指至爲悲傷之文。

「**斷頭香**」：喻做事不能徹底圓滿，不能到頭。元人雜劇已盛行此語如《西廂記》、《救孝子》皆用此辭，南北管戲曲中亦有此辭。

「**藍田種玉**」：晉干寶《搜神記》：「楊雍伯致義漿，以給行人。有一人，懷中取出石子一升，與之曰：『種此生好玉，並得佳婦。』雍種之。後求北平徐氏女，徐曰：『若得白璧一雙，當爲婚。』雍至種玉處，得白璧五雙，以聘徐氏女。」

「**薰風**」：和風也，南風也。案《呂氏·有始》八風中，薰風爲東南風。《史記·樂書》：「舜作五絃之琴，以歌南風。」《集解》：「南風之薰兮。」

「**覆水**」：謂事成定局難挽回。「覆水難收」典故來自齊太公妻馬氏嫌貧求去，後太公富貴，又求復合故事。詳見《拾遺記》。後朱買臣

妻亦如是。

「**雙調倍**」：《辭海》「雙調」：原商調樂律名，指燕樂商聲七調之第四均。在南管中「雙調」爲「倍工」之古稱（據呂錘寬《泉州弦管指譜叢編》上【昇】本〈玉簫聲〉注），而在南管古刊本【麗錦】、【賽錦】中「雙」，可爲「中倍」或「倍工」（皆五空管），而「背雙」則爲「大倍」及「小倍」（皆五六四仅管）。

「**顏回壽**」：《論語‧雍也》：「有顏回者，好學，不遷怒，不貳過。不幸短命死矣。」故顏回壽意指短命。

十九劃

「**瀟湘**」：地名今湖南零陵縣當瀟水與湘水交會處，代指南方。

「**瀟灑**」：豁脫無拘之貌。

「**獸炭**」：由獸骨鍛成的炭，又稱骨炭。又作「熄炭」，意指燃炭熄其燄，以趁其餘溫。

「**瓊臺瑤闕**」：「瓊」、「瑤」皆美玉。「臺」、「闕」皆宮殿建築也。意指仙人所居之宮殿。

「**譙樓**」：俗稱「鼓樓」。古門上爲高樓曰譙，樓以望敵，門下列兵護城，鼓角曉響。

「**蹺蹊**」：《辭海》：謂事違常理，而令人懷疑莫釋，亦作「蹺蹊」。現今多作「蹊蹺」。

「**鵲橋會**」：神話，傳每歲七月七夕，牛郎織女相會，群鵲銜接爲橋以渡銀河。

「**鵬程**」：指遠大之志。《莊子‧逍遙遊》：「水擊三千里，摶扶搖而上者九萬里，去以六月息者也。」故鵬程喻高遠。

二十劃

「**嚴慈**」：母親也。

「**蘇張**」：即戰國蘇秦、張儀。二人爲縱橫家，善辭令。一作「訴衷」，音近，以「訴衷」之意較佳。

「襤褸」：謂衣服破敝。《方言》：「南楚凡人衣被醜敝，謂之襤褸。」

「譬作」：便作也。

「飄飄蕩蕩」：謂行止無定所貌。

「攜手並肩」：牽手互依貌，表親密。

二十一劃

「蘭麝」：皆香草。南朝宋鮑照〈中興歌〉：「綵埠散蘭麝，風起自生芳。」

「躊躇」：猶豫徘徊也。

「醺醺」：酣醉貌。岑參〈三送羽林長孫將軍赴歙州〉：「青們酒樓上，欲別醉醺醺。」【麗錦】作「昏昏」。

二十二劃

「鐵馬」：又稱簷馬、風馬兒，現稱風鈴。傳源自為隋煬帝后臨池觀竹，夜思其響而不能眠，帝作薄玉龍數十枚懸於簷外，夜中因風相擊，聽之與竹聲無異，民間不敢用龍，以竹馬代之，故民間稱之為「鐵馬」。王實甫《西廂記》：「莫不是鐵馬兒簷前驟風。」

「驅馳」：疾馳也。《詩·鄘風》〈載馳〉：「載馳載驅」。

「鶴影」：古人以鶴為仙禽，並作為仙人之座騎。

「疊催」：「疊」：重也，引申為距短，就時間上為頻繁之意。

「聽香」：據閩南之俗，正月十五元宵時，婦女焚香問卜，並依香煙指示得兆。

二十三劃

「攪」：亂也，擾也。《詩·小雅》〈何人斯〉：「祇攪我心」，此處近於「引惹」之意。

二十四劃及以上

「讒言」：《荀子》：「傷良曰讒」，〈漁父〉：「好言人之惡，謂之讒。」

「靈雞」：雞以時而鳴，俱五德而似有靈，故美稱靈雞。

「鱷魚脫出了金鉤釣」：此句為俗諺：「鰲魚脫出金鉤釣」，喻人擺

脫桎梏束縛，重獲自由。但民間手抄本多作「鱷魚」，北管戲曲則寫成「鯉魚脫出了金鉤釣」。

「**鬱陶**」：鬱悶，悲傷。《尚書·五子之歌》：「鬱陶乎予心，顏厚乎忸怩。」

「**鸞鏡**」：飾以鸞鳥之妝鏡。《辭海》引范泰〈鸞鳥詩序〉：「罽賓王獲彩鸞鳥，欲其鳴而不致。夫人曰：『嘗聞鳥見其類而後鳴，而可懸鏡以映之。』王從其言，鸞睹影，悲鳴哀響，中宵一奮而絕。」白居易《長慶集·太行路》「何況如今鸞鏡中，妾顏未改君心改。」因見形影而悲之意。

第五章　南管記譜法

第一節　中國傳統譜式下的思考

一、為什麼中國人不懂中國音樂？

音樂是人類生活中不可或缺的一部分，傳統音樂更具有民族文化的特色，它是國家精神文明的表徵，因此世界各國都非常重視自己國家民族的音樂傳統。中國傳統音樂向以「文人音樂」與「民間音樂」為兩大主流，數千年來隨著歷史的時空更迭，在承傳中創生衍變而穩定發展，也一直是中國人不同階層音樂生活的主軸。

但自鴉片戰爭以後，西學東漸，中國人以「師夷以制夷」，接受「西化」，故自二十世紀初期，新式學堂教育以全盤西化、引進西方教育系統，在音樂教育方面，從清末的「學堂樂歌」，1925年北平師範學院正式以「音樂」作為學校教學科目之一開始，一種與中國傳統音樂截然不同的音樂品種，在中國生根茁長，百餘年來，已儼然成為中國知識份子圈裡音樂生活的主流。

臺灣地區雖在荷西時期，也曾有傳教士引進教會音樂，但未及生根茁壯，就因明鄭入主臺灣而亡；馬關條約以後，清朝有條件開放臺灣，才由傳教士引進教會音樂並設立學校，從此西方音樂在臺灣萌芽；日治時期日本人以日本「西化」經驗，在臺灣中小學校設置音樂課；國民政府遷台以後，整合了日治時期的臺灣音樂家，與由大陸來台音樂家，引進西方音樂教育系統，全面使用五線譜教學、傳唱西洋藝術歌曲、各國民謠（如歐、美國各國民謠），近三十年來，中小學簡易樂器之教學，亦以歐洲巴洛克時期的直笛為教學重點。

至今，臺灣不但各地中小學設有音樂班，大學音樂科系或相關音

樂科系與研究所眾多，但多以西樂為主體；而少數幾個學校設有國樂科系者，其教學音樂理論基礎，仍不脫歐洲古典音樂系統；可以說百餘年來，西方音樂系統主宰臺灣的音樂教育。試想，這般音樂教育體系下，我們的學子可能知道許多西洋音樂歷史的故事、音樂家的生平，甚至關心西洋現代樂壇的種種新聞，但如果問他中國或是臺灣有哪些傳統音樂？知道的恐怕少之又少，學生不僅對於我國傳統音樂毫無所知，還常常帶有蔑視的心理，以為它是落後的、粗俗的、不堪入耳的，譬如送葬隊伍中的鼓吹樂，被認為不入流，而引進西樂的鼓號樂隊來送葬；吹嗩吶，則說是『吵死人的』。

現代人以為走進音樂廳，欣賞西方古典音樂的演奏是高尚行為，而各地廟前的戲曲演出、鑼鼓陣頭的喧鬧為粗俗的，殊不知音樂本無高低貴賤，音樂之動人，乃貴於其能夠表現個人的思想與情感，舉例來說吧！給學生聽一首台灣民歌『思想起』，先聽由著名聲樂家以義大利美聲唱法演唱，大家都叫好；再聽聽民間樂人陳達拿著月琴，自彈自唱的演唱，學生會說這真扣人心弦哪！但是他們有機會接觸到這些傳統音樂嗎？傳統音樂在教育體系中幾乎是被連根拔除了，沒有根的音樂教育，才真是台灣人的悲哀。

民國七十六年臺灣解嚴以後，臺灣的人們開始重視本土文化，中小學音樂教育在課程設計上，本國傳統音樂的比例雖有增加（30%），但是由於目前中小學的老師，皆為接受西式專業音樂教育的師資，對傳統音樂並不熟悉，因此添加的課程形同虛設，十多年來，大部份的學子對於傳統音樂仍然陌生，不過，在教育部「薪傳獎」、「民族藝師」、「重要民族藝師傳藝計畫」以及文建會「民間藝術傳習與保存計畫」等影響，有部分地方政府推動下和部分中小學校校長重視，學校紛紛以社團活動或課外活動之名，聘請民間樂人蒞校指導學生，使本土性之音樂活動，在校園中乃得以稍為伸展，但並非所有學校都能如此幸運，仍須視校長之喜好決定，因此在中小學中傳統音樂尚無法扎根。

　　國立台北藝術大學，自民國八十四年創設傳統音樂系至今，已有七個年頭，這個全台灣獨一無二的傳統音樂系，有別於一般的國樂科系，分爲南管、北管兩樂種組，琵琶與古琴等樂器組，以及理論組。七年走來，舉步維艱，不管從招生到教學師資，仍有許多困難尚待解決，如果以臺灣國樂科系的發展作爲借鏡，民國三十八年至今，從草創國樂科系到欣欣向榮，也經歷約三、四十年光景，才有較完備的系統，因此傳統音樂系還有很長的一段艱辛路程要奮鬥。筆者從一個接受完整西方音樂訓練的學習，回歸到中國傳統音樂的學習，又從七年的傳統音樂教學相長中，領悟到中國傳統記譜法—工尺譜的實用性與美學觀，在此提出個人小小心得與大家分享。

二、中國傳統譜式下的省思—以工尺譜爲例

(一) 工尺譜的源流

　　工尺譜源於唐代讌樂半字譜，現存屬於管色譜系統的宋俗字譜，最早可見於《白石道人歌曲集》（圖譜一）與《事林廣記》殘譜《願成雙》（圖譜二）等唱賺小段外，其他僅是一些作爲注釋管色指法和宮調理論的孤立譜字符號（圖譜三），看不出譜式全貌。由於近代發現仍有不少民間樂種使用的樂譜，都屬於俗字譜系統，如西安鼓樂譜、山東泰安岱宗樂譜、北京智化寺樂譜、山西五台山八大套樂譜、晉北笙管字譜、河北固安縣屈家營音樂譜等等。因此，提供了解讀宋俗字譜的機會。

　　在不同時期中，工尺譜的調首音曾有過不同，如《白石道人歌曲》旁譜、《事林廣記》殘譜以及元·熊朋來的《瑟譜》（圖譜四）、明朱載堉《樂律全書》中〈靈星小舞譜〉所錄《立我烝民》（豆葉黃）（圖譜五）、《思文后稷》（金字經）、等四首子曲，都是以「合字爲宮」的俗樂工尺譜記寫。而明清以來的南北曲，則是「上字爲宮」的工尺譜記寫的，留存的曲譜相當多，除了民間俗樂（圖譜六）、大量的劇曲

（圖譜七）、器樂曲（圖譜八）、合奏譜（圖譜九）外，雅樂系統的《明文廟禮樂全書》中的笙譜也並用了律呂譜和工尺譜（圖譜十），清內府大宴笳吹樂的樂譜則是用滿文、蒙文、漢文三體合寫，加注工尺譜並用朱筆點拍。（圖譜十一）

（二）台灣地區傳用的工尺譜

臺灣地區使用的工尺譜，主要有北管工尺譜（圖譜十二）與南管工尺譜（圖譜十三）兩個系統。

南北管譜都屬於是俗樂工尺譜系統，但南管譜以固定音高記譜，北管譜以首調方式記譜。北管譜除用於館閣，也廣泛地用於道教儀式、布袋戲、歌仔戲等之後場。南管譜則僅用於館閣，南管音樂系統的車鼓、太平歌、部分道教音樂等並無記譜法，曲簿通常僅抄錄曲詩（歌詞）。

三、工尺譜唱唸法

（一）找到發聲共鳴點

一般工尺譜字以「合、四、一、上、尺、工、凡、六、五、乙」等十個譜字為主，屬於首調唱名法系統的工尺譜，記譜的方式有一柱香式與簽衣譜式。（圖譜十四、十五）不管是使用哪種工尺譜式入門學習，不二法門是「忘掉西樂的唱譜方式」，回歸中國傳統的精神──以自然為師。

記得初學工尺譜，民間樂人告訴我「要大聲喊出」，初不解其意，但憑著自身西洋音樂訓練的基礎，學習上並無困難。後來在教學中發現學生的學習問題，一是無法針對譜字作直接反應，每每須從「Do、Re、Mi」至「上、尺、工」作唱名轉換；二是音準的問題，對於每個譜字的音高無法準確唱出，甚至在一小段工尺譜練習中，常輾轉數調，而有不搭調之感。在思考如何解決學生問題之同時，翻閱古籍，注意到《管子・地員篇》中的一段話：

凡聽「徵」，如負豬豕覺而駭；凡聽「羽」，如鳴馬在野；凡聽「宮」，如牛鳴窌中；凡聽「商」，如離群羊；凡聽「角」，如雉登木以鳴，音急以清。

這段記載不正是說明了聲音與身體共振的原理，印證老樂人的話「大聲喊出」，不正冥然契合嗎？因為大聲唱出，可感受到發音部位的共振，久之習慣不變，音高也不會忽高忽低。悟到了這一點，就開始要求學生，唱工尺譜要如同講話一般「大聲喊出」，甚至讓學生動腦筋找出可與譜字對應的話語幫助學習，例如：「上」，就是「尙槩好」的「尙」；「尺」就是「打ㄨ」的「ㄨ」；「工」是「阿公」的「公」；「凡」，是「番茄」的「番」；「六」，是「蛇」（諧音）；「五」，是「有麼」的「有」；「一」就是「伊」；「合士」是「護士」 ....；以上都是閩南語發音，一般人講話絕不會有忽高忽低的問題，工尺譜唱名既來自語言習慣，受語言聲調的影響，瞭解此原理，學生的工尺譜唱唸音高就不再是問題，而且再也不需要經過Do、Re、Mi與上、尺、工的轉換過程了。

（圖譜一）白石道人歌曲譜

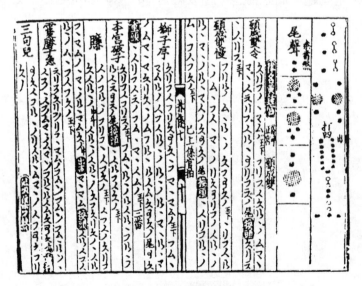

（圖譜二）事林廣記〈願成雙〉譜

應鍾宮　俗名　中管黃鍾宮
應亥之氣中　聲應鍾商　中管越調
鍾八　應鍾角　中管黃鍾角
　　應鍾變　中管黃鍾變徵
宮十一月陰呂　小雪正聲應　鍾羽　中管黃鍾徵
　　應鍾徵　中管黃鍾正徵
鍾閏　中管羽調
管色應指字譜　應鍾閏　中管越調

管色應指字譜

宮調應指譜

么六川凡フ工人尺ケ上一マ乚勾ム合丙五
協夾幺幻幺尖上兩尖夬勺往川多ケ折人大凡ケ打
司凡幺上

（圖譜三）《詞源》管色應指譜

鄭伯如晉晉侯享之子展相鄭伯賦緇衣叔向命
晉侯拜曰寡人敢拜鄭君之不貳也
禮記緇衣篇曰好賢如緇衣
孔子讀詩曰於緇衣見好賢之心至　子顏
坎坎伐檀兮寘之河之干兮河水清且漣猗不稼不
稽胡取禾三百廛兮不狩不獵胡瞻爾庭有縣貆兮
彼君子兮不素餐兮
應的太大應林南應
林大姑太應林餗姑林南餗姑
林姑太應林應南餗林南
應南餗姑林南餗姑林應南餗應林
凡工凡勾一凡尺一尺工句一尺工凡工
尺四一四凡尺勾一尺凡句尺工凡尺
凡工凡句一凡尺工句尺工凡句
尺一工尺凡

（圖譜四）元·熊朋來的《瑟譜》

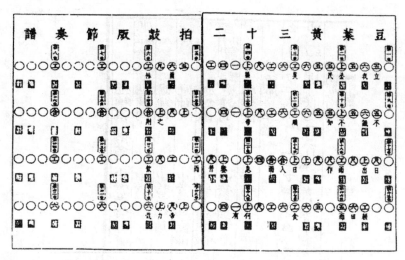

（圖譜五）明朱載堉《樂律全書》〈靈星小舞譜〉所錄《立我烝民》
（豆葉黃）

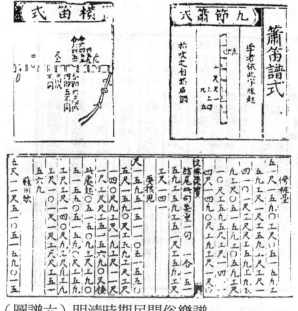

（圖譜六）明清時期民間俗樂譜

（圖譜七）明清時期劇曲譜

（圖譜八）明清時期器樂曲譜

彙集拾陸板十三套內此套最難皆因套句以譜錯綜交錯節奏讓一多妙不智同明合

音緩急易得耳
餘末能玩索諸器
將此套研究以譜
能玩索諸器以譜
玩此套索諸研究
索諸以譜發塤強
諸器研究塤字以
器以譜錯綜交錯
譜塤字以錯綜之
發塤字錯綜彙集
節奏讓譲之彙集處
強譲之最以
讓一處難怙
多妙以皆伶
妙不怙同好
不智同著明
智同著好合
明好學書字

（頭段）

絲字琶	胡琴	箏	工尺	八板		絲字琶	胡琴	箏	工尺	八板
四	四	上	上	合		上	上	上	上	上
上	上	尺	四							
合	工	尺		上		合	上	上	上	合
						上	六		四	
レ	レ	レ	レ	レ		四	尺	四	合	上
						上	五	四	尺	四
						上	工	上	六	上
						四	六	四	尺	四
						合	合	合	五	尺
合	レ	四	四	四		上	工	尺	工	上
合	合	合				上	合	工	六	合
四	四	レ				工	尺		合	工
上	上	上	上	上		尺	尺	尺	尺	工
						尺	尺	尺	上	尺
工	尺	工	上	合		工	工	工	上	合
工	六	六	六	レ		工	六	六	六	レ
四	尺	尺	尺	合		四	尺	尺	尺	合
尺	工	工	工	レ		尺	工	工	工	四 レ

（彙集板）

（圖譜九）明清時期器樂合奏譜

○笙譜

迎神

大哉孔聖道德尊崇

維持王化斯民是宗

典祀有常精純並隆

四二三

（圖譜十）《明文廟禮樂全書》笙譜

難有賢聖人誰能少淹留

流水何湯湯吾生如是遊

寶心實政惠此為邦

膺圖御宇命不于常

自古在昔爲君爲王

（圖譜十一）清內府大宴笳吹樂

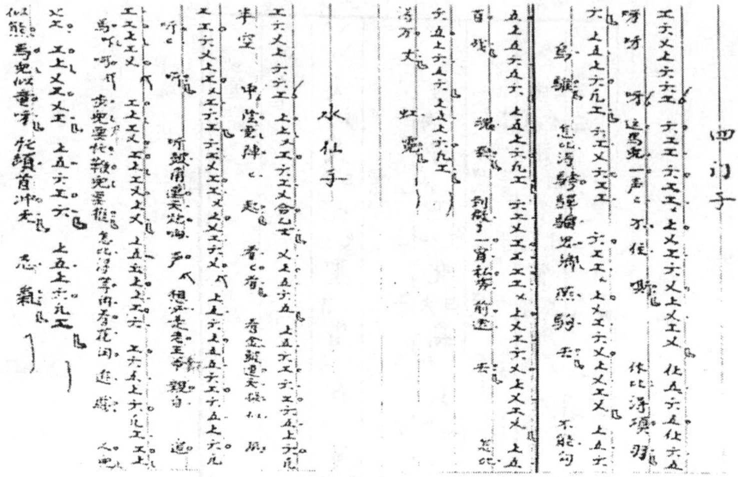

（圖譜十二）北管工尺譜

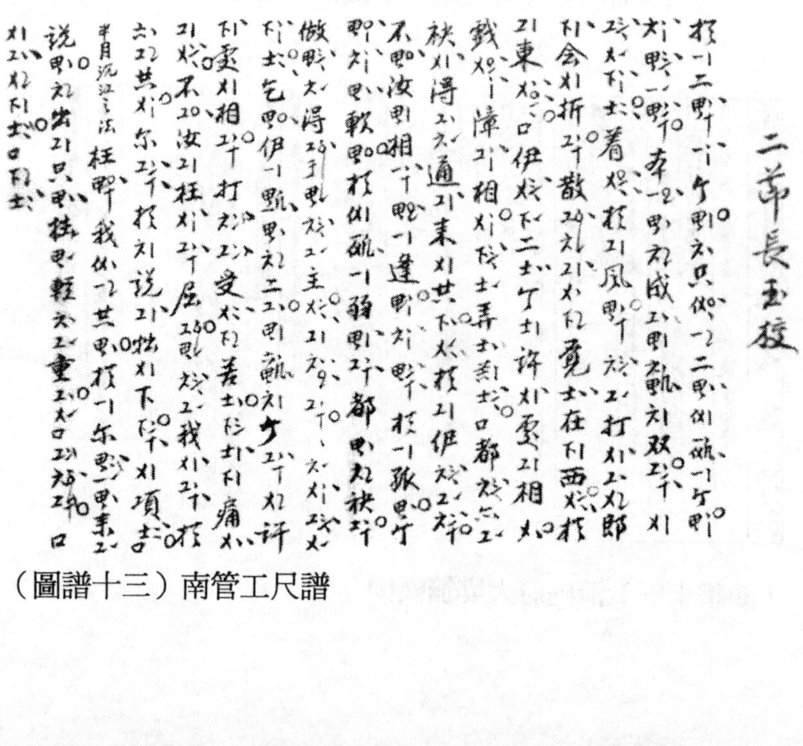

（圖譜十三）南管工尺譜

別離聽得一聲去也鬆了金釧遙望見十里長

亭滅了玉肌此恨誰知

叮叮令見安排着車兒馬兒不由人熬熬煎煎

的氣有甚麼心情花兒靨兒打扮的嬌嬌滴滴

的媚准備着被兒枕兒則索昏昏沉沉的睡從

今後衫兒袖兒都搵做重重疊疊的淚兒的不

（圖譜十四）一柱香式工尺譜

小旦旦不到園

林惠如春色如

許勞使是合　皂羅袍原來姹紫嫣紅開遍似這般

都付與斷井頹垣良辰美景奈何天賞心樂事

誰家院朝飛暮捲雲霞翠軒雨絲風片煙波畫

粟庵曲譜　遊園

牡丹亭

（圖譜十五）簑衣譜式

（二）加花

工尺譜的記載，以骨幹音爲主，個人加花方式不同，會產生曲調的變異，甚至同一個人每次唱曲心情不同，亦會有不同的加花方式，此點，學西樂者，往往無法瞭解箇中奧秘，因此聽寫記譜時，往往將花音一併記出，或是以一次定譜，不知道的人看著譜唱，怎麼唱都無法找到音樂的流暢感，這是記譜者把音記死之故。事實上，從小處觀察，工尺譜字的發音可找出可循的規則，如「工」字收音在鼻音上，因此其花音常爲上提的小三度「六」，故「工尺」二譜字，常唱成「工六尺」，但「六」字不唱「實音」，是爲「工」字的「牽音」（虛音）；「尺」有往下收音之勢，因此「尺工」二譜字中間，亦常墊上一個「上」字。從大處看，工尺譜的唱唸，也有中國詩詞分句讀、音步、音節的習慣，如何加花，必須從整句工尺看，下面以一首流傳於中國各地，大家熟悉的曲調『八板』爲例：

　　工工四尺上　　合四上　　四上上工尺

　　工工四尺上　　合四上　　工尺上四合

　　六六工工六六尺　　工尺上上四上尺

　　工尺尺工六　　六五仩　　五仩仩五六

　　六五仩　　五仩五六工　　ㄨ六六ㄨ工ㄨ上

　　工工四尺上　　合四上　　四上上工尺

　　工工四尺上　　合四上　　工尺上四合

它的句讀，有五字、三字、七字不等，每句最後音都落在板上，就是重音的位子，因此，氣口就該放在每句之後，不可隨意斷句，注意到前後譜字的關係，瞻前顧後，多唱幾次，音的流暢感出現了，就可以找到應加的花音；通常快板的曲子加花不易，越是慢曲，才有可能加花，一般加花原則，以本音的上下音爲基本，三度、五度音也常見，加花時，儘量避免同向的直線進行，遵守「襯音不過三」的原則；這些花音有些可唱「實」，有些要唱「虛」，唱實的音就是表現在外的

裝飾音，唱虛的音就是喉內唱的「伏音」（似有似無，但意念中必須存在），如果把這些音的工尺都記實來唱，就像拿著毛筆寫字，卻用硬筆的寫字方式寫出，毫無韻味可言。因為要區別花音與實音，民間樂人唱唸工尺時，花音經常以「阿、伊」等唱出，樂人常說唱曲要會「牽音」，就是在骨幹音的基礎上加花音，以產生音樂的流暢感。

最後，如果工尺譜字配有曲詞，曲詞的平仄四聲，也影響工尺譜的加花方式，不同歌樂系統的加花，應依循不同的語言習慣，如崑曲之受文人雅士垂青，特別講究字音，北管音樂中的戲曲與細曲，因具強烈的民間色彩，字音的規範較不明顯，但仍有軌跡可尋。

四、「拍」的概念

中國漢族傳統音樂，深受漢語語言聲調影響，因此譜式的記寫，如工尺譜系統的各種譜式，都著重在記錄音樂的音高旋律骨架，如以西樂學習者的耳朵聽來，節拍與節奏方面則顯得不很精確。事實上，中國「拍」的概念不等於西洋的「拍」。以下從文獻資料中，看看幾則與拍相關的資料：

（一）文獻中的『拍』：

1.唐・段安節《樂府雜錄》〈拍板〉：

拍板本無譜。明皇遣黃幡綽造譜，乃於紙上兩耳以進。上問其故，對：『但有耳道，則無失節奏也。』韓文公因為樂句。

可見「拍」在唐人觀念中，完全可由耳鑑，擊板者無須仰賴樂譜而奏。

2.宋・王灼《碧雞漫志》卷一：

----昔堯民亦擊壤歌，先儒為搏拊之說，亦曰所以節樂。樂之有拍，非唐、虞創始，實自然之度數也。故明皇使黃幡綽寫拍板譜，幡綽畫一耳於紙以進，曰：『拍從耳出』。牛僧孺亦謂拍為樂句。嘉祐間，汴都三歲小兒在母懷飲乳，聞曲皆撚手指作拍，應之不差。雖然，古今所尚，治體風俗各因其所重，不獨歌樂也，古人豈無度數？今人豈無性情？用之各有輕重，但今

不及古耳；今所行曲拍，使古人復生，恐未能易。

此處除了引用前條樂府雜錄語，並言樂之有拍，實自然之度數；另一相關術語「輕重」，至今在南管絃友口中常用之，南管樂人常云：唱曲要有「輕重聲」。

3.南宋・陳元靚《事林廣記》〈過雲要訣〉：

入「賺」頭一字當一拍，第一片三拍；後仿此；出賺三拍。

今保存於崑曲中的「賺」，除了依通例，在每一樂句和逗之後打底板外，每一樂句的開頭，常額外加打均勻的兩板。因此，「賺」的拍，可說完全不同於西樂的強弱拍。而賺之用法，見於王驥德《曲律》〈論過搭第二十二〉：

古每宮調皆有賺，取作過渡而用。緣慢詞（即引子）止著底板，驟接過曲，血脈不貫，故賺曲前段，皆是底板，至末二句使下實板。戲曲中已間賓白，故多不用。…

因為慢詞只打底板，如果驟接過曲，銜接不順暢，故須以賺詞過搭，這在戲曲中，因有賓白間隔，故不用，但在清唱中仍有必要。只是在傳承的過程中，慢詞只打底板的習慣也許改變了，被加上了實拍，賺也就沒必要存在了。從南管音樂的「七撩拍慢曲」唱唸或演奏觀察，筆者以為它可能源於宋代慢詞，後被加上實拍，因此手抄本中才會出現「半月沈江」的失撩現象。

4.清・葉堂《納書楹曲譜》凡例：

凡板眼中另有小眼，原為初學而設，在善歌者自能生巧，若細細注明，轉覺束縛。今照舊譜，悉不加入。

可見清代工尺譜對於板眼的記錄，仍取大框架，對於每個音的時值細節，則留待唱曲者，以自身的實踐與體驗處理，講究的是死譜活唱。「死譜活唱」的本領，對於現代接受西洋音樂教育的中國音樂家而言，這是不可能的任務。

（二）南管音樂中的「拍」：

1.打拍的方式：

　　筆者在學習南管過程中，或多次在館閣中與老樂人訪談時，對於南管撩拍的「按撩」、「踏撩」方式特別感興趣，每每要求老樂人一再示範。其記拍的方式，以「三撩拍」為例，習慣上老樂人皆以「一撩、二撩、三撩、拍」計數，拍打在三撩與拍處，如是「七撩拍」，拍則打在七撩與拍處，一二拍則打在撩後與拍，皆打兩拍，第一拍為虛拍，第二拍為實拍（拍位），虛拍要輕打，實拍要重打。以筆者所見，目前南管洞館拍板的使用，拿豎拍，只打拍位，但老樂人以手按撩或以腳踏撩，仍維持舊習，打兩下；歌館或太平歌館，以及七子戲、交加戲後場，拿「倒拍」，拍打手心或大腿，也打兩下。[1]以下以拍撩符號（「、」為代表撩的記號，「。」為代表拍的記號）計數，其下方的「*」代表樂人打拍的位子。

七撩拍：

```
　、　、　、　、　、　、　、　。　、　、　、　、　、　、　、　。
　　　　　　　　　*　*　　　　　　　　　　　　　　*　*
```

三撩拍：

```
　、　、　、　。　、　、　、　。　、　、　、　。
　　　*　*　　　　　*　*　　　　　*　*
```

一二拍：

```
　、　。　、　。　、　。　、　。　、　。
　*　*　　*　*　　*　*　　*　*　　*　*
```

　　另一問題是，南管樂曲不管從撩起唱，或從拍起唱，但結束皆在拍位上。目前解釋或翻譯南管工尺譜為五線譜，習慣上將「拍」譯為小節線後的強拍，也就是第一拍，「撩」則在弱拍位子上，於是形成「拍、一撩、二撩、三撩」的循環，好像與西洋拍的節奏「強、弱、

---

[1] 目前南管洞館拍板的使用，拿豎拍，只打拍位。但老樂人以手按撩或以腳踏撩，仍維持舊習；歌館或太平歌館，以及南管戲後場，拿倒拍，拍打手心或大腿，仍依舊習，打兩下。

次強、弱」相當吻合，受到這種解釋或譯譜的影響，連老樂人也學會以此方式解釋南管的撩拍，而這樣的觀點，常帶給現代的學生不盡的困擾，因為西洋音樂的強弱律動，在五線譜上是以小節線來區分，小節線後的第一拍為強音位置，許多學習者因此為小節線所矇騙或障礙，其結果就是，在拍位上出現了不該有的強拍，忽略了曲詩與音樂結合後，產生的自然起伏與抑揚頓挫，或者是碰到在撩位上應有的的「重聲」時，[2]以為它就是拍位，而打了拍板；這種因西樂的影響，是南管初學者，普遍存在的問題，大家一致認為「打拍」最難，拍位應放在那裡？最困擾初學者。而工尺譜譯為五線譜時，所有傳統樂曲都以拍位作結，最後一小節不存在的「撩」或「眼」，都以休止符填滿，以符合五線譜的使用習慣，其實都是錯誤的觀念。

2. 半月沈江：

　　南管指套中有一種在樂曲中拍法改變前，少一撩位的現象，有學者認為是在傳承過程中漏失了一撩，此「失撩」的現象，南管專有名詞叫做「半月沈江」，如《一紙相思》第二節〈二個〉「說拙下項」句，少了一撩，不過劉鴻溝本以同一譜字，將其撩數添滿，而林祥玉本此處則標記「半月沈江」（見圖版十二）；據吳昆仁先生言，此句應為「半月沈江」較合宜。筆者在學習唱唸過程中，發現以「半月沈江」唱唸的「韻勢」較合乎自然原則。一般老絃友常說「死指活曲」，指套可說是南管散曲的歷史沈積，雖經歷代樂人口傳，但具有相當穩定不變的唱奏方式。從「指為曲母」這句話，大概可瞭解有很大一部份的散曲曲目，都是從指套中擷取曲詩或音樂腔韻為素材，發展而來。因此若因為要符合西樂的節拍習慣，而強將原來「半月沈江」的撩位填滿，實為不智的作法。

3. 拍撩位與指法：

---

[2] 不少學者認為南管音樂沒有強弱，實則音樂隨著曲詩句讀的抑昂頓挫，會產生自然起伏，老樂人所用的術語是「輕、重聲」與「攻、夾、停、續氣」。

明王驥德《曲律》〈總論南北曲第二〉：

北主勁切雄麗，南主清峭柔遠。北字多而調促，促處見筋；南字
少而調緩，緩處見眼。北辭情少而聲情多，南聲情少而辭情多。
北力在絃，南力在板。…

從「北力在絃，南力在板」這句話，看南管音樂的拍位與指法關
係，拍位顯得更重要，因爲有一些指法從拍撩位上開始，與非拍撩爲
開始的節奏是不同的。南管工尺譜比一般工尺譜記譜完備，因爲它除
了譜字記載音高，還有琵琶指法產生節奏，譜字的唱唸受到指法的約
束，不同的指法，有不同的潤腔方式，前後指法的關係，也會改變其
唱唸方式。南管琵琶的基本指法，可用六字口訣概括：「點挑甲輪撚
打」，[3]然後從基本指法發展出許多複合指法、裝飾指法。指法兼具節
奏意義，如果把指法當成西洋音樂的音符解釋，卻常產生許多誤解，
此誤解來自西洋音樂音符的固定時值與強弱的循環，而南管的指法卻
是「聲」的觀念；一個指法是一聲，兩種指法是兩聲，某些指法結合，
又會產生不同的聲，各種不同複合指法中的處理，產生不同「輕重聲」
與節奏，節奏快慢與輕重音的處理，和指法的組合型態，以及指法所
處樂句位置有關，即使是相同的指法，有時必須處理成「雙聲」，有
時要直貫成「一氣」；有些要唱成「連枝帶葉」，有些則以「寸聲」處
理，有些要唱成「三氣」。如果千篇一律以西洋音樂音符長短時值，
演奏南管音樂，不僅「如同嚼蠟」，索然無味，還易出現錯誤節奏。

以指法構造爲例：「∟」，爲點與挑的結合，通常奏唱時「挑」的
音要來得比「點」的音強，譯成五線譜，此指法譯爲「11」，依西樂
習慣，兩個八分音符的第一個是比第二個來得強，其強弱剛好與南管
指法的弱強相反；重要的觀念是南管音樂的指法標明的是演奏的手
法，非時值，筆者隨吳昆仁先生「溜曲」時，他就常言到：「來去下」
（「∟」的台語稱謂），有時候不可兩下一樣長，有時前面佔六分，後

---

[3] 口訣中的『打』，應屬裝飾指法，用於此乃爲了押韻好記。

面占四分，才會靈活」。又如「ォ」，此指法後接譜字必用「ノ」，如果「ォ」從撩位上開始，此二指法合爲一單位拍，相當於西樂的四個十六分音符「1111」，但如果拍撩位落在前一指法上，「ォ」中的「ォ」就會與前一指法結合在同一單位拍上，而將下面的「、」與後面指法的「ノ」結合爲一單位拍。再如「ㅁ」落在拍撩位時，後面的指法常會有切分節奏產生。上述二例，都是「南力在板」的證明。（譜例見下節）

老絃友常批評新手彈琵琶「長短撩」，意即對指法時間長短的把握不準確；但目前不少學習南管人士，反過來批評某絃友彈琵琶，會「長短撩」，卻是在西樂的一拍、半拍精準的時值基礎上來批評，此乃認知上的錯誤；南管指法本身已兼具節奏意義，但節奏的產生，具有可變性，是活的，非一成不變。其實，西樂中在浪漫樂派時，許多作品都有「Rubato」處理拍子的方式，讓曲子更富詩意與流暢。初學南管感到「打拍」困難，執板者，必須對樂曲熟悉，心中有「拍」與「句法」，如同吟詩般，拍是隨著曲詩吟唱的句法而落，不同的琵琶指法雖然單位拍相等，但指法組合方式不同，時值也會產生變化，譬如：疊指「乚」與點甲「ㄱ」，時值相同，但因疊指分「二氣」演唱，時間上會較爲延宕；因此只有了解到琵琶指法的真正意義，「打拍」才不再是難事。因此，理論上，琵琶的指法，可以相當於西樂音符時值解釋，但其節奏之鬆弛，受到曲詩句逗的制約，必須透過樂師的口傳心授，才能掌握個中奧妙。

五、口傳心授

中國傳統音樂的傳承，靠「口傳心授」，樂譜在傳授過程中，僅作爲備忘、提示用。作爲備忘、提示性的記譜，其實古代的歐洲音樂「葛利果聖歌」時期，也有過相同的音樂現象，記譜也以經文句逗爲樂句。（圖譜十六）不同的是，歐洲音樂已發展出至今的有量記譜方式，而我國直到今天，大部分的民間音樂仍然仰賴口傳方式傳承，記

譜僅爲備忘。以南北管館閣音樂的傳承爲例，館閣中以口對口的方式，先生唸一句，學生跟唸著一遍，學習者多的時候，一天能唸兩遍也就不錯了，但是在館閣中還經常有聽老館員的演唱的機會，相同的曲韻聽久了會「著腹」（閩南語），意即聽熟後強記在腦海中，永遠不會忘記。現在科技發達了，錄音器材相當進步、方便，現代的學習，許多人仰賴錄音機，故稱「錄老師」，因而缺乏與樂師面對面，對口唱唸的學習，在韻味的揣摩上就會出現問題。

不可否認的，音樂在傳承的過程中，一定會發生一些變化，我們從歷史的回顧與現況的分析，可發現不同的時代、不同的譜式，都可能互相影響，工尺譜在明清兩代是極爲重要的譜式，雅樂、文人音樂、貴族宮廷音樂等等不同階層的音樂，都使用工尺記譜，清代琵琶譜就是用工尺譜與琴樂減字譜的部分符號合併記寫（圖譜十七）。目前臺灣地區民間樂人對工尺譜的使用，也受西洋音樂影響，部份樂人認爲工尺譜不科學，是落伍的，在傳承過程中，將工尺譜改譯爲簡譜方式記寫，不過通常還有認知的差異，記寫的方式仍著重於口傳的備忘，因此是非正確性的簡譜記寫。學習多倚賴簡譜，他們通常有較好的視譜能力，樂器演奏技巧良好，故能短時間內應付臨時的演出，但在樂曲的加花、韻味的處理方面，則明顯的與一般民間音樂團體不同[4]。

南管音樂的傳習，也曾有人改寫爲五線譜，或簡譜作爲教學用，如菲律賓華僑蘇維堯先生，將南管樂曲改以簡譜記譜，並大聲疾呼應改用簡譜。已過世的老絃友謝自南先生，還獨資出版將簡譜對應於工尺譜旁的指譜，希望喜歡南管的人可以無師自通。以上南管譜式的現代化，並不爲南管樂人所接受。

筆者在田野調查過程中，也見到某一太平歌館，爲了保存傳承他們的太平歌，年輕一輩的館員以聽寫方式，將老館員所唱的曲目以簡譜記下，然後依譜學習，其結果就是韻味不對。如果不經過老館員口

---

[4] 此點從民間陣頭的觀察，特別明顯。

傳糾正，恐怕最後都走了樣。不過，受到整個學習環境與學習方式改變的影響，目前一些從事南管的傳習工作者，也思考到如何適應當前的環境，如中華弦管樂團應用電腦將南管譜式重新排版[5]（圖譜十八），使初學者很容易就算出正確的拍數；鹿港雅正齋黃承祧先生，運用格子配合琵琶指法的拍數（圖譜十九），也是讓初學者容易入門的方法。但基本上仍舊使用工尺譜，學習終歸回到原來的譜式，僅是入門採用的手段不同而已。

　　由於時代因素的影響，中國在十九世紀末為了順應潮流，於是採用了歐洲音樂系統，甚至於用它來發展自己的傳統音樂，使它現代化。不管是台灣「國樂」或大陸「民樂」，它正是傳統音樂現代化所產生的新樂種。運用歐洲音樂觀念來理解中國音樂，猶如欣賞英文版的唐詩宋詞；用簡譜或五線譜記錄中國傳統音樂，就如將唐詩宋詞翻譯成英文，只能得其表象，無法得其神韻。但是，百餘年來的西化教育，不僅是中國人學習方法的改變，思維邏輯方式也產生了很大的差異性，這種情況之下，傳統音樂傳承，如何站在傳統
的角度，學會與古人對話，再度建立起對傳統譜式的正確認知與使用，是我們應當思考的一個問題。

---

[5] 此電腦軟體設計者為李東恆先生。

（圖譜十六）西洋葛麗果聖歌紐碼譜

（圖譜十七）清代琵琶譜

（圖譜十八）中華弦管樂團電腦排版南管譜式

（圖譜十九）雅正齋黃承祧先生南管教學用譜

第二節　　南管記譜法

　　南管音樂採用固定調系統的工尺譜記譜，它除了標示曲調音高外，同時記錄了琵琶演奏的指法，一份完整的南管譜式，主要包含下列三個部份：音高譜字、琵琶指法及拍法記號，在散曲或指套中，還包含曲辭。如下圖：

指與曲：　　　　　　　　　　　　　譜：

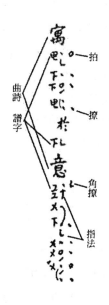

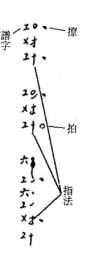

一、譜字

　　南管以五個基本譜字「下、ㄨ、工、六、甩」記譜，高八度時除了「下」改爲「一」，其他在譜字左邊加入「亻」即可，故高音譜字爲「一、仪、仜、佇、俹」；低八度時，「甩」改用「士」（此二

譜字在不同版本中也有互換的例子），「工、六」譜字上加「艹」，故低音譜字爲「芷、芺、士」。三組不同音高之譜字，由琵琶的最低音往高排：「芷、芺、士、下、乂、工、六、甲、一、仪、仜、伬、㑲」這些譜字所排列成的音階，與西樂相對應的音高是「d、e、g、a、c₁、d₁、e₁、g₁、a₁、b₁、d₂、e₂、g₂」，因應不同管門，譜字「乂、六、甲、仪」等譜字的音高會有變化。

二、管門[6]

南管有四個管門，分別爲倍士管、五空管、五六四仪管及四空管，音階的構成以五聲音階爲主，但樂曲加花裝飾時，會因裝飾性變化音的出現，而在聽覺上出現七聲音階的進行。通常手抄本中，在曲名或樂章下方，都會標示出該曲目所使用的管門爲何，（圖譜三）館閣中實際演奏時，絃友會先問曲腳「要唱幾空（kan'）管的曲？」，不同的管門，有不同的色彩音，其音階上的各音所須的「引空」或「披字」會因此有所不同。如果將這四個管門，各以首調方式，用簡譜記譜加以比較，可發現四個不同的管門所用的譜字，在音程排列上的差異與關係，請看下表例：

譜字 南管管門	工 首調簡譜 （音高）	六 首調簡譜 （音高）	士 首調簡譜 （音高）	一 首調簡譜 （音高）	仪 首調簡譜 （音高）
倍士管	1（d）	2（e）	3（f#）	5（a）	6（b）
五空管	5（d）	6（e）	1̇（g）	2̇（a）	3̇（b）

[6] 一般的書上解釋南管管門常以 G、F、C、D 四調，相當於南管的五空管、四空管、五六四仪管、倍士管，實際上是無法等同的。本書不希望以西洋音樂的觀念作爲入門，故避言。

五六四仪管	2（d）	3（e）	5（g）	6（a）	i̇（c）
四空管	6（d）	1（f）	2（g）	3（a）	5（c）

　　由上表可知，相鄰兩個管門間的關係，在於不同管門的音階「第三音」之改變，此即民間普遍運用「以凡代工」改變「管色」的方法，因為「以凡代工」，「凡」字就成為新調音階的「第一音」；不同的是，南管採用了固定調的唱譜方式，管門雖變，譜字未變，僅唱以不同音高。由於南管有這樣的管門理論存在，因此拿到一份南管曲譜時，除了要看懂譜字、撩拍位置、及琵琶指法外，更重要的是必須知道，該樂曲是採用那一個管門來唱奏。南管係以固定調唱唸工尺，依此，將四個管門與相對應的西樂固定音高，及簡譜固定唱名，分別介紹如下：

　　一、五空管：此管門音階使用的兩個特性音為「五六」（e1）、「五仪」（b1），由於閩南民間計數符號為「丨、丨丨、丨丨丨、乂、δ、亠、亠亠、亖、文、十」（即1、2、3、4、5、6、7、8、9、10），故「五六」、「五仪」如出現在其他管門下，作為臨時性改變時，記號為「δ六」、「δ仪」，但如果在「五空管」管門下出現時，則依習慣記為「六」、「仪」，不加計數符號「δ」。請注意在五空管音階的排列中「乂」與「仪」並非八度音程。此管門的曲調經常使用到「夊」、「甩」二音，包容性最強，易轉至其他管門、曲調變化豐富，故此管門的南管曲目最多。

工尺譜：　　下、乂、工、六、甩、一、仪、　仜、伏、甩

西樂音高：　a、c1、d1、e1、g1、a1、b1、　d2、e2、g2

簡譜唱名：　6　1　　2　3　5　6　7　　i̇　2̇　3̇

　　二、五六四仪管：此管門與五空管音階差別在「仪」音，使用的音為「四仪」（c1），如在其他管門下，作為臨時性改變時，記號為「乂仪」。此管門的曲調有較大音域的聲情表現，常有高音域與低音域的

唱腔盤旋，且高低音區差距大，演唱需較多技巧。

工尺譜： 下、乂、工、六、甼、一、仅（乂仅）、仜、伬、倗

西樂音高： a、c1、d1、e1、g1、a1、c1、　　　 d2、e2、g2

簡譜唱名： 6 1　 2　 3　 6 i　　　 2̇　 3̇　 5

　　　三、四空管：此管門與五六四仅管音階差別在「六」音，為「四六」（f1）

如在其他管門下，作為臨時性改變時，記號為「乂六」。但其高音「伬」（e2）保留五空管特性音。四空管的曲調常在高音的迴繞，特別是「上撩曲」，樂人常謂「四空管較『吊聲』」，即高音區「仅」以上的音較難演唱之故。

工尺譜： 下、乂、工、六（乂六）、甼、一、仅（乂仅）、仜、伬、倗

西樂音高：a、 c1、d1、 f1　　　 g1、a1、c1、　　 d2、 e2、g2

簡譜唱名：6　 1　 2　 4　　　 5　 6 i　　 2̇　 3̇　 5

　　　四、倍士管：此管門與五空管音階差別在「乄」、「甼」音（即貝乂、貝甼、貝乂，故名倍士管），「乄」音高為「b1」，「甼」音高為「#f1」，此二譜字在本管門下記號仍記為「乂」、「甼」，如在其他管門下，作為臨時性改變時，記號則為「乄」、「甼」或「貝乂」、「貝甼」。此管門曲調音域較低，聲情表現最為柔美，樂人常謂「倍士曲較軟氣，好唱，好聽」。但也有特例，如〈潮陽春・望吾鄉〉的高韻腔，常出現在「仜」以上高音盤旋。

工尺譜： 下、乂（乄）、工、六、甼（甼）、一、仅、仜、伬、倗

西樂音高： a、 b1、 d1、e1、 #f1、 a1、b1、 d2、e2、 g2

簡譜唱名： 6　 7　 2　 3　 #4　 6　 7　 2̇　 3̇　 5

　　　以上管門，五空管可與其他三管門互轉，但四空管不與倍士管互

轉,唱奏時,此二管門亦避免相接,主要原因是使用的譜字,不同的太多,變化差距太遠。以西樂解釋之,即二管門使用的音差異性太大,「ㄨ、工、六、甲、仅」等音的音高都不同,無法近系轉調。

三、拍法記號

(一) 拍法記號

南管音樂中,常見的拍法有七撩拍、三撩拍、一撩拍(或稱一二拍)、疊拍,以及運用於曲頭、曲中、曲尾等部分,屬於散板式,節奏自由的慢頭、破腹慢、慢尾等。手抄本中,拍法記號常以朱筆記之,「。」代表拍位,「、」代表撩位,七撩拍中還有以角撩「ㄑ」[7]代表第四撩等。

---

[7] 「ㄑ」記號,在不同抄本中並非規範性之符號,七撩拍也有記為「、、、、、、、。」。或第四撩記為「ㄨ」;另如果拍位在字腔結束時,稱為「坐拍」,此時符號為「ㄨ」,不同抄本中也有仍記為「。」。

慢頭（慢尾、破腹慢、）	七撩拍	三撩拍	一二拍	疊拍	緊疊
（手寫工尺譜）	（手寫工尺譜）	（手寫工尺譜）	（手寫工尺譜）	（手寫工尺譜）	（手寫工尺譜）

（二）拍法與速度

南管樂曲拍法緩慢，用西洋樂理來作對應說明時，計算南管的單位拍子可以「二分音符」類比，因此疊拍即相當於 1/2 拍、一撩拍為 2/2 拍、三撩拍為 4/2 拍、七撩拍為 8/2 拍。除了上述幾類拍法外，在南管「譜」中也會出現緊疊（相當於 1/4 拍）的曲目；緊撩曲，速度上明顯地較快。中國的傳統音樂中，並無類似西洋古典音樂中，標示速度的術語，理論上，樂曲快慢是由其拍法所決定，故南管樂曲拍法越大，樂曲速度越慢，拍法越小，速度越快。但實際唱奏時，仍受

到曲詩辭情的規範，樂曲的速度處理，依不同樂人習慣，處理方式還有變數；例如，曲頭慢起的速度，類似慢頭的散唱，常因個人對樂曲的詮釋，也會有不同處理。但通例是，一首樂曲整體一定由慢逐漸加快，最後一句再慢下來結束的處理，這是基本原則。

四、指法
（一）基本指法

南管琵琶指法發展至今，約有三十幾種，常用指法可歸納為如下口訣：「點、挑、甲、掄、撚、打」其符號為「、ˊ十）○扌」。口訣乃為了方便記憶，以「點挑」為重要基礎指法，並發展出許多複合指法、裝飾指法。指法的快慢具有節奏性，但此節奏的快慢，乃是一種相對的時間觀念，非固定時值，必須視前後指法與拍撩位而定；由於南管的拍法，比一般傳統音樂大，每一撩內有兩個「單位拍」[8]，假定每一單位拍相當於西樂的一拍，一撩內共有兩拍。指法中時值最固定的是「ㄥ」，相當於一單位拍。下表為基本指法：

基本指法	指法符號	說　　　　　　　　　　　　　　　　　　明
點	、	食指向下彈，可為一單位拍，或半單位拍。
挑	ˊ	拇指往上挑，時值同上，點、挑為南管琵琶主要指法。
甲線	十 ˋ	用拇指壓彈八度或十六度的低音，甲線有樂句收束作用。但ㄨ以下的音無低音絃可甲線，則以同音「點」處理，如ㄨ；或士；的第二個點，亦相當於甲線。
掄指	）	由小指開始五指依序彈出，拇指挑起後（注意，此挑起的音必清楚），馬上彈出下一音。掄指通

---

[8] 「單位拍」，因為複合指法「ㄥ」是南管指法中時值固定不變者，故以「ㄥ」為基準單位，算為一單位拍，相當於西樂的一拍（四分音符）。

		常為二音之間的經過音，屬裝飾音性質。如「六、ㄨ」之間加「工」的掄指連接二音。
撚指	○	用於曲頭或樂句開端，曲頭的撚指似散板，有提示音高、速度，並引領合樂者進入正拍的作用。用於曲首，必須從慢點挑開始逐漸加快，最後「順勢一點」；用於句首或樂句當中，點挑的動作以平均速度彈奏，任何一種撚指符號，都隱藏一個「點」在「○」之後，譜上並不記出。一般的「撚」，除了「雙撚」外，所佔的時值空間都在本拍撩之前，南管琵琶此指法用得相當頻繁。
抓線（單打）	‡	通常用在扒，右手先彈ㄨ，左手無名指再勾彈ㄆ三下，合為一單位拍。
丟	ロ	此係琵琶樂音暫停符號，非指法，其停頓的時間長短，可為一單位拍或半單位拍，依前後指法與拍撩位決定，但有時琵琶雖停，唱唸與簫絃卻必須綿延不斷。

（二）複合指法：

複合指法	指法符號	說　　　　　　　　　　　　　　　　明
去倒	ㄴ	點挑合寫，或曰「來去」。時值為一單位拍。
緊點挑	‡	指法記號加一豎線，常表示為該指法的節奏緊縮，故‡時值為ㄴ的一半。
疊指	ㄥ	即「點」與「點挑」的結合，此指法於唱唸時，必摺，或分二氣。其時值相當於兩個單位拍，「點」與「點挑」各佔一單位拍。
分指	、分	點挑指法旁記上一個分字，故稱「分指」，一般

		言,點與挑各佔一單位拍,但上撩曲中,如「士」記爲二「點」,所佔時值爲三個單位拍。如果分指前面爲一「ㅁ」在撩位上時,「ㅁ」佔半單位拍,分指的「點」所佔時值是一單位拍,「挑」爲半單位拍,形成切分節奏。
慢行指	㇒ ㇒	通常記在一個撩位上,兩組「點挑」各佔一單位拍。
緊行指	㇏ ㇏	一般譯爲佔一個單位拍,但實際演奏時,前一「㇏」,常與前面指法結合於同一單位拍內,後一「㇏」佔一單位拍。
全跳	㇏ 或 ℮	「全跳」指法必接「挑」,其工尺必爲前後二工尺譜字。唱奏時,第一個「點」常由前一指法落下接連,「點」後可換氣,並與中間的「緊點挑」再第一個單位拍中各佔一半時值,最後的「點」與下一譜字的「挑」合佔一單位拍。
半跳	㇏ 或 ℮ 或 △	由「點」與「緊點挑」結合,二者各佔一單位拍之半。
顛指	㇏	由「緊點挑」與「點」結合,後常接另一譜字的「挑」,形成「點挑點挑」的奏法,如從「顛指」如從撩位上開始,與其後的「挑」,時值合爲一單位拍,但如果前一指法在撩位結束時,前一「點挑」必與前面指法結合佔一單位拍,後一點挑另佔一單位拍。但如果是指或曲,會受曲詩影響,由曲詩來決定其節奏。
戰指	㇒ ㇒	戰指後必接「挑」形成慢「點挑點挑」的奏法,爲慢的顛指,所佔時值合爲二單位拍。

緊甲	十	甲加一豎線，亦表示時值緊縮，但所佔時間仍應是前後工尺關係決定。
點甲	十	點與甲各佔一單位拍，如後面接「掄」，則「掄」與「甲」合佔一單位拍。
緊點甲	千	在一二拍或疊拍等拍法較小的曲目常見，「點」與「甲」各佔半單位拍。
點挑甲	千	點、挑、甲各佔一單位拍。如果後面接「撚」，此指法須唱奏成「一氣」，爲直貫聲，共佔三單位拍；如未接「撚」，須唱奏成「二氣」，「點挑」必摺或分唱，挑與甲合爲「一氣」，時值爲二單位拍。
緊點挑甲	千	理論上似乎應爲點挑甲的時值之半，但實際唱奏爲「點挑」與「甲」各佔一單位拍。視前後指法關係，有時唱奏爲二聲，有時爲三聲。在拍位或非拍位，也會有不同時值。
落擂	〉	用於慢頭或慢尾，由慢漸次加快。專有名詞稱爲「三浪」。
撚挑	9	撚暗藏有「點」，故下加一「挑」，實爲「撚」加一「點挑」指法。
帶聲撚	ᘎ	「點」接續「撚」，「撚」仍暗藏一「點」。
帶聲撚點	ᘎ	「點」接續「撚」，「撚」仍暗藏一「點」，下再續接一「點」，故此指法撚後有二「點」聲。
帶聲撚挑	ᘎ	「點」接續「撚」，「撚」仍暗藏一「點」，後續一「挑」。以上各種撚，雖爲複合指法，但筆者以爲其亦含有裝飾性指法性質。
全ᘔ	㇄ ᘔ	ᘔ聲乃本工尺往下一工尺一探再回頭，產生類似西樂逆漣音的效果。一般ᘔ的位置，非撩即

		拍。但有例外，如指套《因為歡喜》的第一句。
半ㄣ	、 ㄣ	點或甲線後應稍停頓，下一工尺再與本工尺連唱。

（三）裝飾指法：

裝飾指法	指法符號	說　　　　　　　　　　　　　明
搶撚	ㅇ 或 。	此「撚」，主要是為了填補琵琶指法二聲之間的空隙，其時值佔前一指法的時值之半或更多。
雙撚	8	亦稱「貫撚」，其所佔時值為本撩拍之內
加落指	ㄟ	慢掄，常用於樂曲的首段樂句，其速度處於散板狀態，其時值長短，端視唱奏者的詮釋處理情形而定。
雙打線	ㄫ ㄫ	第一次打線，右手點後，左手指抓一下，合為一單位拍，第二次打線同單打線，亦為一單位拍。
勾指	∨	譜中常用，曲則少用。常與甲同時出現或先後出現，是音色改變的一種手法。
抹指	六 ）	左手食指按六，無名指按电，右手先點後左手無名指抓音。
走線	⸚	走線前半部為抓打，後半部則為滑指，由本音滑至高八度音。

下面以南管指譜或散曲爲例，看琵琶指法的時值變化：

丟「ㄖ」		
例一：第一個丟在撩後，其時值爲半單位拍，後半拍爲泛；第二個丟在撩位上，時值爲一單位拍。	例二：拍位上的「點」只佔半單位拍，「丟」佔一單位拍，掄指佔半單位拍。	例三：「丟」佔一單位拍，但此處唱與吹奏都不可斷，直連下一指法
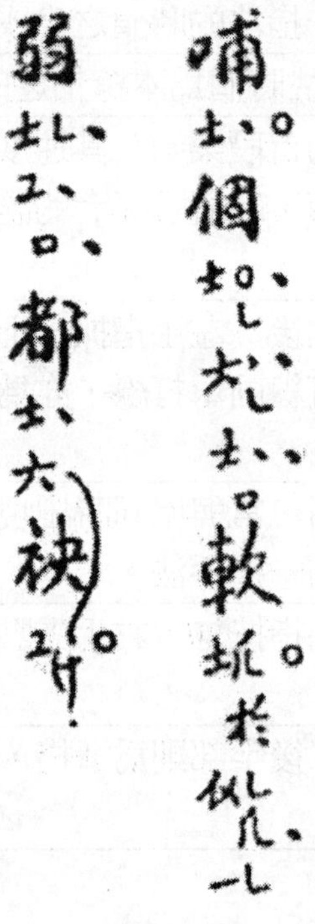		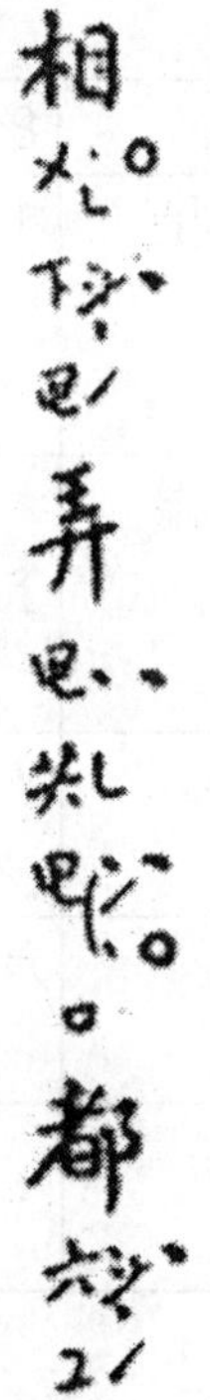

分指		
例一：此處的分指佔三單位拍。其意義同於「點挑甲」。	例二：此例中分指之點挑各佔一單位拍。	例三：此例中的分指前為「丟」，丟佔半單位拍，「點」佔一單位拍，「挑」佔半單位拍

緊行指	顛指	
此例中，「步」字的譜字「六」之指法為「點」與下接緊行指的第一個緊點挑，合為一單位拍，後一緊點挑為一單位拍。	例一：「也」字的顛指落在拍後，故顛指中的緊點挑與拍位上的點合為一單位拍，後點與「去」字的挑合一單位拍。「一鷹」處亦同	例二：「封」字撩位上的顛指與下「緊挑」指法，合為一單位拍。

（以下為手寫南管工尺譜字，略）

　　中國傳統藝術在前輩藝術家的努力下，累積了數千年的經驗，各不同藝術型態，都有其一套固定的程式，所有學習者都要遵循這個程式規範學習。南管音樂也是如此，南管曲唱在工尺譜的制約下，有一定的演唱規範，各種不同的指法，應如何轉折，是有跡可尋的，初學者當然要中規中矩，依循程式規定，但如何唱出其藝術性時，往往要突破程式，再創造與變化。例如：「點挑甲」指法，依程式處理：1.如果後面的指法不是捻指，可唱雙氣或折。2. 後面的指法是捻指，就必須直貫。但是在〈感謝公主〉、〈冬天寒〉曲中都有違反程式唱法，如〈感謝公主〉的「參商二星」句尾韻最後指法為「點挑甲」後接「捻頭」，一般都唱成「雙氣」，〈冬天寒〉「誰看顧恁」一句、〈聽閑人〉「有頭尾」一句亦是，吳昆仁先生謂「一二拍」曲目，指法的規範較不嚴格，為了韻腔的美聽，可容許特例存在，但在其他一二拍曲目演唱時，卻仍然要求其原則性，這就是打破程式，再創造，因為這幾句如唱「直貫」，實在不美聽。

　　在指套中也常有此例，如〈出庭前〉一開始的寡北大韻中有連續兩次「一空」的短聲，其後在接「一空」的「點挑甲」，照譜面上看，後續音並無捻頭，應該唱或奏「折氣」，但實際處理為「直貫」，因為同音連續的出現，前面已是二短聲，如果在處理成「折氣」，就顯得支離破碎，改用直貫，形成二短一長聲的表現，就動聽多了。這種情況，老樂人會說「直貫或折聲不論」，但從音樂的對比原則看，當然「二短一長聲」比「四短聲」來得動聽。類似的例子，不勝枚舉。

　　此外，唱曲者遇「捻」，必須歇聲，讓琵琶演奏，待簫聲引空再出聲，可是在〈北青陽〉五拍大韻大韻的處理時，第二、三拍都是「一空」，指法為「點甲捻挑甲」，依演唱原則，應在「點甲」後歇聲，但實際演唱時處理為第一個「點甲」的「點」是由前一指法甩腔而落點，然後從「甲」起唱直落捻後的點，再分「雙氣」[9]。這些打破原則的

---

[9] 此唱法根據蔡勝滿先生的說法，此即所謂的「連枝帶葉」。

唱法，都必須從老樂人的口傳中習得。這也是筆者認為南管音樂的細膩之處，只有在研究與實際學習中才能體會得到。

同樣的指法，唱曲的處理，個人巧妙不同，就像書法的運筆，主要在發揮毛筆轉折的筆勢，可以處理得富於稜角，也可以處理得優柔流暢，而獨具個人風格，但初學者仍得從最基本的規範開始，掌握了學習原則，才有在創造的可能。

以書法或中國畫中講求虛實、繁簡、疏密的「對稱」美感原則，來看南管音樂中對於琵琶指法的掌握，亦如是。唱曲對於節奏尺寸的拿捏，要從曲詩句法，整句鋪陳，決定「輕重音」與「攻夾氣」位置，就如同書法的筆畫一般，要注意佈局的和諧，才能完成「美」的初步要求。

五、工尺譜唱唸法

工尺譜的記載，以骨幹音為主，個人加花習慣不同，會產生曲調的變異，從工尺譜字的唱唸，可找出可循的規則，如「工」字收音在鼻音上，因此，其花音常為上一譜字「六」，故「工ㄨ」二譜字，常唱成「工六ㄨ」，但「六」字不唱「實音」，是為「工」字的「牽音」（虛音）；「ㄨ」有往下收音之勢，因此「ㄨ工」二譜字中間，亦常墊上一個「下」字；「ㄨ下」二譜字中間，可墊上一「ㄆ」當作經過音。

南管工尺譜的發展，比一般工尺譜來得完備些，因為它記有琵琶指法，譜字的唱唸受到指法的約束，不同的指法，有不同的潤腔方式，前後指法的關係，也會改變其唱唸方式，一般譜字的上下音，可作為本音的「引空」唱唸，如「甩」，唱唸時，其音高可為「一甩」或「六甩」兩音，但只用「甩」字唱唸出。同一譜字如前後出現，引空以不重複為原則，當然也有例外；每個管門都有各自色彩音存在，不同管門的「六、甩」會有不同的「引空」，如四空管的「六」用「甩六」，五空管的「六」用「甩六」，倍士管的「甩」用「甩甩」等等。

　　工尺譜中常用級進的音程，下面各以鄰近二音：「下ㄨ」、「ㄨ工」、「工六」、「六士」、「士一」、「一 伬」、「伬仜」等為例說明。

　　1.「下ㄨ」通常二譜字間不加音，引空可從「士」、「貝ㄨ」空起；但反過來，「ㄨ下」中間常有一經過音「文」，會唱成「ㄨ（文）下」但「文」為虛唱。

　　2.「ㄨ工」二譜字中間可加「下」，唱成「ㄨ（下）工」，「下」為虛唱。但還要看前面引空何來，如果是引「下」，就應唱成「（下）ㄨ（六）工」。

　　3.「工六」引「下」空，二譜字中間加「士」（管門不同，用不同的士，五空管用「貝士」，四空管用「正士」）。

　　4.「六士」，引「士」空或「工」空，加「一」空。

　　5.「士一」，引「六」或引「一」，加「伬（士）」。

　　6.「一 伬」，引「士」，二譜字間不加音。

　　7.　「伬仜」，引「一」，加「伏」；引「仜」，加「一」。

　　以上引或加音，僅是基本規則，實際運用，更靈活。虛唱與實唱，尺寸的拿捏，必須透過實際的操作，才能運用得當。

　　早期，除了像傢俬腳「譜」的學習，須透過工尺譜的唱唸，瞭解骨幹音之外的加花外，曲腳學習唱曲，是直接跟著先生對嘴唱唸曲詩開始，並非由視譜開始，因此工尺譜唱唸在從前並非必要。但現代教育系統的教學，受西方音樂影響，則由工尺譜唱唸開始，學會工尺譜唱唸，等於具備了自學的基礎工具；以學習的速度及效果言，視譜學習的方式，不見得比直接「嘴唸」有成效。

第三節　工尺譜與五線譜對譯方式

　　學習南管，當然要學習工尺譜的唱唸，但作爲介紹或欣賞時，還是免不了要將工尺譜翻譯成五線譜，以便受過西洋音樂訓練者也能有所瞭解。雖然前面所述，將工尺譜譯爲五線譜或簡譜，有許多矛盾產生，但在還未有更好的方式處理之前，它仍不失爲良好的介紹手段。如果只是將骨譜翻譯成五線譜，實際上是唱不出來的，因此最好是將骨譜與唱腔譜都記出，這樣就容易看出哪些是骨譜以外的音。音高的對應以「工」爲基準，相當「d」，因爲南管的管門呈現並非調性音階，各管門音階排列常有移宮現象，故筆者以爲應忠於南管音樂精神，以固定調記譜，可避免產生誤解。（譯譜見附錄一）

　　另一要注意的是，以五線譜記出的唱腔譜，骨譜以外的音，不能完全以西洋音樂「裝飾音」的想法來認定，因爲有些是譜字之間的過音，有些是行腔走韻的引腔、轉韻，音色有虛實的變化，如果根據記譜，一音一音全把它唱實了，就會流於所謂的『歌仔氣』，「韻」不見了，只剩下「聲」的部分。

第六章　南管曲唱常用門頭

第一節　門　　頭

　　南管的「門頭」，具有曲調的特徵意義，是南管絃友分辨曲調與管門的根據，多位學者將南管的門頭，分爲「滾門」類與「曲牌」類（如陳嘯高、顧曼莊 1955，《南音講義》油印本；呂錘寬 1987，《泉州絃管叢編》；王耀華、劉春曙 1989，《福建南音初探》等等），但由於某些門頭到底歸屬滾門或曲牌，目前尙無定論，例如，有些門頭之下尙有牌名；有些僅有牌名，但仍稱爲門頭；有些門頭下並無牌名。各學者對滾門與曲牌的分類不一，且一般絃友皆稱「門頭」、「牌名」，[1]故筆者乃遵民間舊習，以「門頭」總言滾門與曲牌。南管絃友嘗謂有一百零八個門頭，此乃指南管門頭之多，非定數，據呂錘寬先生《泉州絃管彙編》，曲牌體與滾門體曲目共有二百二十八個；卓聖翔、林素梅所錄製《南管曲牌大全》，總計有一百二十二個曲牌，但其中有些曲牌來自梨園戲、高甲戲與傀儡戲，範圍較廣，涵蓋了大部份南管音樂系統，但有些門頭下的牌名又未見提出，因此要釐清南管的所有門頭，恐怕尙須更多的學者投入研究。本章僅以南管曲唱有聲資料爲根據，論述常用門頭。

---

[1] 明王驥德《曲律》卷一〈論調名第三〉：曲之調名，今俗曰『牌名』。南管音樂直至今天仍曰『牌名』，曲牌乃學者所用名稱。

一、南管曲唱常用門頭：

四空管

撩拍	門頭	牌名	備註
七撩拍	二調	二郎神、下山虎、宜春令、十八飛花	十八飛花，屬集曲。二調下的牌名，尚有集賢賓、滿地嬌、解三醒、哭春歸、步步嬌、繡停針、一封書、皂羅袍、西江月、醉扶歸、太師引等等。
三撩拍	長滾	鵲踏枝、越護引、大迓鼓、潮迓鼓	除長滾外，尚有長水車、長柳搖金、長尪姨歌、長倒拖船、長銀柳絲。
一二拍	中滾	十三腔、十八腔、薄媚滾、杜宇娘、三遇反、四遇反、南北交、水車犯、百鳥圖、百藥圖、百花圖	〈薄媚滾〉出於唐大曲，見〈聽說當初〉一曲，〈杜宇娘〉出於教坊曲，係仙呂調慢詞，中滾中的杜宇娘，為一「三字腔」的五拍拖韻，曲中有用一次或三次者為定數。十三腔、十八腔、三遇反、四遇反、南北交、水車犯皆言集曲犯調；百鳥圖、百藥圖、百花圖乃指曲詩內容。此外尚有稱為「短中滾」者。
	短滾		
		水車、北青陽、柳搖金、尪姨歌、倒拖船、	「倒拖船」一般歸於短滾，但它由長倒拖船節拍減值

			而來。柳搖金與北青陽曲調相似，為變體；尪姨歌來自閩南民間信仰請尪姨時唱唸的曲調。另尚有逐水流、二調北等。
疊拍		青陽疊、北疊、柳搖疊、尪姨疊、	尚有逐水流疊、趨滾疊、倒拖船疊、短滾疊。

五空管

撩拍	門頭	牌名	備註
七撩拍	中倍	白芍藥、越恁好、舞霓裳	尚有石榴花、薔薇花、鷹爪花、一江風、四朝元、黑麻序、九串珠、風入松、漁父第一、風霜不落碧、怨王孫、梁洲序、古輪台、七犯望商人、駐馬聽、玉樓春、玉鏡台
	倍工	玩環著、疊字雙、巫山十二峰、七犯子	尚有後庭花、五韻美、八寶粧、十八學士、三台令、霜天曉角、醉仙子等。巫山十二峰、八寶粧、七犯子、五韻美皆為集曲。
三撩拍	相思引	醉相思、南相思、杜相思、潮相思、戀相思、交相思、千里急、五韻悲、八駿馬、九連環	醉相思、南相思、杜相思、戀相思，言曲詩內容，以詞意賦標題；潮相思、交相思以曲中落一二拍接潮調或玉交枝言；五韻悲、八駿馬、九連環則為集曲。

		竹馬兒、北相思、沙淘金、疊韻悲、長棉搭絮、長生地獄	竹馬兒（長序滾）、北相思（長聲聲鬧）、沙淘金（長福馬）、疊韻悲（長雙閨）為「五空四大子」。另尚有長錦板、長麻婆子、長綿搭絮、長將水令、長玉匣蟬。
一二拍	錦板	四朝元、滿堂春、秋思（即相思北）、風餐北	
	雙閨	虞美人、三棒鼓	虞美人與三棒鼓曲目少故歸在雙閨下，另尚有臭雙閨。
		福馬、福馬郎、短相思、福馬猴、序滾、將水令	雙閨、福馬、序滾、聲聲漏為「五空小四子」
疊拍		短相思疊、錦板疊、將水疊	尚有雙閨疊、福馬疊、聲聲鬧疊、序滾疊、麻婆疊、綿搭疊等等

五六四仪管

撩拍	門頭	牌名	備註
七撩拍	大倍	長相思	尚有江兒水、水底月、牛毛序、水晶絃、不孝男、小錦春、十段錦、九曲洞仙姑等
	小倍	青衲襖	尚有紅衲襖、紅繡鞋
		山坡羊、山坡里洋	山坡里洋前段五六四仪管，後段五空管。
三撩拍		長玉交枝	尚有長望遠行、長五供養、長颺地風。

一二拍		寡北、崑腔寡、南北交、玉交枝、玉交猴、望遠行、五供養	唐教坊曲名有「望遠行」。吳昆仁先生認為金錢北亦應歸於寡北，但張再興將其歸於錦板下。也有將五供養歸在望遠行門下。
疊拍		寡疊	尚有玉交枝疊、望遠行疊、金錢疊

倍士管

撩拍	門頭	牌名	備註
七撩拍		湯瓶兒	湯瓶兒一般稱七撩倍思。另尚有生地獄
三撩拍	長潮陽春		指套中《忍下得》標為潮調鷓鴣啼，但散曲中未見，不過在〈風落梧桐〉、〈正更深〉、〈阿娘差遣〉等等曲目中可見鷓鴣啼的腔韻出現。
一二拍	潮陽春	望吾鄉、五開花、蜜陽關、醉蓬萊、三腳潮	
疊拍	潮疊	三腳潮疊、四邊靜疊	

　　上表的排列，依民間習慣，門頭之下尚有牌名者分列兩欄，如民間僅一名稱，或名稱同於歷代曲牌名者，列於牌名欄。從以上的門頭看，南管的牌名，並非純曲牌體，它有類似板腔體的結構，同一門頭或牌名下有長拍（三撩拍）、中拍（一二拍）、短拍（疊拍）變化：

管門	三撩拍	一二拍	疊拍	備註
四空管	長滾	中滾、短滾	短滾疊	
	長水車	水車	水車疊	
	長尪姨歌	尪姨歌	尪姨疊	
	長逐水流	逐水流	逐水流疊	
	長倒拖船	倒拖船	倒拖船疊	
五空管	相思引	短相思	相思疊	
	長錦板	錦板	錦板疊	
	長雙閨（疊韻悲）	雙閨	雙閨疊	
	長序滾（竹馬兒）	序滾	序滾疊	
	長福馬（沙淘金）	福馬	福馬疊	
	長聲聲鬧	聲聲鬧	聲聲鬧疊	呂書「長聲聲鬧」即「北相思」，非也。
	長將水令	將水令	將水令疊	
五六四仅管	長玉交枝	玉交枝	玉交枝疊	
	長望遠行	望遠行	望遠行疊	
	長五供養	五供養		
	長颭地風	颭地風		
		寡北	寡疊	

　　以上為有聲資料曲目所見門頭，大部分集中在短拍曲目上，在活傳統中長拍慢曲門頭的縮減，也是時代趨勢。此乃物極必反，新陳代謝，自然之理。王灼《碧雞漫志》卷三：

　　凡大曲有散序、靸、排遍、攧、正攧、入破、虛催、滾遍、歌拍、

殺滾，始成一曲，此謂『大遍』。而涼州排遍，予曾見一本，有二十四段。後世就大曲製詞者，類從簡省，而管絃家又不肯從頭至尾吹彈，甚者學不能盡。

此段記載，恰可為南管曲唱有聲資料，趨於集中在短拍門頭中，而長調與套曲唱奏，為南管管絃家所避趨之現象，作一註解。

二、整絃活動中的排門頭：

台灣一直到民國五十五年，南聲社的整絃唱曲，尚可見排門頭的規矩，其流程為：

起指（指套演奏，規範以下所要演唱的管門、門頭與拍法。）、**起曲**（遵照指的管門與門頭，起帶慢頭的曲。）、**落曲**（正曲，即不帶慢頭的曲，可連續數見，拍法越來越小）、**過枝**（管門與門頭要改變，此曲在後段轉入新門頭，昭告絃友接下來就是跟著這新的門頭續唱）、**落曲、過枝、落曲……**、**煞曲**（唱曲活動要結束了，最後一曲必須帶慢尾）、**煞譜**（大譜的演奏，結束一段落的整絃活動）

以 2001 彰化縣文化局監製，吳素霞等所錄製《南管音樂賞析》中的排門頭曲唱為例：【四空管】

起指：因為歡喜（二調十八飛花，七撩拍）

起曲：過嶺盤山（二調二郎神，起慢頭）

落曲：客鳥叫（二調宜春令）

過枝：共君斷約（二調下山虎過長滾）

落曲：燈花開透（長滾潮迌鼓，三撩拍）

過枝：中秋時節（長滾過中滾）

落曲：看伊人讀書（中滾杜宇娘，一二拍）

過枝：三更人（中滾過短滾）

落曲：廟內青清（短滾）

煞曲：謝天地（短滾慢尾煞）

煞譜：八面（八展舞）

此排門頭的規矩，稱為「環唱」，目前的整絃活動中已不存在，一般皆以「泡唱」形式，只要同管門曲目即可演唱。原因有三：一為曲目縮減，七撩拍大曲已少人唱，二為早期唱過枝曲者皆為南管宿耆，稱為『枝頭』，今則老樂人凋零，鮮有人能唱，三為南管的音樂活動，隨著時代的變遷，活動時間與活動範圍日益縮減。但是否真如一般學者所言，將成廣陵絕響？以此套 CD 的出版看，其中的七撩拍曲、過枝曲大部分不是現在演唱的活傳統，乃經吳素霞女士提供曲譜、指導，與鹿港地區館閣絃友共同練習後錄製。這意味著此曲唱傳統仍可維持，但隨著時代的變遷，或者絃友對南管的品味改變了，或者慢曲須講求功夫，慢工出細活，與現代人講求的是速度、時效有所抵觸。因此，不是不能唱，而是不想唱了。此套 CD 錄製前的練習，因曲目非一般熟曲，也曾遭到一些挫折。但是南管中的長拍慢曲，實是南管曲目中的經典，藝術性最高。舉例言之：南管的名曲〈福馬郎‧感謝公主〉，此曲詩來自指套《倍工‧馱環著‧心肝跋碎》之第二節〈感謝公主〉，紀經畝先生以〈福馬郎調〉改寫。以《倍工‧馱環著》演唱的〈感謝公主〉其藝術性與難度，當然高於〈福馬郎‧感謝公主〉甚多，但〈福馬郎‧感謝公主〉就像南管音樂中的流行曲，甚受絃友喜歡，這些現象只能說是「曲高和寡」罷了。如肯定它的藝術性，是否也應培養一些可演唱這些長拍慢曲的人才，才能做到真正的傳承呢？

三、門頭的記寫：

南管散曲與指套，皆帶有曲詩，曲詩為「文本」，其音樂則由不同的門頭構成。同一「門頭」下的曲目，都具有相同的腔韻，這些腔韻可分佈於句首、句中、句尾，依據腔韻的特性，還可分為長韻、短韻、高韻、低韻。這些腔韻是絃友辨別門頭的方式，這是曲目的通例，

但也有打破通例，產生特殊變化的曲目，曲目的特殊變化，是傳承中樂人再創造產生的變異，因爲有其特殊性，故絃友不僅可以從此腔韻辨識該曲的門頭、牌名、管門、撩拍，也可在眾多相同門頭的曲目中，分辨其中難易程度。如果從手抄本的記寫看，早期的手抄本只記曲詩，但曲頭必註明門頭、管門、起唱空位。絃友根據此曲詩，就知如何演唱，其中必定有某些可遵循的原則。

　　一般學者常以數千首理論曲目，爲案頭資料，是已死的傳統。但少數民間樂人仍有能力，運用南管曲調填詞，如卓聖翔等。筆者近十年的南管學習，透過實際的操作，尋找能建立其南管曲唱音樂理論的方法，同時也從文獻中尋找相關線索，目前雖還不夠成熟，但南管曲譜記譜與作韻方式已大部份掌握，故以下從南管的腔韻談起。

第二節　腔韻

　　南管散曲的音樂腔韻觀察，必從「文本」說起。根據我國韻文詩、詞、曲，其句式結構，從韻腳向前推伸，如「奇言」，是由三言前伸爲五言，再前伸爲七言，前伸爲九言；「偶言」，是從二言前伸爲四言，再前伸爲六言。故韻腳的詞逗最爲重要。樂匯的觀察，亦依文辭結構方式進行，從結音往前推，並觀察其拍法變化。曲韻的結音往往非單純地是腔韻記譜的最後音，有時譜上所記腔韻之最後音，往往是「過腔」的音，不小心被記譜者給記了下來，或者因爲不同方式的截韻，截取了腔韻的頭或尾，最後音就會不同，因此，樂句的結音，要由整句腔韻觀察判斷。

　　音樂腔韻與曲詩韻腳的關係，筆者從文獻中找到一段關於古詩詞作曲方式：

宋·俞玉《書齋夜話》卷三〈歸去來辭〉評析：[2]

《歸去來辭》舊譜，宮不宮，羽不羽。琴士商碧山將北遊，求予改，遂以中呂羽調作譜。又作《蘭亭譜》，亦用中呂羽調。其法先作結尾一句，次作起頭一句，此二句定則其餘皆應而成，此則聲依永也

由上觀之，南管腔韻的運用，首先觀察韻字的配置，再看起首的一句，如何起勢。下面筆者以〈長潮陽春〉為例，說明此門頭下的腔韻：

一、有聲資料中，〈長潮陽春〉的曲目有：

小妹聽、出漢關、聽見杜鵑、誰人親像、有緣千里、早起日上、正更深、幸逢元宵、三哥暫寬（起慢頭）、孤棲無伴（過望吾鄉）、蓮步走出、移步遊賞、阿娘聽嫺、為你冥日、陳三言語、阿娘差遣、溫侯聽說、焚香祝禱（長潮過緊潮）

二、〈長潮陽春〉的腔韻：

〈長潮陽春〉的曲調應是受到潮調音樂的影響，故加一「潮」字，據王愛群先生的研究，〈潮陽春〉應屬〈陽春曲〉之遺蹤，因為它是潮調的〈陽春曲〉故稱〈潮陽春〉。其常見的腔韻如下：（譯譜以南管固定調的觀念譯之，工空相當於2）

結音工，(A)：此腔韻為長潮陽春的主腔大韻，以拍位的移動及指法改變為主要變化。

A1：　<u>33</u>　<u>22</u>|<u>322</u>　<u>27</u>　<u>66</u>　#<u>1777</u>　<u>22</u>　<u>33</u>　2　2　|　2

A2：　<u>33</u>　<u>22</u>|<u>322</u>　<u>27</u>　<u>66</u>　#<u>1777</u>　<u>22</u>　<u>33</u>　2　2　|

A3：　　3　<u>22</u>|<u>322</u>　<u>27</u>　<u>66</u>　#<u>1777</u>　<u>22</u>　<u>33</u>　2　2　|2 2 2

A4：　　3　<u>22</u>　|<u>322</u>　<u>27</u>　<u>66</u>　#<u>1777</u>　<u>22</u>　<u>33</u>　2　<u>22</u>　|

---

[2]此段文字引自世界書局出版，楊家駱主編的《陶淵明詩文彙評》P.330，宋俞玉《書齋夜話》卷三有關《歸去來辭》的評析。

A5：　　 <u>33</u>　　<u>22</u>　　|<u>322</u>　　<u>27</u>　<u>66</u>　　#<u>1777</u>　<u>22</u>　<u>33</u>　2　　<u>2</u> 1|

A6：　　　　　　<u>22</u>　　|　　　　　　　　　#<u>1777</u>　　　　　　　　 2　 |

　有時以　　<u>22</u>　　|　　　　　　　　　<u>33</u>　　　　　　　　　 2　 |

出現

A'：　　　　　　　　　　|<u>2</u> 7　 2　 |

結音士，(B)：此為長潮陽春的高韻，常見的是 B1，B2 為減值截韻。

B1：　 |6　<u>66</u>　#<u>44</u>　3　 3　 4　 4　 4　 |　4

B2：　 |　　#<u>44</u>　 4

結音下，(C) 此為長潮陽春的低韻，常見的是 C2，C1 為增值擴充。

C1：|　6　 #<u>44</u>　<u>66</u>　<u>77</u>　 6　 6　 6

C2：|　6　 #<u>44</u>　 6

結音六，(D) 此腔韻僅在士空起的曲中出現，來自潮調鶯鴣啼腔韻。

D：　<u>6</u>#<u>44</u>　<u>46</u>　 4　<u>44</u>　|3　<u>3</u>#<u>4</u>　2　<u>22</u>　333　<u>32</u>　3　 3|　3

（落一二拍）D 以減值方式出現

D：|<u>3</u>#<u>4</u>　<u>22</u>　<u>3332</u>　<u>33</u>　 |　　3

三、曲詩的起音與落韻

　　以張再興編《南樂曲集》中 12 曲〈長潮陽春〉為例，看長潮陽春的文體結構與起調空位以及落韻。（框框內的字在音樂表現上為潮陽春的主腔大韻，◎為韻字所在（ ）為結音，英文字母 A 為主腔大韻、B 為高韻、C 為低韻，D 韻來自指套《忍下得》〈鶯鴣啼〉其中的一個腔韻。例中一二拍為潮陽春，不在長潮陽春範圍，故不提。）

1. 三哥暫寬　　　　一空起

三哥暫寬且 忍氣 ◎，（士）B

你何必虧心卻阮 留意 ◎，（工）A3

想起姻緣不是 一時 ◎，（士）B

要汝有心卜下釣，（工）A6
不畏春魚不肯食餌◎，（工）A5
論恁於才貌，（下）C2 想嫦娥亦著傾心於降世，（工）A6
（落一二）阿娘伊人果有真心，
三哥汝亦再捨於拋棄◎，
阮阿娘伊人果有真心，
三哥汝亦再捨再捨拋棄◎。

2. 年久月深　　　　一空起

年久月深惡豎起◎，（士）B
不女趁早抽身返去鄉里◎，（工）A3
恨恁阿娘無行止◎，（士）B
伊耽誤我一身無依倚◎，（工）A3
恨我當初太呆痴◎，（士）B
我無顧掠只荔枝收作為記◎，（工）A2
艱苦於三年，（下）C2 受盡飽羞於忍恥◎，（工）A6
（落一二）拜辭我小妹，我卜早歸於故里◎；
再拜辭我小妹，我卜早早返去鄉里◎。

3. 早起日上　　　　一空起

早起日上花弄影◎，（士）B
不女提起針線無於心情◎，（工）A3
聽見外頭叫磨鏡◎，（士）B
不女聲聲叫出甚於分明◎，（工）A3
好一位風流於人物，（下）C2
生得有只十分於端正◎，（工）A3
嫺即認是馬上於官人，（下）C2

想伊再肯假學做磨鏡◎，（工）A6

（落一二）人有相似，不女益春汝著仔細於認定，

天人有只相似，不女益春汝著仔細仔細認定。

4. 聽見杜鵑　　一空起

聽見杜鵑叫月聲◎，（士）B

不女停針罷繡起於來行◎，（工）A3

一輪明月光如鏡◎，（士）B

不女又遇著浮雲對於月遮◎，（工）A2

更深於寂靜，（下）C2 於蟋蟀於聲鳴◎，（工）A3

聽見乜人在咱西廳◎，（士）B

伊許處怨身切命◎，（工）A3

莫非是許遊春於公子，（下）C2

記念著咱荔枝於親情◎，（工）A6

（落一二）將掠只荔枝就來比做青梅，

不女假學做磨鏡來咱厝行◎；

將掠只荔枝就來比做青梅，

不女假學做磨鏡來咱厝行◎。

5. 小妹聽　　甲空起

小妹聽我說拙因來◎（工）A1

念伯卿亦曾讀書做秀才◎（工）A2

厝住泉州許處繁華所在◎（工）A3

我哥廣南做運使◎（士）B

我叔做知州現值西川城內◎（工）A4

因送哥嫂（下）C1 即會只路來◎（工）A3

記得騎馬遊值街西◎（士）B

阿娘_{同小妹}在許樓上繡 樱鞋 ◎（工）A5

_{共我}眼裡偷情（下）C2 _{做出}有意 體態 ◎（工）A5

袂得見_恁娘面。（下）C1 _來假做磨鏡師◎（工）A6

（落一二）

故意_來打破_阿娘_{恁曆}寶鏡。伯卿為_恁娘嫺只路來◎

意故_來打破_阿娘_{恁曆}寶鏡。伯卿為_恁娘嫺只路來◎

6. 阿娘聽嫺　　甲空起

阿娘聽嫺_於 說起 ◎，（工）A1

_許陳三是_實非常_{人曆} 子兒 ◎，（工）A5

昨日益春在_{咱門前於} 街市 ◎，（工）A1

見有一位磨鏡司夫，（下）C2

說_{伊人}祖家_{值許}泉州_於 人氏 ◎，（工）A3

嫺_即試問陳三_於來歷，（下）C2

_{天伊亦}曾誇言_於威勢，（工）A2

_{西川}知州是伊人叔叔_於 名字 ◎，（工）A2

_{廣南}運使_{亦具}是伊人親親_於兄弟◎，（工）A1

許陳三文章 無比 ◎，（六）D*（此韻來自〈鷓鴣啼〉）

_{伊是心貪咱}風月_即不肯往京_於 赴試 ◎，（工）A1

咱今必須著_來成就_{只拙}姻緣，（下）C2（截韻）

_{總亦}不辱咱家風_於 門楣 ◎，（工）A1

_許陳三說_{伊人}身得 一_於病 ◎，（ㄨ）*

不如就寫_{戀句}知心話，（ㄨ）*

（落一二）待嫺送_於去◎，解得伊人_於心意◎，

待益春_{親手}送_於去◎，解得三哥_於相思◎。

7. 正更深　　甲空起

正更深於天邊於 月上◎ ，（工）A3

聽見雁報秋聲，（士）B

獨對一盞孤燈，（六）D＊（此韻可能來自〈鷓鴣啼〉的截韻）

阮即獨自暗於 思想◎ ，（工）A3

空房內青清，（下）C2 空房內青清，（六）D＊（此韻來自〈鷓鴣啼〉）

教阮做卜偆哖，（工）A3

聽見值處鐵於馬聲，（下）C2

急然聽見值處鐵馬叮噹 聲響◎ ，（六）D＊（此韻自〈鷓鴣啼〉）

不女越惹得阮心憔忪，（工）A6

阮來攬起紅 羅帳◎ ，（工）A3

誰想伊有新人於枕邊，（下）C2

料想伊有新人在許 枕上◎ ，（士）B

枉我只處眠思於 夢想◎ ，（工）A3

恨著短命於冤家，（下）C2

那恨著促命賊於冤家，（士）B

著恁有障虧心，（士）B即知恁薄於情，（工）＊（截韻）

當初何卜結作 鳳友◎ ，（工）A4

汝心於未休◎ ，（下）C2 阮心都不於 肯休◎ ，（士）B

（落一二）神魂那卜飛去，飛去共君結作鳳友◎ ，

神魂那卜飛去共君宿做一樹◎ 。

8. 馬上郎君　　　甩空起

馬上郎君乜 良才◎ （工）A1

待阮前去乞娘子知◎ （工）A2

說好緣份，（下）C2 想伊亦是月老相 推排◎ （工）A3

聽見人說許陳三（士）B

滿腹有只經綸（士）B於胸中錦於 繡才◎ （工）A2

阿娘莫得（下）C1 於故意不 揪采 ◎（工）A3

人說郎才 於女貌（下）C2

窈窕個佳人遇見才子豈 不愛 ◎（工）A3

虧得陳三只 路來 ◎（士）B

果有一點真心（士）B為咱娘嬭受於 艱礙 ◎（工）A6

總然亦是一場緣 份事 ◎（下）C2

緊寫一封書信於遣人送乞 伊知 ◎（工）A6

（落一二）免得許陳三每日不女許處遊東於往西◎

免得許陳三每日不女許處遊東於往西◎。

9. 幸逢元宵　　工空起

幸逢元宵好於 景緻 ◎，（工）A1

咱娘嬭來去看燈於 遊戲 ◎，（工）A3

聽見一陣管絃聲，（士）B

不女越惹得阮春心於 一起 ◎，（工）A3

記得共君恩情深，（士）B

阮雙人亦曾甘言於 蜜語 ◎，（工）A5

誰疑於今旦，（下）C2 掠阮鴛鴦拆散 分離 ◎，（工）A3

記得前日談 荔枝 ◎，（士）B

阮望卜共恁有頭於到尾，（工）A（截句加掄指）

誰知今旦分開去到向遠，（下）C2

阮為恁忘餐於廢寢，（工）A6

（落一二）切得阮相思病損，阮性命了會為君於 貺置 ◎，

切得阮相思成病◎，阮一命了會為君恁於 貺置 ◎。

10. 出漢關　　工空起

出於漢關來於 到只 ◎，（工）A1

阮那為著紅顏命帶孤星◎。（工）A3

來到雁門關，（士）B

不女那聽見禽鳥哀怨聲悲◎，（工）A4

阮身於到只，（下）C2 今卜怙誰通於訴起◎。（工）A3

見許番軍障重疊，（士）B

不女阮心內暗於驚疑◎，（工）A2

今旦於出塞，（下）C2 受盡風霜慘於流離◎。（工）A3

看見孤雁在許天邊◎，（士）B 親像昭君一般無二◎，（工）A2

漢宮於君王（下）C2 汝身在許朝中，（士）B 做也知阮障於苦氣◎（工）A3

恨煞奸臣毛延壽，（士）B

騙金於不就，（下）C2 掠阮形圖進送外夷◎，（工）A5

除非殺死延壽，（下）C2

（落一二）奸臣那不斬除，昭君只琵琶會來彈出斷於腸詩◎，

延壽若不斬除，不女昭君只琵琶會來彈出苦於傷悲◎。

11. 有緣千里　　工空起

有緣千里終於相見◎，（工）A1

不女放早拆散分離◎，（工）A3

莫得三心共二意◎，（士）B

不女耽誤我一身無於依倚◎，（工）A3

為汝相思病於沉重，（下）C1

我頭舉於不起◎，（工）A6

（落一二）若還割吊我身那卜先死◎，

我陰魂卜來共恁相於藤纏◎；

若還那割吊我身那卜先死◎，

我陰魂定卜共汝相於交纏◎。

12. 誰人出世　　　工空起

誰人出世阮障[怯命]◎，（工）A5

一返邀君，（下）C1 阮一返於[著驚]◎，（工）A2

登徒於林大，（下）C2 汝著早死於[無命]◎（工）A3

草包知州不公平，（士）B

不女受私枉於斷，發配崖州城市（工）A3

忍除八死上於[官廳]◎（士）B

阮生死為著三哥恁[人情]◎（工）A2

虧伊路上，（下）C2 可虧阮厝三哥恁路上，有誰是伊親（士）B

全望差官好於[應承]◎（工）A6

（落一二）拔落金針送伊人買酒餅◎，

不女乞伊人路上慢慢行◎

縱容阮厝三哥，不女乞伊人路上步慢行◎。

　　由上觀之，〈長潮陽春〉各曲曲詩以七字句爲基本架構，增減襯字。符合閩南民歌歌詞的習慣，曲調應是受到潮調音樂的影響，故而門頭加一「潮」字。上十二例中，包含〈長潮陽春〉的三種起調空位：工空起、士空起、一空起。其中以工空起爲基本模式，一空起則是以下句的高韻句爲上句。士空起的句子變化較大，較難唱。

四、音樂分析

1. 句尾大韻與句中韻：

　　長潮陽春的主腔大韻（A）是由下ㄆ工六（La、Si、Do、Re）四音構成，落在工空上（譜例）；截韻（A'）處理則呈工ㄆ工或工六工三音的短韻（譜例）。另一高韻（B）由六甩（士）一三音構成，落在甩空（譜例），常與主腔大韻成對應句中出現；其截韻（B'）

時直接落甩空，句中韻則是一個低韻（C），由甩下夂構成，落在下空（譜例），截韻（C'）時呈下甩下三音腔（譜例），通常在句子前半句的第一個樂逗出現，下以〈小妹聽〉一曲爲例說明：

小妹聽我說拙因來◎（工）A1

念伯卿亦曾讀書做秀才◎（工）A2

厝住泉州許處繁華所在◎（工）A3

我哥廣南做運使◎（士）B

我叔做知州現值西川城內◎（工）A4

因送哥嫂（下）C1 即會只路來◎（工）A3

記得騎馬遊值街西◎（士）B

阿娘同小妹在許樓上繡櫻鞋◎（工）A5

共我眼裡偷情（下）C2 做出有意體態◎（工）A5

袂得見恁娘面。（下）C1 來假做磨鏡師◎（工）A6

（落一二）

故意來打破阿娘恁厝寶鏡。（六）D 伯卿爲恁娘嬭只路來◎（工）A'

意故來打破阿娘恁厝寶鏡。（六）D 伯卿爲恁娘嬭只路來◎（工）A1

　　本曲所使用的韻字：來、才、在、內、使、西、鞋、態、師、來等，爲〈開韻〉，此韻腳在臺灣南管曲唱時，常以「一」「牽音」（拖腔），但泉州則否。

　　配合以上的標示可以很清楚看到，本曲的大韻以句子的末兩字爲基本型，以A（工）爲主要大韻，如果將拍撩位標上　，根據拍位的移動，衍生出六種微小差異的句型。

小妹聽　　　長潮陽春　　　倍思管　　　士空起

（A1）小妹聽我說拙因來（工），

（A2）念伯卿亦曾讀書做於秀才（工），

（A3）曆住　泉州　許　處繁華　於所在（工），

（B）我　哥廣南做運使（士），

（A4）我叔做知　州現值西川　於城內（工），

（C）因送　哥嫂（下）

（A3）於即會只於路來（工），

（B）記　得騎馬遊遍街西（士），

（A5）阿娘同小　妹在許樓　上繡於櫻鞋（工），

（C1）共我眼裡偷情（下），

（A5）做　出有意　於體態（工），

（C）袂得見恁娘面（下），

（A6）於假做磨於鏡司（工），

（落一二）故意來打破恁曆寶鏡（六），

不女伯卿為恁娘姻只於路來（工）；

　丶　　　。　丶　　　　。丶丶丶。

意故來打破阿娘恁厝寶　　鏡（六），

　丶　　　　。　丶　　　。丶丶丶丶

不女伯卿為恁娘*姻*只於路*來*（工）。

2. 拍位與腔句：

　　如果從明中葉後，眾曲家所謂的「南力在板」這句話，看南管散曲「拍位」移動產生的變化，其實就是南管同一門頭下唱腔變化的主要動力。首先要瞭解南管曲唱，並非以曲牌為單位，而是以腔句為單位，每個腔句可獨立存在，可為上句，亦可為下句；因此，本書第三章中，提到南管曲目傳承中所產生的變化，多一句或減一句，南管樂人並不在意曲意是否因此而有所缺陷，原因即在此。以長潮陽春為例，如長潮陽春有三種起空方式，「士空起」、「工空起」與「一空起」，「工空起」就是以基本型的上句起唱，「一空起」就是下句起唱的例子。但接句的方式有其規則性，依據拍位或琵琶指法的變化，而有不同的腔句接法。

　　民間手抄本只記門頭或牌名，管門、幾空起，曲詩上只點拍撩位，「聲詞」的「於」、「不女」，以「一」、「△　」代之。樂人就可根據曲詩演唱，其規則在於起音與韻腳大韻是不變的程式，句中的字則可「依字行腔」，其中當然也有些固定的樂句音型可「依腔填詞」。以〈長潮陽春〉起調的三種形式言，南管音樂薪傳獎得主吳昆仁先生認為長潮陽春的曲，工空起的較直，士空起的較歹空，彎彎曲曲，較難唱。

　　<小妹聽>是屬於士空起的曲子，從上述拍位的移動，來看主腔韻接腔的變化，說明如下：

　　1. 主腔韻最後結音落板位，下句從撩位起。

　　2. 落第三撩位，下句從拍位起。

3. 過撩，必接高韻句（B）。

4. 尾音點甲指法（ㄔ）或改變爲疊指（ㄥ）時，接低韻之樂逗。

5. 句尾音點甲加掄指接低韻之樂逗。

6. 截韻落一二拍。

　　＜小妹聽＞曲詩第一句與第二句在音樂上作疊句處理，曲調同，複唱一次，句尾作板位移動的處理，如從文句上分段落，一至第五句爲一段落，音樂上的處理 AAABA，第一句有引子性質，二至四句，剛好是一個起承轉合；第二段四句，音樂的處理 CABACACA，因爲 C 爲句中韻，故句法爲 ABAAA；兩個段落的音樂處理對稱均勻 AAABA 與 ABAAA。整體看＜小妹聽＞，其長潮陽春部分的曲式結構是：AAABA　CABACACA。

　　A 作了有六種板位與指法變化處理，B 在此曲中只以截韻方式出現，C 出現兩次擴腔韻與一次原形處理，腔句的變化較大，轉折較多。但接在 A 後的句子，其接法完全由不同的撩拍落韻與指法變化來決定。

　　這種因拍位移動，產生不同的接句方式，可說是〈長潮陽春〉曲目的通例。工空起的曲目中，變化較少，較規則，常用到前述之 1.3.4.5. 項方式銜接腔句。一空起的曲目，實際就是以高韻句（B）作爲起句，故 3.過撩，其後的銜接之高韻句，也變爲低韻句。

　　一般樂人常覺〈長潮陽春〉工空起的曲，如〈出漢關〉，因爲一葩[3]一葩都是規則呈現，很容易在相同的曲韻中，繞不出來，故雖然簡單，卻不容易唱好。但通過以上的分析，對於曲唱時，長潮陽春的曲韻的掌握，就容易多了。

---

[3] 閩南語稱詩或詞四句爲「一葩」。

第三節　特　　韻

　　不同門頭有不同的腔韻，有些門頭還有一種特韻，它可以是「一字領」、「二字領」或「三字領」等等的特韻腔，這些特韻腔，或許可說是曲之「務頭」所在，多用於句頭，有強調某字或某詞組的作用。

一、一字領

　　〈駐雲飛〉（或記寫爲〈皂雲飛〉，音同）曲牌中「嗟」（或作「嗏」），屬「一字領」，爲三拍的拖腔，是一高長腔韻，結音落在「六」空上。例如〈中滾十三腔‧山險峻〉中「嗟！恨殺毛延壽」，作爲句前的嘆詞「嗟」，出現的高腔特韻。樂人常謂「無『嗟』非駐雲」，可能是駐雲飛的曲牌，在傳承過程中，此腔韻別具特色，而常被引用，其他腔韻則漸被遺忘。〈寡北〉的「翁」，亦作爲句前的嘆詞。在〈中滾十三腔‧山險峻〉中，「翁！虧，虧阮一身來到只」，有兩拍的拖腔。（譜例）

二、二字領

〈潮陽春三腳潮‧精神頓〉用了兩次「二字領」的腔韻一在「益春」、一在「青春」,是五拍拖腔的高長腔韻結音落在「士」空上,此腔韻應是由長潮陽春的高韻(上一節例中的 B 韻)變化而來。(譜例)

三、三字領

常出現在中滾中的「杜宇娘」大韻,原為唐教坊曲中所屬的曲牌,明‧王驥德《曲律》論調名第三,記載杜韋娘(即杜宇娘)為仙呂調慢詞。在中滾中的杜宇娘,表現的腔韻是一個高長腔韻,前後共有五拍的拖腔,結音落在「工」空上,如〈望明月〉中的「且回步」,在文辭上,一定是三字腔疊唱,第一個三字腔以低音區出現,第二次拔高在高聲區盤旋,造成聲情的迴盪,然後迂迴而下落於工音。杜宇娘在中滾中的用法,有只出現一次,如〈望明月〉、〈三更人〉等;也有出現三次,如〈記當初〉、〈心頭傷悲〉、〈不良心意〉、〈出畫堂〉等。據吳昆仁先生言,不是一就是三,不可隨便用。(譜例)

且　且
回　回
步　步

且
回
步

四、落　倍

　　《短相思》一般以非常規則的上下句形式疊唱，音樂在其韻腳的表現上，是一高韻與一低韻，爲一高低八度關係的相同曲調，這樣高低呼應的句尾韻，很像詩詞中的對偶句，且第二句曲詩常以疊頭方式處理。通常在曲子的進行約三分之二處，會出現一個「落倍」的大韻，「落倍」就是在五空管中，暫時性的出現了倍士與倍ㄨ的音，相當於轉到「倍思管」的管門，它是一個有四拍的落倍大韻，用以複唱句首的詞逗，如〈輕輕看見〉的「返來阮繡房」的「返來」，此一詞逗，以疊唱方式呈現，第一次先以落倍大韻唱出，再回到五空管，以「以字行腔」方式複唱一次。此種用法在短相思中是通例，如〈從君一去〉、〈看見前面〉、〈一卜梳妝〉、〈記得秋江〉等都是如此用法。而在〈因送哥嫂〉一曲中，此曲上下句疊唱次數較多，有八次，其中運用了兩次落倍大韻，一處在「我誤叫汝有真心」的「誤叫」，一處在「汝今

日那卜虧心」的「今日」，用法亦與〈輕輕看見〉相同。但在〈記得
睢陽〉中雖只用了一次，不過其用法，卻是直接用來代替下句的低韻，
不是放在句首的詞逗上。〈為伊割吊〉一曲中並未用到落倍大韻，不
過其曲調，還另有其它的插入句，是屬於《短相思》的「功夫曲」。（譜
例）

汝、

如、

今

當、

日

（工尺譜）

五、其他

《北青陽》的特韻，用法更自由，它是一個四拍的拖腔，它可代
替句尾腔韻出現，也可在句首疊頭作領句，可為「一字領」或「三字
領」。如〈重台別〉中，此特韻出現五次，兩次在句尾「賊奸臣」、「風
波起」；三次在句首疊頭作領字，三字句有「告蒼天」、「咱所望」二
處，一字句「啼」。（詳見第四章南管曲詩《北青陽—重台別》）。

風波起

第七章　南管曲唱舉隅

第一節　曲唱發聲與行腔走韻

一、發聲與呼吸

南管曲唱採自然發聲法，聲音直而無顫動（Vibrato），呼吸則強調氣的運轉來自「丹田」。民國四十年代以前，館閣曲腳以男性爲主，男性曲腳必須以「正聲」演唱，亦即與女性曲腳相同的音高演唱，如以低八度演唱，則僅能稱爲「低吟」，此現象在北管音樂亦同。觀察現今的男性曲腳，如果從頭至尾皆以「正聲」演唱，一般聲音表現會類似嘶喊聲，常會唱得臉紅脖子粗，因爲較費力氣，故氣口特多；也有男曲腳以真假嗓互用，如台北的陳金潭先生，其聲音極細，似女聲，真假嗓分別不大，這是天生嗓音如此；而一般男曲腳真假嗓聲區轉換較明顯，如：林新南、洪廷昇、施教哲、蘇榮發、陳珍等；泉州男曲腳丁榮坤的音色則接近西洋的男高音。據吳昆仁先生言，早期男性曲腳唱曲，必須真假嗓音色一致，方爲上乘，但館先生教學仍以「低吟」爲主。現在館閣中曲腳多以女性爲主，故此唱法已不易見。一般男性的音域多低於「一空」，因此常見男性的聲區轉換都在「一或士空」之間。

女性曲腳以真聲演唱，但高音區也有用到「假嗓」的，當然也以真假嗓音色一致者，爲上乘。女性曲腳天生麗質，高音容易唱上去，當然也有例外。一般常將聲音集中在雙眉以下，口唇以上的面部發

出。口腔並隨字音的咬字吐音部位，而加強該發音位置的用力狀況。齒音用力較多，嘴形亦因字音變化，但爲咬字清楚，以扁嘴發音爲居多。女性曲腳往往有漂亮的高音，而低音無力，因此，在低音部分，要練習「喉韻」，或謂「後窟聲」，以後腦杓與喉部以下胸腔爲共鳴區，聲音聽起來才會「沈斗」結實。[1]

若從古代有關曲唱的論述看，元·芝庵《唱論》中提及：

> 凡一曲中，各有其聲：變聲；敦聲；杌聲；喔聲；困聲；三過聲。有偷氣；取氣；換氣；歇氣；就氣；愛者有一口氣。

其中提到「歇氣」，南管手抄本中有記寫「血」，稱爲「血聲」、「血氣」，筆者懷疑其意義就是《唱論》中所言的「歇氣」。

「血氣」爲上撩曲特有的特殊發聲現象，如〈玉簫聲〉、〈月照芙蓉〉曲中，以及一二拍〈錦板〉曲末收尾句的「不女」，皆有「血氣」唱法。其唱法是在一個樂逗結束前，唱曲者順勢將聲音往上一帶，發出短促的血氣聲，造成音色變化，但此時樂器不停，聲音延續。「血氣」之處，通常有固定指法，如〈玉簫聲〉、〈月照芙蓉〉都是在撚指（彡）之後，以及〈錦板〉等一二拍的曲末聲詞「不女」的指法爲緊點挑甲（才）之後。此特殊發聲，早期男性曲腳用得多，民國四五十年前後，轉變爲女性唱曲以後，可能因女性曲腳認爲不雅而少用。但筆者認爲如錦板之尾句，有「血氣」較有變化，七撩慢曲中用一二處血氣，會增加色彩變化。

至於呼吸法方面，以傳統丹田運氣方式爲最佳，故若能練氣功，當有助於南管曲唱的氣息控制。從以下文獻論述，或可獲得一些運氣、發聲方法的印證：

1.唐段安節《樂府雜錄》〈歌〉條提到：

> 善歌者必先調其氣。氤氳自臍間出，至喉乃噫其詞，及分抗墜之

---

[1] 「喉韻」、「後窟聲」、「沈斗」，皆爲閩南語，皆說明低音的唱法，必須在喉後方以下，以及胸腔部分的共鳴。

音。既得其術，即可致過雲響谷之妙也。

2.清徐大椿《樂府傳聲》〈高腔輕過〉提及：

腔之高低，不係聲之響不響也。蓋所謂高者，音高，非聲高也。音與聲大不同。用力呼字，使人遠聞，謂之聲高；揭起字聲，使之向上，謂之音高。…凡高音之響，必狹、必細、必銳、必深；低音之響，必闊、必粗、必鈍、必淺。如此字要高唱，不必用力儘呼，為將此字做狹、做細、做銳、做深，則音自高矣。今人不會此意，凡遇高腔，往往將細狹深瑞之法，變為陰調，此又似是而非也。…凡遇當高揭之字，照上法將氣提起透出，吹者按譜順從，則聽者已清晰明亮，唱者又全不費力。…能知此，則人人可唱高音之曲。

〈低腔重煞〉提及：

低腔與輕腔不同。輕腔者，將字音微逗，其聲必清細而柔媚，與重字反對。若低腔則與高字反對，聲雖不必響亮，而字面更須沈著。凡情深氣盛之曲，低腔反最多，能寫沉鬱不抒之情，故低腔宜重、宜緩、宜沈、宜頓，與輕腔絕不相同。今之唱低腔者，反以為偷力之地，隨口念過，遂使神情渙慢，語氣不續，不知曲之神理，全在低腔也。

此論述中對高低音的聲音特色，及高低音的用氣方式有具體描述，可作為南管曲唱的依據。

二、吐字行腔

1. 字頭腔唱法

注重吐字行腔，是南管曲唱的特色，但其法與崑曲曲唱亦不同。南管曲唱通常採用「字頭腔」的唱法，腔盡時再收字尾音。以〈三更鼓〉一句為例：

三　更　鼓，阮　今　翻　身　於一　返。
SaN[1] kiN[1] koo[2] guan[2] taN[1] huan[1] sin[1]　　tsit[8] tng[2]

「三更鼓」三字皆爲單音節，故其吐字不收尾音，「鼓」字仄音要重唱，故引上一音爲裝飾，如唱得太輕，就變成了「糊」字了；「阮」字爲二音節，先咬住「gu」再以「u」唱完字腔，最後收音「uan」；「翻」字亦爲二音節，唱法如「阮」字，其他「今」、「身」、「一」、爲單音節，亦不收尾音，不過音標中尾音爲「N」開口後收尾應爲半合口；「返」爲韻腳，音樂處理是拖腔大韻，必須以鼻音拖腔，如果丹田的氣支撐不夠，會顯得無力，聲音也不夠響。

2. 字尾腔唱法

如果韻字爲「開」韻，收音爲「ai」，這時字尾腔韻唱法會採「字尾腔」，以「i」牽音。如〈小妹聽〉，韻字爲：來、才、在、使、內、來、西、鞋、態、師、來，皆爲〈開韻〉，故韻腳腔韻先收韻，再以「i」牽音。

　　　　小　妹　聽　我　　說　拙　因　來：
　　　sio[2] ber[7] thiaN[1] gua[2]　serh[4] tsuah[4] in[1] lai[5]

那麼「小妹聽我說拙因來」一句，要這樣唱：「si—io　be—er　thi—iaN　gu—ua　se—erh　tsu—uah　i—in　lai—i—」。

另如韻字爲「朝」韻，收音爲「au」，這時唱法也會採字尾腔唱法，先收音，後以「u」牽音。如〈心頭悶憔憔〉，韻字爲：吊、杳、消、朝、搖、調、調、笑、搖、遙、了、吊。

　　　　心　頭　悶　憔　憔。
　　　Sim[1] thau[5] bun[7] tsiau[1] tsiau[1]

「心頭悶憔憔」一句要這樣唱：「Si—im　　tha—au　bu—un　tsi—iau—　tsi—au—」。

以上二例，泉州唱法皆不採，仍用字頭腔唱法唱到底。台灣地區

也不是每曲都如此唱法，可能與師承傳習有關，如〈長滾・盤山過嶺〉韻腳亦收〈開韻〉，吳昆仁先生強調不用字尾腔唱法，以字頭腔唱，「a」牽音，腔盡，收「ai」，江月雲女士則強調要用字尾腔唱法。

　　除了以上的字頭腔與字尾腔唱法，腔韻長的曲目，字音不容易交代清楚，常採加聲詞「於」、「吁」或「不女」來轉韻，聲詞的用法，有時加在字頭，做「起勢」，再回到本音，有時在字後，字腔先行收音，然後以「於」、「不女」或「吁」來轉韻。如〈玉簫聲〉「真情付流水，恩愛趁風吹」的「真」前面以「於」起勢，「愛」的後面以「於」收音。有時因轉韻需要，或是原來屬詞格的位置，以聲詞填之，也會有「於」、「不女」連續在同一字腔上使用，如〈風落梧桐〉「不女望斷許巫山不女十二，一於不女片於皂雲飛」一句。部分學者將此聲詞界定為襯字，其實不然，襯字通常不落板上，但聲詞僅為字腔轉韻之便，故有出現於板位上的聲詞例子。

<u>於</u>真　情　付　流　水，恩　愛<u>於</u>　趁　風　　吹。

tsin[1] tsieng[5] hu[3] lau[5] tsui[2]　irn[1]　ai[3]　　than[3] hong[1] tsher[1]

南管曲唱吐字出聲的方法，樂人謂之「叫字」，亦即能準確的呼出曲詩字音的方法。對於發聲部位喉、舌、齒、牙、唇五部位要分得清楚，因為發聲部位不同，共鳴位置也會有深淺不同，對於曲詩所要表現的情感，也因之而異。例如：〈三更鼓〉「恨著登徒林大」一句：

恨　著　登　徒　林　大，

hirn[7] tioh[8] tieng[1] too[5] lim[5] tua[7]

「恨」字，為喉音，唱時嘴角要外拉用力，嘴唇成「一」狀，上下齒露出一點空間，同時喉部要下壓，使舌根與喉嚨間的共鳴腔擴大，面部呈現出咬牙切齒狀，這種唱法，南管樂人稱為「喉韻」。甚至很多低音腔有會用到喉部到胸腔的共鳴。一般言之，喉音最深，舌音次之，唇音最淺，在口腔前緣；齒牙音在舌、齒間。共鳴位置深而低者，音色較重濁，共鳴位置淺者，音色清而輕。

三、攻夾停續

清徐大椿《樂府傳聲》〈頓挫〉提及:「頓挫之時,正唱者因以歇氣取氣,亦於唱曲之聲,大有補益。」〈斷腔〉中言:「然斷與頓挫不同。頓挫者,曲中之起倒節奏;斷者,聲音之轉折機關也。」

此處將斷腔與頓挫的分辨,具體描述出,「頓挫」,也是南管曲唱異於其他樂種的重要特點之一,樂人常謂:「唱曲要有攻、夾、停、續。」攻夾相對,停續相對,唱曲何時該「攻」,何時該「夾」;「攻」時,可造成節奏的緊張,「夾」時,節奏要趨於徐緩,也就是上述的「頓挫」。何處可「停」,何處該「續」,「停」也就是上述的「斷腔」,相對之下,「續」,就是如何將聲音延續,以造成「斷腔」的對比;如指法中「點挑甲去倒」的組合,可處理成「鳳頭直貫然後往上甩腔至去倒」,一氣呵成,就是「續」的表現;或者處理成「寸聲」,每一指法都是一個「斷腔」,這就是曲唱對比原則。

魏良輔《曲律》、沈寵綏《度曲須知》〈律曲前言〉均曾提及:「曲有三絕:字清為一絕;腔純為二絕;板正為三絕。」又說:「聽曲不可喧嘩,聽其吐音、板眼、過腔得宜,方可辨其工拙,不可以喉音清亮,便為擊節稱賞。」

四、合樂美學

南管音樂美學最高境界就是「和」,由於南管音樂非獨奏音樂,曲唱亦不同於西洋的「獨唱」。西方歌樂,「獨唱者」是主角,樂器乃伴奏地位,獨唱者有高超的技巧,樂器僅以綠葉配紅花的姿態出現即可,因此,可簡單以鋼琴一件樂器伴奏,或小型樂團伴奏,亦或大型樂團伴奏,但「獨唱者」是最重要的角色。南管音樂講究「合樂」,必須上四管樂器與唱曲者,默契十足,人聲可入簫聲,簫絃聲入琵琶,五者配合天衣無縫方為上乘。於是「五人小組」如能持續共同練習,持之以恆,這五人小組的音樂,就如一個同心圓,越滾越密,而相互

融爲一體。這種音樂的美，並非來自單獨某一個人技巧的精湛，而是來自五個人聲音的融合。

　　筆者曾經做過實驗，將一個筆者認爲合樂效果最好的一個館閣的錄音，分別去觀察各樂器的技巧，發現如果讓每一樂器單獨演奏，其功夫或多或少都可找出一些瑕疵，但整體聽他們的音樂，卻讓人如痴如醉，欲罷不能。筆者自己親身的體驗，也是如此，每當五個人合樂至最融洽時，這時已無速度快慢的問題存在，五個人都在渾然一體中享受音樂，曲終，才發現曲唱的時間竟然超出平常甚多，但一點也不覺慢，也不覺得累。這種合樂的美，是筆者在以往西洋樂器—鋼琴、長笛或聲樂的學習中，從未有過的經驗。

第二節　曲唱舉隅—入門曲

　　大陸地區對於南音的推行不遺餘力，泉州地區中小學中，規定學生必學南音，政府規定的中小學南音教材選曲計有：〈聽見雁聲悲〉、〈去秦邦〉、〈因送哥嫂〉、〈元宵十五〉、〈直入花園〉、〈荼薇架〉、〈魚沈雁杳〉、〈一身愛到我君鄉里〉、〈望明月〉、〈拜告將軍〉等曲。每年舉行比賽，成績優良的學生，升學考試還可加分。臺灣的中小學教材，目前雖編列有鄉土教材一項，但編鄉土音樂教材者對南管音樂並不熟悉，僅依規定選擇學者論述做爲教材，學校師資亦缺乏對南管音樂的認識，因此教材形同虛設。台北文化局於 91 年出版了一套南管音樂教材，包含影音資料，但是以西樂的觀點編寫入門，雖有創意，還是受到多人質疑。

　　南管樂人對於入門曲，多認爲應從疊拍、短滾、雙閨、福馬、短相思之類，拍法較小者入門。華聲南樂社的入門曲，因爲學員人數較多，個人背景不同，有的以〈尪姨疊·直入花園〉或〈寡疊·風打梨〉

爲「破筆曲」學起，也有從〈短相思·輕輕看見〉、〈水車·共君斷約〉、〈雙閨·非是阮〉或〈短滾·梧桐葉落〉、〈中滾·望明月〉等入門的。由哪首起並無一定，筆者在學習過程中，曾經有位紀小姐，因爲聽筆者唱《崑腔寡·鵝毛雪》，非常喜歡，而從此曲的錄音聽唱入門學習南管，雖然不識譜，但卻唱得很好。南聲社蔡小月女士也是由《中滾十三腔·出府門》入門，可見並非得從最簡單的開始不可。不過以現代教育理念編撰教材，當然要遵循層次漸進原則，並建立一套系統原則。華聲南樂社初級班入門曲目有：直入花園、風打梨、孫不肖、共君斷約、梧桐葉落、夫爲功名、冬天寒、輕輕看見、非是阮、望明月等等。茲以《水車·共君斷約》爲例分析說明：

門頭：水車

管門：四空管

起音：ㄨ空起

結音：工

音域：士空至一空（g—a¹），實際演唱：芡空至仅空（f—b¹），十一度。

韻字：靜、天、死、綿〈基青韻〉。

　　　命、行、爹、驚、情〈京韻〉。

（引子）

、　　。　　、　　　　。　　　、　　　　、　　　。　、　　　。。

共君**斷**於約（工），共我三哥恁今**斷**於約（工）須待今冥人去**眠靜**（工）

（上句）

。、　　、　　　、　　　。　、　　。

若還於不來，（士）頭上於是**天**（士）

（下句）

。　、　　、　　　、　　　。　　　。

若還那負君，（工）天地責罰五娘先**死**（工）

（上句）

。、　　、　　　　、　。

感謝於阿娘，（士）果有於真心。（士）
（下句）

明知假作，假作磨鏡來阮厝行，（工）
（上句）

罵君恁幾句　（士）　都是瞞過媽共爹，（士）
（下句）

見君恁障說（工）　阮心頭軟都成綿。（工）
（上句）

登徒於林大（士）恨著登徒賊於林大。（士）汝著早死於無命。（士）
（下句）

每日催親（工）阮有幾遭險送性命。（工）

（上句）

心神於把定（士）　莫得心著驚。（士）

（下句）

再甘割捨（工）辜負三哥恁於人情。（工）
（結尾重句，雙煞，疊唱）

再甘來割捨（工）辜負阿娘恁於人情。（工）

　　「水車歌」原是閩南的民歌，故此曲調被用於南管曲唱時，仍保留原民歌上下句結構，上句落在士空，下句落在工空，具有上下句高低呼應的句尾韻，句法上再利用句首疊唱，增減襯字，產生變化；如「共君斷約，共我三哥恁今斷約」、「登徒林大，恨著登徒賊林大」即是詩詞上「疊頭」的作法。水車調的起音，有工空、ㄨ空、士空三種，

大部份的曲子不管是工空起、ㄨ空起與工空起的首句是落士空，都是標準的上下句形式，加上結尾重句疊唱；〈共君斷約〉一曲是特例，它以下句的腔韻形成一個類似引子的唱腔，在句法上，一開始就使用疊頭增襯，使本曲主題更加深刻，然後再回到上下句的結構。由於其起音較低，較少用到一般所謂「鳳頭」唱法，[2]反由低一音（虛唱）引唱，因此較為委婉。據吳昆仁先生說日治時期，藝旦唱曲，若遇到喜歡的客人，會先唱一首〈共君斷約〉，如果碰到不喜歡的客人，就唱一首〈恨冤家〉，所以流傳一句話「有錢共君斷約，無錢恨冤家」。

　　南管散曲中，短拍的曲目皆有類似的特徵：常為民歌式的上下二句，一段體的反復。從現存的牌名看，如《福馬郎》、《水車歌》等原都是民間樂曲，只是經過歷代南管樂人與文人參與創作後，逐漸雅化，而失俚俗本色。學習南管唱唸，瞭解曲式結構，有助於曲詩或曲譜的記憶。初學唱曲，每首曲子學習之前，必先學會點板，如上所記，將曲詩的拍撩位與樂句的落音記上，然後把曲詩先背熟，以後跟著老師唱唸，就容易上口。

第三節　曲唱舉隅―《陳三五娘》選曲

　　眾多的散曲曲目中，以《陳三五娘》故事為題材的曲目為最多，不管是現今戲場尚在搬演，或殘存佚曲，或後人依此故事內容再創作，《陳三五娘》故事，鮮活的存在閩南民間百姓心目中。在此筆者

---

[2] 吳昆仁先生言：「指畏『鳳頭』，曲畏『攻氣』。」『鳳頭』指散曲起唱時，由高一音落至本音，聲腔氣勢顯得較有力度，但並不是每首曲目都適合用鳳頭唱法，除了起音的高低，還要配合曲詩聲調來決定。但如在指套演奏時，簫則要避免如此引空，以免太突出；指套的尾部速度加快了，常利用指法上的變化產生『攻氣』，如「點甲」改為「點挑甲」，會有急促感出現，但唱曲時，最後還是要逐漸慢下來，如果用了『攻氣』，收煞時節奏容易不穩。

嘗試以仿西樂歌劇選萃方式，將有關《陳三五娘》幾首名曲，分析如下，並演唱錄製 CD 以供參考。

1. 我為汝

門頭：北相思

管門：五空管

起音：士空起

結音：下空

音域：士空至仜空（g—d²），實際演唱：芸空至伬空（e-e²），兩個八度

韻字：機、只、時、見、媚、施、思、市、記、智、悲、起、意、理、起、只、詩、里、姒、儀、志、李、去、纏、置、期、棄〈基韻〉。

（第一段）

我為汝費心機◎（六）A1

別哥嫂（工）C1 偷身 來於 到只◎（下）B1

為當初（六）A3 元宵時◎（工）C2 賞燈 來於相見 ◎（下）B1

著恁花容玉貌，（六）A2（此韻擷取自 A1 之下半）體態嬌媚（工）C2，

冰肌朱唇、天姿國色，（工）C1 貌賽 C3 西施 ◎（下）B2

（第二段）

因只上我即病成相思◎（六）A1

到廣南拜別哥，（六）A3 因勢返來潮州（六）A3 遊遍 C3 街市 ◎（下）B2

幸見汝值許高樓上，（工）C4（連枝帶葉）

掠荔枝裝入手帕，（工）C5 汝親手揀落 度我 C3 為記 ◎（下）B2

我尋思都無計智◎（工）C6

袂得見恁面，（工）C7 我冥日只處 苦疼傷悲 ◎（下）B1（落倍ㄨ）

（第三段）

但得棄馬賣身來 恁於厝 B4 豎起 ◎（六）A4

只望汝（工）C4（連枝帶葉）共我心同都一意◎（工）C4（連枝帶葉）

即甘心捧盆水共恁掃廳。（六）A5

我一心望卜共汝 結做 C3 連理 ◎（下）B2

誰想汝掠荔枝都不提起◎（六）A6

誤我一身到只，（工）C2 拙時拋別書詩◎（六）A3

苦苦疼疼我袂得通 返去 C3 鄉里 ◎（下）B2

（落一二）

早知恁負心，（一）b1 任汝貌賽西施褒姒◎（工）c1

我亦怎肯做障行儀◎（工）c2

鄙乞恁姿娘人說我惺惺 男兒（工）c3 無志 ◎（下）b2

緊收拾我拙行李◎（六）a1 放早抽身返去◎（工）c1

免我只處共恁相纏◎（工）c2

到底我終然是 著恁 b3 軌置 ◎（六）a2

我厝門風（六）a3 豈無一窈窕淑女（工）c1 通來共我匹配佳期◎（工）c2

何卜輕身下賤只處 受恁（工）c3 輕棄 ◎（下）b2

何卜輕身我下賤只處 受恁（工）c3 娘嫺輕棄 ◎（下）B1

　　北相思的腔韻，上句為三拍的高韻 A，下句為兩拍的低韻 B，句中韻 C 的變化較多，不僅用於句中，也用於句尾。以句尾韻觀之，第一段落（起）為 ABBB，第二段（承）亦為 ABBB，但中間用了垛句的處理。第三段（轉）具迭宕變化，為 ACABAAB，每段均以高

長韻的上句開始。第四段（合）落一二拍，以 c 爲主體，分爲 bcc，bacc，acbB 三小段。

其中以 C3＋B2 形成的四字腔韻最爲重要，如 貌賽 C3 西施 （下）B2 等，在落一二之前出現了五次之多，均落在曲詩的韻脚上，此韻在落一二拍後，以減値方式，仍然出現了三次，是此曲的特色腔韻，曲末回到三撩拍的低韻（下）B1 做結。北相思落一二拍的腔韻，有另一牌名稱爲「杜蘭香」，但一般常以「北相思」稱之，如蔡小月散曲 CD〈我爲汝〉一曲，就是從落一二拍起唱，但仍以〈北相思・我爲汝〉記寫。

此曲起音爲「士」空，但因後面接「一」空，故不用「鳳頭」唱法，宜用「六」空往上引，但六字要虛唱，在喉內輾轉後唱出士空，才能將陳三滿腹委屈表現出來。三撩曲，通常皆由中撩起唱，較特殊的是，本曲高低韻皆以「過撩」處理，不作板位變化，「過撩」是三撩曲的特色之一，在多拍的句尾拖腔中，最後一個拍位之後，有一撩的時間，是不唱的，演唱者可以休息，音樂由簫聲延續，因此，也有人認爲三撩曲有過撩，可以休息，較好唱。

本曲中連續用了三次「連枝帶葉」的唱法，在「高樓『上』」、「只望『汝』」、「都一『意』」，這三處尾字的指法都是「點挑甲去倒」，用連枝帶葉的唱法，必須一口氣完成，「點挑甲」須直貫，直貫之前用鳳頭，後順勢往上甩腔落「去倒」指法，用此唱法表現陳三心中的期待、轉爲失望、憤怒的心情，相當貼切。但這種指法的處理，依師承不同，而有不同處理方式，有處理成「寸聲」，每一指法聲音都斷開；或者「點挑甲」處理成「摺聲」，分「雙氣」；「點挑」一氣，「甲」與「去倒」再處理成摺音。

此曲在七子戲中被摘段演出，北相思三撩部份在第十二齣〈相思〉中分段演唱，兼夾賓白；落一二拍的部份則在第十四齣〈安童尋主〉演唱。一個曲子被拆成二曲，分別於不同齣中演唱甚至中間還間隔一

齣，這也是劇唱與曲唱不同的地方。

2.三更鼓（長滾　越護引　四空管）

門頭：長滾越護引

管門：四空管

起音：一空起

結音：工空

音域：下空至仅空，（a-c²）實際演唱：士空至仁空（g-d²）十二度。

韻字：返、行、頓、光、酸、長、返、長、糖、方、返、算、園〈毛韻〉。

（第一段）

三更鼓（工）A 阮今翻身一返◎（工）A1

鴛鴦枕上（ㄨ）B 阮目滓淚滴千行◎（工）A1

誰思疑阮會行到只機頓◎（工）A2（過撩）

（第二段）

一枝燭火暗又光◎（工）A3

對只孤燈阮心越酸◎（一）C1（此腔韻來自長潮陽春的高韻）

更深寂靜兼冥長◎（工）A2（過撩）

（第三段）

聽見孤（工）A4 雁（ㄨ）B（直貫）

忽聽見孤雁（六）D 長冥那障悲◎（一）C1（疊頭，上五度疊唱）

不見我君（工）伊寄有封書返◎（工）A2（過撩）

（第四段）

記得當原初時（ㄨ）B1

阮共伊人恩愛情長◎（一）C1

相愛相惜（工）A5 情意如蜜調 落糖 ◎（工）A2（過撩）

（第五段）

恨著登徒林大（ㄨ）B2（此腔韻來自長潮陽春的低韻）

深惱恨著登徒賊林大（ㄨ）B2（疊頭，同度疊唱）

汝掠阮情人（六）D1 阻隔 去外方 ◎（一）C1

誰人會放得我三哥返 ◎（工）A5

愿辦千兩黃金就來答謝恁阮都不算 ◎（工）A6

（第六段）

投告天地（ㄨ）B2 阮今著來再拜嫦娥（ㄨ）B2

保庇阮膩婿（落一二拍）返來（工）a1 共伊人同入賞花園 ◎（六）d1

推遷乞我三哥伊早返來（六）d2

共阮共伊人同入遊賞花園 ◎（工）A7（此腔韻來自潮陽春三腳潮的結尾韻）

　　樂人常謂《長滾》爲四空管的《長潮陽春》，此曲中可看到三個來自長潮陽春的腔韻，作移宮轉調的處理。長滾的大韻是 A，本曲韻字：返行頓光酸長返長糖方返算園等十三個韻字，皆收〈毛韻〉，這是一個鼻音韻，較難唱，要想把鼻音韻唱響，需要多作練習，丹田運氣要長而有力，才能將聲音集中在鼻腔上發出。韻腳以 A 大韻處理的共有九次；以 C 高腔韻處理的有三次，都是在轉折的樂句上，這三個句子因爲聲音都在高音區迭宕，不容易唱好，因此常有人運用「偷聲」唱法，略去琵琶的點不唱，而在琵琶出聲後唱出，此法在傳承自廈門唱法的台北地區，是不被採用，但中南部則常見。

　　從句尾韻看，本曲主要結構爲 AAA　ACA　CA　BCA　BCAA BaddA。A 韻可作板位移動的變化，不同的師承唱法不同，主要表現在板位上，例如南聲社演唱的〈三更鼓〉第一次大韻就要過撩，北部地區的唱法則否，不過撩的接唱方式，必定是加上聲詞「不女」，過

撩則直落下句曲詞，從這也可發現聲詞「於」、「不女」，在曲中常具有「甘草」地位，有時兼具詞格特色，有時可做為詞句的前導腔、或作為詞句的收韻，以及有「北」字牌名的曲尾特韻腔，還可在板位移動時，起辨識作用。

　　本曲的起音為「一」空，散曲中以一空起的曲目很多，大部份曲目會用『鳳頭』唱法，從高一音引腔而落本音，不過，因管門不同，收韻落音就不同。

3. 當天下咒（潮陽春　倍思管）

門頭：潮陽春三腳潮
管門：倍思管
起音：工空起
結音：ㄨ空
音域：士空至仅空，(g-b^1) 實際演唱：士空至仁空（g-c^2）十一度。
韻字：去、議、時、靜、時、意、時、邊、子、纏、衣、移、邊、光、隨、離、岐、去、機、見〈基青韻〉

當天下咒。（下）A1 咱來當天燒香下咒。（下）A1（疊頭，同度疊唱）
出門去（士）B1
休管林家謗議◎（工）C1（截韻）休管林家謗議◎（工）C1（三腳潮大韻）
（落疊）
七月十四三更時◎（士）b1
月光風靜便是好天時◎（工）c1
君恁有心，（工）c2 三哥恁有心 （士）b2（疊頭，上五度疊唱）
阮即同恁有意◎（下）a1

那卜同恁走（工）c3 就在今冥（工）c3 便是三更時◎（工）c4

收拾錢銀（工）c5 在嫺隨身邊◎c2

路上去（工）c3 亦通買果子（工）c3 亦通做盤纏◎（工）c4（以上
垜句疊唱）

抄起繡羅衣◎（工）c6 抄起繡羅衣◎（士）b2（疊頭，上五度疊唱）

整起阮春雲鬢。（下）a1

掠只金蓮步步輕移◎（工）c7

阿娘頭上釵（工）c6 阿娘頭上釵（士）b2（疊頭，上五度疊唱）

插卜端正無倒邊◎（工）c6

十四冥月光（士）b3 十四冥月光（士）b2（疊頭，上五度疊唱，但
前句結音改變）

照見咱形影共君相隨◎（下）a1

咱今三人只處惡分惡離◎（工 ）c4

有心到泉州（工）c6 有心到泉州（士）b2（疊頭，上五度疊唱）

不管許山高路嶺崎◎（工）c6

披星載月去（士）b4 恐畏人知機◎（工）c6

披星載月去（士）b4 恐畏人看見◎（ㄨ ）D（三腳潮結尾韻）

　　本曲最大的特色是，雖名爲「三腳潮」，但三腳潮大韻僅出現一
次，就落疊拍，故疊拍唱法才是本曲的特色，落疊後有五次的上五度
疊唱。整曲基本上以 abc 三樂句交錯進行，中段以 c 腔韻作八次垜句
滾唱處理，均爲短腔速唱，曲終以 D 三腳潮特徵結尾韻結束。此曲
在劇唱中，是陳三、五娘、益春三人輪唱，曲唱時爲一人獨唱，但爲
區別劇唱中角色，曲詩發音有泉音與潮音之分。起音爲工空，爲低韻，
不用「鳳頭」唱法。

4. 繡成孤鸞

門頭：潮陽春望吾鄉
管門：倍思管
起音：一空起
結音：乂空
音域：士空至仁空，（g-c²）實際演唱：士空至仁空（g-c²）十一度。
韻字：宿、伴、大、何、宿〈花韻〉

繡成 不女 孤鸞 （士）A1 於 繡牡丹 。（士）A2
又繡一個 鸚鵡 （六）B1 （潮陽春中韻） 不女 飛來在只 枝上宿 ◎（乂）
C1

孤鸞共 鸚鵡 （士）A1 於 不是伴 ◎（士）A2
親像阮 對著 （六）B1 不女 對著許丁古 賊林大 ◎（乂）C1
於 無好 緣份 （下）D （潮陽春低韻）切人只心內 無奈何 ◎（乂）C1
又繡一欉 綠竹 （六）B1 不女 須待許鳳凰 飛來宿 ◎（工）（疊句之截韻）
再繡一欉 綠竹 （六）B1 不女 等待許鳳凰 飛來宿 ◎（乂）C1

　　本曲牌名爲《潮陽春望吾鄉》，王驥德《曲律》〈論調名第三〉中，
〈望吾鄉〉係仙呂調近詞。宋元南戲《張協狀元》第二十四齣，張協
上京應試之唱段即爲〈望吾鄉〉。在「潮泉插科」《荔鏡記》中，〈望
吾鄉〉牌名下標出「潮腔」字樣，可見當時已唱潮調。由現存曲簿看，
〈望吾鄉〉的曲目大都爲《陳三五娘》的唱段。
　　曲中腔韻有〈潮陽春〉的 B、D 二腔韻，以及〈望吾鄉〉的大
韻 A、C，全曲可分爲三段，每段皆落 C 韻，上句的高腔韻在仅仁高
音區盤旋，是〈潮陽春〉中少見的高音唱腔。第一段、第二段皆爲
AABC 整齊的的上下句，第三段以〈潮陽春〉的低腔韻 D，接〈望吾
鄉〉的 C 韻；曲尾疊句，第一句以截韻作結，是南管散曲常見的法

則。全曲均以前句逗用二字韻，後句逗用三字韻的形式所組成。如果從文辭的句逗、步節與音樂關係看，此曲句法採上四下三，步節之處即為腔韻所在，配合相當明顯。

　　本曲短小，曲長約五分鐘，又有高音聲區展現，是首受歡迎的曲目。

5.聽見杜鵑（錦板　五空管）

門頭：錦板

管門：五空管

起音：一空起

結音：工空

音域：士空至仁空，（g-c²）實際演唱：士空至仁空（g-c²）十一度。

韻字：影、聲、謝、痛、聲、成、庭、影、領、惶、定、嶺、痛、聖、程、遮、明、情、命〈京韻〉。

聽見杜鵑（一）C1 叫聲◎（工）A1

伊是為著春去花謝◎（下）B1

叫悲悲情慘慘真個恁人心痛◎（六）D1

從伊去後呀（工）A2

親像索斷風箏不見蹤影◎（下）B2

誤阮只處倚門瞻（工）A2

瞻得阮目都成穿。（下）B3

又聽見簷前鐵馬聲◎（工）A1

叮叮噹噹，阮睏都不成◎（下）B2

強企起來（工）A3 行出外庭◎（六）D2

見許月照花風弄影◎（下）B4

矇面見阮心愵懶◎（下）B5

恍惚間阮受盡驚惶◎（下）B2

只都是為君恁精神減。（工）A3

只拙時阮心不定◎（下）B1

對菱花怛梳粧懶畫眉（一）C1

對鏡（工）A3 照見阮只顏色衰，鞋倒拖，羅裙摺，（ㄨ）E（垛句）

阮今畏去打扮（下）B1

記得當初（工）A1 枕上敘情（工）A3

仔細思，阮心念念，只處惡般惡捨◎（ㄨ）E（垛句）

誰思疑（下）B2 到今旦◎（工）A2

潮知州汝貪財利（ㄨ）E 掠伊發配崖州城市（下）B1

路遠如天兼又重疊山嶺◎（工）A4

一番想起阮腸肝寸痛◎（下）B1

金錢買不盡。（工）A5

望天汝著有靈聖◎（下）B1

（落四空疊）

推遷（工）推遷我三哥（工）見伊兄早回程◎（工）

恰親像許月光彩無雲遮，依舊分明◎（工）

免阮為君只處費盡心情◎（工）

亦免阮厝三哥許處怨（返五空）切身命◎不女（工）A5

　　本曲起音為「一空」，可用「鳳頭」唱法，從高一音引唱。有拍位起唱，與撩位起唱兩種唱法，如果是拍位起唱，指法為捻挑甲，分雙氣演唱；如果是撩位起唱，則指法為捻甲，一氣演唱。全曲主要以A（工）和B（下）兩韻交互運用，三次E韻為垛句滾唱，均為配合詞句聲調的短腔速唱。較特殊是本曲由五空管落四空疊，管色的改變，猶如前後兩樣心情之變化，很扣人心弦。曲末返五空管時，再以

聲詞「不女」做結束。「不女」的結尾句，用於標有「北」字的門頭，如《寡北》、《北調》、《北青陽》，但《北相思》則無。另有一例外是《長滾—紗窗外》也用了聲詞「不女」做結，原因可能是結尾段曲調摻雜了北青陽的腔韻之故，此尚有待進一步探討。

6. 小妹聽（長潮陽春　倍思管）

門頭：長潮陽春

管門：倍思管

起音：士空起

結音：工空

音域：士空至仅空，（g-b^1 實際演唱：士空至仁空（g-c^2）十一度。

韻字：　來、才、在、內、使、西、鞋、態、師、來〈開韻〉。

小妹聽我說拙 因來 ◎（工）A1

念伯卿亦曾讀書做 秀才 ◎（工）A2

厝住泉州許處繁華 所在 ◎（工）A3

我哥廣南做運使 ◎（士）B

我叔做知州現值西川 城內 ◎（工）A4

因送哥嫂（下）C1 即會只路來 ◎（工）A3

記得騎馬遊值街西 ◎（士）B

阿娘同小妹在許樓上繡 櫻鞋 ◎（工）A5

共我眼裡偷情（下）C2 做出有意 體態 ◎（工）A5

袂得見恁娘面。（下）C1 來假做磨鏡司 ◎（工）A6

（落一二）

故意來打破恁厝寶鏡。（六）D 我為恁娘嬭只路來 ◎（工）A'

意故來打破恁厝寶鏡。（六）D 伯卿為恁娘嬭只 路來 ◎（工）A1

　　長潮陽春的主腔大韻A，其次有高低二韻，高韻B，低韻C接句的方式有其規則性，依據板位或指法的變化，而有不同的腔句接法。其長潮陽春部分的曲式結構是：AAABA CABACACA。

　　長潮陽春的起音有工空起、士空起、一空起三種。一般樂人謂『工空起的較直，士空起的較歹空，彎彎曲曲，較難唱。』主腔韻A的變化在＜小妹聽＞一曲中有如下六種：

（1）　落板位
（2）　落第三撩位
（3）　過撩接高韻
（4）　尾音點甲指法改變為疊指接低韻
（5）　尾音點甲加掄指接低韻
（6）　截韻落一二拍

　　除了A有六種板位移動的變化，B在此曲中只出現截韻處理，C出現兩次擴腔韻處理，腔句的變化較大，轉折較多。但在A後的句子接法完全由不同的撩拍落韻與指法變化來決定。

　　曲詩韻腳通押「開」韻（收一音），故主腔大韻皆以一音來「牽音」。曲詩第一句與第二句在音樂上作疊句處理，曲調同，複唱一次，句尾作板位移動的處理。

7. 精神頓（潮陽春　三腳潮　倍思管）

門頭：潮陽春三腳潮
管門：倍思管
起音：一空起
結音：ㄨ空
音域：下空至仪空，（a-b¹）實際演唱：士空至仜空（g-c²）十一度。

韻字：頓、睏、紛、門、裙、輪、春、損、春、君、唇、綸、群、君、
聞、論、雲〈春韻〉

精神頓◎（士）B1 正卜睏◎（士）B2

聽見雞聲。忽聽見雞聲報曉鬧紛紛◎（工）C1

風弄竹聲。（下）A1 親像我君伊人早日扣門◎（工）C2

兜緊弓鞋。（下）A2 阮來兜緊繡弓鞋。（下）A3

輕牽羅裙。（工）C3 起來窗前悶無意。（士）B3

見許紅日一輪◎（工）C2

爹媽叫阮。（下）A2 但恐爹媽叫緊。（下）A3

但得著來點打益春◎（士）B4

汝去代阮推說說阮拙時身上不安樂。（工）C2

掀開鏡盒。（下）A2 阮來掀開寶鏡盒。（下）A4

照見阮容顏漸漸衰損◎（工）C2

邀君對鏡。（下）A2 君恁邀阮對寶鏡。（下）A4

照見君才妾貌共阮都是一樣青春◎（士）B5

胭粉不抹。（下）A2 阮有香花不帶。（下）A3

憶著阮畫眉郎君◎（工）C4

伊是官蔭人子。（下）A5 伊是官蔭人子（士）B6 兼又玉貌朱唇◎

錦心繡口即又兼伊人筆下經綸◎（ㄨ）D1

共君結託（下）A5 賽過相如對文君◎（工）C5

今來拆散。今來拆分散。（工）C6

如是鸞鳳失伴。又親像許鴛鴦離群◎（工）C3

寧作黃泉地下鬼。（士）B6 莫作今生莫得今生一日離君◎（工）C7
（落疊）

相思病節節入方寸◎（士）B7

隱隱啼聲隱隱啼聲怕人聞◎（工）C8

恐畏上人嘴唇◎又恐畏了外人議論◎（工）C9
恁有成雙成對。（下）A6 人有雙雙對對怎曉得阮孤栖無伴。（工）C9
冥值房中哀怨。（下）A7 冥值房中空思想。（士）B8
日在樓上。日在樓上。
那是觀山望雲◎那是觀山望雲◎（ㄨ）D2

　　本曲的大韻有一個特色是，幾乎都是二字或三字所組成的腔韻，
整曲主要由 ABC 三大韻交錯而成，曲末以 D 韻（ㄨ空）做結束。

音樂大韻：
（下）A

A1：　　7　777　67 ｜ 6　#44　6　6｜
A2：　　7　777　67 ｜ 6　#44　6
A3：　　　777　67 ｜ 6　#44　6　6｜
A4：　　　777　67 ｜ 6　#44　6　6｜ 6
A5：　　7　777　67 ｜ 6　#44　6　6｜ 6
A6：　　　　　76 ｜6#4　6　｜
A7：　　　77　76 ｜6#4　66　｜ 6

（士）B

B1：｜ 66　777　677　65 ｜ 3　33　#4　4 ｜
B2：｜ 66　777　677　65 ｜ 3　33　#4　4 ｜　#4
B3：｜ 6　777　677　65 ｜ 3　33　#4　4 ｜　#4
B4：7　77｜6　0　6　6 ｜6　7　77　6｜6　#4　44　3 ｜3 #4　4
4 ｜ #4
B5：7　77｜6　0　6　6 ｜6　7　77　6｜6　#4　44　3 ｜3 #4　4
4 ｜

B6：|3　33　#4　4|　#4

B7：|　677　76　|　33　#44　|

B8：|　677　76　|　63　#44　|　#4

（工）C

C1：|　22　333　23　27　|22　3　3　23　|　2　0　　2　2　|

C2：　　　　　33　2　|22　3　3　23　|　2　　0　2　2　|

C3：　　　　　33　2　|22　3　3　23　|　2　　0　2　2　|
2

C4：　　　　　　　　　7　77　|#433　34　2　2　|
2

C5：　　　　　　　　　7　77　|　3　3#4　2　2　|
2

C6：　　　　　　　|6　66　#4　4　|　#4　43　2　2　|
2

C7：　　　　　　　　　7　77　|　#433　34　2　2　|

C8：|　#4　34　|　2　22　|　2

C9：　　　32　|　233　32|　2

（乂）D

D1：　　33　2　|　22　3　3　23　|　2　0　2　27　|

D2：　　　32　|　2　2　2　322　|　27　76　67　7　|　7

第四節　曲唱舉隅─《相思引‧八駿馬‧追想當日》

　　本曲爲《鄭元和》本事，爲鄭元和金盡、落魄，悔恨之辭。牌名爲〈相思引‧八駿馬〉，即集合八種腔韻而成，而以〈相思引〉爲主

體，分別爲〈相思引〉(三撩拍)、落一二：〈錦板〉、〈福馬〉、〈雙閨〉、〈將水令〉、〈麻婆子〉、〈玉交枝〉及〈短相思〉。因爲是集曲，曲韻變化多，容易表達辭情，是一首很耐聽的曲目。

門頭：相思引

管門：五空管

起音：六空起

結音：下空

音域：士空至四空仅空（g—c^2），實際演唱：芡空至仜空（e-d^2）15度

韻字：刺、起、時、滴、離、馳、機、裂、而、天、起、里、時、義、倚、癡、癡、阱、伊、時、己、呢〈基青韻〉。

1-1 〈相思引〉

追想（六）當日（一）我心如刀莉◎（一）

悔卻前於愆（六）

不女悔卻前於愆（工）覆水難收起◎（下）

1-2

記得前日（一）於來與臨別時◎（一）

二人相看（六）

阮二人相看（工）目滓暗淚滴◎（下）

（落一二）〈錦板〉

無奈割捨（工）拆散於分離◎（下）

心於想我尋思◎（六）

魂魄驅馳◎（六）

千般苦痛於有誰於知機◎（下）

〈福馬〉

說著起來我腸肝做寸裂◎（工）

當初本是◎（工）

不女當初本是於富貴人子兒◎（下）

〈雙閨〉

今於反做下於賤夫（士）

衣裳襤褸◎（工）怎當寒清天◎（一）

〈將水令〉

腳（士）凍清阮舉都不起◎（工）

須強企（工）行上於幾里◎（工）

查尋於僻處（下）暫度片時◎（工）

〈麻婆子〉

阿仙（士）阿仙汝今值去◎

於再通忘我恩義◎（工）

錢銀（士）錢銀汝今騙去了呀

於掠我（工）趕於出來（工）

一身狼狽無於依倚◎（士）

〈玉交枝〉

於是我不女是我可呆痴◎（士）

到今旦我說叵得是◎（士）

想著起來我亂都如痴◎（士）

〈短相思〉

早知誤落於陷阱◎（一）

任是天仙（六）

不女任待那是天仙我亦再敢貪戀伊◎（下）

看天色（下）（短相思特韻）黃昏時◎（一）

做緊強企（六）

不女做緊強企（工）客寓安身己◎（下）

暫度一宵且看是再年◎（下）

暫度一宵試看是再年◎（下）（返相思引尾）

　　本曲前兩段 1-1 、 1-2 爲〈相思引〉，其腔韻爲上下句形式，上句落（一）下句落（下）；此曲中以上句過撩，下句不過撩形式演唱。「追想」二字腔爲〈相思引〉的起句腔韻，「心想我尋思，魂魄驅馳」二句腔韻爲〈錦板·四朝元〉腔韻，直接裁取自〈錦板·四朝元—遠望鄉里〉的曲詩與腔韻。

參考書目

相關文獻書目

1959　《中國古典戲曲論著集成》（1-10）1980 年 7 月二版，中　　國戲劇出版社出版。

1984　《明本潮州戲文五種》廣東人民出版社。

1999-2000《泉州傳統戲曲叢書》1-15 卷

1992　《梨園戲專輯》民俗曲藝 75-76 期

吳捷秋

1993　《梨園戲藝術史論》施合鄭民俗文化基金會出版。

楊家駱主編

1953　《陶淵明詩文彙評》臺北市世界書局出版。

林慶熙、鄭清水、劉湘如編注

1983　《福建戲史錄》福建省戲曲研究所編，福建人民出版社。

陸萼庭

1979　《崑劇演出史稿》上海文藝出版社。

南管單篇論文

王木（陳瑞柳）

1957　〈南管音樂的音韻與樂器〉，民聲日報（6.1.）。

1986　〈南管人談南管〉，閩南半月刊（6.15.）。

1991　〈南音崇奉的"五少芳賢"瑣談〉，發表於中國南音學會第二屆學術研討會交流材料。

1996　〈台灣光復五十週年先後逝世的南管名師絃友記述〉。自印，未出版。

1997　〈台灣光復後南管先賢記〉。自印，未出版。

2000a〈閩南樂府管弦研究會簡介〉，泉南文化雜誌 2：92。

2000b　〈南音崇奉的「五少芳賢」瑣談〉，泉南文化雜誌 2：93-94。

王愛群

1985　〈南音工尺譜考釋〉，民族民間音樂 3：10-12。

1989　〈南音五個管門命名索隱〉，泉州文化 1：29-35。

王櫻芬

1994□〈從【長滾】看南管滾門曲牌的分類系統〉，刊於八十三年全國文藝季千載清音—南管學術研討會論文集，頁 12-33。彰化：彰化縣立文化中心。

1995○〈台灣南管音樂變遷初探—以近十年來（1984-1994）大台北地區南管社團活動為

例〉，刊於傳統藝術研究 1：111-122。

1997a○〈南管音樂〉，刊於台灣音樂閱覽，陳郁秀編，
　　　　頁 40-53，見影像・台灣 13。台北：玉山社。

1997b○〈台灣南管一百年：社會變遷、文化政策與南
　　　　管活動〉，刊於音樂台灣一百年論文集，陳郁秀
　　　　主編，頁 86-124。台北：白鷺鷥文教基金會。

2000a□〈台灣音樂社會史研究芻議—以「彰化縣曲館
　　　　武館調查」及「台北市南管社會史研究」為例，〉
　　　　刊於 1996 音樂的傳統與未來國際會議論文
　　　　集，中華民國民族音樂學會編輯，頁 171-185。
　　　　台北：文建會。

2000b〈危機與轉機：試論南管音樂在當代社會的意義
　　　　與再生〉，發表於「亞太傳統藝術論壇」學術研
　　　　討會，國立傳統藝術中心籌備處主辦，10 月 9-12
　　　　日，台北。

呂錘寬

1982c〈近年來台灣南管戲活動〉，民俗曲藝 15：67-73。

1983　〈南管戲與南管音樂的關係〉，民俗曲藝 22：
33-43。

1989　〈南管系的音樂〉，刊於台中縣音樂發展史，許
　　　　常惠主編，頁 137-147。台中：台中縣立文化中

心。

1990　　〈泉州絃管散曲演唱體制初探〉，刊於民族音樂
　　　　研究第二輯，劉靖之主編，頁 177-205。香港：
　　　　香港大學。

1994a□〈民國以來南管文化的演變〉，音樂研究學報
　　　　3：1-27。

1994b□〈傳統音樂的社會文化功能及其保存之道芻
　　　　議〉，藝術學 12：84-97。

1994c□〈台灣的音樂文化發展初論〉，刊於第一屆台
　　　　灣本土文化學術研討會論文集，頁 429-449。台
　　　　北：教育部。

1995□〈論南北管的藝術及其社會化〉，刊於民族藝術
　　　　傳承研討會論文集，頁 149-176。台北：教育部。

1997a○〈台灣傳統音樂之發展〉，刊於音樂台灣一百
　　　　年論文集，陳郁秀主編，頁 29-52。台北：白鷺
　　　　鷥文教基金會。

1997b○〈台灣最早的流行歌─南北管〉，刊於音樂台
　　　　灣一百年論文集，陳郁秀主編，頁 60-67。台北：
　　　　白鷺鷥文教基金會。

1997c○〈台灣的南北管〉，刊於音樂台灣一百年論文
　　　　集，陳郁秀主編，頁 70-82。台北：白鷺鷥文教

基金會。

1998a○〈南北管音樂與台灣社會〉，刊於百年台灣音樂圖像巡禮，陳郁秀編著，頁 20-24，見生活台灣 57。台北：時報出版社。

1998b□〈我所認識的彰化縣傳統音樂資源〉，彰化藝文季刊（1）：9-15。

2000□〈論傳統音樂戲曲活動中的神明崇拜〉，彰化藝文季刊（8）：3-7。

吳守禮

1982 〈保存在早期閩南戲文中的南管曲詞〉，刊於《國際南管會議特刊》〈中華民俗藝術七十年刊〉，許常惠主編，頁 87-99。台北：中華民俗藝術基金會（民俗曲藝 14：7-16）。

吳松谷

1980 〈艋舺的業餘樂團〉，民俗曲藝（14）：21-28。

吳素霞

2000a□〈彰化縣立文化中心南管實驗樂團二週年回顧〉，彰化藝文季刊（1）：20-21。

2000b□〈南管音樂賞析〉。彰化市：彰化縣文化局。

李秀娥

1986 〈台灣地區南管研究及歷史淵源〉，刊於中國民

間傳統技藝與藝能調查研究第四年報告書，頁
473-516。台北：文建會暨台大人類學系。

1988a 〈南管奇才陳美娥〉，刊於民間技藝人才生命史
研究—第六年度中國民間傳統技藝與藝能調查
研究，頁 127-133。台北：台灣大學文學院人類
學系。

1988b 〈南管藝師添木先〉，刊於民間技藝人才生命史
研究—第六年度中國民間傳統技藝與藝能調查
研究，頁 135-142。台北：台灣大學文學院人類
學系。

1993□ 〈絃管社團的組織原則—以鹿港雅正齋爲例，
刊於鹿港暑期人類學田野工作教室論文集〉，余
光弘編，頁 147-186。台北：中央研究院民族學
研究所。

1994□ 〈社經環境與南管社團發展關係初探—以鹿港
雅正齋爲例〉，刊於八十三年全國文藝季千載清
音—南管學術研討會論文集，頁 138-162。彰化
市：彰化縣立文化中心。

1995   〈簫聲樂韻動心弦—鹿港大雅齋耆老陳天賞的
南管因緣〉，文化通訊創刊號：第 27 版音樂窗。

1997□ 〈鹿港鎮的武館與曲館〉，刊於《彰化縣曲館與

武館》，林美容主編，頁 27-90。彰化市：彰化
縣立文化中心。

李國俊

1982 〈斷垣下的樂歌—金門的民間戲曲活動〉，民俗
曲藝 17：25-29。

1988 〈側寫鄭叔簡先生與中華絃管研究團〉，民俗曲
藝 55：5-11。

1989a 〈南管樂曲中的「北曲」試析—以「北青陽」
及「崑寡北」爲例〉，刊於民俗音樂研究會第六
屆論文集，頁 24-54。台北：民俗音樂研究會（民
俗曲藝 57：41-63）。

1989b 〈南管清奏譜陽關曲研究〉，嘉義師院學報
3：？。

1991 〈台灣南管的興衰〉，民俗曲藝 71：42-51。

1993a 〈南管中的民間樂曲初探〉，發表於中國通俗文
學及民間文學學術研討會。

1993b 〈淺說南管音樂〉，上揚樂訊 9：25-27。

1994b□〈南管「南北交」樂曲研究〉，刊於八十三年
全國文藝季千載清音—南管學術研討會論文
集，頁 107-113。彰化市：彰化縣立文化中心。

2000□〈台灣南管音樂活動的社會觀察—兼論傳承的

困境與展望〉，刊於 1996 音樂的傳統與未來國際會議論文集，中華民國民族音樂學會編輯，頁 31-43。台北：文建會。

何懿玲、張舜華

1980　〈鹿港南管滄桑史〉，民俗曲藝 1：39-65。

1982　〈南管的歷史研究〉，刊於《鹿港南管音樂之調查與研究》，許常惠主編，頁 1-34。彰化：鹿港文物維護發展促進委員會。

邱坤良

1981　〈清代台灣的南管活動〉，刊於國際南管會議特刊—中華民俗藝術七十年刊，許常惠主編，頁 79-86。台北：中華民俗藝術基金會。

1982a　〈南聲社將有歐洲行〉，民俗曲藝 15：81-82。

1982b　〈談南管藝術的維護〉，民俗曲藝 16：30-33。

洪惟助等著

1998□《嘉義縣傳統戲曲與傳統音樂專輯》。嘉義：嘉義縣立文化中心。

施舟人、許常惠

1983　〈南聲社帶給歐洲一陣南管旋風〉，民俗曲藝 22：51-54。

施振華

1986a 〈廈門南管－集安堂〉，第四版，閩南。四月三十日出刊。

1986b 〈廈門南管的興盛時期〉，閩南。五月三十日出刊。

孫星群

1985 〈福建南音形成年代初探〉，中央音樂學院學報 4：9-11。

1987 〈福建南音在台灣〉，中國音樂 4：66。

1988 〈略論福建南音的美學特點〉，中國音樂學 3：62-69。

1989a 〈福建南音的曲體結構·譜〉，中央音樂學院學報 2：45-50。

1989b 〈福建南音曲體結構·指〉，音樂研究 3：72-81。

1990 〈福建南音中"曲"的曲體結構〉，音樂藝術 1：28-33。

陳瓊芳

2000 〈南曲唱詞亟須規範〉，泉南文化雜誌 2：95-96。

曾永義

1981 〈南管中古樂與古劇的成分〉，刊於國際南管會議特刊－中華民俗藝術七十年刊，許常惠主編，頁 129-133。台北：中華民俗藝術基金會。

黃翔鵬

　　1984　〈"絃管"題外談〉，中國音樂學 2：13-16。

蔡郁琳

　　1996　〈日治時期南管音樂與戲曲的發展〉，刊於聽到
　　　　　台灣歷史的聲音。台北：傳統藝術中心籌備處。

蔡鐵民

　　1989　〈陳三五娘故事的文化系列〉，泉南文化　1：
　　　　　36-46。

簡巧珍

　　1994□〈相思引主韻之曲、詞結構分析〉，刊於八十三
　　　　　年全國文藝季千載清音－南管學術研討會論文
　　　　　集，頁 34-66。彰化市：彰化縣立文化中心。

　　2000□〈作爲一種文化象徵的南管歷史〉，刊於 1996
　　　　　音樂的傳統與未來國際會議論文集，中華民國
　　　　　民族音樂學會編輯，頁 203-207。台北：文建會。

論文集

泉州市文化局、泉州對外文化交流協會編

　　　1988　《泉州南音藝術》。福州：海峽出版社。

泉州南音中心

　　2000　《2000 年泉州南音學術研討會論文集》

南管研究著作

王耀華、劉春曙

　　1987○《福建南音初探》。福建：福建人民出版社。

呂錘寬

　　1982b○《泉州絃管（南管）研究》。台北：學藝出版
　　　　　社。

　　1984○《南管記譜法概論》。台北：學藝出版社。

　　1986○《台灣的南管》。台北：樂韻出版社。

　　1987○《泉州絃管（南管）指譜叢編》。台北：行政院
　　　　　文化建設委員會。

　　1996○《臺灣傳統音樂》。見學習鄉土藝術百科。台北：
　　　　　東華書局。

李秀娥

　　1989　〈民間傳統文化的持續與變遷—以台北市南管社團
　　　　　的活動與組織爲例〉。台灣大學人類學研究所碩
　　　　　士論文。

李國俊

　　1994a□〈千載清音—南管〉。彰化市：彰化縣立文化
　　中心。

林淑玲

　　1987　《鹿港雅正齋及南管唱腔之研究》，台灣師範大

學音樂研究所碩士論文。

陳正之

1990○《民樂瑰寶—台灣的北管與南管》。台中：台灣省政府新聞處。

蔡郁琳

1996　《南管曲唱唸法研究》。台灣師範大學音樂研究所碩士論文。

游慧文

1997　《南管館閣南聲社研究》。藝術學院音樂研究所碩士論文。

張正體

1995○《南管曲樂薪傳》。苗栗縣文學家作品集　25。苗栗：苗栗縣立文化中心。

施炳華、王三慶

1998a　《鹿港、台南及其週邊地區南管之研究總報告》，國科會專題研究計畫報告。

1998b　《南管曲詞彙釋》，國科會專題研究計畫報告。

施炳華著

1990　《荔鏡記音樂與語言之研究》臺北市文史哲出版社。．

吳守禮校勘、施炳華註

1997　《南戲戲文—陳三五娘》，台南縣立文化中心出版，收錄

於《南瀛文化叢書 61，南瀛臺灣民間文學叢書 1-2》。

吳守禮

《光緒版刊荔枝記方言分類詞彙初稿》

林珀姬

1998　《南部地區南管音樂資源調查》國立傳統藝術
中心調查計畫。

顏美娟、林珀姬

2000　《陳學禮夫婦傳統雜技曲藝調查與研究》國立
傳統藝術中心調查研究計畫。

游昌發、林珀姬

2002　《臺北市爲傳統藝術調查紀錄－南管》，臺北市
政府文化局出版。執行單位：國立傳統藝術大學傳
統音樂系。

曲譜與教材

林霽秋編

1921　《泉南指譜重編》。上海：上海文瑞樓。

林祥玉校註

1914○《南音指譜》。台北市施合鄭民俗文化基金會影
印出版。

許啓章、江吉四編

1930　《南樂指譜重編》。台南：南聲社。

張再興撰編

　　1992○《南樂曲集》。五版。台北：編者。

吳明輝編

　　1976　《南管指譜全集》。菲律賓：菲律賓太平洋印刷業。

　　〔1981〕《南管錦曲選集》。菲律賓：菲律賓金蘭郎君社印行。

　　〔1983〕《南管錦曲續集》。菲律賓：菲律賓金蘭郎君社印。

陳焜晉編著

　　1995　《南管移植新編─教材示範演奏》（附漢唐樂府
　　　　　演奏唱片）。台中：台灣省音樂文化教育基金會，

陳秀芳編撰

　　1978　《鹿港所見的南管手抄本》。台中：台灣省文獻
　　　　　委員會。

　　1979　《台南所見的南管手抄本》。台中：台灣省文獻
　　　　　委員會。

卓聖翔、林素梅編著

　　1999a○《南管曲牌大全》（上集）。高雄市：串門南樂
　　　　　團。

　　1999b○《南管曲牌大全》（下集）。高雄：串門南樂團。

2000○ 《南管指譜大全》。高雄：串門南樂團。

　　1996□ 《南管薪傳基礎班教材》。台中：編者。

台灣省立鹿港高級中學編

　　1997□ 《省立鹿港高級中學鄉土教材－南管薪傳彙
　　　　　編》。彰化：編者。

施炳華

　　1998○ 《台灣古典室內樂南管薪傳入門教材》。財團法
　　　　　人台南文化基金會。

龍彼德輯

　　1992　 《明刊閩南戲曲絃管選本三種》。台北市南天書
　　　　　局。

工具書

黃　謙著

　　　　《彙音妙悟》武陵出版社

宋陳彭年等重修

　　1960　 《校正宋本廣韻》藝文印書館印行

洪惟仁先生著

　　　　《彙音妙悟與古代泉州音》中央圖書館臺灣分館

戚繼光、陳第

　　1983　 《戚林八音合訂》羅興塔月刊社發行。

周長楫著

1997《詩詞閩南話讀音與押韻》, 高雄市敦理出版社。

李榮主編 周長楫編纂
2000《閩南語辭典》,台南市真平企業,金安文教機構。

《廣韻》
《康熙字典(同文書局版)》臺南市北一出版社。
《中正形音義綜合大字典》高樹藩編纂。臺北市正中書局,民69年。
《辭海(丙種大字修訂版)》臺北市臺灣中華書局,民64年。
《大陸版辭源(修訂本)》臺北市臺灣商務印書館,民78年。

黃謙
《彙音妙悟》收於《閩南語經典辭書彙編》,第一冊泉州方言韻書三種,洪惟仁主編,台北,武陵出版社,1993年2月。

程允升
《幼學故事瓊林》臺南大行出版社,民81年。

共君斷約

北相思

我爲汝

三更鼓

51
算 投 告 天
53
地 阮 今 著 來 再 拜 於 嫦
55
娥 保 庇 阮 賦 婿 返
57
來 共 伊 人 同 入 賞 花
60
園 推 遷 乞 我 三 哥 伊 早 返 來 共 阮 共 伊 人
63
同 入 遊 賞 花 園

潮陽春・三腳潮

倍思管

當天下咒

繡成孤鸞
(望吾鄉)

錦板

聽見杜鵑

小妹聽

長潮陽春

娘 嫺 只 於 路 來

精 神 頓

潮陽春・三腳潮

倍思管

追想當日

且看是侤　呼　暫度一　宵於

試看是侤　呼

共君斷約【水車】

共君斷、於約。共我三哥恁今斷、於約，果須待今冥人去睏靜。若負君天地，君天地。頭上是天。若還那負君，天地。責罰五娘先死，感謝於阿娘來。有真心，明知假做磨鏡來。曆行罵君恁幾做句，都是瞞過媽。共爹見君恁今障說，焉阮心頭軟，都成棉登徒。於林大，恨著登徒賊。於林大，你著早死無命，每日催

親阮有幾遭險送性命　心神　於　把

定莫得一心著驚　佀甘割捨辜負　二

哥恁於人情佀甘來割捨辜負我君

恁於人情

北相思

五空管

我於為汝費心機別

哥嫂偷身來到只為

於當初元宵時賞燈來於相

見著恁花容於玉貌

一態嬌媚冰肌朱唇天姿國色休

不女貌賽西施因

只上我即病成相思因

六到廣南拜別哥因勢返來潮

州女遊遍街市

幸　見汝　值　許高　樓　上　掠　荔　枝　裝

入　手帕　汝　親手　落　度　我

記　我　尋　思　都　無　計　智

悲　但　得　棄　賣　身　來　於

袂浔見　恁　面　我　冥　日　只　處　苦　疼　傷

曆　豎　起　一　意　即　甘　心　捧　盆

我　心　同　都　一　下　望　卜　汝　共

水　共　恁　掃　廳　做　理　誰　想

六　結　連　我　一　心　望　汝　不

六　汝　掠　荔　枝　都　不　提　起　誤　我

身到只拙時拋別書詩苦苦

疼疼我袂得通返去鄉

（落一二）早知恁負心任汝貌賽西

姿娘人說我惶惶男兒無

施褒姒我亦佮肯做障行儀鄙乞恁

收拾於拙行李放早抽身返去免

我只處共恁於相纏到底我終然一是著

窈淑女通來共我匹配門風豈無一一窈

輕身下賤只處受恁輕棄何卜輕

（一）身下賤只處受恁娘嫺輕棄

三更鼓 【長滾・越護引】

四空管

三更鼓，叉工六工十……阮，今翻一身……於枕上，阮泪滓，淚滴

不……鴛鴦……於枕上，阮泪滓，淚滴

千行……誰思疑，阮一會行……到只機

頓……一枝燭火暗……更……光對

只孤燈一阮心越酸……深寂

静兼冥……長冥那障悲……雁忽

聽……見孤雁長……有封書返記

我……見君伊人寄……有封書……不見

得當原……不……初時阮共伊人恩愛

情、長 相 愛 相 惜 情。意 如 蜜

調 落 糖 恨 著 登 徒 賊 於 林 大 汝

掠 阮 情 恨 著 登 徒 賊 於 林 大 汝 深 惱

大 深 惱 恨 著 登 徒 賊 於 林 汝

阮 情 阻 隔 去 外 方 辦 千 兩 投 嬋 娥 投

一 會 放 得 我 三 哥 返 愿

誰 人 就 答 謝 恁 阮 都 不 算

黃 金 來 再 拜 於 嬋 娥 投

告 天 地 阮 今 著 來 共 伊 人 同 入

保 庇 阮 臘 婿 返 來 共 伊 早 返 來 共

賞 花 園 推 遷 乞 我 三 哥 伊 早 返 來 共

阮 共 伊 人 同 入 遊 賞 花 園

潮陽春　三腳潮　倍思管

「荔鏡記」陳伯卿、黃碧琚、洪益春三人相隨出奔，當天禱告，求保一路平安。

當天下咒咱來當天燒香下咒

出門去管林家於誹議休

管林家於誹議休　　七一月一十四三更

時月光風靜便是好天時君惙

有心三哥惙有心　　阮即同惙有意

亦著共惙走就在今於阮即同惙有意

時收拾錢銀在媧隨身邊路上去亦

通買果子亦通做盤纏抄起繡羅衣

抄起繡羅衣整起阮春於雲下鬢

掠只金蓮步步輕移於

阿娘頭上釵插卜端正無倒邊十

四冥月光十一四一冥月光照見咱形

影共君相隨咱今三人只處惡分於

惡離有心到泉州有心一到泉州女

不管許山高路嶺崎披星載月去不

女恐畏人知披星載月去

恐畏人看見

繡成孤鸞【望吾鄉】

倍思管

繡成　不。女一孤　於繡　牡

丹　又繡一個鸚鵡　孤鸞

女飛來著只枝上　宿　不是伴

共鸚鵡　於不　不女對著

一像阮對　著於　無好於

許丁古親賊林大　內無奈何

緣份切一人只心　不女須待許鳳

又繡一欄綠竹　不女須待許鳳

鳳凰來飛宿　再繡一欄綠竹

女一等待許鳳凰　飛來宿

不女

錦板　　五空管

聽　見杜鵑叫聲，伊是為著春

像　綵斷風筝都不見蹤影，誤阮只

人　心痛從伊去，吁親

去　花謝叫悲悲情慘慘真個毿

處　倚一門瞬瞬得阮目都成穿

又　聽見簷前鐵馬聲叮

叮　噹噹阮睏都不成強企起

行　出外庭，見許月照花來

風　弄影朦面見阮心惝懶恍惚間阮受

盡驚惶，只都一是為君恁精神減，

只拙時，不女阮心不定，對於，

菱花恒梳粧懶，畫眉對鏡照，

見阮顏色衰，鞋倒拖羅裙摺，阮今，

畏去打扮，記得於當初枕，於

上、下敘情，仔細思，阮心念念只處，

惡般潮知州，汝貪財利掠伊發配崖，

旦潮知州如天兼又重疊一，

州城市路遠，於財利掠，

山嶺一番想起，割阮腸肝寸痛

士。十下。金錢買不足望天汝著有靈

聖士下〔落四空疊〕推遷推遷我三哥見伊兄

早回程恰親像許月光彩無雲遮依舊

分明免阮為君只處費盡心情亦

免阮厝三哥許處切壞身命不女

甲十工工

精神頓 【潮陽春・三腳潮】

倍思管

精神頓正睏

忽聽見雞聲報曉鬧紛紛　　聽見雞聲

風弄竹聲親像我君伊人早

日扣門　兜緊弓鞋來

兜緊繡弓鞋輕牽　於羅裙

起來一窗前悶一無意　見許紅日

於裡一六輪爹媽叫阮　但恐媽親

甲六於叫緊但得著來點　益春時

儀去代阮推說說阮拙時

身上上不安⋯⋯掀開鏡盒

漸漸衰損⋯⋯邀君對鏡君

怎邀都是⋯⋯對寶鏡照見君才妾貌

共阮⋯⋯一樣青春胭粉

不抹阮有香花於不帶憶著

阮畫眉於郎君伊是下官蔭

子伊是官蔭人子兼又玉

貌朱唇錦心繡口即又兼伊人筆

下於經綸共君結託賽

過相如對君　今　來拆　散　今

來拆一分　散　如是鸞鳳　失一伴　又親

像許鴛鴦　離群　寧作黃泉

地下鬼　莫作　今生　莫得　今生

一日　於離君　【落疊】相思病　一節一節入

方一寸　隱隱啼聲　隱隱啼聲　怕人聞

恐畏上人　於嘴唇　又恐畏了外　天人有

於議論　恁有　雙雙　對對　無伴

成一雙　對再曉得　阮孤樓　無伴

冥值房中　衰怨　冥值房中　空思想

16

日在樓上　日在樓上那是觀山

於望雲

望雲那是觀山

小妹聽

倍思管

小妹聽我說拙因來念伯卿

亦曾讀書做秀才厝住我哥

州許處繁華於所在現哥

廣南做運使我叔做知州我哥

西川城內因送於哥嫂

下於即會只路來同小妹在

馬遊遍街西阿娘共我眼裡

許樓上繡櫻鞋體態

偷情做出有意

得見恁娘面來做磨鏡

司〔落一二〕故意來打破恁曆寶鏡不女一

伯卿為恁娘嫺只於路來意故來打破

阿娘一恁曆寶鏡不女一伯卿為恁娘

嫺只於路來

追想當日 【相思引·八駿馬】

五空管

追想當日

前於愆覆水難收起記得

前悔卻前於愆起不女悔卻

日我心頭如刀蘇

來興臨別時

二人相看阮二人相看目

滓暗淚滴分離心於知機說著起來

拆散吾割捨想

六魂魄軀馳千般苦

痛於有誰馳

我腸肝做一寸裂，當初本是不

女當初本是賊，夫衣裳襤褸，怎

做下富貴人子兒，今於反

寒清天一腳凍，清阮擤都怎

不起須強企行上，於幾里忘我

查尋於僻處暫度片時偶通忘我

阿仙汝今值去偶通忘我

恩義錢銀錢銀汝今騙一去了我

掠我趕出來一身狼狼

無於依倚於是我不女是我可呆

痴到今旦我說乜得是想

著起來我亂都如痴早知誤

落陷阱任是天仙不女任待那

是天仙我亦佀敢貪戀伊看天色不

黃昏時做強企待

女做強客寓安身己暫度一宵

宵且看是佀呺暫度一宵於試看是

佀呺

後記

　　本書的完成，首先應該感謝恩師陳萬鼐教授，筆者雖於民國 74 年就跟隨吳昆仁先生學習南管，但真正用心投入南管曲唱的學習，是近十年的事；真正領悟到傳統音樂的精髓不在音樂本身，而在詩文，卻是近五年來的事；尤其是民國 89 年，在陳萬鼐教授督促下，筆者舉辦了三場個人南管演唱會，因爲三場演唱會的準備，使個人深刻感受到傳統音樂「文本」的重要，故本書雖名爲「南管曲唱研究」，而真正曲唱音樂理論之研究卻不夠深入，原因是個人花了相當多的時間，在曲詩的標音、平仄、校註上；筆者非中文系出身，但跟隨恩師陳萬鼐教授多年，在文獻上的蒐尋，以及治學、做人方面皆受到恩師相當多的啓發，因此，基於「勤能補拙」的傻勁，在文獻史料與工具書中，蒐尋相關資料，筆者自覺獲益匪淺。本書僅是個人南管曲唱與研究的開端，因爲其中音樂上自覺還有相當多的問題，需要更多經過實際唱奏印證，才能繼續的下筆論述，例如：

　　1.南管的記譜法，筆者發現相當多的問題，需要蒐集各種不同指法，並經過唱唸做比對，印證指法的「活」；以及版本的指法校刊，與樂人奏唱資料比對，可瞭解南管指骨的「可變性」；刊本或手抄本中的指法，往往將過腔，墊音都記了進來，如果唱曲時，將這些已屬裝飾音的部分，再加以花音潤飾，即產生所謂的「繁音」，這是清唱應避免的，這個部分仍有待繼續的探討。

　　2.七撩慢曲應是南管音樂中具有較古老傳統的部分，曲目中顯現出的因素，除了起調畢曲的觀念，唐宋詩詞吟唱的傳統，語調四聲與音樂的轉折，以及不同管門之間音樂的關係，都是值得繼續深入研究。

　　3.傳統曲詩的記寫方式，重視「起音」（如「一空」起），筆者需要花更多的時間，熟悉每一門頭唱唸的規則，才有可能掌握其規則性，如筆者對《潮長陽春》的分析。

　　爲了彌補在音樂研究敘述的不足，筆者選擇以實際的演唱，作爲本書曲唱研究的註腳，藉由有聲資料傳述筆者對南管音樂的愛好，研究尚有不足，演唱也不盡美聽，只能算是筆者學習的小小心得，期望各方家不吝指正。

　　本書中的標音部分，得到我的助理蕭志恆先生的協助，他與我同時是華聲社的一員，有聲資料的錄製，亦感謝所有參與錄製工作的人員----華聲社老師吳昆仁先生、江月雲女士與學員們，沒有他們的幫助，就沒有今天的成果。